北大燕园的
前世今生

江溶 王燕飞 ◎著

北京大学出版社
PEKING UNIVERSITY PRESS

图书在版编目(CIP)数据

北大燕园的前世今生/江溶,王燕飞著. —北京:北京大学出版社,2021.11
ISBN 978-7-301-31914-7

Ⅰ.①北… Ⅱ.①江… ②王… Ⅲ.①古典园林—介绍—北京 Ⅳ.①K928.73

中国版本图书馆 CIP 数据核字(2020)第 255158 号

书　　　名	北大燕园的前世今生
	BEIDA YANYUAN DE QIANSHI JINSHENG
著作责任者	江　溶　王燕飞　著
责 任 编 辑	杨书澜　闵艳芸
标 准 书 号	ISBN 978-7-301-31914-7
出 版 发 行	北京大学出版社
地　　　址	北京市海淀区成府路 205 号　100871
网　　　址	http://www.pup.cn　新浪微博:@北京大学出版社
电 子 信 箱	minyanyun@163.com
电　　　话	邮购部 010-62752015　发行部 010-62750672
	编辑部 010-62750673
印 　刷 　者	三河市博文印刷有限公司
经 　销 　者	新华书店
	650 毫米×980 毫米　16 开本　31.25 印张　481 千字
	2021 年 11 月第 1 版　2021 年 11 月第 1 次印刷
定　　　价	88.00 元

未经许可,不得以任何方式复制或抄袭本书之部分或全部内容。
版权所有,侵权必究
举报电话:010-62752024　电子信箱:fd@pup.pku.edu.cn
图书如有印装质量问题,请与出版部联系,电话:010-62756370

前言：静读燕园

在中国的大学校园里，大概没有比北大燕园的知名度、美誉度更高的了。燕园中的"一塔湖图"，作为北大的象征，更是家喻户晓、有口皆碑。

然而，如果问：你知道北大校园为什么叫作燕园？那未名湖是什么时候有的？那博雅塔是什么人建立的？北大是从一开始就在这里的吗？……能说清楚的就不是很多了。

如果再往深里问：为什么有人说"偌大一个燕园里，装着一部深沉厚重的中国近代史"？为什么有人称这里是一块洋溢着"精神的魅力"的圣地？为什么司徒雷登病重时渴望将自己的骨灰安葬在燕园未名湖畔？……对这些问题，可能会有更多的人感到茫然了。因此，我们不时地会读到一些文章，误把这里当作老北大的校园，而她的开辟者燕京大学则被遗忘。

这种茫然、忽略或误解，对于只是跟着导游的小旗来"朝圣"过一趟的旅游者，或是只对北大有一般了解的人自然无可厚非，但若是在这个校园里学习、生活过的人，就说不过去了。

与一切价值丰厚的事物一样，燕园也不是从天上掉下来的，她也有着一部自己的有温度、有厚度的历史。

燕园的前身是明末米万钟的勺园和清代大学士和珅的淑春园，以及惠亲王绵愉的鸣鹤园、恭亲王奕䜣的朗润园等古园林。它们都曾有过自己的风光，可惜多毁于外国侵略者两次火烧圆明园的罪恶之火中。

20世纪20年代，司徒雷登等燕京大学的开创者，怀揣梦想，立志高远，不仅含辛茹苦地将昔日废园变为一出世就被誉为"世界上最美丽的校园之一"的燕园，而且在不长的时间里将燕大办成与北大、清华三足鼎立的一流大学，创造了中国现代教育史上的奇迹。

1952年经全国高校院系调整，燕大被撤销，北大从沙滩红楼迁入燕园。燕园因此有了更多的阅历,更多的内涵。

北京大学作为我国第一所国立综合性大学,诞生于清末,经历了民国、新中国建立,直至今天的改革开放。与大多数校园不同的是,北京大学校园并非只是一个时代的产物,在一百二十多年的风雨历程中,由城内马神庙、红楼、西河沿到西郊燕园,每一次扩大、更新或迁徙,都深深烙刻着时代的印记,记录着中国大学校园演变发展的历史。而历史是不可以忘记的。对北大人来说,现在燕园就是自己的"家",而且这个家有着非同寻常的历史。只有明了自己的"家史",才能确定自己的身份,明确自己的责任,也才能有慎终追远的情怀和继往开来的自觉。对我们国家和我们民族来说,这里也是一块至关重要的文化高地,也只有把握她的历史,才能光大她的传统,继续"以天下为己任"的担当。正是在这个意义上前校长许智宏在为《藏山蕴海:北大建筑与园林》一书所作的序言中把爱校和爱国联系了起来:"由爱校进而爱国,也是教育应有之本旨。"

在"左"倾思潮盛行,视山水园林为资产阶级情调的 20 世纪 60 年代初期,侯仁之教授就在他初版的《燕园史话》一书的序言中,向北大学子们询问:

> 当你在紧张学习之后,漫步未名湖边,静心观赏那妩媚多姿的水上景色而不禁心旷神怡的时候,你曾想到过这一片湖泊是怎样一个来历么?或者,当你走出图书馆、离开实验室、只身徘徊在环湖周围蜿蜒起伏的丘岗丛林间而顿觉如释重负的时候,你曾寻思过是谁在这里创造了这样的山林幽径么?

侯先生这番话,语气平缓亲切,命意却是沉重的。他这里实际讲了两层意思。一是燕园的历史不能忘记,要看,要回顾;二是因为她历史的丰厚、复杂,不能仅仅是"看",而且要"读",要"想",要"寻思"。

当然,侯先生此言不仅对北大学子有警示作用,对一切关心北大的国人来说也是有启示意义的。"外行看热闹,内行看门道",我们热忱地希望更多的国人真正读懂燕园,做北大的知音。

我们写作这本书,正是怀着这样的初衷。

现在,我们把寒暑所读、所思的一些体会奉献给读者朋友,也权当献给北大一百二十华诞的一份礼物——虽然有些迟缓,但是情感是真挚的。

礼轻情意重。我们期待着读者朋友的批评和方家的指教。

目　　录

前言：静读燕园　/ 001

上编　燕园的前世

一、米万钟勺园及其后续的故事　/ 003
    1. 米万钟其人　/ 003
    2. 诗情画意"风烟里"　/ 013
    3.《勺园修禊图》与"米家坟"　/ 021
    4. 弘雅园：马戛尔尼使团下榻的"国宾馆"　/ 024
    5. 集贤院：晚清历史上沉重的一页　/ 027

二、康熙皇帝与他的畅春园　/ 031
    1. 畅春园的兴衰　/ 032
    2. "千叟宴"和恩佑寺、恩慕寺山门　/ 035

三、巨蠹和珅与他的淑春园　/ 040
    1. 和珅其人　/ 040
    2. 从自怡园到淑春园　/ 047
    3. 从"墨尔根园"到"燕园"　/ 055

四、惠亲王绵愉与他的鸣鹤园　/ 056
    1. 鸣鹤园与镜春园　/ 056
    2. 绵愉其人　/ 058
    3. 鸣鹤园："鸣鹤在阴"的希冀　/ 060

4. 鸣鹤园的厄运与重生 / 064

五、恭亲王奕訢与他的朗润园 / 067
1. 奕訢其人 / 067
2. 朗润园:"视觉与精神的盛宴" / 071
3. 奕訢身后的朗润园故事 / 077

六、醇亲王奕譞与他的蔚秀园 / 081
1. 奕譞其人 / 081
2. "蔚秀":"蔚然秀雅"的期许 / 085

七、承泽园与它的几位主人 / 092
1. 承泽园:历史留下的宝贵财富 / 092
2. "依绿":英和"花木依然鬖发新" / 095
3. "承泽":奕劻难以承受之重 / 097
4. 文化:张伯驹浓得化不开的情结 / 099

八、从苏大人园到农园 / 108
1. 苏楞额与"苏大人园" / 108
2. 治贝子园与"红豆馆主" / 110
3. 治贝子园的新景观 / 111

中编　燕园的诞生和燕大的精神

一、燕园,司徒雷登的一个梦想 / 115
1. 司徒雷登及其家庭背景 / 115
2. 关于燕大校名的"战争" / 118
3. 踏破铁鞋觅新址 / 123
4. 艰辛的筹款之路 / 125
5. 慧眼识墨菲 / 129

二、废园上的营造 / 134
1. 墨菲的热忱和睿智 / 134
2. 燕大校方的执着和坚持 / 140

三、美丽燕园初长成 / 148
    1. "现实比我的梦想更清晰更美丽" / 149
    2.《燕园景观》:"发现美的眼睛" / 153

四、燕园建筑的温度 / 168
    1. 从西校门到办公楼的"前朝" / 168
    2. 以未名湖为核心的"后寝" / 177

五、倾听历史的声音 / 197
    1. 淑春园遗物 / 197
    2. 鸣鹤园遗物 / 207
    3. 圆明园遗物 / 209
    4. 颐和园遗物 / 224
    5. 畅春园遗物 / 225
    6. 长河遗珠 / 227

六、燕大一鸣惊人的起飞 / 233
    1. 司徒雷登:走出一条自己的路 / 233
    2. 栽下梧桐树,引得凤凰来 / 235
    3. 革故鼎新,锻造"金钥匙" / 241
    4. 燕大的"最有用"与国际化 / 243
    5. 伴随着伟大斗争而成长 / 248

下编　燕园的今身

一、从红楼到燕园 / 259
    1. 两校"历史因缘之了结" / 259
    2. 新旗杆:红楼汇入燕园的第一泓清泉 / 264

二、一脉相承:历史伟人的"入住" / 268
    1. 蔡元培与李大钊 / 268
    2. 入住新北大的第一位"洋人" / 272

三、慎终追远：先烈先贤和国际友人的会聚 / 279
   1. 北京大学革命烈士纪念碑 / 279
   2. "三·一八"遇难烈士纪念碑 / 287
   3. 国立西南联合大学纪念碑 / 289
   4. 葛利普教授之墓 / 292
   5. 埃德加·斯诺之墓 / 294
   6. 赖朴吾、夏仁德墓园 / 300
   7. 司徒雷登的遗憾 / 307

四、又一个甲子的风雨兼程 / 309
   1. 从西迁燕园的琅琅书声到雨过天晴的书声琅琅 / 309
   2. 从"向科学进军"到登上国家最高科技奖的领奖台 / 318
   3. 从"新人口论的危言"到真理标准大讨论的序曲 / 322
   4. 从"团结起来，振兴中华"到向世界一流迈进 / 329

五、"只留清气满乾坤" / 337
   1. 燕南松风 / 338
   2. 燕东星光 / 386
   3. 朗润荷韵 / 400
   4. 镜春从游 / 426
   5. "一塔湖图"解读 / 435

六、燕园新建筑素描 / 445
   1. 古园风貌和燕园新建筑 / 445
   2. 人文之器 / 450
   3. 腾飞之翼 / 465
   4. 少年气象 / 473
   5. 不忘初心 / 477

参考文献 / 486

后记：内心的召唤 / 489

上编　燕园的前世

和北京大学结有缘分的,有多处古园林。

从明末米万钟的勺园到清初康熙皇帝的畅春园、弘雅园,从乾隆年间大学士和珅的淑春园到晚清惠亲王绵愉的鸣鹤园、恭亲王奕䜣的朗润园、醇亲王奕譞的蔚秀园等,它们都有着自己一段不寻常的风景和历史。

正是这些曾经的风景和历史,构成了燕园的前身。她美丽,辉煌,而又辛酸,苦涩。

往事如烟。这曾经的风景和历史,都已飘散在历史的长河之中。

往事又并不如烟。这曾经的风景和历史,都已成为我们不能忘却的记忆。

这份记忆,是我们民族近代历史的一个组成部分,也是北京大学永远的精神财富。

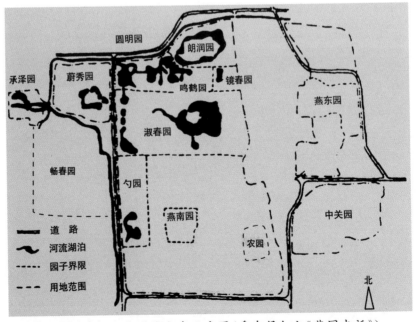

北京大学部分古园林分布示意图(采自侯仁之《燕园史话》)

一、米万钟勺园及其后续的故事

我们从米万钟勺园及其后续的故事谈起。

勺园及其后续的故事在燕园历史上有着非常重要的意义。

侯仁之先生《燕园史话》云:"北京大学校园本部西南隅的一带地方,面积不大,也比较偏僻,但是从历史上来说,这却是全校开辟最早的一处园林,也就是晚明时期在京郊享有盛名的勺园故址。"

侯先生这里讲了两个要点:一是勺园是全校开辟最早的园林;二是当时"享有盛名"。为什么享有盛名呢?因为它极具中国文人园林的清雅风范。既开辟最早,又彰显了高贵的园品与人品,这就关乎燕园文脉开启的问题,因而意义重大。

勺园后续的故事也值得铭记。

入清以后,康熙皇帝在修畅春园的同时,将勺园旧址改建为"弘雅园",到嘉庆帝时又改成"集贤院"。正是在这弘雅园和集贤院内,发生过一些与中国近代史有关的大事。因此,当有人说"这偌大一个燕园里,装了一部深沉厚重的中国近代史"的时候,这里书写的就是开篇几页。

1. 米万钟其人

明末大造园家计成《园冶》一书认为,园亭兴筑"三分匠、七分主人"。这是说,园景的优劣高下,主要取决于主人("主人",指"能主之人",即园主或聘请的设计者)的人格情操和艺术修养的高低。同一座园子,如果更换了主人,面貌和气质就有可能发生很大的改变。同时,园主人的园居生活亦关乎园林的品格,也值得关注和研究。

米万钟既是勺园的主人,又是勺园的设计者,并有丰富的园居生活,

勺园勺海亭(《纪念北京大学建校一百周年藏书票》)

所以,我们在品评勺园时,先要对米万钟其人有一个了解。

"水境慈母"与庙堂清流

米万钟(1570—1628),明代书画家,字仲诏、子愿,号友石、湛园、文石居士、勺海亭长、海淀渔长、研山山长、石隐庵居士等。锦衣卫籍。陕西安化(今甘肃庆阳市庆城县)人,随父徙居北京宛平县,宋代大书画家米芾(南宫)后裔。

其父米玉,曾任昭信校尉锦衣卫百户。其兄米万春,隆庆五年(1571)考中武进士,任分守通州参将;其弟米万方,在锦衣卫任锦衣冠带总旗。

米万钟万历二十二年(1594)中举,翌年考中进士,列三甲164名。其后,分别补任四川铜梁县令、江苏六合县令。万历三十八年(1610)迁户部主事,后又至浙江、江西、山东等地任职。他为人正直,为政清廉,关心民间疾苦,注重文化教育,所到之处,无不称颂,有"水境慈母"之誉。

米万钟对权奸佞臣却刚直不阿,决不同流合污。明神宗死后,朝政混乱,大宦官魏忠贤乘机把持朝政,后又得明熹宗宠信,网罗党羽,阉党爪牙一时遍布朝廷内外,要害部门尽为其把持。许多官员趋炎附势,米万钟则孤松独立,与阉党格格不入。宦官前来求书画,他都一律谢绝,对炙手可热的魏忠贤也不例外。天启五年(1625),终因屡次发表不满阉党专政的言论,遭魏忠贤爪牙倪文焕弹劾诬陷为东林党魁而被削职夺籍。直到崇祯元年(1628),魏忠贤集团溃灭,倪文焕被处死,他才得以复职起用,任太仆寺少卿理光禄寺寺丞事。然而,当时的朝政已陷入极其腐朽黑暗的境地,他忧国忧民,积劳成疾,于是年驾鹤西归,终年59岁。

米万钟为官清正,人格高尚,身前身后都为人敬重。清吴振棫《养吉斋丛录》所载一事可为佐证:"米太仆万钟勺园在畅春园侧,卒即葬焉。迨御园成,其家以逼近故,欲改卜,圣祖知之,命弗迁,仍许岁时上冢。"由此可见,连康熙皇帝也很敬重米万钟。只不过因为诗文书画和园林建造等方面的盛名,反而使后人很少关注他政治方面的表现了。所以,有人说他是一位"书名掩其政名者"。

"南董北米"

米万钟自幼勤奋好学,又毕生手不释卷,故博才多艺,不仅诗文翰墨驰誉天下,在书画、石刻、琴瑟、棋艺及造园艺术等方面亦均有很深的造诣。其一生著述丰赡,计有《澄澹堂文集》十二卷、《诗集》十二卷、《易经》十二卷、《石史》十六卷、《象纬兵铃》十二卷、《琴史》八卷、《奕史》四卷、《篆隶考伪》二卷等。

米万钟主要成就在书画方面。时人称其"驰骋翰墨,风雅绝伦"。其书法与董其昌齐名,时谓"南董北米"。亦有人将其与董其昌、邢侗、张瑞图并称为"明末四大书家"。其绘画风雅高古,气势浩瀚。徐沁《明画录》谓"米万钟画山水,细润,精工皴斫,幽秀渲采,备极研洁,自足名家"。

米万钟有多幅书画作品传世。除北大珍藏的《勺园修禊图》以外,北京故宫博物院藏有他的《竹菊图》《竹石菊花图》等。其中有一幅书法作

[明]米万钟《峰峦清逸图》

品,是他在一块白绫上写的《烂柯山》绝句一首:"双丸阅世怪他忙,为羡仙翁岁未央。假尔片时成异代,人天却比洞天长。"这幅作品写得笔墨飞舞,毫无馆阁气味。苏州博物馆藏有他天启元年(1621)所作《刘景孟八十寿诗》轴,洒金笺,凡5行,共806字;纵171.1厘米,横40.6厘米。评家称其用笔劲健丰润,提按轻重分明,书写时笔锋富有弹性,点画凝重而轻灵活泼,字态多以纵取势,时以拙取巧,俯仰向背之间颇有情姿。全篇布局上密下疏,但整体效果上仍然十分和谐。通观全幅,其书法流利自然,不愧为大家手笔。另外,还有天津艺术博物馆藏《秋山萧寺图》、上海博物馆藏《雨过岩泉图》、苏州博物馆藏《红杏双燕图》、山西博物馆藏《勺园次韵诗》轴、香港虚白斋藏《碧溪垂钓图》、日本大阪市立美术馆藏《山水图》等。在民间亦有收藏,如日本私人所藏《峰峦清逸图》,就是一幅很有韵致的佳作。

清李维桢《米仲诏诗序》又称赞其诗文与人品:所谓"将事触景,兴会辐辏,发言为诗,登高作赋,如取如携",其人则风姿秀拔,谈吐锦绣,"姿仪朗润,玉立霞举,谈谑辩答,拔新领异,四作厌心"。又,清王崇简《米友石先生诗序》称其"以诗文书画名天下","虽妇人孺子,无不知其名者"。而最为人津津乐道的,是他的"米家四奇"。

"米家四奇"

所谓"米家四奇",即是指闻名遐迩的米家园、米家灯、米家石和米家童。每一奇,时人都有歌谣传颂之。

这四奇中,闹得动静最大的是"米家石"。

米万钟爱石成癖,其痴迷劲儿一点也不在人称"米癫"的乃祖米南宫之下。故时人目为"石痴",他亦自号"友石"。据载,他一生走了很多地方,为寻奇石跋山涉水,不畏艰险,收藏了大量奇异怪石。他有一套自己的"相石之法",对每一块石头都细心观察,认真品评,画貌题赞。收藏在北大图书馆中的《绢本画石长卷》即是他这方面心血的结晶。

其间,还时有故事发生。据说他在六合县令任上,第一次见到雨花石,叹为奇观,于是悬高价收购。"上有所好,下必甚焉",当地藏家争相割爱献石,一时之间诸多奇石汇聚于米氏之手。自此他公务之余,常于"衙斋孤赏,自品题,终日不倦"。有时也请人前来观赏。每次示宝之前,都要

"拭几焚香",并设宴招待。在众多奇石中,他将其中15枚绝佳的奇石,分别题以"苍松白石""庐山瀑布""藻荇纵横""万斛珠玑"等美名。他还将所藏珍品绘图题咏,这些品题一直流传至今。

清汪启淑《水曹清暇录》曾记载有一个米万钟与房山奇石的轶事:"房山向有玲珑巨石,高约三丈,广几七尺,色青润而洞透。米万钟曾竭力欲运安勺园,行次良乡,石重竟不可致。乾隆年间,取入万寿山之乐寿堂,锡名'青芝岫'。"这件轶事,后来在民间衍化为"败家石"的传说。说米万钟见到这块天下少有之奇石后,抚摩良久,兴奋得不能自已,于是痴性大发,欲将此石搬到勺园之中。然此石太重,无法起运。出于爱石之心,他不惜花费重金,雇了数百人,先修道挖井,隆冬时井水洒在路面上,冻成厚厚的冰道,然后又雇了44匹骡马,拉了七天,方将此石拉下山,然后又花了五天时间从房山运至良乡。正当他准备一鼓作气,将巨石运到勺园的时候,却不幸遭魏忠贤阉党的迫害而罢官(一说因耗尽家产)而无力继续拖运,只好将巨石弃之路旁。当地乡民由此认为此石不吉利,遂称其为"败家石",从此无人问津。到了清代,乾隆皇帝赴西陵扫墓路经良乡发现此石,

颐和园乐寿堂前的"败家石"——青芝岫

喜出望外，见其"石岩突兀如青芝出岫"，便名之曰"青芝岫"，并下旨将此石运回清漪园（颐和园）。因其巨大，运至"水木自亲"码头后不得不破门而入。这便是今日人们所见乐寿堂前的"青芝岫"。对此，乾隆的母亲很为不满，咒骂此石："既败米家，又破我门，败家石啊！"

米万钟虽遗房山奇石，但曾另有所得。清吴振棫《养吉斋丛录》载：米万钟曾得巨石"青云片"，后被移至他城里的湛园。幸运的是，此石今安置在北京中山公园内。米万钟还在湛园中辟有"古云山房"，专收各种奇石。包括珍贵的"锁云石""非非石"等。

米万钟为何如此嗜石

一个最重要的原因，是得了乃祖宋代大书画家米芾（元章）的嫡传，患了中国文人的"通病"。

中国文人有玩石的传统，白居易、苏东坡等唐宋文人尤爱石成癖。米芾更是嗜石如命，人称"米颠"。他曾自嘲道："癖在泉石终难医。"他在江苏涟水做官时，经常藏在书屋玩石不出。在安徽无为牧民时，还曾有跪拜"石兄""石丈"的佳话。费衮《梁溪漫志》载："米元章守濡须（今安徽无为），闻有怪石在河壖，莫知其所自来，人以为异而不敢取。公命移至州治，为燕游之玩。石至而惊，遽命设席，拜于庭下曰：'吾欲见石兄二十年矣！'"叶梦得《石林燕语》亦载："知无为军，初入州廨，见立石颇秀，喜曰：'此足以当吾拜。'遂命左右取袍笏拜之。每呼曰'石丈'。"

石兄，石丈，意即石夫子、石先生，皆俨然一人也。

米芾在长时间与石为友的亲昵中，还总结出四字相石经：瘦、漏、透、皱。此相石经已然成为后世相石的经典，无论是以清、丑、顽、拙评之，还是谓之苍、雄、秀、深等，皆是脱胎于此。

中国的文人雅士们如此嗜石是有其深刻的文化原因的。

他们爱石，不是猎奇，不是无聊，更不是炫富，而是一种美的享受，一种精神的渴求。诚如朱良志《顽石的风流》一书所言，那默默无言的顽石，寄托了中国文化太多的感情，帮助他们认识了生命的真谛和宇宙的秘密，"中国人玩石，与其说是品石，倒不如说是品人，通过石来品味人生，品味生命"。

米万钟爱石，还与钟爱文人园林有关。这一点，也是得自乃祖米芾的真传。

[明]陈洪绶
《米芾拜石图》

朱良志在上引书中还指出,所谓文人园林,并非特指具有较高文化水准的文人士大夫所创造的园林。这里的"文人"非指身份,而是指一种与重技术、重体量、重外在气势的园林相对的一种园林范式。它重视诗意境界的创造,而不是外在的形式铺排;重视心灵的体验,而不是外在技术性的追求。

中国园林发展中"文人园林"的萌芽始于唐代,到明代中期即蔚为大观。其间,北宋是其生长发育的一个重要阶段,米万钟的先祖米芾则是这种园林范式的极力推阐者和实践者。他所做"研山园",就是以文人的雅趣作为重要的追求,并获得了成功。而在文人园林的构筑中,"石"是一个极为重要的角色。计成《园冶》说:"片山多致""寸石生情""伟石迎人,别有一壶天地"。正是在这一拳石、一勺水的精神构筑中,伸展了人的心灵,极尽了大千意味。有的顽石还可成为园林的灵魂,如苏州留园的冠云峰就是一个范例。据冯多福《研山园记》载,米芾所做研山园中,石就起有重要作用:"以一拳石之多,而易数亩之园,其细大若不侔,然已大而物小,泰山之重,可使轻于鸿毛,齐万物于一指,则晤言一室之内,仰观宇宙之大,其致一也。"

米万钟对文人园林情有独钟,自对奇石更为痴情。他在勺园主体建筑勺海堂置有奇石(今立于鸣鹤园赛克勒考古与艺术博物馆院中,为勺园唯一实物遗存)。此石为"米友石",也有人称"败家石"为"大青",此石为"小青"。青者,青芝岫之谓也。青睐"小青",就显示了他独到的眼光,未尝不可将其视为勺园之灵魂和园主独立人格的表征。当年勺园中还置有不少奇石。明人咏勺园诗中就有不少是赞其叠石之美的,如"垒石诧巉岩""岩姿奇向七支藏"等。

今置于赛克勒考古与艺术博物馆院中的勺海堂奇石

"米家四奇"中,艺术含量最高的是"米家园"。米万钟出任河南、四川、江苏三个县县令的十五年时间里,深受南方山水园林的熏染,对我国南方的水乡秀色和文人园林建筑产生了浓厚的兴趣,加之乃祖米芾嗜园的基因以及试图在京师喧嚣政治环境中安置自己心灵的内在驱动,他在万历三十八年(1610)入京师供职后,便先后建造了三个园林:其寓所附近的"湛园""漫园"和海淀的"勺园"。其中的勺园最为有名。都中人士无不为之耳目一新,交口称赞。当时京城有这样一首诗:

> 一奇奇是米家园,不比人间墅与村。
> 天与山川共赏会,人将鱼鸟共寒温。
> 莫非地转昆仑圃,定是池非阿耨源。
> 试想主人游涉日,仙耶佛耶任评论。

米万钟自己对勺园也格外珍爱,以"勺海(勺园中一个主要景观)亭长""海淀渔长"等自号并将此二号刻成印章,钤于书画作品之上。他还饶有兴致地把勺园景色描绘在花灯上,灯上园景"丘壑亭台,纤悉具备"(明蒋一葵《长安客话》),于是又有了走红京城、因画而贵的"米家灯"。当时有文士为米家灯题诗:"天工暂许人工借,山色遥从夜色翻。"其实,他画米家灯,深层意味并不在夸耀勺园景色之美,而是如《长安客话》所说"仲诏念园在郊关,不能日涉",所以只能学学南朝画家宗炳了:《宋书·宗炳传》说宗炳好山林之趣,遍游名山大川,晚年因足疾,不能外出游览,遂将所历名山大川图于四壁,然后面壁弹琴。他说:"抚琴动操,欲令众山皆响。"这时,山水对他表现为一个音乐的境界,于是,可以拿音乐的心灵去领悟宇宙,领悟"道",这就是中国美学史上有名的"澄怀观道,卧以游之"。

至于"米家童",一般说是米万钟家风肃然,善于教子,其二子一女皆清秀俊雅,知书达理。尤其是长子米寿都(吉土),能诗善文,入清后曾任江苏沭阳知县,有《吉土诗集》传世。贾珺《北京私家园林志》一书则认为,从时人"四奇奇是米家童,不在娇喉与娈容""天教速变男儿相,人莫还猜儿女唇"的诗句看,这些男孩当是"专门蓄养的优童",他们"具有女性般的美貌和歌喉",由此推断园中应同时设有观戏场所。

2. 诗情画意"风烟里"

勺园,又称"风烟里"。其外园柴扉门上的题额即是"风烟里"这三个大字。

据侯仁之先生《燕园史话》考证,"勺园不仅是我校校园开辟最早的一块地方,同时也是海淀园林开辟的先驱"。

幽燕之都北京水资源并不丰沛,但勺园所在的海淀却得天独厚。明刘侗、于奕正《帝京景物略》云:"水所聚曰淀。"约在七千年以前,古永定河流出西山,在石景山一带折向东北,再由今西苑、清河镇北部汇入温榆河。今海淀镇以西直至玉泉山、万寿山等均在该河河道的波动区域之内。距今四五千年前,永定河改道向东南,原来的河道变为低地,常年聚水便成"海淀",并使这里拥有玉泉山水系和万泉河水系。后来,农人在这里艺稻植荷,至元明时期便呈现出一派碧波荡漾、红荷接日、稻花香里话丰年的江南风光,吸引了一些京城的文人雅士前来泛舟唱和,"输君马匹西城去,十里荷花海淀还",此地便因此获得"丹稜沜"的美名。不少文人名士都在这里留下足迹和诗句。如明文徵明有"十里青山行画里,双飞白鸟似江南"的佳构,曹雪芹的祖父曹寅亦有"雁被西风驱遣,人被西山留恋"的吟咏。

同时,海淀又临近西山,有逶迤环列、如屏如障的峰峦远景作园亭空间的拓展,亦成为造园的天然优越条件。因此,这里很早就成为皇室贵戚修建离宫别院的理想之地。玉泉山下,辽建有行宫,金代建有离宫芙蓉殿,元代建有昭化寺。从明代开始,一些达官显宦和文人学士也开始在这里营造自己的私家园林。及至明中叶,北京西郊园林日益增多,其间最负盛名的即是清华园和勺园。清宋起凤《稗说》即言:"京师园囿之胜,无如李戚畹之海淀、米太仆友石之勺园二者为最。"

那时,私园多以园主之姓为名,故清华园又名李园,勺园又名米园。

"游者必称米园"

勺园与李园相邻,一在东一在西。两园虽然仅有一墙之隔,旨趣、规模和气象却不大一样。李园"绮艳绝世",是"雄拓以富丽胜"的明代京城贵戚勋臣园的代表,勺园则是崇尚山林之风、迷恋江南风光的文人园之代表。

李园的主人李戚畹,过去一般都认为是官封武清侯的李伟,他是万历皇帝的外祖父。但经研究者考证,李园的主人应是嗣祖父之爵的李伟之孙李诚铭。据清于敏中等编撰《日下旧闻考》引《譽訏》载,李园落成之时,曾请"邻居"大书法家米万钟为其"颜之曰'清华'",亦即题写园名。由此可见勺园成于李园之前。勺园建成时间是万历四十二年(1614),那时李伟已去世31年。

还需说明的是,此李园并非今清华大学校内的清华园。据苗新《熙春园·清华园考》,清华的清华园最初是康熙第三子胤祉赐园熙春园东半部,始建于康熙四十六年(1707)。乾隆三十二年(1767)附归圆明园。道光二年(1822)一分为二,东称涵德园,西称春泽园。咸丰帝即位后改涵德园为清华园,并御题园额,是为清华园得名之始。

明代李氏清华园是当时北京最著名的一座豪门园林。其规模巨大,方圆十里,广达数百亩。《日下旧闻考》引《明水轩日记》云:"清华园,前后重湖,一望漾渺,在都下为名园第一。若以水论,江淮以北,亦当第一也。"园中建筑设施也豪华钜丽:"侯门矜壮丽,别墅也雕甍"(《帝京景物略》引《集李戚畹园》);"雁翎桧覆虎纹墙,夹道雕栏织画梁。锦石三千成翡翠,珠楼十二绕鸳鸯"(洪业主编《勺园图录考》引《珂雪斋集选》)。

[明]仇英《清华园》

相形之下,米万钟勺园就要"寒俭"多了。清孙承泽《春明梦余录》云:"海淀米太仆园,园仅百亩。"明代大书法家王铎《米氏勺园》更是说,勺园造型朴素,整体风貌颇似江浙村落:"郊外幽闲处,委蛇似浙村。"

因此,明薛冈《天爵堂文集笔余》云:"都人皆极羡贵戚李园绮艳绝世,而以勺园为寒俭不足观。"不过,据《春明梦余录》云,京城不少文人雅士却不这么看,他们心仪的还是勺园:"旁为李戚畹园,钜丽之甚,然游者必称米园焉。"

那么,京城文人雅士何以钟情米园呢?主要原因就在于,在江南文人园林幽野自然风尚的影响下,达官贵人崇尚的"巨丽"已不入明清文人园林欣赏者之眼了。所以,《天爵堂文集笔余》云:"米氏海淀勺园,一洗繁华。蒿径板桥,带以水石,亩宫之内,曲折备藏,有幽人野客之致,所以为佳。"《帝京景物略》载:明末朝中清流的代表人物、宰辅叶向高亦曾如此评价二园——"李园壮丽,米园曲折;米园不俗,李园不酸。"清宋起凤《稗说》亦云:"米园具思致,以幽宜胜。李园雄拓,以富丽胜。"

确实,从时人关于勺园的诗词、游记和米万钟自己绘制的《勺园修禊图》、好友吴彬的《勺园祓禊图》看,勺园无论是在园林布局还是在园林建筑等方面,都是匠心独运,非常不俗。

"至门惟见水,入室尽疑舟"

据明沈德符《万历野获编》一书云:在园林设计方面,"米仲诏进士园,事事模效江南,几如桓温之于刘琨,无所不似"。米万钟自己也说:"先生亦动莼鲈思,得句宁无赋小山。"这种模效,获得了巨大的成功。明末著名文学家王思任《题米仲诏勺园》就云:"梦到江南真已到,吴儿歌板放秋舡。"

勺园以水取胜。《春明梦余录》云:"一望尽水,长堤大桥,幽亭曲榭。路穷则舟,舟穷则廊,高柳掩之,一望弥际。"公安派的代表人物袁中道《七夕集米友石勺园》诗云:"到门惟见水,入室尽疑舟""看山真是近,得水最为多"。确实,米万钟将自己创作书画的体验应用到造园之中,让水真正成为园子的主角和灵魂:如同作山水画一般,以碧波荡漾的水面为画布,点以堤桥、岗、阜及定舫、曲廊等水上建筑分隔水面,从而在有限的空间里创造出清流萦回、曲径通幽、烟水迷离的无限景致和广阔意趣。

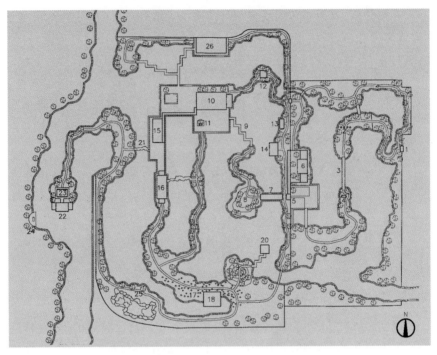

勺园平面图（采自贾珺《北京私家园林志》）

1.风烟里（园门）2.牌坊 3.缨云桥 4.雀浜（照壁）5.文水陂 6.小院 7.定舫 8.松风水月 9.逶迤梁 10.勺海堂 11.湖石 12.泉亭 13.濯月池 14.燕云楼 15.太乙叶 16.水榭 17.林于澨 18.翠葆楼 19.松坨 20.茅亭水榭 21.槎枒渡 22.水榭 23.石台楼阁 24.半圆石合 25.假山 26.后堂

  贾珺《北京私家园林志》根据古人的史料，在前人研究成果的基础上绘制了一幅《勺园复原平面图》。现在，我们就以这幅图为向导，参照米万钟自己的《勺园修楔图》、吴彬的《勺园祓楔图》以及陈从周、蒋启霆编《园综》收录的明孙国光《游勺园记》，去勺园探胜求宝——

  勺园用垣墙分为内外两园：东部为外园；西部为内园。外园园门朝东，为一简易柴扉，上书"风烟里"。入门为长堤，沿长堤西转南折，过一道牌坊，有"危桥之耸"，形似垂虹，桥名"缨云"，桥下通舟。站在桥上可以眺望内园景致，游园之前可如《游勺园记》所指出的："先令人窥园以内之胜，若稍以尝游人之馋想者"。方拥主编的《藏山蕴海：北大建筑与园林》一书认为，这种布置很是独特，"古典园林的出场通常是'犹抱琵琶半遮面'，避免游客一入园就看到所有景色，到游园结束时，才设一座高楼，登楼一望，

今日勺园水景

全园尽收眼底,有豁然开朗之感。这座大桥是勺园的独创,站在桥上眺望似乎对勺园已了然于心,但入园后才发现并非如此",这样无疑会大大增加游园的乐趣。

缨云桥下有一艘长方形的船在水中游弋,这便是可供游人泛舟水上的"海桴"。明蒋一葵《长安客话》引黄建《荡舟》诗云:"偶为乘凉坐海桴,一湾流水澹鸥凫。"

过桥后迎面屏墙(照壁)一堵,墙上嵌有巨石,上刻"雀浜"二字,由此沿着长堤转180度,方到达内园。内园园门上悬"文水陂"额。院内,有书斋"定舫"跨于水上,外观似桥,又似船。西边有土山临水,松桧蟠然,有额曰"松风水月"。再前行,土山突然为水所断,以九曲桥相通,其形宛若盘龙,桥名"逶迤梁"。逾梁而北,为勺园正堂勺海堂。"堂前怪石蹲焉,括子松倚之。"(《游勺园记》)其右为曲廊,有屋如舫,似浮水仙舟,名"太乙叶"。夏秋时节,周边水池中白莲盛开,芳香袭人。东南皆竹,有碑名"林于澨"。竹林中有高楼浮现,名"翠葆楼",亦称"翠葆榭",《游勺园记》认为这里是园中观赏园景和西山秀色的最佳处:"登斯楼也,如写一园之照,俯看池中田田,令人作九品莲台想,更从树隙望西山爽气,尽足供柱笏云。"

从楼下往东,有土岗临水,其上有数棵松树枝干遒劲,高大参天,名曰"松坨"。坨之东为"茅亭水榭",以茅草苫顶,朴素可人。

自翠葆楼绕园西南岸北行,有石笋林立,怪石嶙峋,极尽峻峭峥嵘之势,大有林壑深秀之态。园之西侧,水旁以古树根充作渡桥,名为"槎枒渡"。再北有一榭临水,后接一石台,台上有高阁,名为"色空天",内供观音大士像。从此处再通过曲廊与"最后一堂"相接。入堂开北窗则"稻畦千顷"。园外西北方向略远处,还可见一座大型石拱桥,此即海淀名胜娄兜桥(也叫篓斗桥),桥旁依稀有农舍小院。在造园艺术上,是绝妙的"借景"。

由此再返回勺海堂,经水榭,有一小亭,亭中有一泓奇特泉眼,似藏莲花于其中。从亭折而南,有"濯月池",池在屋中,池形与窗棂皆如偃月。池南为浴室"蒸云楼"。

经如此一游,勺园之"曲"已略可领会。然而,勺园的妙处更在于"迷"。米万钟把勺园变成了一个迷宫。他的布景原则是,"水之,使不得径也;栈而阁道之,使不得舟也"。即是说,景致之间用水隔开,使路无法直通,同时又以桥、屋为界,使船不能穿行。因此,常常景致已近在眼前,却隔有水流,不能直达,如《游勺园记》所云:茅亭水榭"正与定舫直,而不相通";最后一堂"堂前与勺海堂直,仍是莲花水隔之,相望咫尺不得通";蒸云楼"仍与定舫直,而不相通"。如此曲折辗转,门移户换,使得游人"卒不得入,即入也不解何出",以致有人"再三游赏仍迷惑,园记虽成数改删"(《帝京景物略》引公鼐《勺园》诗)。何以如此?王思任《米太仆家传》云:此乃园主人故意为之,"客方闷迷,公乃快"。正是这种"迷"使游人和主人都得到一番难得的乐趣。

米园在品题定名方面也极有特色。园名"风烟里",谦称其小而简陋,亦描绘了园子周边的环境风光,颇富文人清雅高洁之气。匾额则用典古奥,且与景色合宜,特有文化气息。如正堂名"勺海堂"隐含"取海淀之一

一、米万钟勺园及其后续的故事　　019

[清]吴彬《勺园祓禊图》(采自贾珺《北京私家园林志》)

勺"的立意；画舫名"太乙叶"以道教太乙真人莲叶舟典故暗示周围的水池莲花，有飘然若仙之意；拱桥"缨云"则借自佛经中"缨络云色"的典故。据《中国古代服饰大观》载，"缨络"又作"璎珞"，原为古代印度佛像颈间的一种装饰，后随佛教传入中国，唐代时被爱美求新的女性模仿和改进而为项链，加之其形制较大，于项饰中最显华贵。米万钟此处借用，应是着眼于桥与水面倒影相合所成的圆环状。其他像"逶迤梁""雀浜""文水陂""林于潆""槎枒渡""蒸云楼"等命名也都形象、生动而富有情趣，俱颇切所题对象之形态或气质。故明蒋一葵《长安客话》赞其"种种会心，品题不尽"。更为难得的是，园中匾额或集自前贤名帖，或由自己动手，或请当时大书家书丹，如"缨云桥"取自苏东坡，"雀浜"取自黄庭坚，"文水陂"取自吕洞宾；"定舫""松风水月""逶迤梁"等自书；"勺海堂"由当时书家吴文仲篆，"太乙叶""林于潆""翠葆楼"由当时书家邹迪光书。贾珺《北京私家园林志》认为，这些题额或篆或楷或隶或行，"典雅已达极致，几成绝唱"。

　　米园不仅在视觉景观、意境的创造方面极有造诣，在声境的创造方面，也显示了不凡的功力。声境的创造是中国古典园林的题中之意，江南园林中就曾有听雨轩、听橹楼等佳构。声境可以创造，也可以借，《园冶》云："梵音到耳，萧寺可以卜邻"，即是借临近寺院的鼓磬诵经之声。勺园中的声境十分优美。如《游勺园记》就几次提及："未入园，先闻响屦声"，"此中听布谷鸟声与农歌相答""黄鹂声未曙来枕上，迄夕不停歇""午后再雨，同西臣饭太乙叶中，听莲叶上溅珠声，快甚"等。水流声、鸟鸣、农歌、雨打荷叶声在这里汇成一曲优美的田园牧歌和静谧的园林小夜曲。

"诗意地栖居"

　　私家园林的品位，不仅表现在园林布局和景致风格上，也直接表现在环境氛围和具体的园居活动中。

　　李园的主人是皇亲国戚，他造园林，为的是彰显皇家气派，贪图奢华享乐。明梁清标《李园行》曾描绘过李园的游宴盛况："戚畹生当全盛世，张筵招客多贵游。十五妖姬侍后阁，千金骕骦罗前头。朱履称觥金凿落，牙樯载酒木兰舟。胜赏四时欢不改，花落花开春常在。"

　　米万钟则不然，他筑勺园，只是为取"海淀一勺"，有一个暂时躲避肮脏的权力中心、"悠然把酒对西山"的所在：

> 幽居卜筑藕花间,半掩柴扉日日闲。
> 新竹移来宜作径,长松老去好成关。
> 绕堤尽是苍烟护,傍舍都将碧水环。
> 更喜高楼明月夜,悠然把酒对西山。
>
> (《海淀勺园》)

1625 年,因得罪权臣被削职夺籍后,他果然就蜗居在这里"疗伤"。

而平时的园居生活中,他们更多的是夏赏花、秋观叶、冬踏雪的闲适和应时的文人雅集。例如,立春、二月十二日花朝、三月初三上巳这几个重要的春日前后,往往都要在园中聚会赏花、临水宴饮。尤其是常于三月三日举行的修禊活动。修禊,意在祓除岁秽,获取新生,后来逐渐演变为文人雅集的盛会。王羲之《兰亭集序》云:"永和九年,岁在癸丑,暮春之初,会于会稽山阴之兰亭,修禊事也。"那天,文人雅士们曲水流觞,"仰观宇宙之大,俯察品类之盛,所以游目骋怀",偃仰啸歌,一古今而渺宇宙,是一次心灵的大解放。明万历四十三年(1615 年)米万钟勺园刚成之际,即效法书圣王羲之,修禊于勺园,并请好友吴彬作《勺园祓禊图》,以志新园甫成。两年后,米万钟又依其为蓝本仿作《勺园修禊图》,于是便有了这两幅宝贵的勺园图像。其他像七月初七七夕节、七月十五中元节、八月十五中秋节、九月九重阳节等,也往往有聚会宴集、啸歌咏诗。著名诗人袁中道就留有《七夕集米仲诏勺园》诗。

如是观之,勺园"幽居之乐",几可直追陶渊明之"采菊东篱下,悠然见南山"了。

3.《勺园修禊图》与"米家坟"

殊为可惜的是,米万钟如此钟情的"风烟里",早已消逝在历史的长河中。在清初顺治年间,王崇简应米万钟之孙米紫来之请写《米友石先生诗序》时,勺园已破败不堪。

好在《勺园祓禊图》和《勺园修禊图》为我们留下了珍贵的"图像"资料。《勺园修禊图》是一幅手卷长轴,高仅 30 厘米,长却近 3 米,读时自右向左,随着手卷的徐徐展开,昔日勺园的风景一一展现在我们的面前。

1992年，学校复制《勺园修禊图》以广流传，又适逢北大《国学研究》创刊，侯仁之先生应约为该刊作专文《记米万钟〈勺园修禊图〉》，而这一年正是他来燕园的第六十个年头。

侯仁之先生在这篇专文中谈到，《勺园修禊图》乃是他的业师燕大教授洪业先生当年所得。洪先生将其珍藏在校图书馆，又尽收所及见之文献，作《勺园图录考》。这是燕大最早研究勺园和燕园古园林的著述。侯先生文章对《勺园修禊图》的复归极为欣慰："今昔景物悬殊""图中所见，几乎尽近虚幻缥缈之中""然则考其地望、辨其源流、追踪其来龙去脉，虽已时移势易，而昔日勺园风貌，犹可再现于今日校园之中，是米氏写实旧作之弥足珍贵者"，若以孙国光《游勺园记》及孙国敉《燕都游览志》等史料作披览《勺园修禊图》之参考，"俾得心领神会而意境无穷矣"。

1998年北大百年校庆，学校又根据侯仁之先生的建议，在美国学者欧迪安女士的资助下，将《勺园修禊图》精心复制，并作为珍贵的校礼，赠送给捐资修建北大图书馆新馆的李嘉诚先生和来华访问并到北大讲演的

侯仁之夫妇与筹资复制《勺园修禊图》的美国朋友欧迪安（左二）夫妇合影。

美国总统克林顿等贵宾。

吴彬所作《勺园祓禊图》原收藏于清末重臣翁同龢家中,其后人翁万戈先生于2010年9月将此画赠予北大,由时任校长周其凤接受,现亦收藏于北大图书馆中。

就这样,四百多年前的勺园风貌又得以"再现于今日校园之中"。北大作为中国最高学府之一,校园里曾经有过这样的风景,实在是一件幸事!

更为重要的是,应该看到,勺园的珍贵之处还在于,米万钟以其高洁的人格和绚丽的文采为燕园开创了独具特色的文脉。其后,从绵愉栖居鸣鹤园到司徒雷登开辟燕园,都曾受过它的滋养。因此,要将这份精神遗产和《勺园修禊图》一起予以承传和弘扬。

侯仁之先生《燕园史话》还不止一次提及米万钟及其家族与海淀、勺园这一带的渊源问题。该书提到,1929年夏,曾在燕南园迤西坡中,掘得米万钟父米玉(崑泉)的墓志铭二石,1954年学校新建"六院"时,又得知米万钟与其子米吉土之墓葬于其地。这两处都距勺园旧址不远。其实,关于米家祖坟,史料中亦有涉及。如孙国光《游勺园记》载:"策马出西直门,行万绿阴中……无几何,抵仲诏先生明农处。又无几何,抵先生封树先大夫处,同西臣谒墓。距墓数武而西,为勺园。"这里清楚说明,米万钟父亲之墓就在勺园附近。待饱览勺园景致之后,孙国光又感悟到米万钟所以在此筑园的真正用意,对其"庐于墓"的孝心大为赞赏:"大抵园之堂、若楼、若亭、若榭、若斋舫,虑无不若岛屿之在大海水者,无廊不响屟,无室不浮玉,无径不泛槎,将海淀中固宜有勺园耶? 园以内,水无非莲;园以外,西山亦复如岳莲亶其胜。闻先生之为勺园,以补先大夫墓傍沙形也。然则先生居园,犹庐于墓也,今而后真当赋《遂初》哉!"清顺治年间,王崇简在其应米万钟之孙紫来之约所写的《米友石先生诗序》中也谈到,米万钟与吉土父子之墓东去已衰败的勺园故址不远:"徘徊霜凄风紧之际,东望土高数尺,则先生之墓在焉。而吉土之冢复立其旁。"

正因为如此,侯先生十分肯定地说:"于此可见,米家之与海淀是早在构筑勺园之前就已经发生了关系的。"侯先生多次谈及米氏墓、米家坟,是有深意的。米万钟这个名字已经和燕园不可分割地联系在一起,"慎终追远"是每一个后辈应有的情怀,难怪1954年新建"六院"发现米氏父子墓时,他"肆后予闻其事,急欲求其故址",然而"已不可得,是不无遗憾者耳"!

4. 弘雅园:马戛尔尼使团下榻的"国宾馆"

清朝定鼎北京以后,海淀一带的土地园林皆收归皇室。深谙"马上得天下,不能马上治之"这一道理的新统治者,开始了对这块土地的"文治"与归化。

康熙皇帝在明清华园遗址上修建了清代第一座皇家御园"畅春园",并常在园中理政。为了听政方便,又在周边改造和新辟了一些附属园林,赏赐给他的儿子们居住。在勺园旧址重建的弘雅园即是其中的一处。

弘雅园建成之后,康熙亲题了匾额。乾隆年间,此园一度作过郑恭亲王积哈纳的府第。乾隆四十九年(1784)积哈纳去世,园子收归内务府,后供六部官员们上朝后退值休息。嘉庆六年,改称集贤院。

马戛尔尼

就在这不是很长的一段时间里,弘雅园中发生过一件影响近代中国历史走向的事情。

乾隆五十八年(1793),号称"日不落帝国"的英王乔治三世派遣特使马戛尔尼(George Macartney)率团出使中国。马戛尔尼此次访华,名义上是为乾隆皇帝祝寿,实际意图是想修改通商章程和在北京派驻全权大使,以取得以往西方各国尚未能以武力或计谋获取的商业利益与外交特权,同时还谋求在宁波、天津等处互市。

马戛尔尼一行带着乔治三世给乾隆皇帝的亲笔信,乘坐英国当时最先进的军舰"狮子号",于 8 月 22 日来到北京。此时适值乾隆帝避暑热河行宫,就被清政府安排在弘雅园小歇。弘雅园离乾隆听政的圆明园很近,便于在那里等候朝觐。

让人没有想到的是,就在等候乾隆皇帝接见期间发生了一场至今仍令人感慨唏嘘的"礼仪之争"。事情是这样的:

清政府要求马戛尔尼使团成员朝觐中国皇帝时要行三跪九叩大礼,而马戛尔尼却坚持用觐见英王的行单腿下跪的吻手礼。正是这场"礼仪之争"使英方通过谈判方式建立中英贸易关系的尝试搁了浅。

当马戛尔尼终于得以在圆明园朝觐乾隆帝时,他此行的目的遭乾隆一口拒绝。理由即是乾隆后来在给英王的书信中所说的:"天朝物产丰盈,无所不有,原不藉外夷货物以通有无。特因天朝所产茶叶、瓷器、丝觔为西洋各国及尔国必需之物,是以加恩体恤。在澳门开设洋行,俾得日用资并沾余润。"言下之意即是,我天朝什么都有,不需要从你英国进口什么,只因你们离不开我们的茶叶、瓷器、丝绸等,才在澳门设洋行特许经营。在信中,乾隆还警告英人不要再到浙江、天津等地贸易,否则必遭"驱逐出洋"。

马戛尔尼此行带来了英王给乾隆的贵重礼物,但乾隆并不在意,倒是对使团副使斯当东 12 岁的儿子小斯当东颇感兴趣。这个蓝眼黄发的小斯当东是使团的见习侍童,会讲汉语,那天在殿前能和乾隆随意交谈。乾隆一时龙颜大悦,拉着他的小手在龙膝上抚摩一番之后,欣然从腰带上解下一个槟榔荷包和一块翡翠赏赐给了他。意犹未尽的乾隆后来又送给他许多礼物。

然而,让乾隆万万没有想到的是,这位成人后当了英国下院议员的小斯当东后来竟然是极力主张对中国发动罪恶鸦片战争的重要人物。

其实在马戛尔尼使团之前,英国曾经有过一次来华经历。这是伊丽莎白二世女王在 1986 年第一次来中国时讲的故事:"约 390 年前,我的祖先伊丽莎白一世曾写信给中国万历皇帝,表示希望贵国皇帝考虑发展中英贸易。不过,特使在出使时发生了不幸,船在开往贵国的路上遇到了风暴,这封信始终没有送到。"

那封沉入大西洋海底的信件于 1978 年被打捞上来,后来由英国贸易大臣亲手交给了中国的外贸部长。

乾隆皇帝会见马戛尔尼使团时与小斯当东交谈（马戛尔尼使团随团画家绘）

尽管中英两国在历史上曾有这样一桩未能成功的交集，马戛尔尼使团还是作为历史上西方国家首次正式派遣的使团载入史册。作为他们落脚的弘雅园也就打下了历史的烙印。

马戛尔尼本人的日记和副使斯当东的回忆文字都谈到了弘雅园。从他们的描述看，园内"园径蜿蜒，小溪环一岛"，或仍有一点勺园的遗韵，而"堂厢环对，各为庭院"的建筑布局则已面目全非了。

马戛尔尼使团住宿弘雅园，似属小事，但在深谙北大校史的历史地理学家侯仁之先生看来，就"此中有深意"了。他在《燕园史话·弘雅园》一文中说："回顾校园的过去，竟然在中外关系史上有这样一段插话，似乎是出人意料的，然而这只不过是个开端，更严重的事端还在后面。"

侯先生这里所说的"更严重的事端"，即是后来在集贤院里所发生的和英法联军火烧圆明园相关的事。

5. 集贤院：晚清历史上沉重的一页

自乾隆以来，清帝常在圆明园设朝听政。为了方便从城里赶来的六部官员上朝，邻近圆明园的弘雅园便作为这些官员的退值休息之所。

嘉庆六年，取王羲之《兰亭集序》"群贤毕至，少长咸集"之意，由嘉庆帝亲自题写匾额，正式将弘雅园改名为集贤院。何以易名？唐克扬《从废园到燕园》一书认为，一是"因园名是乾隆皇帝御题，现在换了皇帝，则需要避弘字讳（乾隆名弘历），二是既然改了用途名字也跟着改换"。

清咸丰十年（1860）八月，英法联军在北塘登陆后，连陷天津、通州，进逼京郊。十月五日，绕过城北，直扑海淀，六日占领圆明园。这时咸丰皇帝已从圆明园逃往热河。此后十天内，这群外国强盗，不但对圆明园进行了贪婪的抢劫，而且还放火焚烧，使这座举世无双的名园几乎化为灰烬。这就是中国近代史上有名的充满耻辱的"庚申之变"。

而在这场大灾难中，集贤院有脱不了的干系。美国学者舒衡哲《鸣鹤园》一书，以翔实的史料叙述了事情的原委——

当时英法联军的英军统帅詹

英军统帅额尔金

姆斯·额尔金（James Bruce）勋爵，"完全清楚"英国正在对中国"这个历史更悠久的文明古国实施'野蛮'的武力征服计划"，但是开始时"他没有打算烧毁圆明园，也没有想推翻清政府，他只是要求清政府做出让步"，然而，当他在10月16日，从中国人那里接回了随军记者托马斯·威廉·鲍尔比（Thomas Bowlby）伤痕累累的尸体之后，他的"看法和计划改变"了。

英法联军在辨认被清军杀害的鲍尔比等人的尸体

43岁的托马斯·鲍尔比是伦敦《泰晤士报》的记者,同时还是律师、铁路投资商和皇家炮兵队的上尉。

他到过中国很多地方,写过关于中国的长篇文章。1860年10月16日,一批棺材到达英军的营地,里面有一具就是鲍尔比的尸体。原来,守卫京城的清军将领僧格林沁下令以"叛逆罪名"逮捕英方主要的谈判代表巴夏礼以及鲍尔比等26名英国随行人员和13名法国随行人员。这些人被囚禁在集贤院里,受尽了折磨。最后,鲍尔比等13名英国人和7名法国人被虐待致死。运达时有些尸体已经腐烂。这个事件改变了世界。"鲍尔比的死不是火烧圆明园的主要或是唯一的原因。但此时却成了点燃复仇火焰的火星。"就这样,"地狱之火很快吞噬了圆明园的木制建筑,火苗沿着石头吞卷着一切,它跳过皇家园林的围墙开始侵犯亲王们的园林"。

就是在这一次浩劫中,集贤院与圆明园同归于尽。昔日的勺园风光,自然是再也难觅踪影了。它唯一的遗存,就是如今立在赛克勒博物馆院内的原勺海堂前的巨型太湖石。

不过,关于勺园的故事还没有结束。

20世纪80年代后,北大在昔日最早接待马戛尔尼使团和"招待"英法联军俘虏的勺园旧址修建了留学生楼群,专门用以接待留学生和外国学者。而且由于学生与来宾国别的众多和活动的频繁,有了"小联合国"之称。

20世纪80年代的勺园留学生楼群

这就是"历史有着惊人的巧合"的又一个实例!诚如杨虎、张翼《勺园》一文所说:"经过历史的大跨度","仿佛绕了一个圆圈之后又回到了原地,只不过情景已大不相同了"。

也是在80年代,学校还在勺园楼群之北建造了亭榭曲廊。北边的亭中悬有清朝末代皇帝溥仪之弟溥杰所题写的"勺海"匾额,南边的亭中有原中国佛教协会会长、著名书法家赵朴初所题写的"缨云"匾额。"勺海""缨云"均为昔日勺园的重要景点。这些营造,是否在回应侯仁之先生《燕园史话》中勺园历史"是我们所永远不能忘记的"沉痛命意?

今日勺园"小联合国"剪影(采自纪念北京大学建校一百周年纪念画册《北京大学》)

二、康熙皇帝与他的畅春园

在大清王朝定鼎北京以后的"文治"中,"尊孔"是一出大戏。

康熙少时读儒家经典,刻苦发奋到咯血。继位后,曾亲赴曲阜祭孔,赐"万世师表"御匾。乾隆皇帝继位后更是为遥祭孔子,还曾拆掉景山原山前殿而新建朝向山东曲阜的"绮望楼"。

在北京西郊造园也是他们文治的一个实绩。康熙、乾隆多次南巡,遍访江南名园,搜罗画稿,在海淀大兴土木,积数十年之功,建成以香山、玉泉山、万寿山和畅春园、静明园、静宜园、圆明园、清漪园为主体的庞大的"三山五园"皇家园林区。如此大规模的园林建设,就其持续时间、面积广袤、艺术高度而言都空前绝后。诚如有研究者所指出的,他们这是通过对历史的夸张复现,一再强调自己乃是天下江山的主宰。

"三山五园"中,康熙皇帝的畅春园是第一座。这座园林虽然与北大联系在一起的时间,要比燕园其他几座古园林都要晚,但就其历史与地位而言却不可小觑。

康熙皇帝

1. 畅春园的兴衰

康熙皇帝于二十三年(1684)和二十八年(1689)两次南巡,对江南山水园林之美颇有心得。第一次南巡后,他就心生宏图,想把那里"钟灵毓秀"的气象移植到京城,作为"避喧听政"之所。

此时,昔日号称"京师第一名园"的清华园虽已破败,但作为"神皋之胜区"的水脉地气尚在,于是,他任命叶洮这位来自江南的著名画家、造园家为总设计师,并聘请江南造园大家张南垣之子张然叠山理水。

叶洮,字金城,号秦川,上海人。擅山水,喜作大斧劈,又工诗词。康熙朝来京城祗候内廷。作畅春园图称旨,得赐锦绮。作为和珅淑春园前身的自怡园亦出自他手。

叶洮绘画

张然奉旨来京后,主持建造的名园有畅春园、怡园、万柳堂,以及重修西苑瀛台、新建玉泉山行宫等。其家族后来有一支落户北京,即是有名的叠石世家"山子张"。

这两位名家的主持,使清初宫廷园林观念发生了很大的变化。明代诸朝营建的重点是大内御园,如西南三海即是那时的代表。至康熙建畅春园就把重点变为离宫御苑,而且在保留皇家气派的同时,融糅进江南私家园林的意境、文人墨客的趣味以及大自然生态环境的美姿。

据《日下旧闻考》载,畅春园坐北朝南,园区南部为议政和居住用的宫殿部分,北部则是以水景为主、以游冶修心为主要功能的园林部分。由此可见,该园为京城西郊第一座兼有庭园和休闲双重功能的离宫型园林。

畅春园以园林景观为主,建筑朴素,多为小式卷棚瓦顶建筑,不施彩绘。园墙为虎皮石砌筑,堆山则为土阜平冈,不用珍贵湖石。园内有大量明代遗留的古树、古藤,又种植了蜡梅、丁香、玉兰、牡丹、桃、杏、葡萄等花木,林间散布麋鹿、白鹤、孔雀、竹鸡等,景色清幽。所以,一位曾目睹过畅春园的官吏说:畅春园"垣高不及丈,苑内绿色低迷,红英烂漫。土阜平坨,不尚奇峰怪石也。轩槛雅素,不事藻绘雕工也"。从中可以看出畅春园虽为皇家园林,但整体上仍然具有自然雅淡的特色。

畅春园这种自然朴素的造园风格影响了在其以后落成的避暑山庄和乾隆扩建之前的圆明园等皇家宫苑。清代皇家园林的铺张豪华则始于乾隆帝。

畅春园建成后,设有总管大臣、郎中以及总领等官职,用以对园子进行管理。《红楼梦》作者曹雪芹的舅祖李煦,就曾在畅春园做过总管,主持营缮。

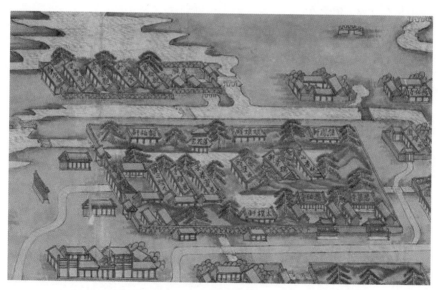

畅春园(光绪年间绘《三山五园及外三营地图》局部)

由于实现了自己移江南风光于京师的愿望,再加上将玉泉山的清泉引入园中,这里"酌泉水而甘",康熙皇帝非常喜欢畅春园,除了要在城里皇宫举行重大庆典外,他经常在这里"避喧听政"。据统计,自康熙二十六年(1687)二月二十二日,首次驻跸畅春园,至六十一年(1722)十一月十三日病逝于园内清溪书屋,凡三十六年,每年都要来畅春园居住和处理朝政。三十六年间累计居住畅春园257次,3800余天,年均驻园7次107天。最短者为29天,最长者为202天。可见畅春园在康熙朝是多么得宠。因为喜爱,康熙皇帝还专门写有《御制畅春园记》一文。

为了听政之便,康熙皇帝把附近的园林都先后赏赐给他的儿子们居住。其中最为著名的就是康熙四十八年(1709)在畅春园的北边,修建了"镂云开月"景区,并赏赐给皇四子爱新觉罗·胤禛居住。胤禛即后来的雍正皇帝。雍正即位以后,便在此基础上大肆扩建,遂形成圆明园四十景区,并正式命名为圆明园。乾隆时又在圆明园西边修建了清漪园。至此,清代在北京西郊所建的皇家园林区"三山五园"就基本形成。

康熙皇帝驾崩后,雍正和以后的乾隆均居住于圆明园。畅春园凝春堂一带即改为皇太后居所,其中崇庆皇太后(孝圣宪皇后,乾隆帝生母)在园中居住了42年之久。

随着清王朝国势转衰,逐渐放弃了对园内建筑的增建和修补。至道光年间,畅春园已趋破败,迫使道光帝将恭慈皇太后(孝和睿皇后)接往圆明园绮春园居住。咸丰十年(1860),英法联军攻入北京火烧圆明园时将其一并烧毁。此后畅春园废址失于保护,园内残存建筑在同治年间多被拆用于圆明园复建工程。至民国时期,畅春园遗址已成荒野,仅有恩佑寺及恩慕寺两座琉璃山门残存。

1983年以后,畅春园有了一些变化。旧址西南部建成芙蓉里居民小区和万泉河中学,东南部建成海淀体育馆和畅春园饭店。侯仁之先生曾撰写《新建畅春园饭店记》,文中扼要地记述了畅春园一带的历史沿革,引起人们对这一带历史变迁的重新关注。

不久,畅春园遗址的西北部划归北大所有。北大先后在这里建有北大二附中(现为北大附中实验学校)、教职工住宅楼和研究生宿舍楼,与蔚秀园、承泽园的教职工住宅区连成了一片。这样,畅春园成了迄今为止与北大结缘的最后一个古园林,使北大的历史文化资源更为丰厚。

2. "千叟宴"和恩佑寺、恩慕寺山门

自民国以来,关于康熙畅春园的野史传说很多,其中最为脍炙人口的大概要数雍正夺宫案和康熙死亡之谜了。

康熙六十一年(1722)十月中旬,康熙南苑行围回园即一病不起,不久便驾崩于畅春园。由于在废掉太子胤礽后再未立太子,且一直到病逝都没有明示传位于哪个儿子,于是便留下"世宗夺嫡"之疑案。关于皇四子清世宗雍正继位大体有三种说法:一说康熙临终前写有"传位十四子"胤禵的遗嘱,四子胤禛通过其舅父隆科多得到遗嘱,改"十"为"于",这样"传位十四子"就变为"传位于四子"了;一说康熙病重时,胤禛用一碗人参汤将父皇毒死而得位;还有一说,谓康熙特别喜欢他的皇孙——胤禛之子弘历(后来的乾隆帝),因而传位给胤禛。

雍正皇帝

对这三种说法,后人众说纷纭。对于第一种说法,有的影视剧就表现过,但可信度并不高:康熙遗嘱用满、汉、蒙三种文字书写,即便将汉文"十"改为"于",满、蒙两种文字依然为"十四",岂能服众?对于第二种说法,赞同者认为"言之成理,持之有故"。如张淑媛等著《北京深处》一书就云:雍正十三年(1735),雍正帝驾崩后葬于西陵。顺治和康熙都葬在东陵,他何以葬于西陵呢?原因就在于他曾毒杀父皇,嗜杀骨肉兄弟,无颜面见地下父祖。因而,他不惜违背不轻易改变祖坟基业的祖制,生前就在远离康熙帝的易县另选了墓地。有专家说,他另辟西陵是因为东陵再也找不到满足这位皇帝争强好胜的风水宝地了。这个理由不免牵强,因为

清西陵

他之后依然有三个清帝和他们的皇后葬于东陵。他的儿子乾隆皇帝其实应该明白其中的真情,但本着子为父隐的孝道不便说破。最后,乾隆绞尽脑汁,想出了一个冠冕堂皇的理由:"昭穆而建。"意即:老祖宗居中,左为昭,安排儿子位;右为穆,安排孙子位。第二个昭位是重孙,穆位为重孙的儿子。以后依此类推。此说表面上掩盖了父亲迁陵真相,却也有巨大的漏洞:昭穆有了,祖宗的位置却远在东北沈阳的福陵。实际上,乾隆的内心并没有因此"高招"而平静。据说他曾经替雍正为争夺皇位残杀同胞兄弟的罪恶写过忏悔录,放置在养心殿西厢佛殿内的佛龛里,以期替父亲赎罪。忏悔祈祷文用红纸包好,外面写着"子孙不得打开,谁打开谁不是我的子孙!"语气十分严厉,显见得是一封绝密到顶的宫廷文件。但他没有想到的是一百二十年后,竟然被小宣统溥仪和进宫陪他读书的弟弟溥杰小哥儿俩无意中发现,并且打开看了,这才验证了关于雍正篡位的结论。

当代史家则比较多地倾向第三种看法。这自然是有道理的,康熙帝的确很喜欢小弘历。但是应该看到,弘历后来之所以能随康熙帝读书,其实还是胤禛费尽心机造就的。乾隆皇帝晚年在巡游避暑山庄所题《游狮子园》一诗的注解中说了这样一段事:"康熙六十年我十一岁,随皇考(雍正皇帝)至山庄观莲所廊下,皇考命我背诵所读经书,不遗一字。当时皇祖(康熙皇帝)近侍皆在旁环听,都很惊异。皇考始有心奏皇祖令我随侍学习。"由此可见,胤禛早就有让弘历随侍康熙读书之心。而在此前,胤禛又冒欺骗康熙皇帝之大不韪,为儿子弘历卜选了八字,按照命相家的说法,其命相出奇的好。此事确实,在故宫博物院文献馆1929年首批公布的内阁大库档案中,就有乾隆的八字,并附有康熙六十一年时人的批语。那年三月,弘历第一次在牡丹台拜谒皇祖康熙皇帝时,果然以其灵秀、聪慧和知礼赢得了康熙皇帝的喜爱,这也就使胤禛有机会将弘历的八字进呈康熙皇帝。从这件事可以看出,胤禛在与诸兄弟进行夺嫡斗争过程中,虽然假装超脱,以念佛使自己隐藏于其他皇子攻击目标之外,实际上却时刻都在处心积虑地加重自己在父亲康熙皇帝心中的分量。既然如此,在他认为紧急或必要时,采取非常手段夺宫也并不让人意外。

当然,雍正夺宫这一类轶事,可以让史家和史迷们去继续考辨。我们今天更感兴趣的是昔日畅春园里康熙皇帝以及他的继承人的文化遗存,如他举行过两次的"千叟宴"以及雍、乾二帝的恩佑、恩慕两寺。

为了体现自己"与民同乐""尊老敬贤"的圣君风范,康熙帝在康熙五十二年(1713)三月十八日自己六十大寿时,下诏于三月下旬在畅春园

清千叟宴文献

正门前,宴赏 65 岁以上前来祝寿的老人。二十五日,参加御宴的官吏士庶达 4240 人。二十七日,又有 2605 人。宴会上,由皇子、皇孙和宗室人员执爵敬酒,对年过八十的老人,康熙还亲自搀扶,赐酒。二十八日,又召集满、蒙、汉七十岁以上的妇人在畅春园太后宫前参加御宴,由皇太后和康熙帝亲赐茶果酒食。每次宴毕,又各赏白银,并谕告老人们回乡后要广弘中华孝悌之道。

康熙六十一年,康熙帝又先后召群臣耆老一千余人,宴赏于乾清宫。康熙还即席赋《千叟宴》一诗。被后人誉为"恩隆礼洽,为万古未有之举"的"千叟宴"由是定名。

此后诸帝,只有乾隆在乾清宫、宁寿宫皇极殿和国子监辟雍先后再举行过三次"千叟宴"。可见,康乾盛世后,大清国力和亲民意识已渐趋衰减了。

敬老尊贤,是中华民族的优秀传统,也是我们这个民族能够数千年来绵延不绝的一个重要原因。清王朝定鼎初期能有所作为,后来日渐衰落,

恩佑寺、恩慕寺山门

至晚清则惨遭西方列强蹂躏宰割,原因自然是多方面的,但对传统的漠视,肯定也是腐朽没落的一个重要文化原因。

恩佑寺、恩慕寺两座山门,要告诉我们的,或许也是同样的道理。

肃穆庄严的恩佑寺建于雍正元年(1723),是雍正皇帝为供奉其父康熙的遗像而建,正殿供奉三世佛。乾隆八年(1743),康熙像移奉于新建的圆明园安佑宫;今存山门"敕建恩佑寺"额,为雍正帝书。

乾隆四十二年(1777),乾隆的母亲孝圣皇太后病逝。乾隆为纪念其母,在恩佑寺南侧建恩慕寺,正殿供奉药师佛,其规模与恩佑寺相同。此前,康熙帝曾在南苑建永慕寺,供其母礼佛。恩慕寺即兼取恩佑寺和永慕寺二寺寺名。今遗存的恩慕寺山门"敕建恩慕寺"额,为乾隆帝书。

这两座山门于1984年被列为北京市海淀区文物保护单位。

如今,世界喧哗,山门无语,但我们内心不能没有波澜。

三、巨蠹和珅与他的淑春园

在与北大相关的古园林中,和珅的淑春园应该是最重要的了,因为当年燕京大学开辟的燕园主要就是淑春园的旧址。如今作为北大校园象征的未名湖,以及湖中的小岛、石舫都是淑春园的遗留。

淑春园的主人和珅,也是一个值得研究的人物。他从一个孤儿,竟然能进到皇宫给乾隆皇帝抬轿子,而在乾隆身边十多年又竟然像火箭一般上升,成为位极人臣的首席内阁大学士。以至于嘉庆初年,乾隆上朝时命他站在金龙宝座旁充当"翻译",如同摄政的"二皇帝"。然而,乾隆驾崩五天后和珅即被嘉庆逮捕下狱,十天后赐死狱中。"其兴也勃焉,其败也忽焉",历史给后人留下什么教训?

1. 和 珅 其 人

和珅(1750—1799),钮祜禄氏,原名善保,字致斋,自号嘉乐堂、十笏园、绿野亭主人,满族正红旗人,后改隶正黄旗。

由于《宰相刘罗锅》等影视剧的流播,人们对和珅已经不陌生了。不过,和珅其实相貌"俊秀可观",并不是"戏说历史"中矮矮胖胖、丑陋奸猾的形象。他也颇有才学,甚至那位对中国抱怨甚多的英国使臣马戛尔尼,也对和珅颇有好感。

从无名小辈到"二皇帝"

乾隆十五年(1750),和珅出生在福建副都统常保家中。三岁时母亲因难产而去世,临终时产下弟弟和琳。父亲常保在和珅九岁时亦因病去世,幸得一位老家丁和父亲一位偏房保护,和珅、和琳两兄弟才能免于被赶出家门。后来和珅考上咸安宫，他学习刻苦，得到老师吴省钦、吴省兰的喜爱。成年后，又得到直隶总督冯英廉的赏识。冯说他机敏且善察言观色，相貌白皙而英俊，少有大志，他日前途不可估量，遂将孙女嫁给了他。

和珅于乾隆三十四年(1769)，参加科举考试，但名落孙山。经冯英廉推荐，以文生员入宫承袭三等轻车都尉。乾隆三十七年授三等侍卫，并被选为补粘杆处侍卫。翌年做了乾隆的仪仗队侍从。

乾隆四十年十月，和珅擢为乾清门侍卫。十一月再升为御前侍卫，并被任命为正蓝旗满洲副都统。

此后又升任户部尚书、议政大臣、御前大臣，又授领正白旗领侍卫内大臣，充四库全书馆正总裁，兼理藩院尚书事，赐双眼花翎，充国史馆正总裁、吏部尚书、协办大学士、文华殿大学士等。

和珅画像

至嘉庆元年时，乾隆帝已经进入垂暮之年。他上朝时命令和珅站在他和嘉庆的旁边，因为只有和珅才能听明白乾隆在说什么。所以每天上朝满朝文武三跪九叩后，和珅就等同摄政。满朝文武上奏什么，他就"听取"乾隆说话，自己下判断，因此清人都称和珅为"二皇帝"。而坐在一旁的嘉庆没有实权，真正握有实权的是乾隆与和珅。

不仅如此，乾隆还把自己最宠爱的十公主（固伦和孝公主）下嫁给他的儿子丰绅殷德，并且把海淀自怡园赐给他。可见乾隆皇帝对他的宠信和倚重之深。

这样，问题就来了：乾隆皇帝并非昏庸之人，乃一代明君，为何被和珅蒙蔽了双眼呢？

和珅为何得宠

对于这个问题,众说纷纭。有这样几点,大致是可信的。

其一,和珅确有才学,而且善于在关键时刻显露自己的才华。

他一生读书甚多,精通满、汉、藏、蒙四种语言,谙熟四书五经,工诗词,有《嘉乐堂诗集》传世,亦精书法。他还对文史典籍有一定研究,宋刻元椠,一眼即识。其藏书处"致斋",收藏颇丰,藏书印有"大学士章""致斋和珅""子子孙孙永宝之"等。闲时常与文人学士谈文论艺,以"骚人"自居,据说四大古典名著之一曹雪芹的《红楼梦》,还是因为和珅才得以存世。关于和珅与《红楼梦》的关系,有个"版本"是这样说的:《红楼梦》原名《石头记》。在文字狱盛行的乾隆时代,起初被列为禁书,只有前八十回本在文人间暗中流传。和珅对此书情有独钟,他自觉与贾宝玉有相似的身世,也非常欣赏其"情种"的风流。和珅在风流方面是一把好手,他赢得芳心的女人中不仅有民间的绝色、皇帝的禁脔,甚至还有西洋美女。他被赐死后,跟随他十多年的当家宠妾长二姑,以及色艺双绝的名妓吴卿怜、豆蔻等或投缳自尽,或坠楼而亡,成为和珅失势后对他最情深义重的人,与墙倒众人推的官场恰好形成鲜明的对比。这些女性难免让人想起晋代"绿珠坠楼"的典故。因此,和珅对《石头记》前八十回读得如痴如醉,还命文人高鹗续写后四十回,并明令其续写的基调不要过于凄惨,甚至对当朝要有所颂扬。续成后,改名《红楼梦》,然后借惇妃之手荐于乾隆帝。乾隆帝阅后,觉得该书文采斐然,并无违逆之处,便准予刊行。《红楼梦》于是流布天下。

他的这些学问、才华,都在他的仕途升迁中发挥了作用。

还是在当三等侍卫时,有一次乾隆听说犯人跑了,随口吟诵了《论语》中的一段话:"虎兕出于柙,龟玉毁于椟中,是谁之过与?"侍卫们皆莫名其意,唯和珅接茬:爷谓典守者不能辞其责也?乾隆大惊,顿时对他刮目相看,破格提升其为一等侍卫。后来有一次乾隆在看《孟子》,因天色已暗看不清书上的注,就命和珅掌灯。当时和珅就问皇上是哪一句,乾隆告诉他之后,他就把书上的注全背出来了。这让乾隆再次对他刮目相看。还有一次,是在乾隆四十五年,乾隆在承德避暑山庄收到西藏六世达赖的文书,因为没带译官,无人能读懂。乾隆急召和珅。和珅日夜兼程,三天时间赶到承德。译完文书,乾隆非常高兴,决定在承德给六世达赖盖一个喇嘛庙,并把这项工作交给了和珅。和珅亲自设计和监工,乾隆非常满意,最后还亲笔写了题记:又一次给和珅一个满分。

他常常与乾隆帝一起作诗,对乾隆帝诗词风格十分熟悉,所以和唱时很能合乎乾隆的审美趣味。乾隆很多时候就命他即景赋诗以代替自己。在和珅的《嘉乐堂诗集》中,就有不少是奉乾隆之命而作的。乾隆到晚年时,也经常让书法甚佳且风格相近的和珅代笔。所以有人说,现在人们见到的故宫中很多对联,很难分清是乾隆的御笔还是和珅的代笔。同样,和珅之所以能充任四库全书馆正总裁、国史馆正总裁和文渊阁提举诸职,自然也是和他有较高古籍鉴赏水平分不开的。

其二,和珅很有才干,也很会来事。

在政事的处理上,他很老到。最典型的例子,就是他成功地处理了云南总督李侍尧的案子。乾隆五十八年(1793),他代表清政府与英国马戛尔尼使团周旋,也赢得了不少口碑。马戛尔尼评价他"白皙而英俊,举止潇洒,谈笑风生,真具有大国宰相风度"。副使斯当东亦说:"和中堂的态度和蔼可亲,对问题的认识尖锐深刻,不愧是一位成熟的政治家。"

他也擅长理财。例如,乾隆三十八年(1773),23岁的和珅任管库,他很快就学会了理财,令他所管的布库存量大增,而前几任都因为管理不善而被罢职。又如,乾隆四十九年(1784),乾隆帝准备进行第六次南巡,和珅利用自己的关系,下令各府进献资金,结果国库未花一分钱便完成了南巡的准备,这使因国库吃紧而愁眉不展的乾隆龙颜大悦。还有,乾隆帝效仿乃祖康熙,办过三次千叟宴。第一次由于老人们等待乾隆略久,导致菜肴凉冷不甚成功。第二次由时任内务府总管的和珅筹措。他改掉旧式个人小火锅,发明使用至今的大火锅加烟囱,热乎乎的宴席让数千位老人吃得眉开眼笑,给乾隆帝挣足了面子。第三次为庆贺嘉庆帝登基举行千叟宴时,乾隆仍命和珅掌管。

其三,和珅善于揣摩乾隆的心事,擅长投其所好。

在乾隆日益昏聩的老年,越来越听不进忠言,又好大喜功,自诩十全老人,认为自己能够比得上祖父康熙、父亲雍正,而和珅就用此来麻醉乾隆。而且,和珅知道乾隆深深地爱戴他的母亲,所以就竭尽解数来讨好皇太后。表演最成功的一次是在皇太后归天的时候:那时,和珅不是像其他

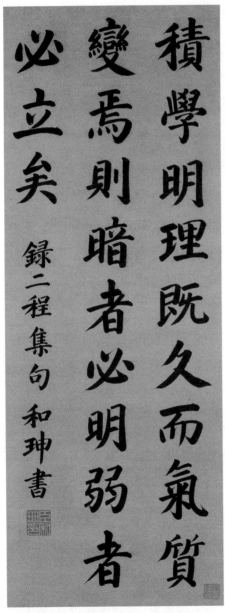

和珅录二程集句

大臣一样说几句无关痛痒的哀悼之词,而是时刻陪在乾隆身边,痛哭流涕,一连几天,茶不思,饭不想,从而赢得了乾隆内心深处的好感。就这样,和珅能根据乾隆的心事办事,并把皇帝的事当成自己的事情办。久而久之,乾隆就不知不觉地把和珅当成自己的一部分了,信任、重用自然就不在话下了。

其四,和珅开始为官时比较有自知之明,拒绝一切贿赂,在乾隆心中留下了清正廉洁的印象。

另外,据野史和民间传说,和珅相貌酷似因乾隆而被处死的年贵妃,也是他得宠的一个重要原因。

关于乾隆与年贵妃的传说

和珅的得宠和离奇的结局,不仅一直是一个清史研究的话题,也是数百年间野史传说的一桩谈资。乾隆与年贵妃的传说,就是其中颇为传奇的一个。

《清朝野史大观》一书载:

清世宗雍正皇帝有一个妃子(年贵妃),相貌姣艳。太子弘历将成年,一次有事入宫。经过年妃身边时,见其对镜梳理,便从后边用两手去蒙她的双眼,和她闹着玩。年妃不知是太子,大为惊恐,便拿起梳子向后击去,正中弘历前额。弘历悄然离去。第二天,弘历前去拜谒

和珅书扇面

母后,母后见他额上有伤,问明其故后大怒,怀疑是年妃调戏太子,立即赐年妃死。弘历大为惊骇,想为其鸣冤,却又没有勇气。他急切地回到书斋后筹思再三,以手指蘸了朱墨,快步前往年妃住所,在投缳白绫即将咽气的年妃颈上打上指印,并许愿二十年后三生石上再续前缘。

后来,和珅当了乾隆帝的仪仗侍卫。乾隆初看和珅,觉得似曾相识,但一时又想不起来,心中却放不下此事。回宫后,猛然忆起二十年前年贵妃那件旧事,顿觉和珅与年妃相貌极似。因而秘密将和珅召入宫中,俯视其颈,见他当年按在年妃颈上的指印犹在。自此以后,他对和珅就完全另眼相待了。

这则野史传说,当然不能当作史实来看。事实上,那时年贵妃是不可能和乾隆有染的,她身为贵妃,而且已经生病。而乾隆到宫时才15岁。乾隆的生母也并非皇后,只是一名妃子——熹

年贵妃画像

妃钮祜禄氏(后来成为孝圣宪皇后),根本不可能去动高高在上的贵妃。不过,也不是一点影子也没有。有研究者考证,乾隆喜欢年贵妃、和珅长得酷似年贵妃应该是可信的。在北京恭王府(当年和珅的府邸)里有和珅、年贵妃的画像,二人确有几分相似。

"其兴也勃焉,其败也忽焉"

小人得志便猖狂。和珅发迹以后,私欲膨胀,有恃无恐,排除异己,结党营私,聚敛钱财,收受贿赂,贪得无厌。他还亲自经营工商业,开设当铺七十五间,设大小银号三百多间,且与英国东印度公司、广东十三行有商业往来。

就这样,一个巨贪,一个巨蠹,在堂堂天朝的心脏里产生了。他究竟贪了多少财产?说法不一,《清朝野史大观·和珅家财》等野史载,其总财产是"二十亿两"多,薛福成《庸庵笔记》提供的数字是二亿三千万两,而一般资料多称,和珅被下狱后,抄家抄得白银八亿两。就以八亿两这个数字而言,已经非常惊人了,乾隆年间清廷每年的税收不过七千万两,所以时人称"和珅跌倒,嘉庆吃饱"。

多行不义必自毙。嘉庆四年(1799)正月初八太上皇乾隆驾崩,嘉庆帝令和珅总理丧事。五天后,嘉庆帝宣布和珅二十条大罪下旨抄家,并将其囚禁。锒铛入狱的巨蠹,第一次尝到了凄凉、冷清、饥饿、刑罚的滋味,但他仍执迷不悟,在正月十五写的《上元夜狱中对月两首》中,还认为自己是"怀才误此身":

> 夜色明如许,嗟令困不伸。百年原是梦,廿载枉劳神。室暗难挨晓,墙高不见春。星辰环冷月,缧绁泣孤臣,对景伤前事,怀才误此身。余生料无几,空负九重仁。
>
> 今夕是何夕,元宵又一春。可怜此月夜,分外照愁人。思与更俱永,恩随节共新。圣明幽隐烛,缧绁有孤臣。

正月十八日,嘉庆帝派大臣前往和珅囚禁处"赏赐"他白绫一条。悬梁自尽前,他又提笔作绝命诗一首:"五十年来梦幻真,今朝撒手谢红尘。他日水泛含龙日,留取香烟是后身。"

年仅49岁的和珅谢幕了,他留下的这首绝命诗,却耗尽了无数史家特别是附会者的心血。很多人把此诗集中在和珅的前身和后身上,说和珅的前身是乾隆宠爱的妃子马佳氏,而后身便是世所不齿的慈禧太后。其意是和珅为了报仇,而化为女身来惑乱清朝。此说虽属附会,却也反映了人们对和珅与慈禧的痛恨。

当然,和珅留下的还有乾隆皇帝赐给他的城中府邸庆郡王府(即后来恭亲王奕䜣的恭王府)和海淀这边的淑春园。

2. 从自怡园到淑春园

据侯仁之先生《未名湖溯源》一文考证,和珅淑春园的前身是康熙重臣纳兰明珠的自怡园:"最初的自怡园,就是日后的淑春园,两者同是一地,只是前后的名称不同而已。"

康熙二十六年(1687)在明代清华园旧址上改建的畅春园落成后,康熙皇帝把畅春园附近的地段分赐给皇子皇室、王公贵族们建造园林别墅,以作为离宫御园的辅翼。这些园林在后来圆明园建成后皆附属于圆明园,从而形成"朱邸连云翼紫宸,屏藩重望属亲臣"(胤禛《世宗御制文集》)的壮观气象。其中,畅春园以东弘雅园以北的自怡园就赐给了纳兰明珠。

纳兰明珠

纳兰明珠(1635—1708),字端范,叶赫纳拉氏,属满洲正黄旗,历任康熙朝内务府总管、兵部尚书、吏部尚书,康熙十六年(1677)授武英殿大学士(当朝一品,相当于宰相)、太子太傅等要职。所以自怡园又称明珠相国园。自怡园修建之前,其长子、著名词人纳兰性德已经去世。明珠和二子揆叙两代居自怡园三十多年,康熙帝曾经临幸,不少文人学士也争相游观赋诗,故该园名闻遐迩。康熙四十七年明珠去世后,自怡园传于揆叙。揆叙曾任工部侍郎、左都御史等职。他曾将西城龙华寺整修一新,康熙帝特赐名"瑞应寺"。明珠的三子亦有花园,在离自怡园不远的海淀水磨村。

自怡园:几曲波光连太液

自怡园在畅春园建成的同年开始兴建,今天的未名湖最初即开凿于这一年。由畅春园的总设计师、造园大家叶洮主持设计并建造。

作为叶洮代表作的自怡园具有很高的艺术水准。它规模宏大,占地532亩,以水景为主,风格偏于素雅,有一副恬淡的田园意境。园中诸景,颇有文人气息,曾品题分为二十一景:筼筜坞、桐华书屋、苍雪斋、巢山亭、隙光亭、邀月榭、含漪堂、双竹廊、双遂堂、静镜居、朱藤迳、芦港、柳汀、茨汊、野航、钓鱼台、红药栏、南桥、北湖、荷塘、因旷洲等。这种分景品题,明显模仿唐代著名诗人王维的辋川别业二十景。揆叙和他的馆师查慎行、汤右曾、唐孙华等均分别为每景作诗。

明珠在世时,"多在园居少在城"(查慎行《雨中发自怡园再呈院长》诗)。明珠父子园居生活丰富多彩。年初上元节(正月十五)就有璀璨灯会。他们还经常邀请当时的文人名士前来雅集,宾主都留下不少吟诵自怡园的诗词作品。如揆叙《次韵和他山先生题园居诗八首》之五:"波分太液泻如洪,锦石嵯峨上碧空。直讶生成因地势,不知结构费人工。池心深贮弯弯月,峰顶全收面面风。几度辋川图上看,只疑身在此园中。"汤右曾《四月十二日宿恺功都宪别墅,月中放櫂遍游诸胜》:"忽牵野兴到江湖,沿月扁舟入画图。几曲波光连太液,千枝灯影散蓬壶。"查嗣瑮《自怡园看荷》:"移山缩地疑神力,拓径开泉总化工。树拥危亭俄出没,湖吞画舫忽西东。"

这些诗中,有两点特别值得注意,一是几处提到"太液",这是将康熙御园的湖水比作"太液池",自怡园能分享到,说明离得很近,并得到康熙的恩泽。二是提到"扁舟"和"画舫",说明当年有船行于湖中。侯仁之《燕园史话》一书认为:这一切又都"难免使人联想到淑春园中的湖泊与湖上景色",所以也是淑春园前身为自怡园的一个佐证。

可惜好景不长。康熙五十六年(1717),揆叙卒。雍正二年追发其依附胤禵之罪,自怡园被籍没。乾隆四十八年(1783),和珅升任吏部尚书、协办大学士,三年后又授文华殿大学士。大概就是在此期间,乾隆皇帝把自怡园赐给了这位宠臣。

和珅在自怡园旧址上营建了不少建筑,搞得非常豪华,但是基本山水格局并未有多大变化。后来,燕京大学开辟燕园时,对以未名湖为中心的淑春园园林格局也基本沿袭。因此,我们可以说,今日燕园的绝佳风景,离不开造园大师叶洮的智慧结晶。应当向这位前贤致敬!

淑春园:"壮丽楼台拟上林"

据清昭梿《啸亭杂录》记载,和珅受赐自怡园后,曾将园子取名"十笏园"。其意可能是比喻园林空间的狭小,也可能暗示着此园的某种政治含义。笏是古时大臣上朝时拿着的狭长形手板。至于该园的"淑春园"或"舒春园"之名究竟始于何时已无考。根据现有的资料,我们只知道道光

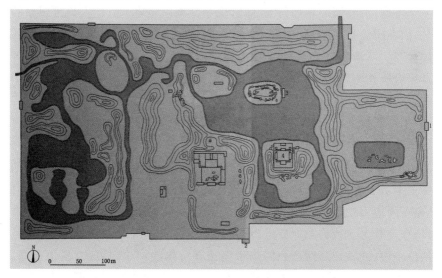

晚清淑春园平面图(采自贾珺《北京私家园林志》)
1.东门 2.南门 3.石舫 4.慈济寺

以后的样式雷将此园注为"淑春园",同治年间蔚秀园园主醇亲王奕譞在《中秋后二日游舒春园四律》诗中,仍称此园为"舒春园"。

和珅得到淑春园后,曾在自怡园山水体系的基础上,大事经营。据查抄其家产的清单,可知园中共有楼台64座,四角楼更楼12座,更夫120名。又据故宫博物院《史料旬刊》第十四期载查抄奏章称:全园房屋1003间,游廊楼亭357间。可见当时的淑春园多么富丽豪华。所以,后人斌良有《游故相园感题》诗云:"爱蓄名花歌玉树,曾移奇石等黄金。缤纷珂繖驰中禁,壮丽楼台拟上林。"斌良这是在将和珅淑春园的"壮丽楼台"比作汉代上林苑。

上林苑,古代名园。始于秦,盛于汉。据《汉书》《关中记》记载:汉武帝时的上林苑规模十分宏伟,地跨今长安区、鄠邑区、咸阳、周至、蓝田五区县境,有渭、泾、涝、潏、滈、浐、灞八水出入其中。苑内有御宿苑、宜春苑等36苑,建章宫、储元宫等12宫,阳德观、三爵观等21观。苑中还有昆明池、太液池等数十个池沼。司马相如《上林赋》、扬雄《羽猎赋》、班固《西都赋》等华丽名篇,都是歌颂汉武帝的上林苑的。斌良认为,和珅淑春园自然没有上林苑宏伟,但楼台的"壮丽"却有相似之处。

可惜,淑春园究竟如何"壮丽",现今已难以知晓了。让人很难想象的是,淑春园面积并不是很大,而且以水面为主,哪里能够容纳那么多"壮丽楼台"呢?《清朝野史大观》记载的和珅姬妾故事中,有名妓吴卿怜在和珅自尽后所作绝句八章和后人作的小注,或可以从中寻得一些消息。诗中有云:"晓妆惊落玉搔头(正月初八日晓起理发,惊闻籍没),宛在湖边十二楼(王中丞抚浙时起楼阁饰以宝玉,传谓迷楼,和相池馆,皆仿王苑)。魂定暗伤楼外景,湖边无水不东流。"

值得注意的是诗注中提到的"和相池馆,皆仿王苑",王苑即是指南朝御史中丞王思远之"迷楼"。吴卿怜深为和珅所宠,诗中所言之身居和府"宛在湖边十二楼",当非虚言,但和珅所仿王苑迷楼的建筑群究竟是什么样,今已难考。或许类似后世隋炀帝之迷楼?刘斧《青琐高议》所录佚名艳情小说《迷楼记》,对扬州隋炀帝迷楼有所描绘:"千门万户,复道连绵;幽房雅室,曲屋自通";步入迷楼,"意夺神飞,不知所在。有误入者,终日而不能出","使真仙游此,亦当自迷"。又有说,隋炀帝在迷楼藏嫔妃娇女一百名,每日宠幸其一。和珅"壮丽楼台"这个密匝拥塞的空间,是否亦是如此？民国间夏敬观《学山诗话》有一个说法或可参考："和珅多内嬖……园中一楼,贮自鸣钟甚巨,晨鸣则群姬理妆。"据说此楼为富春楼。

和珅籍没,嘉庆帝给自己的妹妹固伦和孝公主留了面子,将城里和府东路和淑春园西部留给了她和被革职的额驸丰绅殷德。待二人陆续故去后,重新收归内务府。后来同治年间修圆明园、慈禧修颐和园等都曾从淑春园拆取材料。如原淑春园富春楼前曾有两块来自房山的巨型湖石,一立一卧,成亲王永瑆亲笔题为"永通丈人",瑞郡王奕志为之作《永通丈人歌》(并序),赞美备至。其中的立石就在光绪年间重修颐和园时被移至仁寿殿前,至今尚存。

淑春园大型湖石(现存颐和园)

至咸丰十年(1860),英法联军火烧圆明园,又一次给这里造成严重破坏。到光绪年间,园中建筑也就只剩下石舫的基座、慈济寺山门和一座临风待月楼了。所以,光绪七年蔚秀园主人奕譞徘徊篓兜桥上,隔墙眺望淑春园中旧迹时,只能有"不堪一抹颓墙外,偏见临风待月楼"的慨叹了。而到1900年八国联军侵入北京再次劫掠圆明园及附近诸园后,临风待月楼亦被毁。此后燕京大学在其遗址上建了校长司徒雷登居住的临湖轩。

和珅"僭侈逾制"考

值得注意的是,斌良《游故相园感题》诗中有这样的注语:"园中楼阁均仿圆明园内规模建造。"这正是嘉庆宣布的和珅二十大罪状中第十三条大罪中所谓"其园寓点缀,竟与圆明园蓬岛瑶台无异"的"僭侈逾制"。

在"园寓"淑春园中,和珅的"僭侈逾制"是明显的。据金勋先生《北京西郊成府村志》考证,园中确有多处模仿圆明园,不但湖中有岛类似蓬岛瑶台,还有如南岸慈济寺像广育宫,北岸似君子轩,东岸似接秀山房。北京市海淀区文物管理所所长焦雄先生也认为:对比福海和淑春园的地形图可以发现,虽然尺度迥异,淑春园湖区南侧的地形与福海的广育宫、夹镜鸣琴、南屏晚钟一带确有几分相似,西北角的水口布置则可以理解为仿自福海的平湖秋月区。四面合围的土山将福海与圆明园的其他景区隔离开来,淑春园周遭的土山也将它与东部、西部的诸园相分隔。不过,也有研究者认为,淑春园这种山水格局也有可能是叶洮营造自怡园时所为。要不怎么可能至今从遗迹上仍可辨别出弯折、进退、开阖、曲直等不同形态?这是多么高超的手法!而那时,圆明园作为康熙给胤禛的赐园也才开始营造呢。

其中最犯忌的,无疑是湖中相似于圆明园"蓬岛瑶台"的湖心岛。就在第十三条罪状中,不仅说和珅这样做是"逾制",甚至还上纲到"不知是何肺肠"的高度,意即他似乎有谋逆篡位之野心。

清人绘圆明园蓬岛瑶台

"蓬岛瑶台"这种追摹海外仙山的"一池三山"的园林模式,源自先秦时期的神话。传说渤海中有蓬莱、方丈、瀛州三座神山,有仙人居住,并有长生不死之药。横扫六合、威震华夏的秦皇和汉武都曾痴迷于入海求仙,并在自家的官苑中模仿营造海上仙山:清顾炎武《历代宅京记》载,秦始皇修兰池,"引渭水为池,筑为蓬、瀛,刻石为鲸,长二百丈";汉司马迁《史记·孝武本纪》载,汉武帝造建章宫,凿太液池,"中有蓬莱、方丈、瀛州,壶梁象海中神山,龟鱼之属"。其后,"一池三山"定型为一种园林格局,并逐渐成为帝王的专利。如北魏洛阳华林园的蓬莱山,隋洛阳西苑的方丈、蓬莱、瀛洲,唐大明宫太液池的蓬莱山,宋艮岳的蓬壶,金中都蓬瀛,元御苑的瀛洲。至清代,西苑三海、颐和园昆明湖和承德避暑山庄等园林中也都有类似景观。圆明园"福海",更是取"徐福海中求"之意,设岛三座,作为圆明园四十景之一,乾隆帝亲自将其命名为"蓬岛瑶台"。

从贾珺《北京私家园林志》的晚清淑春园平面图中可见,和珅的确在湖中筑有三岛,后来燕园开辟时填平二岛,留下最小的一岛,即今日所见之湖心岛。"逾制"自然要受到惩罚。所以,同治十年(1871)醇亲王奕譞凭吊淑春园时有《孤屿》诗叹息其遭遇:

> 杰阁凌云久渺茫,邱墟宛峙水中央。
> 敝垣胜础踪犹认,斩棘披榛兴亦狂。
> 未觌蓬瀛仙万里,已成缧绁法三章。
> 从来蜃气惊涛幻,每断风帆过客肠。

不过,"一池三山"格局在园林中也还有美学上的效果,诚如方拥主编《藏山蕴海:北大建筑与园林》一书所云:中国古人讲究含蓄,着意朦胧,欣赏距离之美;而产生距离最好的方法,就是"隔"。"雾失楼台",隔以雾;"竹外疏花",隔以竹;"烟中列岫青无数",隔以烟;"细雨梦回鸡塞远",隔以雨;其他隔以霭、以帘、以树,不胜枚举。有雾、竹、烟、雨作隔,楼、花、山、塞就显得遥远而朦胧,迷离之中想象生矣。池中三山以水为隔,追求的也是同一种意境:有水为隔,则岛为仙岛;有山为隔,则人为仙人。所以,"一池三山"也被江南的私家园林所广泛采用。如拙政园中部大水池中横置有三岛,留园中部水池中有水岛"小蓬莱",与西北小岛、东南濠濮亭鼎足而三。和珅在淑春园中"点缀"三岛,"很可能也是出于这一审美追求。他虽然飞扬跋扈,但说其有篡位野心不免有些深文周纳"。

关于湖心岛东侧的石舫,我们后面再分析。

未名湖小岛:和珅理想中的"蓬岛瑶台"

3. 从"墨尔根园"到"燕园"

和珅淑春园没官后,固伦和孝公主与和珅之子丰绅殷德留住在西部,东部则赐给乾隆十一子成亲王永瑆。永瑆是嘉庆帝的哥哥,嘉庆初年曾任军机大臣。他书画俱佳,与刘墉、铁保、翁方纲一起被誉为乾嘉四大书家。清昭梿《啸亭杂录》称其"诗文精洁,书法遒劲,为海内所共推"。成亲王影响至今可寻:侯仁之《燕园史话》曾指出,现在我校东门外有个小村子名叫"成府",或许即是因为成亲王的园寓而得名的。

道光三年(1823),永瑆与和孝公主先后去世,淑春园收归内务府管理。从此时起,淑春园就逐渐走向衰败了。大致是在道光末年,淑春园旧址又赏给了清初摄政王多尔衮的后代睿亲王仁寿。"睿"字满语为"墨尔根",所以,当地老百姓又称睿王园为"墨尔根园"。此名一直延续到 1921 年燕京大学购得此地为止。

此后,淑春园的沧桑还在继续。睿亲王的后代中有个叫德七的继承了这座园子,他不仅拆房卖林,还招徕佃户耕种园田,以收地租为生。民国初年,曾任陕西督军的陈树藩以两万银圆把未名湖到燕南园一带从德七手中买下,改称"肄勤农园"。这时,淑春

成亲王永瑆绘画

园里除了石舫基座和慈济寺山门以外,所有建筑已荡然无存。

最后,燕京大学辟校时从陈树藩手中买下了这块土地。正是这块土地,后来成为燕园的核心地带。

四、惠亲王绵愉与他的鸣鹤园

鸣鹤园在原淑春园以北,与镜春园相邻。两园以今北大第一体育馆西的南北大道为界,东为镜春园,西为鸣鹤园。所以,在探究鸣鹤园的时候,有必要先谈到镜春园,以厘清昔日变迁中的复杂关系。

1. 鸣鹤园与镜春园

关于镜春园与鸣鹤园之关系,说法不尽相同,其中有两种说法比较有代表性。

一说认为两园本是同一座园林,道光年间"样式雷"地盘画样图上显示当时镜春园外墙范围很大,包含后来的鸣鹤园在内。乾隆年间为傅恒之子福长安的赐园。傅恒,大学士,谥"文忠"。醇亲王奕譞《九思堂诗稿续编》中一首咏鸣鹤园诗的诗注称"是园初为傅文忠公第宅"。永瑆《仲春园居作》题注也称此园为"傅文忠公赐园也"。此园后赐给成亲王永瑆。国家图书馆藏有道光初年《圆明园外围大墙图》《圆明园外围水道图》两幅样式雷地盘画样。在这两幅画样上,这个地方都标注为"仪亲王园"。贾珺《北京私家园林志》据此推断:嘉庆四年(1799)和珅淑春园东部改赐成亲王永瑆时,很可能永瑆这座旧园被赐予新封仪亲王的乾隆帝第八子永璇,并定园名为"镜春园"。道光八年(1828)镜春园西部被划出来赐给惠亲王绵愉,后改名鸣鹤园,俗称"老五爷园"。东部则在道光二十一年(1841)赐给道光帝第四女寿安公主,仍沿用镜春园旧名,又称"四公主园"。

另一说认为乾隆四十七年(1782),曾将淑春园北部划分为"春熙园",为圆明园附属园林之一,后赐予和珅,成为淑春园的一部分。嘉庆七年(1802),嘉庆帝将春熙园分作东西两部,东部较小园区赐给第四女庄静公主,改称镜春园,而西部较大园区则赐给绵愉。

后一说曾遭质疑。据岳升阳、王雪梅《样式雷图上的春熙院》考证,春熙院实于长春园之北,前身名为淑春园。清《钦定总管内务府现行则例》载:"乾隆四十七年正月,奉旨淑春园改为春熙院。"改名后正式成为圆明园四座附园之一。和珅的十笏园后来亦名"淑(舒)春园",与春熙院原名相同(或音同),因此二者长期被混为一处,但实际上两园分居南北,并无关联。因此,上述将淑春园北部划分为"春熙园"一说似难成立。

这里,我们暂从第一说。另外,还有一点需要说明的是,现在有的书说,嘉庆七年嘉庆帝将春熙园分作东西两部后,东部赐给庄静公主,西部赐给绵愉。这是不对的,嘉庆七年时,绵愉还没有出生呢。

限于历史的资料匮乏,昔日镜春园的容貌已难以洞见。仅据金勋先

今日镜春园水景

生所存《鸣鹤园镜春园地盘画样全图》所示,可知到赐给道光帝第四女寿安公主时,镜春园已是后来与燕园有关的几座古园林中最小的一个,然而却也"袖珍"得有些特色:园门偏在东南,全园由两处建筑群组成,以中部建筑为主体,紧凑而有致。园中曲径通幽,松柏盘曲如盖,飞楼俯映,柳影婆娑,颇具闺阁秀丽之美。其四周原有碧水环绕,略成圆形,状如明镜,"镜春园"或由此得名。据金勋《北京西郊成府村志》稿本载,光绪二十二年(1896)镜春园又并于鸣鹤园内。因此侯仁之《燕园史话》一书认为:校园中现在的镜春园,实在应该叫作鸣鹤园才对。"庚申之变"中鸣鹤园、镜春园皆受损,后为民国总统徐世昌以很少的钱购得。他将此园与鸣鹤园一并称为淀北园。直到新中国成立后镜春园才得以归属北大,北部校园也才得以连成一片。

现在,镜春园中清代建筑已无存,只有西侧的水池保留下来。北大迁入燕园后,这里成了材料厂,后来又组建了北大建筑公司。2011年,由香港著名爱国实业家、恒基集团主席李兆基先生捐资在镜春园修建了北京大学李兆基人文学苑,成为文史哲三系的办公教学之所。

2. 绵愉其人

绵愉(1814—1864),嘉庆帝第五子,道光帝之弟;母为恭顺皇贵妃钮祜禄氏。

嘉庆二十五年(1820)道光帝即位时封绵愉为惠郡王,道光十九年(1839)晋爵惠亲王。1814年绵愉出生时,他父亲嘉庆帝已经稳固了自己的政权。嘉庆给自己这第五个儿子取名很费了一番心思:皇族这一代子嗣是"绵"字辈,绵寄寓的是大清基业绵延不绝的希冀;而"愉",则是"欢乐"与"满足"。

绵愉小时候既遵循皇族延续下来的传统,又遵循儒家修身养性、乐天知命的教诲,所以深得父亲的欢心。

1820年嘉庆帝驾崩后,由他的皇叔监督这个六岁的孩童继续学习。新继位的道光皇帝——他的二哥,也发现了这个弟弟的才学和美德。1839年,绵愉被道光帝擢升为一等亲王,封号为"惠"。1840年,那是与英国开战的前夜,一项重任首次落在这个年轻王爷的肩上:主持爱新觉罗皇

鸣鹤园雅亭(采自《纪念北京大学建校一百周年藏书票》)

族在天坛和地坛举行的大祭祀活动。这个活动,仪式庄严,意义重大,负有赋予清朝正统并示天下仁爱的神圣使命。舒衡哲《鸣鹤园》一书分析,绵愉之所以成为主持礼仪大典的人,一则是因为皇族子嗣不多,此外可能是因为道光相信绵愉具有"男子气概"——"在清王朝由于鸦片战争和农民起义日渐衰落的时候,愈发需要具有'男子气概'的人才。"

绵愉的确具有清王朝渴求的"男子气概"。1853 年,太平天国军队北伐至北京近郊,绵愉被咸丰帝——他的侄子,任命为奉命大将军,颁锐捷刀,统领健锐、火器、前锋、护军、巡捕诸营,及察哈尔兵和哲里木、卓索图、昭乌达东三盟蒙古兵,与科尔沁郡王僧格林沁一起督办防剿。最终击败了来犯之敌,保卫了京师。而此时,他的侄子咸丰皇帝奕詝却在圆明园里和他的宠妃玩乐。这个妃子就是日后载入中国史册的慈禧。

可惜的是,绵愉后来并未能有机会再施展自己的抱负。1860 年,这位鸣鹤园的主人比坐在皇位上的侄子更清楚天朝的岌岌可危,可是他不是皇帝,他无法挽回乾坤。咸丰避难热河时,命他这位叔叔随行,他只好远离危难的北京。

同治二年(1863),穆宗典学,太后以绵愉"行辈最尊,品行端正"而命他在弘德殿专司督责,并令其子奕详、奕询伴读。一直到去世之前,他目睹了外国军队入侵圆明园以及他钟爱的鸣鹤园的被毁,却毫无办法。

同治三年(1864),绵愉去世。同治帝亲临奠祭,赐银五千治丧,谥曰"端"。后世即尊称其为惠端亲王。

绵愉著有《爱日斋集》,那里汇集了他的诗文。"爱日斋"是一个书房的名字,也是绵愉在历史画面中投射的自己的形象。他具有满族人的血性又有儒家的修养。但他发现身边几乎所有的满族贵族子弟每天都浑浑噩噩,因此他的诗文带有忧伤的笔调。绵愉的两个侄子为这部书作了序,一个是清华园(清华大学)的主人奕誴。他在序中忧伤地回忆起他当初坐在书房听叔父训诫满族贵族子弟时的场景:"他柔和的声音和坚定的道德信念今天仍萦绕在我耳边。"他最后写道,叔父一心想提醒皇家子孙要记住他们的重要使命,然而却无人回应。另一个是蔚秀园的主人奕譞,他对叔父的感恩之情溢于言表,称颂绵愉像孤高的松树一样抵御风雪,令后代子孙高山仰止,可惜却无法在朝廷发挥全部的才能。因而,《爱日斋集》也就像他的鸣鹤园一样,成为一座纪念碑,纪念那个消失的世界。

3. 鸣鹤园:"鸣鹤在阴"的希冀

1835年,道光皇帝把鸣鹤园赐给绵愉时,他21岁。

那时,他首先想到的是皇子们读书的上书房里那根特别的柱子上挂着的皇爷爷乾隆亲自画的松鹤图。松是坚贞的象征:"岁寒,然后知松柏之后凋也";而其姿态,又傲如游龙。他后来写过一首《咏自种小松》自励,也是希望他所教育的皇子们能像飞龙一样支撑起王朝的荣耀:

> 小松初种细如针,数岁栽培日月深。
> 苍翠龙鳞新坼甲,婆娑虬翰渐成荫。
> 未堪巨栋长梁质,已有凌云傲雪心。
> 分寸光阴须爱惜,聊因励志一长吟。

鹤则是高尚、纯洁,奋发有为的贤人君子和对寂寞与孤独有着巨大忍耐力的隐德之士的象征。《易》曰:"鸣鹤在阴,其子和之","鸣鹤在阴,虎啸山丘"。《诗》云:"鹤鸣于九皋,声闻于天。"至汉代,又常将那些远离朝野纷争,在"阴"处施展才华、报效国家的人比喻为"鸣鹤之士"。正因为如此,鹤在中国文人的心目中始终占有着重要的位置。

绵愉获得这块园林的时候,巨贪和珅贪污腐败案的巨大阴影和人们对道德败坏的恐惧依然笼罩和弥漫在淑春园这一带的大地上。绵愉决心走先祖康熙、乾隆和父亲嘉庆的道路,与被和珅玷污了的淑春园划清界限,于是给自己的园子取了一个全新的名字:鸣鹤园。他还特地在园中建了一组特殊的院落——鹤巢,在那里养了许多只鹤。

根据金勋先生所藏《鸣鹤园镜春园地盘画样全图》可知,这两处园林和淑春园旧址,原有一条东西夹道相隔。淑春园的北墙,原来就在现今未名湖北岸、原健斋的后身,鸣鹤园与镜春园的南墙,则正当原全斋的前方。而从第一体育馆通向朗润园的大路正是昔日二园的分界线。此线迤东是镜春园,迤西是鸣鹤园。

绵愉鸣鹤园相当清新,他的侄子、瑞亲王绵忻之子瑞郡王奕志于同治年间所作《鸣鹤园记》对该园风格有过评述:"斯园也,曾为予伯祖仪亲王赐第,居之数年颇有损益。叔父寓此,不加修饰,任其朴素,止于洒扫静洁,审容膝之安而已。故风景皆由于自然,有非刻画所及也。"

对于园子的布局和建筑,绵愉也有自己的追求和坚守。关于这一点,我们可以循着贾珺《北京私家园林志》所绘《鸣鹤园平面图》的指引,并参考《鸣鹤园镜春园地盘画样全图》和侯仁之先生《燕园史话》中关于鸣鹤园的考证,去故址寻觅和体味。

鸣鹤园的正门,在全园的东南隅,旧址正当一体北端今镜春园的入口处。门前原有东西并列上马石二。其内有"二宫门"。进了二宫门,有影壁一座,转而向西,就是原镜春园75号王瑶先生旧居前面架在河上的白石桥。过石桥,就是75号住宅所在处,这是当时园中主要建筑区"东所"。

东所分中、东、西三部分,有游廊互相通连。中部两进,入门处为"含清斋",前院正房为"和春堂",75号院的正房就是和春堂改建的。后院正房为"退省斋"。东部在75号住宅东墙以外,当时有一座戏台,面对戏台坐北朝南的大厅,额曰"洗心观妙"。西部在75号住宅西墙之外,南北两端,各有建筑一所,南为"槐荫轩",北为"怀新书屋"(燕京大学时曾为考古

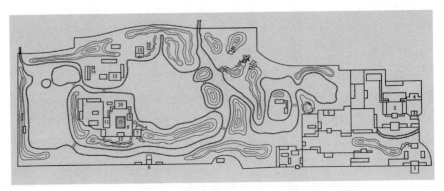

鸣鹤园平面图（采自贾珺《北京私家园林志》）
1. 宫门 2. 东所 3. 戏台 4. 观戏厅 5. 澄碧堂 6. 丽景门 7. 翼然亭 8. 西所 9. 华清榭 10. 碧韵轩 11. 崇善书室 12. 悟心室 13. 山水清音馆 14. 临流亭 15. 花神庙 16. 龙王亭

陈列室）。东所之西有一个独立的院落，从小门进入，北有矮屋三间，前庭植松，后檐临水，名曰"澄碧堂"，为园中宴集之处。奕志《乐循理斋诗稿》中有诗吟咏当年澄碧堂宴集的景况："堂上开筵酒正酣，欲欣佳节近传柑。"西部院落另有一座叫"平台房"的西门。出门面临西边小湖的一座建筑为"溪月松风"，其故址约在原78号中院西房所在处。

鸣鹤园"中所"，就在原79号住宅所在之处，春熙园是中所的主要建筑，三个毗邻的院落，那是客人的居所，也是春天赏花的地方。如今唯余春熙园的垂花门，其他遗迹已荡然无存。

还有"西所"，在今"红湖"西南岸。这里最突出的建筑物为"翼然亭"，燕京大学开辟"燕园"后改为校景亭。

从翼然亭循蹬道曲折下山，原有"迤逦游廊"。下游廊为"华清榭"（其地北大入驻后曾为养蜂房）。华清榭与游廊之西为鱼池，方形，白石砌岸，今尚完好。鱼池正南数十米为宫门，宫门迤外之东的叠石假山之间，原有"洋式门"，今只存门两旁精雕的石座残余。宫门迤北正厅曰"蔼然静云"，池西有"悟新室"。池正北有两层楼阁，名"延流真赏"。楼西有小轩六楹，名"颐养天和"。惜皆无存，唯有颐养天和还残存一段修砌精巧的花砖墙和建筑基础。华清榭东向，有石阶临湖，再北为"钓鱼台"，石岸遗址今依稀可见。沿湖北岸有花神庙与龙王亭。今庙已无存，六角形亭犹在。从

四、惠亲王绵愉与他的鸣鹤园　063

原鸣鹤园二宫门白石桥

翼然亭一直往西北一个葫芦形的湖中,有两个绵愉最喜欢去的小岛——福岛和禄岛。

全盛时期的鸣鹤园与自怡园、自得园、澄怀园、熙春园一起,被并称为"京西五大邸园"。

其实,鸣鹤园与其他那些名园是有很大不同的。舒衡哲《鸣鹤园》一书有着精到的解读。书中说,"园子里每一处名字,每一个亭子都捕捉到了'澄碧'的部分含义。""怀新"和"澄碧"不是刻板的概念,它们表达了绵愉对权力和文化的真实想法。同时,"鸣鹤"的概念既是物质的又是精神的。绵愉豢养仙鹤的院落叫作鹤巢。在仙鹤繁殖的季节,确有仙鹤在这里筑巢。那时,这里将举行庆祝活动,象征性地表达人们对高尚品格的欣赏。书中还指出,从福岛、禄岛往南走,便是鸣鹤园内特意设计的供人沉思之处。据说建于乾隆初年的翼然亭屹立于此,为的就是等待愿意放慢脚步的人们。"翼然亭指引来访者走入内心的世界。"由此可见,"虽然绵愉当时有很大的特权,但是他却把鸣鹤园建成一个证明沉思具有永恒魅力的地方",而"园子的西南角更能体现园主的精神世界"。

4. 鸣鹤园的厄运与重生

咸丰十年(1860),英法联军火烧圆明园。鸣鹤园也几乎在这一劫难中化为废墟,只有几处残留的建筑在那里为绵愉,也是为清王朝唱着哀怨的挽歌。这是鸣鹤园的第一次厄运。

徐世昌

同治三年(1864),绵愉去世,鸣鹤园仍为两个儿子奕详和奕谟所有。后来,由于时局动荡,鸣鹤园又几易其主,一度还被租赁给一位朝鲜的奶品商人,连名字都被改为"高丽园"。

由于长期无力修葺,园子日渐荒落。光绪六年(1880),绵愉的侄子蔚秀园园主醇亲王奕譞曾有咏鸣鹤园诗云:

鹤去园存怅逝波,翼然亭畔访烟萝。
百年池馆繁华尽,匝径松阴雀噪多。

然而,灾难还没有完结。民国初年,民国总统徐世昌以四百元的极低价格向当时的紫禁城小朝廷租下此园,然后把园中幸存建筑的上好木料拆下运回老家,使鸣鹤园又遭一劫。不久,园子又转入陕西督军陈树藩手中,他在这里建有夏令别墅和祠堂。后来燕京大学建校园时,就是从他手里购得的鸣鹤园。

正是这次易主,带来了鸣鹤园的重生。

校长司徒雷登的教学理念和设计师墨菲的天才设计,创造了一个与传统紧密相连的地方:燕京大学的第一座楼——宗教学院"宁德楼"(今民主楼)就建在鸣鹤园的旧址上。

改革开放以后,由于美国赛克勒博士的高瞻远瞩和解囊相助,北大考古文博学院苏秉奇、宿白等考古学家的全力支持,以及一些社会上有识之士的鼎力相助,鸣鹤园旧址上又诞生了一座新型的博物馆——北京大学赛克勒考古和艺术博物馆。在这个过程中,吉尔·赛克勒(Jill Sackler)女士还代表美国赛克勒艺术、科技和人文基金会与北大签署了一个附加条款:资助建立赛克勒博物馆的扩展工程,修复博物馆附近长期荒废的鸣鹤园。经过一段时间的修复,虽未能恢复原来面目,却也别有一番天地。其点睛之笔,即是在馆前右侧新建了一座雅亭(水榭)。亭侧立有巨石,石上"鸣鹤园"三个大字是著名书法家启功先生的墨宝。

启功先生手书鸣鹤园立石

这个雅亭,这块立石,这个博物馆,以及博物馆的两件前朝遗物(立于博物馆大门外的汉白玉日晷,是乾隆第四女和嘉公主府物品,原立于老北大二院荷花池中央;博物馆院落中心那块巨型太湖石,则是米万钟勺园勺海棠的物品)共同产生了新的令人惊警的文化意义。

鸣鹤园其他残存建筑,有标牌为镜春园75号大院和79号原春熙园垂花门以及77号院内的"怀新书屋"等。这里需要说明的是,这些标为镜春园号牌的建筑,其实都属于鸣鹤园。

原鸣鹤园怀新书屋

75号院曾为中国现代文学史开拓者王瑶先生的故居,现为北大校友教育基金会所在。

79号院曾为著名经济学家陈岱孙故居,现改建为"怀宁园",连同院西原"禄岛"上的三合院一起成为北大建筑研究中心的办公场所。

怀新书屋曾在1924年由燕大教授裴文中开设为历史系考古陈列室。北大迁燕园多年后,考古学独立成系,并扩展为考古文博学院,不仅拥有了赛克勒博物馆,而且在翼然亭北新建了A、B两座气宇轩昂的新教学楼。

怀新书屋所在的77号院和相邻的78号院,现一并重建为"怀新园",并连同81号,82号甲、乙、丙及全斋,均为"北京国际数学研究中心"所用。

五、恭亲王奕䜣与他的朗润园

在北大所属的几座古园林中,朗润园是保存得最好的一个。何以如此呢？主要的原因就是在1860年"庚申之变"中基本未被殃及。

那么,为何圆明园周边蔚秀园、鸣鹤园、镜春园、淑春园等都被毁于一旦,而与圆明园仅一墙之隔的朗润园却得以幸免呢？

这一点,至今仍是一个历史之谜,谜底则在园主人恭亲王奕䜣身上。那时候,道光皇帝北逃热河,他受命留守北京与英法联军周旋,最后与英使、法使签订《中英北京条约》与《中法北京条约》。他主持议和以及进行的大量善后事宜赢得了西方对他的好感,为他以后的外交活动创造了条件,是不是也因此,他的朗润园得以保留？他究竟是一个"挽救了清王朝命运"的时代英雄,还是崇洋媚外的"鬼子六"？

1. 奕䜣其人

爱新觉罗·奕䜣(1833—1898),号太岳、乐道堂主人。道光帝第六子,生母为孝静成皇后博尔济吉特氏,道光帝遗诏封"恭亲王"。民间称其"鬼子六"。

奕䜣与咸丰帝

奕䜣与咸丰帝奕詝属异母兄弟。奕詝生母孝全成皇后早死,遗命托孤给奕䜣之母静贵妃。这样,奕䜣和奕詝就同在一母照抚之下,且年龄又相仿,无异于亲兄弟。

道光十七年(1837),奕䜣入上书房读书,先后拜状元翁心存和贾桢为师。他天资聪颖,学习又刻苦,在名师教授下,对儒家经典、满蒙汉三种语

恭亲王奕䜣

言及武功骑射都颇精通。两位兄弟间关系也十分融洽。然而,到道光帝立储时,裂隙出现了。

道光帝立储时,曾在四子奕詝和六子奕䜣之间犹豫不决。无论是才学还是武功,奕䜣都在奕詝之上,道光帝也最钟爱这个儿子。按清朝传统,皇位传给诸皇子中才德兼优者,奕䜣有得皇位的可能。事实上,道光帝在秘密立储时几次都要写奕䜣。如《满清外史》载:"方旻宁(道光帝)之在位也,于储子中,酷爱第六子奕䜣,谓其类己,欲以神器付之,于金匮缄名时,几书奕䜣名者数矣,以奕詝尚无失德,龄且居长故逡巡未决。"然而,后来事情发生了变数。奕詝的老师杜受田深知奕詝的智识才都"万不敌"奕䜣,不能以条

清人绘清帝王狩猎图

陈时政和骑马习武取胜,乃对奕訢面授机宜,以仁孝之心取悦于道光帝。一日,道光帝领诸皇子狩猎,奕訢故意一箭不发,"上问之,对曰:'时方春,鸟兽孳育,不忍伤生以干天和。'宣宗(道光帝庙号)大悦曰:'此真帝者之言!'立储遂密定"。道光末年,道光帝违和,缠绵病榻,自思多年痼疾,将不久于此位。其时,奕訢伏地流涕,痛切异常,"帝大悦,谓皇四子仁孝,储位遂定"。这是道光二十六年(1846)的事,也就是说,道光帝这时已下决心传位于皇四子奕詝了。由此,他们兄弟俩猜疑不和,心存芥蒂。只是奕詝继位后,碍于君臣之理,彼此心照不宣。加上已被尊为康慈皇太妃奕䜣生母、咸丰帝乳母去世,失去中间调节人,双方感情日渐疏远。

道光二十九年(1849),道光帝下令在妃子园寝内为恭亲王之母静贵妃修墓,亲令静贵妃死后必须葬于妃园寝,不得更改,变相暗示恭亲王争储失败。道光三十年正月十四日,道光帝召十重臣公启锦匣,内有御笔两谕:一为"立皇四子奕詝为皇太子";一为"封皇六子奕䜣为亲王"。道光帝病逝,遗命奕詝即位。奕詝登基后,改元咸丰。

咸丰帝继位后,对奕䜣采取了一系列的友爱行动。咸丰元年(1851)四月,咸丰帝授奕䜣为十五善射大臣。同年,赐海淀春和园(改名朗润园)为奕䜣别墅。翌年四月,又将城内原乾隆年间大学士和珅的府邸改赐奕䜣,并于八月十五日,驾幸"朗润园",为之题园名,题山、水、亭、轩之名,并赐诗一首,示极关切之意。奕䜣有答诗一首。是月,奉旨管理正蓝旗觉罗学事务。

此后,咸丰帝又不惜打破清代皇子不得干预政务的祖制,命奕䜣管理

咸丰皇帝

中正殿、武英殿事务,署理领侍卫内大臣、参与京城巡防事宜,在军机处行走,管理三库事务,补授镶红旗蒙古都统,补授宗人府右宗正,奉旨总理行营事务等重要职位,还恩赏其穿黄马褂。

咸丰十年(1860),英法联军进攻北京,咸丰帝北逃承德,奕䜣临危受命,挽救了危局,也算是回报了奕䜣的皇恩和手足之情。

不久,咸丰帝又同意了奕䜣、文祥、桂良等人的提议,准以成立总理各国事务衙门,以取代原来的理藩院。这样,军机处以外又出现了一个中枢政府机构。这个衙门后来还倡导、支持和实际领导了曾国藩、左宗棠、李鸿章等人的洋务运动。同时,与列强维持和局,并借师助剿,镇压了太平天国,赢得了"同治中兴"。奕䜣也由此获得"贤王"的美称。

奕䜣与慈禧

咸丰十一年(1861),发生了一件大事。这年七月,咸丰帝在热河病死,儿子载淳继位,改年号为"祺祥"。幼主冲龄,咸丰帝遗诏令载垣、端华、肃顺等八人为赞襄政务王大臣,顾命辅政。"祖制重顾命",按亲疏远近关系,应该是奕䜣排在第一位,但咸丰帝余憾未释,把奕䜣摒弃于顾命大臣的行列之外,这更加深了奕䜣与载垣、肃顺等人的矛盾。咸丰帝去世后,奕䜣协助慈禧太后政变清除了顾命八大臣,被授予议政王,在军机处担任领班大臣,全面控制了中枢机关。奕䜣又身兼宗人府宗令和总管内务府大臣,从而控制皇族事务和宫廷事务大权。加上他以总理各国事务衙门的职务主管王朝外交事务,自此便总揽清朝内政外交,权势赫赫。

但是,由于他政治上很有主见和作为,使得慈禧太后既想用他内心又忌惮他,于是他的官运也是几起几落,一度还失势成为赋闲之王,或每天喝得有些醉意在王府戏楼听戏,或在朗润园听雨赋诗,甚至还曾隐居于戒台寺。反复的浮沉渐渐磨平了他往日的棱角,挫败了他的锐气,遇到大事再也提不出应对之策。如中法战争中,以他为首的军机处对于战与和迟迟拿不定主意,致使军队节节败退。到光绪二十年(1894),又被起用为总理衙门大臣,并总理海军,会办军务,内廷行走,但毫无作为。

光绪二十四年四月,奕䜣一病不起,终年66岁。他死后,哀荣不小。谥"忠",加恩进贤良祠,入皇家太庙。其孙溥伟袭爵恭亲王。

奕䜣墓地占地一千多亩,宝顶、享殿、碑楼、石狮、石坊、华表、赑屃石碑、神桥，一样都不少。只可惜，岁月淘洗，今只剩那座三门四柱三楼的石牌坊。

奕䜣是一个比较复杂的历史人物。对于他的功过是非，虽盖棺而难以定论。

大体上，一种意见认为他是咸丰、同治、光绪的三朝重臣，主张学习外国科技以加强军事实力，外交上主张保持与欧美大国的和平。他支持洋务运动，在他的奏请和筹划下清政府成立了中国历史上第一个正式的"外交部"——总理各国事务衙门。在他的一手筹划下，清政府又于1862年在北京成立了京师同文馆，从而为中国晚清政治、中国教育的改进做出了贡献。有人甚至认为："如果恭亲王不死，可能会挽救国家很多的不幸。"

另一种意见则认为，他唯洋人马首是瞻，《中英北京条约》《中法北京条约》都是丧权辱国的不平等条约。他认为英俄等列强只是"肢体之患"，而太平天国和捻军才是"心腹之患"，从而开"攘外必先安内"，甚至"借师助剿"之先河。后来，光绪的维新图强，他也是站在反对派的立场之上。因此，给他安个"鬼子六"的诨号也并不冤枉。

人物定评，留待时间和历史。我们下面且来看看他的朗润园。

2. 朗润园："视觉与精神的盛宴"

朗润园位于燕园的北部，南邻鸣鹤、镜春二园，北依万泉河，对面隔路为圆明三园之一的绮春园。

朗润园前身在雍正年间先为怡亲王胤祥的交辉园，后为傅恒的春和园。嘉庆年间赐给乾隆帝第十七子庆郡王永璘（后晋庆亲王），所以当时春和园又俗称"庆王园"。嘉庆二十五年（1820）传永璘之子庆郡王绵慜，道光十六年（1836）传永璘之子庆郡王奕采。道光二十二年（1842）奕采获罪夺爵，此园可能随之没官。咸丰元年（1851）改赐恭亲王奕䜣后始有"朗润园"之名。

由于自嘉庆帝起，圆明园便成为"第二政治中心"，所以，今天燕园一带临近圆明园的附属园地位非常高，只有最受恩宠、最有权势的皇亲或权臣才能获赐居住。有幸得赐者自然也是备感荣耀，奕䜣亦不例外，曾以"朗润园主人"为别号，可见其对此园的珍爱。

水景：清朗润泽

奕䜣得到前海西街原和珅府第之后，在豪华奢侈的原有三路建筑之外，又修建了一个占地面积38.6亩的花园"萃锦园"。园中也是中、东、西三路建筑，既有体现皇家气派与威严的宏大殿宇，又有来自民间讲求精巧与细致的小品构件。最有代表性的是东路主体建筑大戏楼。戏楼建筑面积685平方米，采用三券勾连全封闭式结构。在戏楼的下南面，是高约1米的大戏台，上悬"赏心乐事"大匾，台顶挂有大红宫灯，地面则方砖铺造。据说，戏楼下面特意安设有几只大水缸，目的是使音响更好，让人在戏楼任何一个角落都能听得清楚。由于王府花园和王府如此地洋洋大观，不由使人联想到《红楼梦》中的荣宁二府和大观园，而恭亲王及其前身主人们波澜起伏的命运，也与这部小说中的人物故事颇为相似。因此，周汝昌等红学家及一些红学爱好者就将这里视为《红楼梦》的"原产地"。

恭王府大戏楼

据国家图书馆藏样式雷《春和园地盘画样全图》,朗润园面积超百亩,主体为一方形岛屿,岛上外环围以一圈假山,山外环以曲溪和湖泊,外围又筑有一圈连绵的假山,山外边才是围墙。如此重重围合,使得园子极为内敛而幽深。

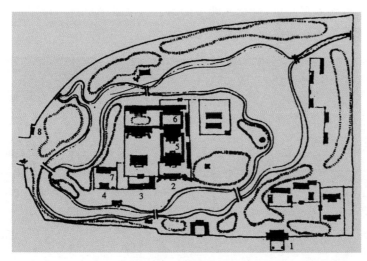

朗润园平面图(采自谢凝高等《燕园景观》)

1. 宫门
2. 东所
3. 中所
4. 西所
5. 春和别业
6. 恩辉余庆
7. 益思堂
8. 后门

咸丰帝在赏赐朗润园的同时,还"特发帑金",让奕䜣修缮旧园。奕䜣在朗润园的经营完全不同于城里恭王府的豪华与排场,在这里他追求的是自然与清新。

据他在《朗润园记》中自述,他没有大动土木,只是"缮完补阙,是葺是营,肯堂肯构,薙榛莽,剔瓦砾,无丹膜之饰,无雕甍之靡,不尚其华尚其朴,不称其富称其幽,而轩墀亭榭,凸山凹地,悉仍其旧,越明年壬子而园成,非创也,盖因也"。

新修整的园子仍以水景见长:"曲榭回廊绕涧幽,大都为水也风流"(奕䜣《秋日偶成叠韵四律》);"山水丹青杂,崎岖碧涧幽"(奕䜣《幽赏轩即事》)。园名"朗润",正是形容其水景之清朗润泽。由于北枕万泉河,活水自西北入园,绕岛蜿蜒盘绕之后由东北角流出,其间忽宽忽窄,或溪或湖、与两侧重重土山、垂柳、水榭、亭台相映照,使得全园笼罩着一种淋漓的烟水之气。园中水系悠长,可乘小舟游遍全园。他还在一首诗的注中说:"园中小舟曩年弟赠",即是说小船是其弟蔚秀园主醇亲王赠送给他的。

晚清大学士宝鋆亦有诗注称朗润园中"水亭泊舟二,曰盟鸥舫,曰载月航,放乎中流,大有江乡之趣"。因此,泛舟成了奕䜣园居的最大享受:"池塘垂柳密,摇舸出闲汀。苔色侵衣桁,荷香入水亭。业篁低地碧,甘露淡山青。赏洽情方远,清心豁窅冥。"(《雨后泛舟》)"采莲湖上红更红,水态含青近若空。菱叶参差萍叶重,荷花深处小船通。"(《涵碧亭口占》)诗中也可见园内水面有许多红荷白莲,煞是惹人喜爱。

今日朗润园水景

建筑：恩宠有加

从谢凝高等《燕园景观》所绘《朗润园平面图》看，朗润园中的建筑都在中央岛上。据国家图书馆藏《样式雷图籍》，朗润园早期共有大小房屋153间，游廊57间，垂花门一座，石桥三座，四方亭一座。经奕䜣修缮增建，房屋达到237间，新建游廊31间，三孔石平桥一座，四方亭一座。

又据金勋先生《北京西郊成府村志》载，朗润园全盛时有东西两门，东门斜对今成府路西口，西门北临万泉河，出门有石平桥，过桥向西，便是直通万寿山的大道。光绪末年在蔚秀园向慈禧太后奏事的诸大臣前来朗润园会议，就是经由这个西门出入的。当时园中建筑分为中、东、西三所。

东所共三进，以游廊相连。大门三间，左右为云片石所叠八字墙，今天仍有东面的一撇。门上原有"春和别业"匾额，后改悬恭亲王所书"壶天小境"。一进院正房五间，原名"恩辉余庆"；二进院正房五间，前出三间抱厦，原名"澄怀撷秀"；再北为后罩房。

中所初期建筑不多，只有一座蝠形假山和前出抱厦的堂屋"致福轩"，庭院十分宽敞。但改赐奕䜣时已坍塌。奕䜣后撤去假山，重建三进院落，成为岛上主体建筑。其中二进院五间，硬山厅堂为全园正堂，上悬"乐道书屋""正谊书屋"匾额。

西所分三进院，南为倒座房，内有正房三间。最后一进院进深较大，其北建有三间歇山花厅，前出三间歇山抱厦，造型独特。春和园时期名为"益思堂"。

东所东南侧，有四角方亭一座，其上"涵碧亭"匾额为奕䜣手书。在园中，此亭地位突出，园主人常在此眺望西山，沉思冥想。此亭后毁今复建一亭于其旧址。

朗润园建筑并不豪华，但享受的恩宠却远胜别的赐园。园中匾额除奕䜣自书外，均为自雍正到光绪诸帝及慈禧太后所赐。其中，"咏恩阁""幽赏轩"为雍正御笔，可能是春和园旧物，也可能移自别处；"致福轩"为嘉庆帝所题。为园中赐匾最多的是他的哥哥咸丰帝。奕䜣在《朗润园记》中多次谈到道光的隆恩：朗润园改造完成时，"是岁仲秋复蒙皇帝临幸，御书易园额曰'朗润'，宸翰昭垂，所以训迪余之拙陋之心者，至深远矣"，"又赐额曰'池水共心月同明'，斋曰'明道'，轩曰'棣华'，曰'萃赏'"，"园之正室为堂五楹，额曰'乐道书屋'，曰'正谊'，皆宣宗成皇帝御书所赐也"。一个园子能有这么多帝王御题,颇为难得。可惜如今仅剩嘉庆帝御笔"致福轩"一匾了。

嘉庆皇帝亲题致福轩匾额

当年恭亲王于朝政倾轧之余在此园居,与山水花鸟为伴,以使胸襟得以暂时的舒缓,故舒衡哲《鸣鹤园》一书称其在北京西北隅建立了一个"想象的王国"。他自己也相当的沉醉,曾在其《朗润园记》中不无得意地写道:

> 是园也,临清溪,面层山,树木葱茏,既静以深,荷池环绕,竹径清幽。乐蕃植则有灌木丛花,青翠交加也;学耕耔则有田畦蔬圃,量雨较晴也。松风水月,入襟怀而妙道自生也;仙露甘膏,常沾润而俗虑自涤也。研经史以淑情,习武备以较射。或怡悦于斯,或歌咏于斯,而于乐山乐水之旨,其稍有合也。……仰观俯察,风月之清朗,林池之秀润,遇目赏心,亦有以惬夫恬澹之襟怀也欤,抑余因之有感矣。

可惜,1860 年浩劫以后,园子虽然基本保住了,园居的闲静却一去不复返了。国运日衰,朝廷政务缠身的奕䜣,不得不在城内长住。直到生命的最后三年才能经常到朗润园寻找慰藉。

尽管如此,朗润园还是依然保留着清新的面貌。所以,20 世纪 30 年代美国记者多萝西·格雷厄姆(Dorothy Graham)有幸在园中漫步时,仍然能够享受到"视觉和精神的盛宴"。她在《中国园林》一书中这样写道:"这是理想的完美体现:激发想象力的山丘、使人平静的湖水……高大的树木与深邃的湖水相呼应;坚硬的石头被柔韧的草木缠绕。这是一个完全孤寂的地方。心灵已经远离情绪的波动,只融入一片神秘的寂静。"

3. 奕䜣身后的朗润园故事

光绪二十四年(1898)奕䜣去世,朗润园收回内务府管理。这时慈禧权势炙手可热,常驻新经修葺的颐和园垂帘听政。由于朗润园相去不远,因此这里就被用作内阁军机处及诸大臣会议的地方。据金勋《北京西郊成府村志》载,会议每月逢三、六、九在此集会。光绪最后十年间,这里便和朝政有了直接的关系。如1906年假立宪的闹剧就是在这里策划的。据余棨昌《故都变迁记略》载:光绪三十二年八月,慈禧令诸王大臣议官制于朗润园。根据会议的结果,奏准后六部名称都有改变:巡警部为民政部,户部为度支部,兵部为陆军部,刑部为法部,合并工部商部为农工商部,理藩院改称部,大理寺改称院。

1912年清帝逊位后,将仍归皇室所有的朗润园赏给了贝勒载涛作为私产。载涛是原蔚秀园园主醇亲王奕譞的第七子,光绪皇帝的同胞兄弟,

任禁卫军训练大臣时的载涛(左三)

宣统皇帝的皇七叔。这个朗润园的最后一位园主,宣统年间曾任军咨府大臣和禁卫军训练大臣。辛亥革命后赋闲为百姓。

那时候,载涛隐居在北京小汤山大柳村的先人墓地,生活十分困苦,还曾在德胜门外收卖过破烂。然而,就在那种忧困交加的情况下,他仍深知民族大义,保持了高尚的气节。大军阀张作霖、日本关东军特务头子土肥原以及国民政府军政要员宋哲元都曾多次请他出山,但是他始终不为高官厚禄所引诱。

载涛(左三)与溥仪(左二)及其家人的合影

但是,当"萧瑟秋风今又是,换了人间",毛泽东主席和周恩来总理诚邀他担任中国人民解放军炮兵司令部马政局顾问时,他欣然出山了。为什么呢?因为他看到共产党是真正为人民的,是中国兴盛的希望。

他在职时,非常敬业,为军马建设、增进各族人民的团结和祖国的和平统一事业做出了很大的贡献。后来,他还担任过一、二、三届全国人大代表和政协委员。

载涛先生还有一个贡献,就是在生活非常困难的情况下,为国家保护了不少文物。就北大来说,他不仅维护了朗润园,而且保护了一些圆明园散落的文物。如北大办公楼的石麒麟、丹陛和未名湖中的翻尾石鱼等圆明园旧物,都是他购买、保存的。

1952年,北大迁入燕园后,为缓解教职工住房紧张,先后于朗润园东部滨湖新建了六座教职工住宅楼和一座俗称"北招"的外国专家招待所，并于主岛内外又修建了二百多间平房。这些建筑，虽与古园林不尽协调，但未造成大的破坏。朗润园主体建筑虽年久失修，椽桷圮损，丹臒剥落，然大体风貌依旧。嘉庆帝当年御匾"致福轩"、恭亲王题"壶天小镜"匾及张凯等人书法藏之高阁，神采宛然，旧日东所"春和别业"宫门、"恩辉余庆"殿、"澄怀撷秀"殿以及中所的正殿、后殿等主体建筑和山水格局也都未有大的变化。

进入新时期以来，随着学校教育事业的快速发展和保护文化遗产意识的增强，先后对朗润园进行了几次清理、修缮和增建，使北大古园林保护得最好的朗润园重新恢复了生机。2001年，朗润园于主岛土丘之上立石纪念，石上"朗润园"三字由季羡林先生题写，并于致福轩前树《重修朗润园记》碑，碑文由侯仁之、张辛合撰。

季羡林先生手书朗润园立石

朗润园中新整修和增建的建筑,主要有1997年开始修缮和扩建于原东所的北京大学中国经济研究中心(现北京大学国家发展研究院)院落,2001年整个的原中所的中国古代史研究中心院落,以及2008年落成的科维理天文与天体物理研究所大楼和2012年3月落成的北京大学斯坦福中心院落。

躬逢盛世,枯木逢春,清朗春和,朗润园幸甚!北京大学幸甚!

六、醇亲王奕譞与他的蔚秀园

在与北大结缘的古园林中,醇亲王奕譞的蔚秀园不算是最美丽的,然而却是与校本部离得最近的。当年,奕譞的蔚秀园与他叔叔绵愉的鸣鹤园和他哥哥奕䜣的朗润园都只有一桥之隔。那两个园子是他常去的地方。绵愉去世后,他仍常常走过小桥去奕䜣那里喝茶聊天,只是随着天朝国运的日渐暗淡,他们品味到的是更多的苦涩。

1. 奕譞其人

奕譞、奕䜣兄弟二人都是晚清政坛上名声显赫的重臣,然而处事风格却很不相同。奕譞为人内敛,几乎一生都在为圆明园这些皇家园林的荒落而哀伤,他的地位越高,慈禧赐给他的荣誉越多,他的诗就越伤感。奕䜣则不然,他不想作诗沉思,那对他来说是一种奢侈。他从不为清朝末期的"狂风肆虐"而哀伤。他写诗,只想试图拯救没落的王朝。当然,到最后,他也麻木了。

尽管如此,他们对待园林的态度还是大体相同的:一心想要在寂静的园林中建立一个想象的王国,以使自己得以慰藉。

奕譞所以如此处世,和他的经历是密切相关的。

青云直上中的恐惧

奕譞(1840—1891),字朴庵,号九思堂主人,又号退潜主人。道光帝第七子,咸丰帝异母弟。母为庄顺皇贵妃乌雅氏,其大福晋为慈禧太后胞妹。他是光绪皇帝的生父,末代皇帝溥仪的祖父。

道光三十年(1850),封为醇郡王。咸丰十一年(1861),咸丰帝在承德避暑山庄驾崩后,他与恭亲王帮助慈禧太后发动辛酉政变,并亲自捉拿了"顾命八大臣"之首肃顺。慈禧掌权后非常重用他,授予他都统、御前大臣、领侍卫内大臣、管理神机营等职。

身穿朝服的奕譞

同治三年(1864),奕譞被加封亲王衔。翌年,两宫太后又任命他为弘德殿行走,稽查课程。

同治十一年,晋封为醇亲王。

光绪元年(1875),同治帝驾崩,慈禧为了继续把持朝政,便采取册立幼君的方法,让奕譞只有四岁的四子载湉"承继文宗显皇帝(咸丰帝)为子,入承大统为嗣皇帝"。奕譞接到诏书时深感不妙,顿时被吓得魂不附体,当场"碰头痛苦,昏迷伏地,掖之不能起"。据《清史稿》卷二百二十一列传八载,光绪皇帝继位后,奕譞曾上奏两太后,自请免职。其大意:"臣侍奉同治皇帝已经有十三年了,如今龙驭宾天。我仰瞻他的遗容,真是五内崩裂啊。忽然承蒙皇太后的懿旨下降,选择载湉为嗣皇帝,时间仓促让我非常迷惘,不知所措。犯了年轻时旧有的肝疾,不断地积累变成了大病。唯有哀恳辞退官职,请允许我告老,为天地容一个只留爵位的人,为道光皇帝留一个无才昏庸的儿子。"

两宫太后召集王公大臣集议,因为奕譞上奏诚恳请求,于是罢免他的一切职任,但是依旧令他照料菩陀峪陵工程。两宫太后又"命王爵世袭",他上疏请辞,没有得到同意,反而被加封亲王"世袭罔替",亦即为清朝十二个铁帽子王中的一位。

由于奕譞的谦恭有礼深得慈禧赏识。光绪二年,皇帝在毓庆宫入学,太后命奕譞加以照料。奕譞这才得到了和儿子相处的机会。光绪五年,又赐奕譞食亲王双份俸禄。光绪十年,恭亲王奕䜣被罢免了军机大臣的职务,让礼亲王世铎代替。太后命令礼亲王遇到重要事件,一定要与奕譞商办。这在实际上让奕譞控制了军机处。

在慈禧和光绪的夹缝中生存

光绪十一年九月,清廷开始设置海军衙门,任命奕譞总理节制沿海水师。

由于慈禧的信任,奕譞的地位在不断上升,但是他有自己的见识。1860年,当英法联军恶狼一样扑向代表先帝辉煌的圆明园时,他被迫跟随皇家护卫队护驾咸丰帝前往热河。在热河装饰华美的宫殿里,他作为皇帝的弟弟、慈禧的妹夫,他有特权,暂离战火与危险,可以品尝到各种美酒,还可以欣赏塞外五彩斑斓的秋景。但是,即使在这个时候,他对圆明园及自己的弟兄们的园林的被毁仍无法释怀。

1861年,咸丰皇帝驾崩后,慈禧选择体弱多病的同治承接天命,然后控制着他,让他打着儒家忠孝的旗号征用大批资金和木材重建圆明园。为制止这件祸国殃民的事情,奕譞曾两次上疏,两次廷辩,在同治面前"面诤泣谏"。然而同治不为所动。奕䜣也曾试图说服同治,但同治同样听不进去,甚至呵责奕䜣,说他想"取而代之"。后因国库实在空虚,修园工程停止了,奕䜣却被降职。此次,慈禧选中奕譞的儿子继位时,又轻松地展开了重建颐和园的宏伟计划并让他也接受资金修复蔚秀园。这次奕譞没有抗命,因为没有勇气,同时他也有私心,那就是给"老佛爷"准备好一处养老地,让自己儿子的皇帝好当些,日子好过些。然而,光绪亲政后,慈禧太后依然在颐和园把控政局。1898年戊戌政变,慈禧又把光绪囚禁于瀛台。她临死前一天,还将光绪毒死。当然,那是后话。当时,奕譞以在颐和园建立海军学堂,在昆明湖操练海军为由,替慈禧重理颐和园,还要准备让她阅兵。奕譞心里很明白,这些都不过是幌子,其实是慈禧太后为自己的私利而坑害国家社稷。可是他所能做的,只有如舒衡哲《鸣鹤园》一书所说,在诗歌中回忆那些逝去的往事,抒发悲伤的情怀。甚至在圆明园被毁几十年后,他仍在用诗歌记录持续的荒芜,在废墟上呼喊王朝的子孙。就这样,小心谨慎地应对着、讨好着,内心痛苦着,诗歌里呼喊着。他的《九思堂诗稿》及《续编》有大量诗篇写到蔚秀园,对常去游赏、喝茶的朗润园、鸣鹤园,也留下了不少诗作。

光绪十五年正月,光绪帝大婚礼成,重赏奕譞,并进封其诸子:载沣为镇国公,载洵为辅国公,载涛赐头品顶戴、孔雀翎。

光绪十七年,颐和园完工。第二年,奕譞病逝。过世前他给儿孙辈留下了这样一首小曲:"财也大,产也大,后来子孙祸也大。若问此理是若何,子孙钱多胆也大,天样大事都不怕,不丧身家不肯罢;财也小,产也小,后辈子孙祸也小。若问此理是若何,子孙钱少胆也小,此微产业知自保,俭使俭用也过了。"

七王坟今貌

七王坟上白果树的故事

奕譞去世,慈禧派大臣大施香奠,为他举行盛大葬礼,谥号为贤,配享太庙,并让他的儿子载沣继承王爵。光绪皇帝亦亲临王府成服祭奠。随后,以亲王之礼将奕譞葬于北京西郊妙高峰,庙制祭礼按皇帝的规格。

奕譞墓俗称七王坟。此地早在唐代就是佛家圣地,有法云寺及后为"西山八院"之一的香水院。奕譞在蔚秀园养病时曾到西山散心,看中了此地,慈禧和光绪就赐银五万两为他买山建坟。奕譞于同治八年开工修建别墅和墓园,工程历时五六年。

此时慈禧虽说慷慨,奕譞亦始终顺从,其实慈禧内心对他还是存有戒心的。这从奕譞死后的一则民间传说可见一斑:

光绪二十二年(1896),内务府有个据说精通风水之学的叫英年的大臣,因为急于升官动了歪念头,在晋见慈禧时说:醇亲王奕譞的墓地上有白果树一棵,高十余丈,荫数亩,形如翠盖罩在墓地上。按其地理,这样的大树只有帝王的陵寝才可以有,况且,白果的"白"字加在"王"之上就是个"皇"字,这于皇室大宗很是不利。

慈禧听了当即命令内务府说:"我即命尔等伐之,不必告他。"这个"他",自然是奕譞的儿子、当朝的光绪皇帝。

因为事涉皇帝的先父,内务府虽然接到慈禧的懿旨,也不敢轻动,有人最后还是将这个消息告诉了光绪。光绪立即严敕:"尔等谁敢伐此树,请先砍我头!"

如此相持月余。一天早上光绪皇帝退朝之时,忽听内侍有人前来报告说,太后已经于黎明时分带着内务府的人去往醇亲王陵墓伐树去了。光绪匆忙带人尾随出城,行至红山口时,即于舆中号啕大哭。原来,平常走到这里时,就能看见那颗亭亭如盖的白果树,今天却已经看不见了!待光绪赶到墓园,树身早就被砍倒了,数百人还在继续砍伐树根。在伐倒的白果树的周围,被挖成了一个十余丈的大坑,里面洒满了石灰,以防止白果树死灰复燃。在场的大臣告诉皇帝:太后亲自拿着斧头砍了三下后,才下令众人伐之。有太后的示范作用,众人再也不敢违抗,只好伐树。光绪无奈之下,围绕父亲的墓地走了三圈,"顿足拭泪而去"。

也有说,锯树时从树身中出了许多蛇,光绪二十六年的义和团,就是那些蛇精所化。还有说,如今七王坟陵园南墙之外那棵高二十多米的银杏,是老树被慈禧砍了以后又长出来的。

这些传说,多有附会,却也并非无迹可寻。有研究说,此说的源头在翁同龢日记。据《翁文恭敬公日记》云,慈禧伐树事发生在戊戌变法前一年的农历五月二十三日:"懿旨锯去","大七尺半,群蛇所窟"。后来末代皇帝溥仪在《我的前半生》里也谈到此事,只是说发生时间是在戊戌变法之后。溥仪之弟溥杰《回忆醇亲王府的生活》一文中亦说,他曾听他的母亲讲过此事,但诸人在事情发生的年份上均不一致,可知他们所言并不足为信史。

2."蔚秀":"蔚然秀雅"的期许

旧日蔚秀园介于畅春园和圆明园南北两个御园之间,位置相当重要。但它究竟创始于何时,史无明文可稽。

据张宝章《京西名园·从彩霞园到蔚秀园》一文,这里最早是康熙第九子允禟的赐园,名曰"彩霞园"。那里,康熙帝不仅多次来赏景,还曾留宿于园中。这在众多赐园中是唯一的一次。可见康熙爷对这位"毒蛇老九"关爱有加。然而后来这位老九还是犯事被抄家幽禁。园子的新主人成了弘昼。弘昼为雍正帝第五子,十一年封和亲王。此人以"荒唐王爷"著名,仕途不畅,身后谥曰"恭"。至道光中叶园子又被赐给定郡王载铨,改名"含芳园",也称"定王园"。

载铨是道光朝的红人,曾掌管宗人府,还任过御前大臣、工部尚书等要职,十六年(1836)袭封为定郡王。咸丰四年(1854)去世。身后追封为亲王,谥曰"敏"。载铨还是一位颇有才华的诗人,清代第一女词人顾太清对他评价颇高。含芳园在载铨手中大为扩建,添建了亭台和戏楼等建筑。据载,园内曾有一石,石上"招鹤蹬"三字为定亲王所题,可惜此石早无踪影。

载铨去世后,含芳园转赐给醇亲王奕譞。据说在赐园之前,还特意由第五代"样式雷"——雷景修主持全面修缮过一次。这次工程的用料,全部是从废弃的皇室宗庙行宫拆卸下来的上等木材。经修葺,园子更有风采。但是,钟情于米万钟勺园园林趣味的奕譞不喜欢含芳园这个名字,便请求他的四哥咸丰皇帝御赐园名。咸丰帝亲题"蔚秀园"名。因为他是道光的第七子,所以民间亦称其为"七王园"。

"蔚秀"二字寄有深意。蔚,本意草木茂盛,引申为盛大,"蔚然成风""蔚为大观"者是也;又形容文采华美,"云蒸霞蔚"者是也。秀,美丽,"秀丽""秀气""清秀""眉清目秀""山清水秀"者是也;特别优异,"秀异""秀挺""优秀"者是也;聪明、灵巧,"内秀""心秀""秀雅"者是也。由此不难看出,咸丰帝赐此名,意在褒奖园主的操守与情怀,并对他寄予鹤立鸡群、高标独立的期许。

奕譞于获赐当年在《三月十五日初至赐园恭纪》一诗中感恩云:"蔚秀名标荷宠深,欣欣草木被春霖","赐居岂仅园林胜,乐善惟宜勖寸心"。

历尽岁月的沧桑,当年蔚秀园几乎没有留下任何遗迹。它兴盛时的具体状态,我们已经无从知晓了。根据遗留至今的文字记载和谢凝高等《燕园景观》一书所绘的平面图,我们可以粗略地知道:园子当时门向南开,门前建有东西两座朝房。园中山环水绕,水景丰富。湖泊环绕着小岛,将园区分为东、中、北三个相对独立的建筑群。南所位于中部岛屿之上,为三跨四合院。东所在东岸,为单进院落,东北角湖岸山石间曾有奕

六、醇亲王奕譞与他的蔚秀园　087

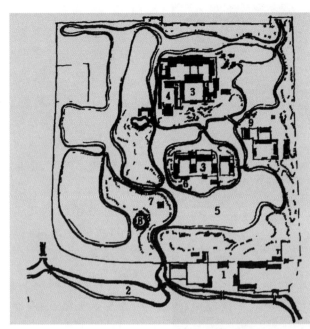

1. 宫门
2. 万泉河
3. 正房
4. 戏台
5. 南湖
6. 小花园
7. 方亭
8. 金鱼池
9. 紫琳浸月

蔚秀园平面图（采自谢凝高等《燕园景观》）

譞亲书"紫琳浸月"四字的石碑。北所位于北部大岛上，规模最大，南边堆有土山，小径西旁又叠石作为屏障，南侧有山石上题刻"云根"二字，上款为"丙子仲春二日"，不知是哪位园主所留遗迹。其西院南侧有小轩，传为当年戏台。园西南的土山上建有与朗润园翼然亭相似的攒尖方亭。那是观看玉泉山塔和西山夕照的最佳之处。

　　蔚秀园还有一个特殊的地方，就是一直保留有朝房两座。清代礼制等级森严，乾隆五十七年（1792）乾隆帝曾专门对诸王、公主的赐园发表上谕："诸王园居惟彩霞园曾经皇祖驻跸，是以门前建盖东西相向朝房二座，自应仍存其旧，其余诸王公主园居俱不准建盖朝房，以示限制。"

　　从现存史料看，奕譞真正到园中居住大概是在咸丰九年（1859）。当时他是否又花大力气经营园子，不得而知。但从他的《蔚秀园新葺山弯小室晚坐》一诗中可以看出，他非常喜爱自己的园林："日暮酒阑新月上，芦花深处唤扁舟。"他在《消闲十咏》诗中还生动地描述过自己的园居生活，包括较射、检书、听泉、对月、分竹、莳花、觅句、纳凉、饲鹤、观鱼等等。他在诗题和诗注中还多次提及园中景区西部的小江乡、绿杨城郭（城关）、濯

蔚秀园"云根"石刻

蔚秀园叠石

蔚秀园北所西院小轩，据说当年用作戏台

樱榭、碧漪、知稼亭、鱼乐亭、停云乡墅、景周轩等景观。

从他的诗中也可看出，蔚秀园的景致近乎田园风光，他对此也很沉醉和眷恋。

可惜，1860年英法联军火烧圆明园，奕譞的蔚秀园也遭到严重摧残。同时，他自己也被更深地卷入面临崩溃的统治集团的政治漩涡之中。光绪初年，重回故园，面对园中的破败景象，他怅惘不已，以诗浇愁：

丹稜新涨碧于油，重到园林二十秋。射圃久芜亭榭废，茫茫旧迹慨从头。

双松台峙对西山，瓦砾低看旧市寰。只有玉泉孤塔影，风铃犹语白云间。

（《蔚秀园二律》）

可能就是这次重回蔚秀园以后，为了随侍慈禧太后在颐和园听政，不得不对蔚秀园进行简单的修葺，其中一项是重修寝室"续缘堂"。他有《续缘堂述感》诗序云："堂为余分藩时寝室，庚申变后鞠为茂草，逾十八年重葺，颜是额。"这些粗陋的建筑中有一部分保留到今天，如湖岛上遗存的部分房屋。此后他还常来园中居住。他曾有别号"蔚秀园主人"，可见他对此园之钟爱。

1891年，奕譞去世，蔚秀园按旧例收归内务府管理。至清室覆亡前夕，才又赠给其第五子载沣作为私产。

载沣（1883—1951），字伯涵，号静云，晚年自号书癖。道光帝之孙，醇亲王奕譞第五子，光绪帝异母弟，宣统帝溥仪生父。于宣统年间任监国摄政王。有清一代，仅有两位摄政王，另一位就是清初以摄政王身份辅佐顺治帝的多尔衮。所以，他实际上是慈禧去世后清政府的最高统治者。但他宽厚有余，魄力不足，他弟弟载涛（朗润园的最后一位园主）曾说

清末摄政王载沣

他"做一个承平时代的王爵尚可，若仰仗他来主持国政，应付事变，则绝难胜任"。果然，他在日后与袁世凯的较量中败下阵来，长达260多年的清王朝正是终结在他的手里。因此，他在许多人心目中，是一个无异于窝囊废、书呆子的庸碌王爷。

其实，载沣并非一无是处。

清朝灭亡之后不久，孙中山先生于1912年9月不仅突然造访醇亲王府，而且对载沣在辛亥革命爆发后主动辞去监国摄政王的职位和逊位后不参加复辟活动等行为给予了充分的肯定。分手之时两人约好下一次载沣回访孙中山。1924年年底，孙中山第二次进京，不幸的是，一个多月之后孙先生病逝。载沣深感悲痛，将他与孙先生的合影供在书房里，围上素色白花，焚香秉烛。后来，周恩来总理也对载沣作过公正全面的评价，除了同意孙中山先生的观点以外，还特别赞扬了他作为溥仪的父亲，在日伪统治时期没有屈从日本人的一再劝诱，坚持不去东北的政治胆识和民族气节。

由于历史资料的匮乏，蔚秀园在载沣时期究竟发生了什么变化，已无

蔚秀园西南土山上的方亭

从知晓。今天我们可以从20世纪30年代美国作家多萝西·格雷厄姆的一篇游记中窥见一点消息。作者在游记中写道,那天,她作为奕譞后人的朋友,被特许参观已经荒落的园子。游观中她被园中黄昏的美景所触动,顿时心生诗意:

> 傍晚,椭圆形的池塘上闪烁着金属般的光泽。一亭立于山丘之上,飞檐曲线优美,在落日的余晖中隐约投下黑色的剪影。落日与池塘形成两个光环,四角亭立于两环之间……
>
> (*Chinese Gardens*)

由此可见,1931年12月燕京大学购得蔚秀园后,此园依然有其往日的特色和魅力。

北大入主燕园后的相当一段时间,蔚秀园也基本保持着往日的面貌。

格局的真正变化,是1973年至1979年先后在园西部和北部建造15幢楼房以及在东南部修建幼儿园之后。如今,"蔚然深秀"的景象和意境已难寻觅和体味。好在残存的假山上还残留(一说是新建)一座基座低矮的亭子,东南部分湖泊相连的旧迹亦尚可辨认,多少还有那么一点点所谓的"残缺美"吧。

七、承泽园与它的几位主人

承泽园地处海淀挂甲屯,圆明园以南畅春园遗址以北,东隔万泉河与蔚秀园相望。

承泽园不仅是北大九座古园林中收归最晚的园林之一,面积也仅比最小的镜春园稍大一些。但其历史却甚悠久,距今已二百多年。其间历尽沧桑,主体建筑和基本格局能够保存至今,已是一个奇迹。它先后的几位主人,各有其独特的经历,给历史留下完全不同的印记,也给后人留下值得记取的教益。

1. 承泽园:历史留下的宝贵财富

在当代关于海淀古园林的文献中,多记载承泽园的前身为雍正年间果亲王胤礼的赐园自得园,大约始建于雍正三年(1725),属圆明园附属园林之一。但经张恩荫《自得园与承泽园史实考补》和贾珺《北京私家园林志》等考证,承泽园的前身为嘉庆、道光年间大臣英和(1771—1840)的别业依绿园。道光六七年间,英和作有《依绿园十四咏》。诗人说到"朝夕便趋承,地近依灵囿。退值赋燕居,因风听宫漏",以其地近便于上朝,园中甚至能听见御园的宫漏之声。由此可推测,依绿园的建成也就在这个时期。不幸的是,到道光八年(1828),英和父子即因坐孝穆皇后陵寝浸水一案而被革职系狱并籍没家产,此园也随之没官。道光十七年(1837)发还,改名"承晖园",但两年后又奉旨交还园居。所以,从园名、位置和没官时间来看,这座承晖园无疑就是后来的承泽园。

道光二十五年(1845),此园被赐给寿恩固伦公主,始名"承泽园",因寿恩固伦公主为道光第六女,故又俗称"六公主园"。是年寿恩固伦公主下嫁工部尚书、一等公博启图之子景寿。据《清实录》记载,道光帝曾于当年四月十八日、八月二十八日两度临幸该园。

寿恩公主去世后此园又被朝廷收回,并于光绪中叶再度改赐给庆亲王奕劻。奕劻此时春风得意。《翁同龢日记》载:光绪年间慈禧太后和光绪帝曾临幸承泽园,并有御笔匾赐其园居。奕劻去世后,承泽园为文化名人张伯驹购得。因该园邻近燕园,燕京大学的师生和京城其他文化人常来此雅集,文化氛围甚为浓厚。1953年,北大购得此园,从而成为北大校园的一部分。

据史料可知,寿恩公主改建前的依绿园、承晖园是一座平面形状狭长,周边曲折的私家花园,依托河池平行展开各种建筑和假山、花木之景。园中从北至南大致分布建筑院落——水——土山三个横向的层次。改建后的承泽园南北方向加宽,并将万泉河纳入园中,大大增加了水景的丰富效果。从谢凝高等《燕园景观》所绘《承泽园平面图》可见,园中布局从北至南变为建筑院落——水——洲渚——水——空地五个平行的层次,增加了景致的深度,也加强了全园空间的高低变化和虚实对比。

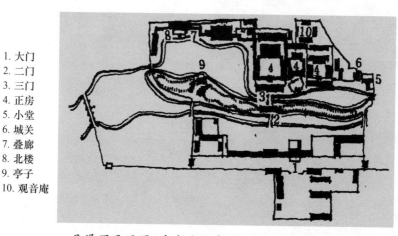

1. 大门
2. 二门
3. 三门
4. 正房
5. 小堂
6. 城关
7. 叠廊
8. 北楼
9. 亭子
10. 观音庵

承泽园平面图(采自谢凝高等《燕园景观》)

从道路流线上看,依绿园主要靠池北岸的小径由东向西串连全园,而扩建后的承泽园以南北道路为主轴,东西向路径为辅助,中央增设两座连续的小桥架设在两条长河上,整个流线系统复杂而有序:自大门折西,倒座房、石桥、二门、木桥、三门、垂花门、正寝、后照房形成一条中轴线,体现了贵族府园庄重气派的特点。

1860年英法联军火烧圆明园时,承泽园侥幸得以免灾。1900年八国联军再劫圆明园时,又由于奕劻与列强关系密切而未被殃及。所以,侯仁之先生《燕园史话》说,北大购得此园时"大体还保留着原来的样子"。后来北大在园区南部修建了教工楼,原来的建筑荡然无存。北部得以保留的建筑中,有一座位于西北隅小湖北岸的楼阁,是北大旧日园林所保留下来的唯一双层建筑,弥足珍贵。

承泽园平石桥和二宫门

1992年和1999年,北京市海淀区政府先后将承泽园列为文物保护单位和重点文物保护单位。

1998年北大百年校庆之际,北大在马来西亚华裔人士廖宗明先生的资助下,按原貌对西所进行了修缮,部分地再现了承泽园的往日面貌,并作为北京大学科学与社会研究中心的办公地点。工程结束后,侯仁之先生题写"承泽园"三字于石碑之上,立于西所院内,并有石碑记其盛。现在北部又为北京大学国家发展研究院所用,但愿能够对旧园手下留情。

重修后的承泽园北楼

2."依绿":英和"花木依然鬓发新"

承泽园的第一位主人英和(1771—1840),幼名石桐,字树琴、定圃,号煦斋,索绰络氏,满洲正白旗人。官至户部尚书、军机大臣、协办大学士、加太子太保衔。

英和工于诗文书画,有着很高的艺术修养,他的依绿园颇多江南景致和文人意趣。园中营造有卷阿承荫、信果堂、味道斋、槐阴轩、得佳亭、再思居、振秀精庐、守真堂、拂云山馆、却雨廊、林水翳然、致爽楼、听泉榭、知乐矶十四景。

贾珺《北京私家园林志》对其园林景观的文化内涵做了探究:园名"依绿",出自诗圣杜甫《陪郑广文游何将军山林》诗中"名园依绿园,野竹上青霄"句;"得佳亭",用晋代大诗人陶渊明《饮酒》名句及诗意:"采菊东篱下,悠然见南山。山气日夕佳,飞鸟相与还,此中有真意,欲辨已忘言";"林水翳然"用《世说新语》晋简文帝入华林园典故:"简文帝入华林园,顾谓左右曰:'会心处不必在远,翳然林木,便自有濠濮间想也。觉鸟兽禽鱼,自来亲人',其景为"有屋五小楹,景物近濠濮";"知乐矶"用《庄子》"濠濮知鱼"的典故:庄子与惠子游濠梁之上。庄子说:"鲦鱼出游从容,是鱼之乐也。"惠子说:"子非鱼,安知鱼之乐?"庄子说:"子非我,安知我不知鱼之乐?"其他一些匾额题名,也多有文化含量,如:"信果",信仰佛教的"三世因果";"守真",执着于道家的"抱朴守真";"再思"导源于儒家的"三思而后行";园中正堂"卷阿承荫"和后来园名中的"承晖",亦体现了忠君感恩的儒家思想。

英和书法

关于园中景观建筑的性质、功能,有些亦可据英和的诗句来推断。如:"烟云日变幻,西牖一一收",当是指西北部的"致爽楼",这座二层楼宇可以通过西窗远观西山烟云变幻,又称楼中"如城好书摊,愧未精校雠",

可见这是一座藏书楼;"山气夕真佳,趣即于此得。小亭对西巅,苍然来暮色。移置水之滨,规模本旧式",这应是指水边土山西侧的方亭;"屋角有老槐,势与青天参",这自是指因屋角一株老槐而得名的槐阴轩;"空阶少点缀,种树三四株",这是指有高树拂云之势的"佛云山馆";"夕秀最宜振,佳构怀平原。窗虚远峰列,波静斜阳翻",这又显然是说面对西山夕阳的振秀精庐。

关于园居生活,英和还写有《依绿园十四事》分别吟咏读书、临帖、习射、观画、登楼、涉山、泛舟、垂钓、移花、除草、芟竹、采莲、听雨、步月等,极具文人之风雅,是富有文化修养的清代什宦园居生活和心灵世界的真实写照与珍贵记录。

"初秋一别到残春,花木依然鬓发新。"(英和《依绿园有感》)英和在依绿园和后来的承晖园中实际生活的时间并不长,但是给我们留下了相当丰厚的文化遗产——燕园文脉中的一股清流,值得我们珍惜。

3. "承泽":奕劻难以承受之重

在皇权时代,金銮宝殿上的天子是至高无上的权威,能够得到天子的恩泽,那是莫大的荣耀,但同时也是神圣而沉重的责任。

康熙、乾隆为了大清江山永固,一方面在上书房"松鹤图"下灌输满族传统和儒家道统,一方面把权力、金钱和荣誉奖励给他们的子孙。鹤鸣九霄,皇恩浩荡。可惜皇子皇孙中,像鸣鹤园主人绵愉那样励精图治的有志之士并不多,而像承泽园主人奕劻那样声色犬马败家误国的不肖之徒倒不少。

奕劻(1838—1917),乾隆皇帝第十七子永璘第六子绵性的长子。道光二十九年(1849)过继给永璘第三子绵慜为嗣子。第二年袭封辅国将军。

到光绪朝时,奕劻已是远支皇亲。但由于慈禧太后的宠幸,很快即晋封为庆亲王,乃至世袭罔替,进而总理各国事务衙门、领衔军机处,就任第一位内阁总理大臣。他何以得到慈禧如此宠信的呢?据说与这样一段经历有关:他早年居住在方家园一带,与慈禧的娘家为邻,因为他是"中国绘画山水之能手",且擅长书法,并经常为慈禧的弟弟代笔写信向太后问候,

庆亲王奕劻

后又与慈禧另一弟弟桂祥结为儿女亲家,从而逐渐得到太后的赏识与关照。特别是后来会同奕譞办理海军事务期间,二人一同挪用海军经费为慈禧修建颐和园,就更得太后的欢心和重用。

然而,在末代皇帝溥仪的眼中,奕劻却是一个"以办理卖国外交和卖官鬻爵而出名"的败类。他在民国六年(1917)去世后,被溥仪一度以"谬""丑""幽"和"厉"等字眼作为其谥号,后经溥仪父亲载沣等一再恳请,才赐谥为"密",意即追补自己以前过错的意思。溥仪之见是有道理的。1900年八国联军入侵北京,奕劻与李鸿章、荣禄一同被任命为全权大臣,与八国联军议和,1901年签订了丧权辱国的《辛丑条约》。1905年与袁世凯同被任命为全权大臣,与日本签订了《会议东三省事宜正约》。辛亥革命后,他在促使清帝逊位、帮助袁世凯窃取国家政权方面起了推波助澜的作用。以后袁世凯称帝,他也是摇旗呐喊的群丑之一。

京城庆亲王府秀楼

奕劻政治上劣迹斑斑,生活上也以爱财如命、贪污腐化著称,是晚清亲王中地位显赫却名声最不好的一位。由于极度贪婪和大肆受贿,他迅速积累了巨额财富。辛亥革命时,有人估算他的家产总值在亿两以上。

敛财以后，便是疯狂的奢侈。他大肆扩修赐给他的原大学士琦善的宅第，在原一百六十余间房屋的基础上，又先后修建了奢华的万字楼和大戏楼等建筑，使他这座庆王府变成了房屋多达千间、前后五进院落的北京最为豪华宏大的一座王府。他还在华北、东北、内蒙古、热河、察哈尔与绥远等地广置田产，并在北京、天津购买和建造了多处别墅。在奢华的庆亲王府里，奕劻和他的子孙过着极为奢侈荒淫的生活。他和他的长子载振都是荒淫好色之徒。清代规定亲王最多只能有五位福晋，而他却有福晋六人，还与王府内一位女仆发生性关系而使其怀孕。据说为了不使事情败露，他让自己的一个福晋用棉布将腹部垫起假装怀孕，而将那真正怀孕的女仆藏在王府的东厢房里。后女仆产下一女婴，奕劻便说为其福晋所生，从而在宗人府为孩子上了"户口"，这就是他的大格格。大格格成人后，嫁给了亲王那彦图为福晋。而这段内幕终被那彦图得知，这位本身并没有过错的大格格便只能生活在冷嘲热讽的不幸之中。

奕劻在很长一段时间里，任总理各国事务衙门大臣，主持外交事务，经常与各国使节交涉。慈禧太后驻跸颐和园时，外务衙门就设在东宫门外南河桥路南（现颐和园小学校址），距承泽园很近。奕劻即经常在此招待各国使节，有时也在承泽园宴请外宾。当时承泽园里有多热闹是可以想见的了。

辛亥革命后，承泽园虽仍属奕劻所有，但已风光不再。宣统退位后，奕劻一直避居于天津德租界的别墅内。奕劻去世后，承泽园为张伯驹先生所购得。

4．文化：张伯驹浓得化不开的情结

张伯驹（1898—1982），原名家骐，字丛碧，别号游春主人、好好先生，河南项城人。出生于仕宦家庭，自幼天资聪颖，素有"神童"之誉。他酷爱诗词、书画、戏曲等艺术，并在这些方面表现出非凡的天赋。他还酷爱文物收藏，自20世纪30年代起，就不惜重金购藏了大量书画文物珍品，其中大多数都在中国艺术史上占有独特的地位。

对于这样一位文化奇人，时人将他与少帅张学良、袁世凯次子袁克文、溥仪的族兄溥侗（治贝子园主人）并称为北平城里的"四大公子"。国

张伯驹

画大师刘海粟称赞他"是当代文化高原上的一座峻峰。从他那广袤的心胸涌出四条河流,那便是书画鉴藏、诗词、戏曲和书法。四种姊妹艺术互相沟通,又各具性格,堪称京华老名士,艺苑真学人"。著名书法家启功称他"前无古人,后无来者。天下民间收藏第一人"。文物鉴赏家史树青亦说"我们近代没出过这样高的人,有学问的人,有涵养的人"。

以"一家之资、一己性命"救护国宝

1933年,张伯驹嗣父在天津去世,他继承了五十万元的股票。他没有把这些资产用于个人挥霍,而是将大部分财力投入书画收藏。在购藏过程中,他时常痴迷到不惜倾家荡产的地步,他所购得的国宝级书画,几乎每一件都有一个感人的故事。他曾向友人谈及其中的一些细节:陆机《平复帖》是他用四万大洋从溥心畬(恭亲王奕䜣之孙)的手里买的。这个价钱算便宜的,因为溥心畬开口就要二十万大洋。买展子虔的《游春图》,是他把弓弦胡同的一所宅院(据说是李莲英旧居)卖给辅仁(大学),再用美元换成二百二十两黄金,又让他的妻子变卖一件首饰,凑成二百四十两,从玉池山房老板那里弄来的。那老板张口索要的黄金是八百两!《三希堂帖》、李白字《上阳台帖》、唐寅《蜀官妓图》,当时袁世凯的庶务司长郭世五愿以二十万大洋卖给他。但是他一时也搞不到这么个数目的钱,只好先付六万大洋的订金,忍痛把《三希堂帖》退给郭家。范仲淹手书《道服赞》是他用一百一十两黄金购来的。

那么,他又为何如此痴迷于书画珍品的购藏呢?关于这个问题,他也向章诒和坦露过心曲:"不知情者,谓我搜罗唐宋精品,不惜一掷千金,魄

［唐］杜牧《张好好诗》卷（局部）

力过人。其实，我是历尽辛苦，也不能尽如人意。因为黄金易得，国宝无二。我买它们不是为了钱，是怕它们流入外国。唐代韩干的《照夜白图》，就是溥心畬在1936年卖给了外国人。当时我在上海，想办法阻止都来不及。七七事变以后，日本人搜刮中国文物就更厉害了。所以我从三十岁到六十岁，一直收藏字画名迹。目的也一直明确，那就是我在自己的书画录里写下的一句话——予所收藏，不必终予身，为予有，但使永存吾土，世传有绪。"

确实，张伯驹先生购藏书画，不仅是出于个人的爱好，更主要的是出于一种浓厚的家国情怀。溥仪流寓天津后，将颜真卿《自书告身帖》等通过上海古董商卖给了外国人，导致许多国宝流失海外。为此他曾致函北京主政者，要求予以阻拦，无奈为时已晚。视国家文物为国之重器、文化之根基的他，决定自己挺身而出，以一家之资、一己之力甚至一己性命来

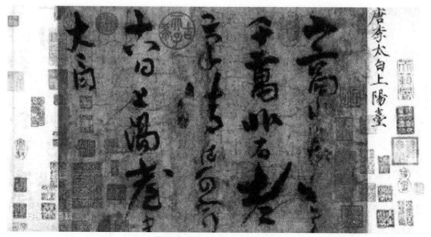

［唐］李白《上阳台帖》

救护国宝。

当他得到陆机《平复帖》、李白《上阳台帖》等书画珍品时,不仅资金尽数一空,还遭遇到绑架,身陷牢笼数月。然而,他宁可舍弃性命,也不愿以所藏书画换取赎金。后经妻子潘素四处奔走,幸得友人相助,拼凑出四十万元赎金才得以解脱。

抗战爆发以后,张伯驹夫妇为保护这些文物珍品,把所有的字画一一缝入衣被,携往西安避难。一路担惊受怕,日夜寝食不安,到西安后,又怕土匪抢,怕日本人来,怕意外的闪失,怕自己的疏忽,时刻地小心,整日地守在家中。外面稍有动静,气不敢大出,心跳个不停。总之,他们为了这些文物,受够了颠簸和惊吓。

经过这些劫难后,张伯驹先生更是将为国家保存文物上升到高于自己生命的层面。抗战胜利后,溥仪携至东北的文物又因"满洲国"的覆灭而流散四方。张伯驹大声疾呼抢救,但南京政府对此漠不关心。1947年,琉璃厂商从东北收来一批文物送到故宫,故宫却因得不到政府资助而无力回购,主事者也无卓识,他又不得不"鬻物举债",收购了多件即将流失海外的书画珍品。就这样,他为祖国留下了大量珍宝。经过他手蓄藏的书画名迹,见诸其著作《丛碧书画录》者,即有118件之多,其中国宝级的文物不在少数。

后来,他的胞妹与前妻等又通过诉讼要求他分割财产。逼迫之中,他只得于1953年夏季,将承泽园卖给北大以还债。其实,卖掉承泽园他是很不情愿的。北平解放后,他曾应聘任燕京大学国文系中国艺术史名誉导师。任教时,他就常住承泽园。

然而,承泽园还是卖了。自此,张伯驹先生也就告别了贵公子的生活,进入北京城的平民行列,但是,他的爱国情怀并没有降温。

1951年,有一件事引起了张伯驹的高度关注:经政务院总理周恩来批示拨款,以49万港元将流落在香港的《三希堂法帖》《中秋帖》《伯远帖》购回故宫。这件事使关注了《三希堂法帖》十几年的张伯驹欣喜万分,这不仅因为这件国宝终得回归,还在于他看到了共产党这个新政府真正懂得文物、文化的价值,能够领导中国走向长治久安。于是,张伯驹、潘素夫妇做出重大决定:于1956年7月,将自己珍藏了几十年的八件珍宝无偿捐给国家文化部,使之重归故宫,"永存吾土,世传有绪",从而完成了这项他坚持了近三十年的文化使命。这八件国宝是：晋陆机《平复帖》、隋展子虔《游春园》、唐杜牧《张好好诗》卷、宋范仲淹《道服赞》卷、宋蔡襄《自书诗》卷、宋黄庭坚《诸上座》卷、宋吴琚《诗帖》卷、元赵孟頫《草书千字文》。这些国宝都是张先生极为珍爱的。仅举一例：因为喜爱展子虔的《游春图》，他曾将承泽园改称"展春园"。张先生夫妇献宝后，文化部部长沈雁冰签发了褒奖状，称张伯驹先生"化私为公，足资楷式，特予褒扬"。当时还要奖励他20万元，他婉言谢绝。与此同时，张伯驹先生又把李白《上阳台帖》送给了热爱诗词的毛泽东主席。

文化部发给张伯驹先生的《褒奖状》

此后，在吉林省博物馆工作期间，他又将宋杨婕妤《百花图》、宋赵伯啸《仙峤白云图》、元赵孟頫《篆书千字文》、唐人写经《大般若波罗蜜多经》等一大批书画无偿捐献给了吉林省博物馆，并为吉林省博物馆在东北地区收集了不少流散文物。

张伯驹先生辞世后，潘素仍然在继续着他的事业。2017年2月8日，"张伯驹潘素文化发展基金会"在北京人民大会堂举行隆重揭牌仪式。这个经国务院批准的非公募基金会致力于社会文化公益事业的繁荣和发展，为中华民族的伟大复兴贡献力量。

"中国的文学再发展，以后也不会再有张伯驹"

张伯驹曾说过："我这个人要学什么，非要学到精通不可！"他对酷爱的古典诗词就达到非常精通的程度。他自幼记忆力就特别好，朝诵夕读，过目不忘。有一次去朋友家，随便翻阅主人的藏书。过了段时日，再去时竟然还能背诵出主人藏书里的诗句，而那主人却什么都记不起来了。长时期的积累，使他谙熟掌故，精通格律，又对生活充满诗心，因而他写诗词就像蜜随时从蜂巢里流出来一样。

张伯驹和潘素合作画的《梅菊图》

张伯驹创作的诗词不求发表，是兴之所至，是习惯使然。一段时间下来，他就自掏腰包，把这些新作油印成册。这些灰蓝封面、薄薄软软的小册子朴素无华，一摞一摞地码放在客厅沿壁而立的竹质书架上，让前来家中叩访的文化人都觉得它们酷似一个身着素色长衫的文人，长久静立，沉默无语。只在有人一不小心碰及书架，那老竹竿发出的吱吱声，才仿佛在提醒人们：这里还有诗。

张伯驹先生一生酷爱诗词，谈文论艺，随兴创作，从无懈怠。晚年患白内障，仍通过回忆自七岁以来所观之戏、所演之戏以及菊苑佚闻，写下七绝句177首，集为《红毹记梦诗注》。流入民间后，即获赞誉，香港中华书局于1978年出版。他去世后，北京宝文堂书店予以再版。

张伯驹先生著述和创作，成果颇为丰硕。主要有《丛碧词》《春游词》《秋碧词》《雾中词》《无名词》《续断词》《诗钟分咏》《丛碧词话》《丛碧书画录》《乱弹音韵辑要》《宋词韵与京剧韵》《氍毹记梦诗》《氍毹记梦诗注》《张伯驹词集》《中国书法》《京剧音韵》《中国楹联话》《素月楼联语》《春游琐谈》等。

许多人所以欣赏张伯驹先生的诗,不仅因为他的诗词很有情趣,艺术造诣很高,还因为它有着一些更可宝贵的东西:现在不少人,最大的生活目标不外乎自我价值的实现。继之而来的事,便是如何经营推销自己,实现目标。而所谓经营推销,就意味着一个持久又复杂的运作方式。如此经营人生,自然属于人性的、审美的东西都要摈弃。而这些恰恰是中国传统诗歌的感性基石,也是张伯驹的创作基石。连基石都没了,哪儿还有张伯驹?

正是在这个意义上,有人说:"中国的文学再发展,以后也不会再有张伯驹。"

戏曲"保守派里的顽固派"

张伯驹先生酷爱戏曲,他在戏曲界有不少知己,如著名京剧表演艺术家余叔岩等。他们情趣相投,不以利害相交,其关系远远超过一般公子和名票与名伶之关系。

张伯驹先生不仅爱看戏曲,而且爱亲自演出。他最为得意的,就是名伶傍他唱戏的事了。诸如,梅兰芳饰褚彪,他饰黄天霸的《蚍蜡庙》等。特别是余叔岩饰王平,杨小楼饰马谡,王凤卿饰赵云,程继仙饰马岱,陈香雪饰司马懿,钱宝森饰张郃,他饰诸葛亮的《空城计》。这出戏是1937年张伯驹四十寿辰,余叔岩倡议为河南旱灾募捐的义演。报纸登出戏码来,便轰动了。演出可谓极一时之盛。演出后,有人以杜甫"此曲只应天上有,人间能得几回闻"誉之。文化名人章士钊也曾特作打油诗云:"坐在头排看空城,不知守城是何人。"这两句玩笑诗连同那晚演出的盛况,令张伯驹陶醉了一辈子。

正是因为爱得深,琢磨得透,自己又有亲身体验,张伯驹对戏曲有着自己独到的见解。他认为,"中国戏曲靠的就是角儿",艺术精粹在于表演,表演的艺术精粹在于技术、技法和技巧。许多老戏,内容早就熟得不能再熟了,但戏迷们还是会一而再再而三地欣赏。单是一出《玉堂春》,梅派的,程派的,或是张君秋唱的,或是赵燕侠演的,都让人击节叹赏。这些不同流派的角儿能以各自的艺术处理与舞台细节,共同传递出一个含冤负屈的青楼女子的内心情感,而又各有千秋。正是这些角儿,让中国戏曲

张伯驹在《借东风》中扮演的孔明

有着特殊的艺术魅力。因而,当余叔岩、杨小楼等名角撒手人寰时,张伯驹便会叹息:"所谓京剧至此下了一坡又一坡。"

新中国成立以后提出中国传统戏曲的改革方针"百花齐放,推陈出新",文化部还划出二十六个禁演剧目。眼看着《马思远》等一些含有高超绝技的传统剧目,因内容落后,思想不合时宜,或被查禁,或被淘汰,张伯驹忧心如焚。

张伯驹对戏曲艺术的高度执着和深度痴迷,使他成为一个极有影响的专家和名票,同时也使他当上了戏曲界头号保守派——"保守派里的顽固派"。

对此,很多人难以理解:《马思远》不就是一出戏吗?让演就演,不让演就不演,有什么大不了的?为什么张伯驹肯把价值连城的文物捐给政府,却要为几个演员一出戏跟政府叫板又较劲呢?有人这样解释:张伯驹之所为,和政治家为了维护自己的政见能豁出性命的道理有相通之处。艺术的衰落,令有识者尤感痛切。所以,他要尽其可能地去挽回或恢复原来的文化品质和文化意境。有人这样理解:最优秀的人,往往是最固执的。也有人把这件事和他向国家捐献文物的事联系起来评判:张伯驹绝非如今天某些人所评价的——仅仅是个把《平复帖》《游春图》捐了出去的有爱国心的大收藏家。他的一生,比捐献的文物生动得多;他的为人,更比国宝珍贵。

1982年,张伯驹因得感冒转成肺炎病逝。追悼会在八宝山革命公墓举行,悼者无数,挽联无数。有两位曾激烈批评过张伯驹的民盟著名人士,此刻对他做出了新的评价——

萨空了说:"伯驹先生是我们民盟的骄傲。"

晚年的张伯驹和夫人潘素

千家驹讲:"这几年,我参加的八宝山追悼会不知道有多少次了。很多人的悼词上无一例外地写着'永垂不朽'。依我看,并非都能永垂不朽,真正不朽者,张伯驹是一个。"

就这样,张伯驹谢幕了,带着一腔浓得化不开的文化情结谢幕了。然而,他曾经的承泽园还在,他献给国家的珍宝还在,他的精神还在。

祖国和人民没有忘记他。1998年4月16日,"张伯驹诞辰一百周年纪念座谈会"在京举行,全国人大常委会副委员长何鲁丽等一百多人出席了会议。2011年6月19日,位于北京什刹海后海南沿26号张伯驹故居内的张伯驹潘素故居纪念馆正式揭牌。

北大和这样的人结缘,应该是一种荣幸。

八、从苏大人园到农园

农园在今五四运动场、三座教学楼、"治贝子园"和邱德拔体育馆一带。

农园之名始于燕京大学时期,这个园子此前有过好几位主人:第一位是道光年间的工部尚书苏楞额;其后是道光皇帝长孙载治;载治殁后传给其子溥伦;光绪中叶再传载治第二子溥侗。

由于他们都处于风雨飘摇的晚清时代,所以他们在园中的生活也都难免或多或少地打上时代的烙印。

1. 苏楞额与"苏大人园"

苏楞额是清皇室远亲,曾为清嘉庆、道光年间的内务府大臣、镶红旗汉军都统、工部尚书。

嘉庆年间,皇帝常在圆明园临朝听政,为上朝方便,苏楞额于二十二年(1817)建造了这座园林,时称"苏园""苏大人园"。

比起附近鸣鹤园、朗润园、蔚秀园等园林,苏大人园虽没有它们那样多建筑,那么大气派,却也有自己的特色:玲珑精致。金勋老先生民国年间的《北京西郊成府村志》对其有过描述:

> 苏大人园,在成府南头。该园南向,东临旱河,西界车库,南界海甸……该园地形较高,一丈有余,有一人工掘挖的水池,夏季大雨时注满雨水,经二三年而不干枯……池北岸用云片石就土山叠成高台,上建龙王庙三间。池之东为果园,林木成行,桃、李、杏、柿、海棠、鸭梨、栗子均有。其南为流杯亭。流杯亭北向为三间一抱厦,远望如戏台。抱厦内地面用大理石嵌成云形石沟,宽约八寸,深亦如之。其东北房内有辘轳转井,石槽接入流杯庭,辘轳井注满水池,放水入云形

沟……再东为正殿五间，三卷式共十五间，后殿亦三卷十五间，硬山卷棚顶，东西游廊与前殿互通。前殿盛植牡丹数百棵……西北角建石台，高四丈余，皆用虎皮石包砌。

由此可见，苏大人园鲜花四季、果木成林，颇多野趣。特别是那个按浙江兰亭王羲之"曲水流觞"意境设计的"流杯亭"，让园子有了一些文化品位。亭中"云形石沟"，原为当年"圆明园四十景"中"坐石临流"建筑群里流杯亭的基座。"坐石临流"流杯亭，建于雍正朝，仿绍兴会稽山阴王羲之写《兰亭集序》的那座兰亭所造。后乾隆帝下令将该亭改建为八方形，并换成石柱，每柱刻一帖，即成著名的圆明园"兰亭八柱"。此亭基座北大迁来后长期放置于五四运动场北端体育器材室中，20 世纪 80 年代送还圆明园。

苏大人园的旧物

苏大人园后来传到苏楞额孙子那兴阿手中。那兴阿与那位写过"我劝天公重抖擞,不拘一格降人才"的诗人龚自珍交往甚密。道光十四年(1834),龚自珍来园作客后,作有《题兰汀郎中园居三十五韵》,盛赞苏园之美。诗中有:"清池足荷芰,怪石出林里。禁中花月生,天半朱霞曙"等句。

2. 治贝子园与"红豆馆主"

同光年间,道光皇帝长孙载治封贝勒,得赏苏园,遂改称治贝子园。后来,此园传给长子溥伦。溥伦曾首次率中国代表团赴美参加世博会,并于 1907 年与京师大学堂创办人孙家鼐同任资政院总裁。他在治贝子园中,常聚众习武练功,据说陈氏太极拳经其扶植,才得以从陈家沟扎根于北京,进而辐射全国。如今太极拳不仅仍为国人喜爱,而且被列入奥运会项目,溥伦和治贝子园功不可没。

至光绪中叶,此园由载治第二子溥侗承继。

爱新觉罗·溥侗

溥侗(1871—1952),字厚斋,号西园,别号"红豆馆主",是末代皇帝溥仪的堂兄。曾世袭镇国将军,后又加封辅国公,因此人们经常尊称其为"侗将军"。这位"将军"不擅军事,却酷爱艺术,是著名的京昆艺术教育大师、文物专家、音乐家,是民国初年北平城里有名的"四大公子"(少帅张学良、袁世凯次子袁克文、红豆馆主溥侗、张伯驹)之一。曾任燕京大学和清华国学院教授昆曲艺术的导师,桃李满天下。他曾与北大第一任校长严复一同创作了清朝及中国历史上第一首法定正式国歌《巩金瓯》,也曾在未名湖岛亭给燕大学生上过课。他还在家里组建了演习京昆的戏班,修建了演出的大舞台。在一段时间里,他这里遂成为文人雅士京昆艺术的活动中心。据说不仅他本人吹拉弹唱样样精通,吊嗓子、拉云手事事认真,就连当时的看园人花春和都是一位"戏包袱"。从那时到现在已经八九十年过去了,北大至今还有不少人是京、昆剧的"票友",这里不能说没有溥老先生的"基因"。

可惜,这种歌舞升平的粉墨岁月并未能持久。溥侗由于花钱无度,至宣统二年(1910)不得不以园子为抵押,向北京横滨正金银行借款。后因无力归还,园子于1928年被银行拍卖。燕京大学以45200银圆购得此园。

此时园子已经破损不堪,燕大便将大部分园地作为农学系的试验地,"农园"之名即由此而来。

1952年,北大迁入燕园后,园中建筑多遭毁坏,仅存的"后殿"先后成为北大的体育器材室、学生食堂、木工车间、杂物仓库等。后来又拆了大戏台,改建成游泳池。在其修建过程中,还挖出一具女尸,传说是一位清代的公主。在这块旧址上,先后建起了五四运动场,第二、第三、第四三座教学大楼以及五四体育馆等建筑。

3. 治贝子园的新景观

为迎接2008年北京奥运会,北大于2004年开始修建邱德拔体育馆,地址选在农园。

据乐黛云《四院・沙滩・未名湖》一书记载:为了不使北大校园的最后一座皇家故园永远湮灭,季羡林、侯仁之、张岱年、吴良镛等文化耆宿和建筑专家一起联名致信给有关部门:

> 治贝子园距今已有200年历史,是一座典型的清代园林建筑。它的价值不仅体现于建筑形式,也体现于该园在其历史变迁中所镌刻的时代烙印,及其所凝聚的历史人物活动和人文艺术景观;其所蕴涵的历史文化和文物信息非一般古建房屋可比,如果拆迁,将是北京的一大损失,也是历史的一大损失。哪怕在异处仿建十座,也无法弥补。因为仿建最大的不足,是历史的失真。这一失真的本质与历史家伪造历史或艺术家制造赝品一样,是没有任何历史与艺术价值可言的。我们强烈呼吁:为后人负责,为历史与艺术负责,为中华民族

的文化负责,勇敢地承担起保护治贝子园的责任!乒乓球馆的建设用地可以有选择余地,而治贝子园一旦拆除,将永远不能复原!

此信言辞不可谓不恳切,命意不可谓不沉重,然而,建议还是未被采纳。不过,事情后来还是让这些"中国文化最顶尖的人们"(乐黛云《四院·沙滩·未名湖》)略可欣慰。

一是体育馆建造之时,为了保护后院西北角当年四株白皮松中仅剩的一株,设计者曾专门修改设计方案,一时传为佳话。

二是 1995 年仲夏,经著名学者台湾大学陈鼓应教授奔走,又得一位台湾中学校长和企业家出于对中国文化的热爱出资 20 万美元,北大中国哲学与文化研究所得以重新修缮了治贝子园原址的一处四合院。院门外挂有两块牌子,左边一块是季羡林先生所题"治贝子园",右边一块上书"中国哲学暨文化研究所"。大门口有一尊新刻的老子汉白玉雕像,方拥主编《藏山蕴海:北大建筑与园林》称其"须发飘飘,仙风道骨,将一份穿越千年的大智慧与超然静静地传递给我们"。庭院内洋溢着人文的书香气息,廊壁上镌刻的《治贝子园重修记》记述了这一桩盛事的原委。

治贝子园

中编　燕园的诞生和燕大的精神

在20世纪50年代初的全国高校院系调整中,燕京大学隐入了历史的深处。

这所让"废园"变成"燕园"的大学,这所只有33年短暂历史的大学,究竟是划过夜空瞬间即逝的彗星,还是在中国教育史上永放光芒的星辰?

有人说:司徒雷登校长不仅给燕大留下一个最美丽的校园,还点燃了某些无论如何覆盖不住的东西;

有人说:燕园"接纳了"北大,是燕园无人不称美的"具体美"融合了北大彪炳千秋的"永在美",故而日月合为"明";

也有人说:燕大虽然当初只有文理科等留下并入北大,但燕大留在燕园的历史与气质并未消失,而与北大的传统和精神融为一体,"你中有我,我中有你",共同铸就了今日燕园的精神风貌……

孰是? 孰非?

时间的长河往往最能淘洗真正的金子。

那就让我们尽可能地拂去岁月的风尘,去探求燕大真实的图景吧。

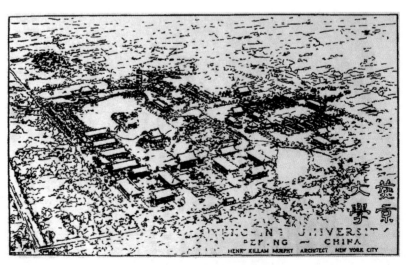

墨菲燕京大学校园规划图

一、燕园，司徒雷登的一个梦想

星移斗转，沧海桑田。

至晚清和民国间，昔日冠绝一时的勺园、淑春园那些古园林早就破败不堪，湮没无闻。然而，刚刚过去十几年，一座有"世界上最美丽的校园之一"美誉的校园又在这一片废墟上诞生。因为它是燕京大学的校园，人们亲切地称它为"燕园"。

从废墟到燕园，有一个人物起到了关键性的作用，他就是在中国现代史上留有沉重一笔的司徒雷登。

司徒雷登有着美国的血统，但自幼随着作为传教士的父母在中国长大。家庭的基因和中国文化的熏陶，使他对第二故乡中国有着深深的热爱。1919年，他受命就任北京基督教会学校燕京大学校长。他怀着一种再次受到上帝召唤的感觉，立志要把这所当时条件还十分简陋的学校办成一所经得起任何考验的、真正意义上的大学，并把学校最终办成一所中国的大学。于是，选址、筹款、聘请建筑设计师，建设一个能够容纳他宏伟抱负的新校园就成为他的一个梦想。而他梦想的实现，也正是在这里——昔日古园林的废址，今日依然风景这边独好的燕园。

1. 司徒雷登及其家庭背景

大量的史料证明，司徒雷登无论是在华当传教士，还是创办燕京大学，直至出任美国驻华大使，都深受其家族背景的影响。

司徒雷登在其回忆录《在华五十年》中说："我父母都来自勇敢的开拓者家庭。我们司徒在美国大陆的祖先，可以追溯到阿奇波德·司徒。"

郝平先生在《无奈的结局：司徒雷登与中国》一书里，就对司徒雷登的家族史进行了细致的追踪——

生活在 12 世纪时的阿奇波德·司徒是一位出生在乌尔斯特兰登德里的苏格兰人,据说是奥琪尔特勋爵的后代。他因追随苏格兰的征服者威廉有功,而被苏格兰大卫一世国王赐予苏格兰贵族的世袭地位。

司徒家族先祖:苏格
兰国王罗伯特二世

司徒家族先祖:
征服者威廉的追随者

司徒家族的家徽

1371 年,是司徒家族历史上最显荣耀的一年。这一年,这个家族的罗伯特·司徒(Robert Stuart)成为苏格兰罗伯特二世国王。后来,在詹姆斯一世统治时期,身为苏格兰伯爵的安德鲁·司徒(Andrew Stuart)因遭受宗教的迫害,于 1619 年迁居北爱尔兰。他的后代因参与一起反对宗教迫害的起义受到通缉,在 1725 年至 1745 年间被迫先后逃亡到美洲大陆的宾夕法尼亚州和弗吉尼亚州。

司徒家族曾与美国历史上最伟大的总统之一亚伯拉罕·林肯(Abraham LincoIn)有过姻亲关系:司徒雷登的曾祖母汉娜·托德(Hannah Todd)是林肯总统夫人(Mary Todd LincoIn)的姨母;他的祖父戴维·托德·司徒(David Todd Stuart)是林肯夫人的表兄;而他的叔祖父约翰·托德·司徒(John Todd Stuart),则在林肯当律师时与他共过事。

司徒家族的这些经历使他们在美国充当了非常积极的角色。他们不但对英国殖民统治者持坚决反对态度,而且在传教和教育方面的表现也十分突出。司徒雷登的曾祖父是家族中的第一个传教士,1789 年 17 岁时就到肯塔基州传教。他的叔祖父在 1861 年时担任过乔治亚州南长老的理事。他的祖父刚成年就到肯塔基州传教。他的父亲是美国基督教南长老会派到中国的第一批传教士的一员。他的母亲刚度完蜜月就同丈夫一起到中国传教。他的大弟、二弟和三个妻妹也都先后来到中国和非洲当了传教士。这样,从他曾祖父开始的五代人及家属中就有13位长老会的传教士。在教育方面也同样出色:在司徒雷登创办燕京大学并出任校长之前,他们家族就先后在美国独自或参与创办过五所学校,并出了五位大学校长、学院院长和女子学校校长。他们是司徒雷登的曾祖父、曾叔祖父、祖父、外祖父、母亲。司徒雷登的父亲约翰·司徒(John Linton Stuart)在中国传教时也曾办过一所男子学校,母亲则创办了杭州弘道女中,并担任了多年的校长,他的弟弟也曾是之江大学校长。

1876年,司徒雷登就是带着这样的"家庭基因"出生于中国杭州他们的家中,并在那里度过了愉快的童年。11岁时,他被父母送回美国上学。1902年,从美国协和神学院毕业。

1904年,他28岁时重新来到中国,先是在江浙地区一个长老会联合教育委员会任秘书,不久被派去杭州城以北的农村传教。这期间汉语使他感到"强烈的魅力",在与中国老百姓的交往中,他很快成了一个能说一口流利汉语,并懂得很多中国文化知识的"中国通"。

1907年,他帮助长老会在杭州兴办了成为"之江大学"前身的"育英学校"。翌年,受聘执教于南京金陵神学院,在经文注释系主持"新约圣经"教学和研究工

司徒雷登(中)全家福

作。在该校11年的教学生涯,使他成为学院一流的教师和学者。其间,他编著出版了《新约希腊语初级读本》《希腊语—英语—汉语词典》以及与同事合编的三卷本《圣教布道近史》。他的《希腊语—英语—汉语词典》得到了中华基督教协进会会长、著名基督教人士诚静怡博士的高度评价,在神学院使用了多年。任教期间,他还在协调神学院内部自由主义和保守主义两个宗教派别之间的论争中表现了很强的协调能力和组织领导才干,以及开门见山和开朗达观的性格。

金陵神学院

正是因为这样的经历、业绩和能力,使他成为教会纽约托事部和北京汇文大学等校理事会一致认可的首任燕京大学校长的不二人选。

1918年12月10日,一封由北京汇文大学(学院)理事会发出的邀请他去北京主持筹办一所新大学,并出任该大学校长的电报送到司徒雷登的手上。

2. 关于燕大校名的"战争"

当时作为燕京大学前身的华北协和学院和北京汇文大学正在协议两校合并的问题。这两所教会学院虽然不大,在当时也没有名气,然而却都有一个不平凡的来历。

燕京大学的前身

1867年,美国传教理事会的蔡平牧师在北京通州开办了一所男生寄宿学校,专门招收基督教徒的子弟。1889年,该校改名为华北学院,用1.5万美元在通州城西买了十英亩土地,盖起一片能够容纳九十多名学生住宿的新校址。不久,在英国传教士协会和美国长老会的共同支持下,该学院得到进一步发展,并再次更名为华北协和学院。

汇文大学由美以美教会的刘海澜博士于1870年创立。最初仅有一间房屋和三名学生。而这三个学生每天上学的目的,也只是为了能够吃上一顿米饭。但六年后,该校发展成一所中等寄宿学校。1885年,因怀利主教的到访改名为怀利学院,并在第二年增加了医学科。1888年福勒主教来学院视察时作出重大决定,要把该校办成一所大学,并给这所大学取了中英两个校名。中文校名为汇文大学,英文校名叫"Peking University"(北京大学)。此校名比后来中国的第一所国立大学"北京大学"的英文名称要早二十多年。按计划,汇文大学要设人文、科学、神学、医学、工学和预科六个院系。在此计划下,学校缓慢发展,1892年有学生八十多名,到1894年则达到141名。

在那个时期,北京还有一所能称得上高等学校的教会学校是华北协和女子大学。这所学院的诞生过程更具有传奇性。1864年的一天,苏格兰传教士威拉姆·博恩斯在北京收留了三个跟着母亲沿街乞讨的小女孩。但他由于每天的生活费只有5美分,每月还要付40美分的房租,没有能力抚养这些女孩,只好把她们交给了刚从上海到北京的美国传教士理事会成员伊丽莎·布里奇曼女士。布里奇曼的丈夫裨治文即是1861年在上海去世的第一位来华的美国基督教传教士。伊莉莎女士收留了这三个女孩,再加上另外招收的两个女孩,创办了以她丈夫的名字命名的贝满女学堂,后来,在美国长老会、英国传教士协会和美以美教会妇女海外传教士协会的参与下,发展成为作为中国女子高等教育开端重要标志的华北协和女子大学。

到19世纪90年代,华北协和学院和汇文大学开始协议合并的问题。华北协和女子大学后来也在司徒雷登的争取下,成为燕京大学的前身之一。

这些学校的诞生和合并都是有着深刻的历史和时代的原因的。

1840年和1860年的两次鸦片战争,使傲慢而又故步自封的清帝国受到前所未有的重创。西方列强获得了包括在华自由传教和办学在内的越来越多的权利。于是,以传教士为代表的文化征服随之而来。至清末,各大通商口岸以外的不少内地城市都有传教士陆续办起了西式学堂,开始以初等教育为主,以后逐渐拓展至高等教育领域。他们把使中国"基督化"的期望,更多地寄托在受到高等教育的中国青年身上。光绪三年

狄考文

(1877),致力于在华办学的基督教长老会教士狄考文在一次传教士大会上说:

> 具有高等教育素养的人像一支发着光的蜡烛,未受过教育的人将跟着他的光走。比起大多数异教国家来说,中国的情况更是如此。

不久,狄考文就在山东登州组建了中国第一所教会大学"文会馆"(Tengchow College)。

从1892年就开始在中国北方地区传教的美国传教士斯密斯也在《动乱中的中国》一书中说:西方的各种势力,如军事、政治、经济等都已在中国进行了实验,但都显示出"不适当和毫无希望",而征服中国的唯一希望是利用基督教,因为它可以"在知识上、道德上、精神上给中国一剂新生活的特效药"。1906年,他利用回国休假的机会拜见了美国总统罗斯福,陈述了自己的主张,促使总统在1907年年底的国情咨文中提出要求,退还中国一部分庚子赔款,用于兴办教育。1908年5月25日,美国国会批准罗斯福总统的这个要求。

十字架代替了坚船利炮,在有意无意间促成了中国教育的现代化:北京大学等一批中国国立大学和私立大学相继诞生。

为了与这些中国大学相抗衡,在华的教会学校纷纷进行调整和联合,济南的齐鲁大学、南京的金陵大学、杭州的之江大学、广州的岭南大学、武昌的文华大学等一批教会大学相继成立。

艰难的合并之旅

由于北京是首善之地,清政府对西方教会的活动控制较严,但教会教育也获得了缓慢的发展。几个在京的英、美基督教会很早就开始酝酿将几所小神学院合并，创办一所规模更大的综合性大学。而真正直接促成华北协和学院和汇文大学协议合并的，是1900年爆发的义和团运动。义和团攻占北京后，凡与洋人有瓜葛的教堂、使馆、学校等都成为他们攻击的目标。这两所大学旋即被付之一炬。事后重建时，两校就有合并的打算。然而，在此后的十余年间，这两校的四个创办组织——美国基督教公理会、长老会、美以美会和英国公理会曾多次协商，然而终因矛盾太大而不得其果。

直到1916年6月，几个教会才达成协议，在纽约和北京分别成立托事部和校董事会，负责解决联合办学的有关事宜。但是，主持汇文大学和华北协和学院校务工作的传教士们重又坐到谈判桌旁时，联合办学的事依然没有实质性的进展。

矛盾的焦点主要集中在给新学校取名和选址的问题上。其时，汇文大学在北京已经有了相当的知名度：光绪皇帝在推行戊戌变法之前，几次派人到汇文大学学习。当得知该校物理系实验室里有一份爱迪生牌的留声机时，大臣们坚持要买下来，献给光绪帝。为了更多地了解西方，光绪决定学习英语。为此，有关大臣专门到这里寻找英文识字课本。恰巧有一位教授专门从美国为自己的女儿带来一本英文识字课本，就送给了光绪。在百日维新期间，光绪所派的一位太监几乎天天都到这里寻找一些有关天文、地理和医学的中文版书籍，就连该校一位女士的自行车也被太监买去送给了光绪。所以，直到新学校要筹建时，暂任代理校长的刘海澜博士仍坚持要保留"汇文"中英文名称，并将新校园建在自己学校附近。这个要求自然再一次遭到华北协和学院蔡平牧师的坚决反对。

1919年1月底，司徒雷登受命前来北京主持两校联合时，两校师生仍然水火不相容。

汇文大学毕业生代表团对他说：不管这个合并后的新学校英文叫什么，除非中文名字还叫"汇文"，不然他们就拒绝把它看成母校。另一方的代表团也说：他们除了"汇文"，同意叫任何名字，但是如果叫"汇文"的话，他们会在通州的校园里把文凭堆成山，让熊熊火焰见证他们母校的毁灭。

面对这种严重局面，司徒雷登展现了他超强的平衡矛盾、缓解冲突和调和争端的能力。

男校大门牌匾上书写着燕京大学最初的英文校名
PEKING UNIVERSITY（北京大学）

在他的周旋下很快成立了一个由蔡元培、王宠惠、傅增湘、吴雷川、胡适等五位著名学者组成的专门委员会参与协调此事。最终由被司徒雷登称为"20世纪最杰出的中国基督教领袖"的诚静怡博士提议校名叫"燕京"，司徒雷登和所有两校当事人对这个校名都很满意。英文校名亦随之改用"燕京"，音译"Yen Ching University"。

就这样，"燕京大学"这个名字于1919年正式出现在中国现代教育的史册上。

然而，这还只是司徒雷登创办燕大征途上闯过的第一关，前面还有两个更险峻的关口在等着他：选址与筹款。

3. 踏破铁鞋觅新址

司徒雷登真正接手燕京大学时才发现：现实和他的办学理想有着天壤之别。

"我不仅到了一个一贫如洗的学校，而且这里似乎没人关心。"司徒雷登在《在华五十年》中写道。

学校的"一贫如洗"，首先表现在校舍的简陋上。

当时位于城内东南角盔甲厂的校舍简直就是一个无法收拾的烂摊子。盔甲厂，顾名思义是明清两代在这里制造军火之所，后来又改成制作盔甲、弓箭的作坊。待燕大用作校舍时，这里已破败不堪。1963年出版的燕大香港校友会编《燕大校友通讯·故校长司徒雷登博士纪念特辑》上当年在那里读过书的燕大学子的回忆文章中说：那时，校舍外面"是一个不到二十丈见方的围墙，里面包括一所课室，三行平屋，一所厨房连着饭厅，和一间办公室而已。学生合计不过百人，教职员不满二十。门前是一条车尘马迹的黑土路，南走五十步，就是高大的城墙，下面流着一沟臭水。在世界大学里，恐怕无此穷苦简陋的了"。

所以，很多朋友都劝司徒雷登不要趟这个浑水。但是他没有退缩，因为还有一个"唯一有吸引力"的东西在支撑着他，那就是"对未来无限可能的憧憬"。

为了实现心中的愿景，司徒雷登经过几个月的努力，说服了华北协和女子大学加盟燕大，设立女部，使燕京大学成为当时国内最早实行男女合校的大学之一，并为学校增添了一些亮色。当时女部设在灯市口大街的佟府胡同夹道。佟府为清重臣佟国纲和佟国纪兄弟的昔日府邸。他们一个是顺治朝孝康章皇后之兄，官拜安北将军，一个则是内阁大臣，康熙年间孝懿皇后之父。早先佟府还曾是奸臣严嵩之子严世藩的旧宅。此时虽已破败，却仍不失古色古香之风韵。当年在那里读过书的著名作家冰心几十年后还珍藏着那时女校的记忆。她在题为《我的大学生涯》一文中回忆说："本是清朝的佟王府第，在大门前抬头就看见当时女书法家吴芝瑛女士写的'协和女子大学校'的金字蓝地花边的匾额。走进二门，忽然看见了由王府前三间大厅改成的大礼堂的长廊下，开满了长长的一大片猩

燕大女部校门前学生的服装体现了"五四"前后的特征

红的大玫瑰花!这些玫瑰花第一次打进了我的眼帘,从此我就一辈子爱上了这我以为是艳冠群芳、又有风骨的花朵,又似乎是她揭开了我生命中最绚烂的一页。"然而,当时大院的墙外则是"令人呕吐的臭味和不堪入目的街景","大街上晴天布满灰尘,雨天遍地泥泞,到处是人畜粪便,沟里的臭水又浸漫到街上来"(史明正《走向近代化的北京城》)。栖身在"大观园"中的"女儿国"虽然能够勉强独善其身,但毕竟规模小而影响有限,并且没有发展的空间。

司徒雷登校长的当务之急,还是要寻找新校址。他在回忆录《在华五十年》中这样记载当年寻址的过程——

根据校董事会的意见,校址在离城1600米左右的范围内寻找。于是从1920年夏天开始了这件"苦差事"。"我们围着北京到处转,有时候走路,有时候骑驴,有时候骑自行车,但是没有找到一个合适的地方。"

就在他们一筹莫展时,事情有了转机:

一天,我应一些朋友之邀到了清华大学堂,其中一位朋友问道:

"你们怎么不买我们对面的那块地皮呢?"我看了看,那块地皮坐落在通往颐和园的公路干线上,离城里五英里,由于那条公路好走,实际上比我们查看过的其他地方离城更近,因而十分吸引人。这里靠近那在山坡上到处集簇着中国旧时代一些最美丽的庙宇和殿堂并因此而著名的西山。那块地原是满洲一位亲王废弃的园地,后来转到陕西督军陈树藩手中,他在那里建有夏令别墅和祠堂。我们熟悉的一位官员说,他愿意为我们买下这块地皮。我向董事们和理事们提出了这块场地,获得了他

陈树藩

们的同意。次年夏天我去陕西省城见了陈督军。这位督军对此很感兴趣,他以六万中国大洋将地产卖给了我们,并把三分之一的款项捐作了奖学金。开初买了四十公顷,过了些时候我们又去附近买了些荒废了的园地,结果总面积达到了原来的四倍多。

司徒雷登从陈树藩手中所购的地即淑春园和勺园两座古园林遗址,燕京大学就是在这两块遗址上设计建成的。而后来购买的"荒废了的园地"即是周边的鸣鹤园等废园。

4. 艰辛的筹款之路

梦想是美好的,司徒雷登在《在华五十年》中说,"但我也知道梦想是要花钱的"。

筹款,是横亘在司徒雷登面前的又一道难关。

感到自己如同"乞丐"一样

燕大正式成立后,被司徒雷登聘为副校长的鲁斯博士就离开中国去美国到处筹款。鲁斯,中文名路思义,比司徒雷登大八岁,同是出身于基督教世家,曾在山东齐鲁大学建校筹款中有巨大贡献。然而此次赴美并不顺利。由于没有人指路,也没有人支持,起初他在美国所筹的钱还不够路费,凄惨落魄。

不过,鲁斯仍在努力,他不厌其烦地让那些潜在的未来赞助人知道燕京大学,他赢得了广泛的友谊,播撒了种子,后来也终于取得了丰硕的成果。

然而远水解不了近渴,"一贫如洗"的燕大急切地需要钱!无奈之中,他们求助于美国一家专门替人募捐的公司。这家公司要求,司徒雷登本人一定要亲自参与筹款活动。本来,司徒雷登在接受校长任命时,提出的先决条件之一就是"不需要为学校筹钱",此时却顾不得这些了。身为一校之长,他不得不一次次放下手头的其他工作,在中国抗战爆发前的15年间先后10次乘轮船漂洋过海往返于中国和美国之间,在大洋彼岸的各

为筹款而疲惫奔波的司徒雷登

为燕大筹款立下汗马功劳的鲁斯

个城市讲演或举行招待会,向一切有可能捐钱的人宣传燕大。有一回,自称"神经系统没有斗牌技能和兴趣"的他,甚至一连几天跟一个半聋的美国老太太玩"天牛",只希望老太太在临终遗嘱中别忘了燕京大学。"这种到处找门求人捐钱的事儿,真是令人很不舒服,而且要一天到晚成年累月地干。别的事情我也没有时间干,心里非常焦虑。我甚至患上了神经性消化不良。"他三十年之后在《在华五十年》中这样回忆说。他还曾经对他的同事说过:"我每一次面对乞丐时,都感到自己同他们是一类人。"

司徒雷登的真诚、锲而不舍和原则性终于感动了不少美国朋友,早先鲁斯的努力也渐见成效。这时他们有了一个很大的收获:已经和鲁斯成为朋友的美国铝业大王遗嘱执行人露丝的朋友阿瑟·戴维斯(Arthur V. Davis)先生和另一位遗嘱执行人约翰逊先生一致同意向燕大捐款 150 万美元。戴维斯先生因此曾连续几年出任燕大校董事会主席一职。后来他们又从这笔遗产的剩余部分中拿出一笔钱,创办了哈佛燕京学社,帮助燕大在学术上攀上一个新的高峰。

另外一个重大成果是,司徒雷登争取到燕大与协和医学院预

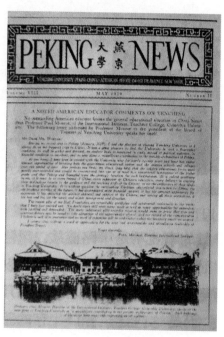

燕大"校园规划":筹款用的宣传资料

科合并,与协和资金方洛克菲勒基金会的财东们成了好朋友。1936 年到 1937 年度,洛克菲勒基金会向燕大的捐款就占了学校年度预算的百分之二十一。

在回美国筹款的同时,司徒雷登的眼睛同时也盯上了中国政府要员的钱包,并将在美国行之有效的社区筹款方式运用到中国。

燕京大学建校元老们（自左至右）：陈在新、刘廷芳、司徒雷登、洪业、费宾闺臣

将社区筹款方式运用到中国

深谙中国官场游戏规则的司徒雷登投入了相当大的精力在中国官员中广交朋友，他的努力有了成效，除了将淑春园、勺园旧址"半买半送"的陈树藩以外，在燕大建造新校舍的几年中，向燕大捐款的民国政府官员还有北洋政府总理段祺瑞、曾出任过许多国家的公使并担任过北京政府总理的颜惠庆，江苏省省长、大军阀孙传芳，东北军阀张作霖和其子张学良将军，爱国将领冯玉祥等。

除此之外，司徒雷登还用募捐会等方式筹款。

1926年，司徒雷登在北京以私人名义举行了一个募捐会。为了扩大影响，他特意请来了梁启超、顾维钧等社会名人在会上讲话，替燕京大学做宣传，使到会的各界人士纷纷为燕大慷慨解囊。

1934年，针对美国经济萧条导致的美国资助锐减的情况，司徒雷登在中国发起了一场"百万基金"筹款活动。燕大的师生和校友们都被动员

一、燕园，司徒雷登的一个梦想　　129

起来，在校内外掀起了声势浩大的宣传活动，胡适等社会名人也撰文呼吁社会各界为燕大捐款。作为响应，当时的国民政府教育部在 1934 年到 1937 年的四年当中，每年给燕大补拨六万元经费，并从"庚子赔款"的退款中每年再增拨 1.5 万元，使燕大成为二十所政府财政补贴的私立大学之一。那时，燕京大学年度预算的十分之一来自中国各界的捐赠。

就这样，在 1920 年到 1936 年的 16 年当中，司徒雷登通过各种渠道为燕大筹款总额达两千万元。从而使燕大 1936 年的财政预算比二十年前刚刚建校时增加了七倍，其中教会提供的资金被压缩到不足十分之一。财政的充裕和财权的主动，使燕大有了更大的实现"中国化"的自由空间，得以实现从废园到燕园，并最终把燕大办成中国一流大学的梦想。

1936 年 9 月，国民政府行政院通过了一项嘉奖令，表彰司徒雷登为燕京大学的"缔造经营竭尽心力，先后募捐款计二千万元"，"劳绩懋著"。

国民政府颁发给司徒雷登的嘉奖令

5．慧眼识墨菲

对于实现新校园这个梦想来说，聘请优秀的设计师也是一件要务。所以，在海淀这片土地交易还没有确定的时候，司徒雷登就根据鲁斯的建议,请来了亨利·墨菲(Henry Killam Murphy)。舒衡哲在《鸣鹤园》一书中说:司徒雷登之所以请墨菲,是因为"在这个美国耶鲁大学毕业生身上,发现了一种与他类似的精神:他们都喜欢中国传统建筑,都反对在中国的土地上过分宣扬'美国化'。他们的目标是要创造一个让中国学生觉得精神为之一振,同时又感到熟悉的新大学"。唐克扬《从废园到燕园》也说:墨菲之所以成为司徒雷登的"不二人选",是因为他的"中国建筑复兴"主张和自己的"燕大寻求用中国人自己的方式"推展传教工作的做法不谋而合。

墨菲

司徒雷登后来在《在华五十年》一书中回忆:"我们一开始就决定学校的建筑采用中国的建筑风格。外观设计曲线优美、色彩华丽,而主体结构用水泥加固,并配备现代照明设备、取暖设备和排水系统。这些建筑本身就象征着我们的教育宗旨——保护中国遗产中所有最珍贵的东西。"

墨菲也在1926年燕京大学校园即将竣工时写的"Building in China"一文中阐述了他的设计理念:

"新瓶装旧酒"——一个不错的标题,明确描绘出我们在燕京大学完成的任务:用新的水泥加固方式来修缮古老的中式建筑。但是,从另一方面来说,这也许是"旧瓶装新酒"——因为燕京这样的教育机构给中国带来的是新式教育,我愿把沿袭中式建筑风格看成是为它们提供一个旧舞台。中国伟大的建筑师们的作品如此美丽、精致、高贵。我对此了解得越深,就越确定我们所做的一切努力都是值得的:我们花大量时间和金钱努力把这一美妙的艺术从单纯的考古学范畴转化成今天活生生的建筑,为中国人乃至全世界保存了这些灿烂辉煌的遗产。

墨菲这样的设计理念源自他对中国文化由衷的钦佩和欣赏。甚至在没有亲眼看到中国建筑之前,他就开始了设计中国风格建筑的尝试。在1913年湖南雅礼大学的设计中,他使用了中国宫殿式的屋顶。为了让屋顶空间能够更好地通风和采光,他在大屋顶上设置了与中国建筑意趣大相径庭的五扇老虎窗。方拥主编《藏山蕴海:北大建筑与园林》

雅礼大学教学楼

一书认为:这可以说是一次不成功的尝试,最后建成的建筑看起来亦中亦西,风格诡异。不过,当时仍然受到校方的好评。

正是这次尝试,给他带来了一个绝佳的机遇,从而走上建筑设计的黄金时期。

1914年春天,雅礼大学建立新校舍的计划,把时年37岁的墨菲和他的妻子送上了从西雅图启航去亚洲、去中国的轮船。

来到北京,他的第一件事便是去瞻仰刚刚开禁的紫禁城。当时,经北洋政府内务总长朱启钤提议,紫禁城外廷部分向全体国民及外国游客开放,内廷仍由清朝皇室居住。

墨菲在他慕名已久的紫禁城里流连徜徉,完全被那里的建筑和氛围迷住了。后来,他将那次体验称为"震惊":可以和他第一次看到圣彼得大教堂的感受相媲美。他在"Building in China"一文中写道:"这是世界上最好的建筑群,其他任何国家、任何城市都不可能找到如此宏伟壮丽的建筑。"《纽约时报》后来也以"为紫禁城之美欢呼"为题,报道了他的这次经历:"一位纽约建筑师亨利·墨菲现在正身处中国,他发表见解认为:紫禁城是世界上最完美的建筑群组之一……他将中国建筑与两种古典风格相提并论:希腊和哥特式。"

这次与中国最辉煌建筑的初次邂逅,对于墨菲的意义非同小可。

就在这次参观的四天之后,他经人介绍认识了与他同为耶鲁大学校友的清华"老校长"、教育家周诒春。几个小时的交谈之后,他拿到了在中国的第一份重要项目的委托,设计一所留美预备学校和四年制的综合大学的校园,即后来的清华大学。还处在故宫之行所带来的巨大震撼之中的墨菲很快提出了一个中国复古风格的设计方案。后经多方面的综合考虑,清华校方和墨菲最终还是选择了以"四大建筑"(大礼堂、图书馆、科学馆、体育馆)为标志的西洋风格方案。

尽管这次清华学校的传统样式的方案未被采纳,墨菲与紫禁城的不解之缘并未终结。他继续对中国式现代建筑进行不懈的探索,这使得他在当时一股"中国复兴式建筑"潮流中独占鳌头。当时已经有不少外国建筑师进行过大屋顶加在西式立面之上的尝试,然而墨菲显然比他们都技高一筹。因为他认识到:"现代的作品如果不能在模仿屋顶之外更进一步,就根本不可能真正复兴中国风格……这应是一种自上而下一以贯之的风格,从窗的开法到空间的虚实,再到体量和细部。"("Building in China")而作为中国建筑精华所在的,正是以紫禁城为代表的空间形式,以宫殿和塔代表的建筑形式与以斗拱、飞檐、彩画为代表的细部形式。

正因为如此,墨菲在1918年和1919年之际,几乎同时接到两个大的设计项目:南京金陵女子大学和北京燕京大学。

金陵女子大学校方希望建成完全中国化的风格,这让墨菲如鱼得水。从方拥主编《藏山蕴海:北大建筑与园林》一书可以看出,在墨菲后来的金陵女子大学校园规划方案里,闪烁着故宫之行的思想火花:"最引人注目

金陵女子大学鸟瞰

的是入口处长长的林荫道,它隐喻着紫禁城邃长的千步廊;林荫道后与其构成纵横对比的大草坪,与太和门前的横长庭院似乎也有着一些呼应;最后收束中轴线的西山上的楼阁,则象征着紫禁城的景山。"

而被墨菲命名为"适应性建筑"风格的中国传统复兴建筑的代表作——燕京大学校园则倾注了他更多的心血,也取得了更大的成就。他没有辜负司徒雷登的期望。

1928年,墨菲被南京国民政府聘为新首都南京的规划顾问,并亲自设计了南京明孝陵"阵亡将士纪念塔"。这是他在中国事业的巅峰。

二、废园上的营造

对于如愿购买到陈树藩那份"满洲人的地产"——勺园、淑春园遗址，司徒雷登是很满意的。

然而，真正从废园变成"燕园"，其过程却是漫长而艰辛的。唐克扬先生以此为"个案研究"，写了一本书——《从废园到燕园》。

1. 墨菲的热忱和睿智

在这个从废园到燕园的过程中，最重要的角色，无疑是司徒雷登寄予厚望的设计师墨菲。

赖德林《中国近代建筑史研究》一书曾谈到墨菲在燕园设计方面的抱负：出于对中国文化的热爱和实践中国传统复兴式建筑的渴望，墨菲对燕园的设计踌躇满志，雄心勃勃，"他要使燕园成为仅次于北京紫禁城的建筑杰作"，并将其视为"生平之作"。

从纸上谈兵到脚踏实地

就在1919年和1920年交替之际，墨菲在燕大新校址尚没有下落的情况下来到北京。他在北京待了两个星期，和燕大校方"非常仔细地制定了建筑方案"，然后回到美国，和他事务所的合伙人华纳一起，很快就拿出了一个最初的方案。

在这个方案中，整个建筑群主次分明、虚实有致，宛然一座微缩的紫禁城：校园以长方形的院落次第展开，这种布局方式既能轻松地被西方理解，同时也深刻地刻着中国紫禁城严谨宏大的印记。沿主轴布置了主校门，主体建筑图书馆—行政楼、基督教青年会馆、医务楼，最后以一座高耸的堪比北京景山万春亭的宝塔收束——对西方人来说，塔正是中国建筑

燕大第一次设计方案

最为美丽,也最富神秘色彩的象征。

方拥主编《藏山蕴海:北大建筑与园林》一书这样评价这一方案:"或许是巧合,当年和珅仿圆明园经营淑春园,而今墨菲又仿紫禁城营建燕园。这一片土地,可谓荟萃了中国皇家传统营造的精华。"

蓝图近乎完美,毕竟是纸上谈兵。当陈树藩这块地买下来一个多月之后,墨菲和燕大基建委员会负责人高厚德等一起踏上这块土地时,他发现这里充满希望也充满挑战。

希望在于,对于富有艺术才华的设计家来说,没有比"因园造园"——在昔日园林故址上建设心目中憧憬的"中国式"校园更顺理成章的了。唐克扬在《从废园到燕园》一书中对墨菲的才能作了充分的肯定:尽管这些园林旧貌早已杳无音迹,他的心中仍是一种"带有几分熟悉的陌生感,类如贝聿铭当年为香山饭店寻址时,'就在这里了'的指认。当大多数人们面对一片荒野,完全不清楚这新的校址能够为他们带来些什么的时候,墨菲已经像一位玉工在毛坯的石料纹理里看到了天机欲启的那一刻",一个蓝图已在他心中形成。这就是他后来在"Building in China"一文中所写的:

> 中国园林的缩影——"自然中实现的理想"——代表了其建造者最理想的居住、生活的一个世界:人工湖上,精心构建的景色在水中

呈现出最美丽的倒影,湖水巧妙地蜿蜒流去,给人幽深之感,水道变窄的地方就会架起一座优雅如"虎背"的小桥;园子的尽头,挖湖的土被堆成陡峭的山丘,用来隔绝外面的世界;小路上种满了高矮不一、形状各异的树木,漫步的人跟随风的脚步走在小路上;最让人喜爱的,则是不断为中国的文学想象增添魅力的亭子:

> 走过一座
> 形如虎背的玉桥;
> 但见人工湖上
> 白绿相间的瓦顶小亭。

而挑战则在于,他原先近乎完美的方案毕竟是"纸上谈兵",现实的新基址迫使他将不得不做重大的修改,甚至大到自己完全没有想象到。

他勇敢地接受了挑战。

奇妙的灵感和"不由自主的倾向"

由于得到中国古代文人所谓的"江山之助",墨菲的第一步迈得相当顺利:他真正关于燕园的创作,竟然是从一个奇妙的灵感开始的——

那时,他不止一次地徘徊在这一片山环水抱的废园上,首先考虑的是从哪里开始来确定整个校园总体规划的主轴线。

侯仁之先生曾在《燕园史话》中谈到这样一则趣闻:有记载说,有一天,墨菲站在一座土山顶上四面眺望,西方玉泉山塔忽然映入他的眼帘,他高兴地说:"那就是我想找的端点,我们校园的主轴线应该指向玉泉山那座塔。"

墨菲的发现得自于艺术的灵感。灵感,对于艺术创作来说是非常宝贵非常重要的。屠格涅夫说它是"神的昵近",巴尔扎克说它是"一团热火",普希金说它"像在梦中",罗曼·罗兰说它是"一道闪光"……艺术家十分珍视灵感,一旦灵感来袭,便会"全身都感到一种甜蜜的战栗",并且立刻"忘掉一切,突然进入我久违的那个世界"。

墨菲决定,把原先方案的"紫禁城"扭转 90 度,将原先纵深递进的南北主轴线折断为东西和东北方向的两截,以玉泉山塔为西端点,一条东西主轴线贯穿西门、办公楼和岗峦起伏、流水萦回的旧日园林区域,主体格局坐东朝西,让西山美丽的天际线成为学校最好的对景。同时,又设计了一条南北向的副轴线,并分别在其两侧安排了男女生宿舍。而这两条轴线的交叉,又恰好成为一个很有寓意的"十"字形,孙华、陈威《北京大学校园形态历史演进研究》一文认为:这"十"字形之间"隐含着西方教会大学的耶稣基督意义",体现着"西方'耶稣+孔子'模式的变通",从而使"中国传统的书院的'礼'与西方规划理念、方法相结合"。

燕大第二次设计方案:扭转了 90°

墨菲这种设计的变化似乎浑然天成,但关于学校朝向问题还是引起了争议。因为中国建筑自古就有"面南而王"的传统,无论是紫禁城的太和殿,还是四合院的正房,都以南面为尊。倘若南向不可得,东向也是一个不错的选择。因此,直到今天还有研究者认为,一直标榜中国传统的墨菲在这个关键问题上一反常态,大违成规,使中国人产生"一丝微妙的违和感"。再联想到他另一得意之作——金陵女子大学的校园也是以西部丘陵为对景,主体建筑沿东西轴线对称布置,方拥主编《藏山蕴海:北大建筑与园林》一书认为,其间的原因除了那个广为人知关于玉泉山塔的传说外,更重要的恐怕是他作为一个西方人来自文化深处的记忆。西方教堂的入口多设在西侧,信徒从西面进入,面向东部的圣坛。作为燕大教育者的传教士们,恐怕在潜意识中都怀有教堂东向空间的记忆。所以,玉泉山上的那座塔确实是令墨菲喜出望外的发现,它不仅给了校园面向西山的优美风景,还在冥冥之中成就了燕大作为一个教会学校的宗教理想。

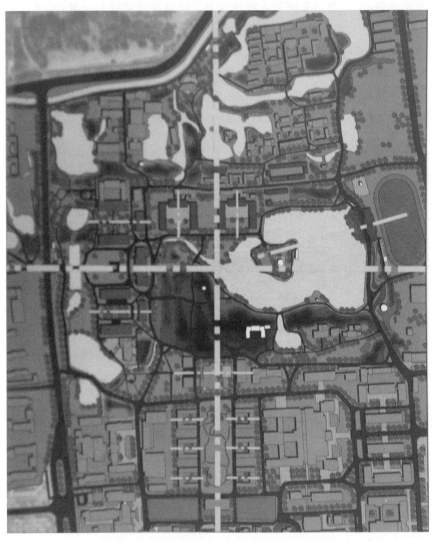

燕园中轴线（采自周其凤主编《燕园建筑》）

这种看法是有一定道理的。在艺术创作中，往往会有一种由内心思想倾向、艺术趣味、文化情结等构成的"不由自主的倾向"。这种倾向，有时会让艺术形象向着作者并未意识到，甚至主观上不希望的方向发展。俄罗斯著名作家屠格涅夫创作《父与子》就是一个典型的例子。

然而，墨菲的调整后来还是在一个与燕园"生死攸关"的问题——"未名湖"之去留——上"触礁"了。

"触礁":关于"未名湖"之去留

耶鲁大学和哈佛大学的很多关于当年燕园营造的档案资料表明,如今被视为燕园的"眼睛"和"灵魂",作为北大象征的未名湖,在当年却差一点就领不到"准生证"。

未名湖并非一开始就存在于燕大规划之中。当人们提出应当有"水"的问题以后,墨菲在1921年12月新的方案中也只是在南北轴线和东西轴线的交叉点以北增加了一个方形的池塘。这个池塘和淑春园残存的"小湖"并无实际关系。他所以这样做,主要有两个原因,一是当时校址上旧园林的价值还没有被人认识。这个小湖原本是燕大新址上最大的水体,但当时已经淤积为一片稻田。睿王后人德七辈听任附近农民耕种,从而使湖的轮廓变得难以辨识。二是在1922年至1924年间,学校尚未购进日后建校所亟须的所有土地,校园的基址在东北,相当局促,在那时将那些水域和小山填没或削平以容纳面积巨大的新宿舍和体育场,看来是势在必行。这样,如果一定要有一个池塘,它的形态,也只能是一个方池,并无多少回旋伸展的余地。

事情的转机出现在燕园"生死攸关"的1924年,而且起决定作用的是燕大一方。

在1921年的新方案中,出现了一个方塘

2. 燕大校方的执着和坚持

关于未名湖问题的转机,要从一个重要的人物谈起。这个人物就是燕大教授洪煨莲(洪业)。

洪煨莲:发现"废园"的故事

洪业,字煨莲,福州人,23岁时到美国留学,五年之中得到三个学位。1923年还不到30岁的他被聘为燕大历史系教授,执教达23年之久,还先后兼任过燕大文理科科长、历史系主任、图书馆馆长、研究院文科主任,参与哈佛燕京学社的创建,为国家培养了许多史学人才。

洪煨莲(洪业)一家

作为一个学贯中西的历史学家,他经常思考"如何将中国几千年的学问融入大学教育的框架之中"的问题。是他最早把目光投向了燕大新校址,当时已是一片废墟的古园林。陈毓贤《洪业传》记载:他结合自己开设的历史学的方法论这一课程,经常带着学生在往日园林基址上漫步、追寻,或在档案室查阅相关资料。他还曾经请学校图书馆的职员到市场上去收购废纸,然后他带了学生去挑拣。他要求学生对那些日历、药方、符咒、信件等等什么内容都有的废纸一张张地看,一旦发现有历史价值的东西,就据此写一篇文章。正是通过这样的努力,他发掘出了废园之中不少被遗忘的历史和那些被官样文章所忽略的蛛丝马迹,并将它们复原为一桩桩真实完整的历史叙事。这些发现和思考,主要体现在《勺园图录考》与《和珅及淑春园史料札记》两部书中。唐克扬《从废园到燕园》认为洪先生的《勺园图录考》"使我们发现了另一个埋藏在历史地表下的燕园"。舒衡哲《鸣鹤园》一书对洪先生的发现和研究也给予了很高的评价:洪先生的《和珅及淑春园史料札记》"从未名湖畔的石舫开始,直面北京西郊所面临的痛苦与毁灭。虽然他期盼着将来凭借燕京大学毕业生的集体智慧创造出光明的未来,但在关于和珅的文章中他还是直接指出历史的黑暗。他对和珅的淑春园所做的结论可以看作是两百年的预言:'只要你用心倾听,每样事物都有一个悲哀的故事'"。洪煨莲先生培养的优秀学生侯仁之后来继承了他的事业。他们为燕园历史的研究做出了开创性的贡献。

没有资料表明洪煨莲先生和墨菲有过直接的交流,但他对燕园前身古园林的历史的发掘,无疑感染和启迪了墨菲与许多燕大人。其直接的成果就是催生了人们对"废园价值"的关注和一个有权威性的"校景委员会"的诞生。

"集体的游戏":翟伯和校景委员会

1924年年初,就景观问题首先发声的是负责实际施工的学校基建负责人燕大副校长约翰·翟伯(John Gibb)牧师,他是一位年轻的化学教授,却戏剧性地成了新校园的另一位"建筑师",他出于对燕园可能有的那种乡村生活乐趣的渴望,提出新校园应该重视景观的动议。

这个动议,使校园营造出现了"新的转机",校址上旧园林的价值开始进入校方关注的视野:人们渐渐开始从单纯的"建筑"转向校园的"景观"风致,"景观"不再仅仅是对校园规划的可有可无

约翰·翟伯牧师

的补充,而是逐渐成为主导一切的线索。

一个可喜的现象是,校园规划中的景观营造,特别是那个"未始命名"的小湖去留的争议,吸引了许多"局外人"的注意,不仅是很多燕大师生,连清华时任校长周贻春等名流也热情地参与其间。于是,就如唐克扬在《从废园到燕园》一书中所说的,它不再只是墨菲或翟伯的专门工作,而是变成了燕京大学的社区事务——一种新的"校"景,一种集体的"游戏"。具有决定意义的是,一个原先只是一个很小的甚至其存在的必要性还受到过质疑的机构——由燕大师生代表组成的校景委员会,此时应运成长,司徒雷登最终决定让这个委员会来参与主导校园的建设。校景委员会坚决不同意填平"小湖"。正是以这个委员会为代表的"民意",将那个争议的"小湖"保留了下来。

1924年8月8日,燕大校方作出初步决定:"对此湖[的现状]不予变动。"在讨论这一决定时,司徒雷登委婉地说:当年整个夏天他"愈来愈觉得如果我们填塞了那个湖的东端将会犯下一个严重的错误"。

墨菲也表示"衷心地同意",并在此后一年多的时间里,以这个"小湖"为核心,对设计方案进行了认真的修改、调整,于1926年拿出了不负众望的最终图样。

钱穆先生

"小湖"命名考

这个得以保留的"小湖",就是后来声名远扬的未名湖。

不过这个湖当时并不叫"未名"。燕大师生一般根据淑春园后来曾名睿王园而叫它"睿湖",或因为湖心岛的枫岛之名而称其"枫湖"。这两个名称在20世纪三四十年代燕京人写的文章中还常用。"未名"这个名称,一般说是国学大师钱穆所起。如侯仁之先生《燕园史话》说:"燕京大学建校十周年庆祝会期间,中外来宾曾欢聚在湖泊南岸悬岸之上的司徒雷登校长住宅大厅中,住宅尚未命名。在座的校友谢婉莹教授(冰心),即席建议名为'临湖轩',深受赞赏。当时在座的钱穆教授相继建议悬崖之下的湖泊,即以'未名湖'为名,一时传为佳话,遂成定论。"不过,若参阅钱穆先生《师友杂忆》一文,侯先生此说似有可讨论之处。

钱先生文章说,1930年到燕大任教后,有一天,司徒雷登设家宴招待新来的教师,询问大家对学校有什么印象,他直言不讳地说:

> 初闻燕大乃中国教会大学中最中国化者,心窃慕之。及来,乃感大不然。入校门即见"M"楼、"S"楼。此何义?所谓中国化者又何在?此宜与以中国名称始是。一座默然。后燕大特为此开校务会议,遂改"M"楼为"穆"楼,"S"楼为"适"楼,"贝公"楼为"办公楼",其他建筑一律赋以中国名称。园中有一湖,景色绝胜,竞相提名,皆不适,乃名之曰未名湖。此实由余发之。有人知此事,戏谓余曰:君提此议,故得以君之名名一楼,并与胡适各分占一楼,此诚君之大荣矣。

细读此文,不难发现,钱先生只是说他是给未名湖命名一事的发起者,而并不一定是实际的命名者。

也有人说,"未名湖"和"临湖轩"一样,也是出自冰心先生。理由是她燕大毕业后留学美国威尔斯利女子学院时,曾给当地一个名叫Lake waban的小湖取名为"慰冰"。此事确有,她1923年《寄小读者》一文中就说过,那是因为这个湖给远离故土的她带来了慰藉。不过,她是否由"慰冰"想到了提议"未名",尚待考证。

正因为为未名湖命名的"本来面目"难寻,在如今网络时代,已经有人对"未名"做了进一步的发挥,给它冠上了老子"道可道,非常道。名可名,非常名"的微言大义,更有人揣测未名是"待未来命名"的意思。其实,谜底并不重要,或许"未名"正是她独特魅力之所在。

博雅塔:燕园"中国化的巅峰时刻"

关于未名湖畔今日作为北大象征的博雅塔的来历,一般的说法是:燕大校方为了解决城里搬迁过来以后师生的生活用水问题,于1924年7月在现在的博雅塔附近打了一口深55米的深井,掘成后水源丰沛,喷水高出地面十多尺,急需建设水塔,以向全校供水。经过一番争议,最后以通州燃灯塔为参照,建了这座塔。

其实,这座塔诞生的过程要比上述说法复杂得多。

建一座中国式的宝塔,这在墨菲见到燕园新校址之前所做的方案中就有了,那是在南北轴线的最北端,形制为砖塔;到新校址实际考察后,轴线变为东西和南北两根交叉后,仍保留了塔,位于东西主轴线西端的西校门外边,形制为楼阁式。墨菲所以钟情于塔,一是他和当时大部分西方人(如英国人钱伯斯)一样,认为塔最能代表中国的建筑风格,是中国风景的独特象征;二是他要以塔像哥特式钟楼一样来压住自己愿景中宏大的轴线,并有强烈的中国特色。然而那时候,西校门外的蔚秀园还不属于燕大,所以纽约托事部一度将塔从设计中拿了下来。

英国钱伯斯"扣园"中的"中国塔"

使这座塔得以死而复生的,是以翟伯为首的工程师们。

当时北京自来水厂无力供水到海淀,燕大自己在未名湖的东南角建水塔就成了一件大事。然而,很多人觉得普通的水塔很不雅观,在"未名"湖边很煞风景,于是想到了墨菲的塔。在燕大美国筹款运动中居功甚伟的鲁斯,是最积极的推动者。他和燕大工程师们磋商了一个两全其美的方案:水塔外边修宝塔,让水塔美观,让宝塔实用。

这个主意得到很多人的赞同。到9月末,纽约托事部的诺思批准了这个动议,但同时指示让宝塔兼具旁边动力厂的烟囱的功能。这通瞎指挥让司徒雷登啼笑皆非:如果中国人看到一道白烟从一座宝塔中冒出来,那该是多么可笑的情景?

诺思的馊主意被否定了,但是新的问题又来了:宝塔在中国是佛教的象征,在一个基督教会的学校里合适吗?争论很激烈。后来通过对塔的功能的"研究",人们"发现",中国宝塔在一座基督教大学的情景中居然也可以像一位美国人所说的那样切题:"微风吹来,将激荡密叠塔檐上悬挂的铃铛,听者将不知不觉渐入澄怀之境,思绪也为之高扬。"其实早在1762年英国造园家威廉·钱伯斯(William Chambers)在伦敦西南的"扣园"中建起"中国塔"时,有西方人就意识到:中国塔色彩热烈,形体鲜明,却有着轴心对称的极单纯的平面,像哥特式大教堂一样,它旋转而上的动势暗示一种垂直方向的运动,蕴含着一种神秘的宗教气质。唐克扬在《从废园到燕园》一书中,把这种"契合"称之为"性质上基督化,气氛上中国化",而且是燕园"中国化的巅峰时刻"。

认识趋于一致后,即开始实施。最终选择了以通州燃灯塔为蓝本。其中最主要的原因是,采用中国宝塔形式会比一般水塔增加不少额外开销,这一笔钱却尚无着落。博晨光教授远在美国的叔父知道后慷慨应允填补这个高昂差价。而最热衷这一方案的鲁斯和捐助人博晨光的叔父,都曾在通州那所作为燕大前身的华北协和学院工作过,他们对通州、对作为通州老城地标的燃灯塔很熟悉,都很有感情。

燃灯塔始建于北齐,至今已有一千四百多年的历史。塔高56米,是北京地区现存最高的密檐式古塔。塔级十三,为佛塔中的最高层数。因塔内供奉燃灯古佛石雕像一尊而名。作为一座实心砖塔,它不像一般楼阁式佛塔那样可以登临远眺,但却独具古朴雄浑之美。它属密檐塔,塔檐紧密重叠,几乎看不出楼层。该塔建造上有很多奇特之处,如一般塔的拱肩壁部位都是空的,唯独它有424尊小佛的造型。又如整个塔共有风铃2248枚,堪称世界之最。如此多的风铃,微风一过,即叮当作响,给宝塔带来无限灵动之气。

博晨光博士

燕园所建宝塔即以此塔为模本,也为十三层,不过体量要小得多,高

湖光塔影

亦仅 37 米，全用钢筋水泥建筑，仿木构效果甚佳。中空，有螺旋梯可通塔顶。曾有燕大文献，如杨振芝《难忘的一周》，提及燕大学生曾经"登临"此塔，远眺西山秀岚，俯看一湖碧波。

为纪念博氏家族对燕大的贡献，此塔即命名为"博雅塔"（博晨光旧译为博雅氏），同时也合燕大提倡的"博雅教育"之意。

博雅塔作为未名湖的点睛之作，于 1925 年 9 月基本建成，是一个集实用、艺术、哲学为一体的典范之作。湖塔相依，成就了燕园的一种品格，一种气质，一个经典。所以，唐克扬《从废园到燕园》一书将博雅塔的落成视为燕园"中国化的巅峰时刻"。

三、美丽燕园初长成

燕大海淀新校园从1922年破土动工,经过四年的艰辛营造,出落成一个崭新的校园。

1926年6月,燕大开始从北京东城的盔甲厂迁入新校园。由国立北京大学校长蔡元培先生亲笔书写的"燕京大学"匾额高悬在燕大庄严而华美的西校门(校友门)之上。

蔡元培先生题"燕京大学"校匾

此后又经过两年多的建设。在这个过程中,校景委员会依然发挥着作用,它发动师生们"有钱出钱,有力出力"。据微明《枫湖丛话》记载,当时整个学期都有学生花费数个下午的时间从事挖土方的工作。运动场等

三、美丽燕园初长成　　149

燕大迁校仪式上应邀请参加盛会的各界代表

一批公共设施,就是由学生帮助建立起来的。

1929年10月1日,燕京大学在海淀新校址上隆重举行了正式迁校的仪式,同时举办了开放参观活动。

这是一个载入燕大史册的日子。

这一天,到场者有外国使馆、国外大学、国内大学等78个单位的贵宾数百人。在为鲜花和绿荫所环绕的宏大典礼上,刘廷芳博士代表学校主持了郑重的建筑赠献仪式。

这意味着,一个被雅称为"燕园"的燕京大学新校园正式诞生。

在这个激动人心的时刻,心情最不平静的自然是它的创造者们——司徒雷登、墨菲和燕大师生员工。

1."现实比我的梦想更清晰更美丽"

在老燕大的语汇中,司徒雷登被称为"司徒妈妈"。

在"女儿"美丽燕园初长成之时,司徒雷登的激动和喜悦是难以言表的。所以,几十年后他在《在华五十年》的回忆录中依然未忘记那激动人心的时刻:"许多客人后来说到燕园是世界上最美丽的校园之一,我们几乎也接受了这种恭维了。它当然有助于加深学生和学校的感情,也会更加理解国际化的理念,至少在这方面,现实比我的梦想更清晰更美丽。"

齐白石为燕京大学
绘制的校花

燕京大学的"燕"字形校徽

墨菲作为燕园的主要设计者,自然也是激情难抑的。尽管他还不知道后人将会对他的作品予以什么样的评价,但是自己抱负得以施展,理想得以实现这本身就足以令他陶醉了。他在一篇文章中说到,还是在1926年他从美国又一次来到燕大工地,终于看到他由无数草图和渲染勾勒成的大图景得以部分实现的时候,他"其实是一阵狂喜,而且是一阵失态的狂喜"。因为从现有图景已经可以看到"尊严、法度、洵美、仪态庄重,一座大学所具备的真正的学术气氛",而最使他兴奋的是,他特别钟情的燕园津梁——"虎背桥"已如愿地出落在美丽的小湖畔……

自然,最有如鱼得水之感的是有幸生活在这所"世界上最美丽的校园"里的学子们。李素就有《燕京赋》唱道:

燕园津梁：墨菲钟情的形如"虎背"的小桥

司徒雷登校务长和陆志韦校长

平西郊外,海甸乡中,十顷庭园,林木蔚郁,百里湖山,烟雨迷蒙。华屋星罗,有如帝子之殿;亭台棋布,仿佛王者之宫。暮揽西山之夕照,落霞片片;夜窥东冈之新月,明星点点。涟漪波光,摇漾于前湖后湖;晓雾残云,掩映于小岛大岛。塔耸于东,与烟突同凌霄汉;钟悬于西,合棋杆共参云表。

司徒雷登、墨菲、燕大学子都是"燕园"的"利益攸关者",评价中难免含有感情的成分。那么,在专业人士的眼中,燕园又是怎样的一个构建呢?

方拥主编《藏山蕴海:北大建筑与园林》如是说:"对昔日园林价值的关注,最终成就了燕园的独特景观,昔日的废园也成就了有心的墨菲。紫禁城和圆明园是中国古典建筑之绝响,燕园得此手笔,宫殿兮?园林兮?古典主义的两条脉络自此在燕园相交。"

孙华、陈威在《北京大学校园形态历史演进研究》一文中亦给予了充分的肯定:"燕京大学是墨菲的扛鼎之作。墨菲以积近十年之功将中国传统建筑组群布局原则、传统园林意境与西方规划理念融合在一起,是一次结合冈峦起伏、流水萦回的皇家园林现状,根据现代大学要求进行的新型校园创作。""燕大本是皇家园林,出自墨菲之手,鬼斧神工,熔冶西方宏大系统布局、中国园林宫殿精粹于一体,生而不凡,引领示范,享誉中外。""燕京大学成为中国大学校园建设史上的里程碑,是当时校园规划的理念突破和成功杰作,影响了中国第一代本土工程师,起着示范引领的作用。"

全国重点文物保护单位未名湖燕园建筑

1990年,北京市人民政府确定"原燕京大学未名湖区"为文物保护单位;所立石碑背面有侯仁之先生撰稿的铭文,亦对燕大校园建筑予以高度评价。2010年,"未名湖燕园建筑"又进一步被国务院确定为"国家文物重点保护单位"。

我们认为这些对燕园的评价都是中肯的。

这里还要补充的是,由于特殊的历史文化的浸润和时代风雨的洗礼,燕园不仅在园林建筑艺术方面深有造诣,而且还有深厚的人文意蕴。这是一般校园所难以企及的。

2.《燕园景观》:"发现美的眼睛"

美丽燕园初长成,1929年迁校仪式刚刚揭开她的盖头时,闻见者没有人不惊叹她的天资丽质。

她究竟美在哪儿?又如何才得这般美丽的呢?

西方一位艺术大师说过:世界上并不缺少美,缺少的是发现美的眼睛。对燕园之美,并非见过她的人都能真正"发现"。值得庆幸的是,谢凝高、陈青慧、何绿萍合著的《燕园景观》一书,为我们提供了这样一双眼睛。

美丽燕园初长成

现在,就让我们循着《燕园景观》的指引,去寻觅和欣赏燕园之美吧。

燕园的水系特色与山峦格局

"虽由人工,宛自天开",是中国源远流长的古典园林构筑所追求的最高境界。由于司徒雷登、墨菲、翟伯和以校景委员会为代表的燕大师生所

侯仁之先生在西校门南侧虎皮墙内下方的
篓斗桥渠道旧迹前讲述燕园水源形势

形成的合力，燕园很好地做到了。

《燕园景观》指出，燕园园址，正好在海淀台地北坡与巴沟低地之间。当年永定河古河道的南岸即在燕园之内，北岸则一直延伸到今海淀上地一带。现在的未名湖和镜春园、朗润园所在地都曾经是河道，未名湖南岸则是当时的河岸。因此，这里不仅在微地形上可塑性强，在大环境上也都可顺势得景。现在第一教室楼北侧的小山，就是利用台地高坎堆山，造成湖山高差，使山势更为高峻；又利用洼地理水，水自所聚，未名湖、朗润湖皆然。在大的地势上，有山可借，近借玉泉山、万寿山，远借西山绵绵山脉；有水可引，近引万泉河，远引玉泉汩汩清流。

数百年间，米万钟、叶洮等造园家正是利用这个难能可贵的自然条件，营造出勺园、自怡园、淑春园、鸣鹤园、朗润园等古园林极有特色的山水体系。历经沧桑，这些园林已非原貌，但其基本格局和神韵依然存在。燕园的营造者们认识到它们的价值，所以成为这些财富的集大成者。

燕园园林水系以东西向的水系为脉络。水景中，以湖泊为主要水面，以河水做纽带，形成富于变化的河流系统。由于吸取了大自然中河、溪、湖、泽的形态之美，起自校园西部的两条河流串起了十多个大小不同、形态各异的湖泊，形成丰富多彩的水体，产生"到门惟见水，入室尽疑舟"的意境，因而取得"虽由人工，宛如天开"的效果。

燕园山体的堆塑，依据山水相依的古则，低处蓄池，高处堆山，因而主要山脉大体环湖沿河而成东西走向之势。这种山水体系及其空间格局，使校园东西向视线相对通畅，非常有利于借景西山，站在未名湖东岸向西眺望，湖畔土山宛若远处重峦叠嶂西山之延续，因而顿生真山真水之意境，进而达到"人巧为山水，要令性情俱"的效果。

"山之体，石为骨。"土山无石，如人之患软骨病，无架势。"片山多致，寸石生情"，燕园之山，几乎都在适当部位点缀石块，似岩体之露头，以亮山之骨。石虽不多，但起到立架、点眼的作用。在穿山切骨地段，如蔚秀园岛北通道、未名湖通往东操场的山口，及镜春湖大小岛之间的沟壑，都采用石块垒砌成壁，以显露山之龙骨与气势，既有护坡固土之功能，又有造景起势之妙。

燕园山脉支脉纵横，山有高低起伏、蜿蜒曲折之态，坡有缓陡凹凸之

鸣鹤园叠石

淑春园叠石

别,然而,群山仍然自有脉络,重岭亦有其格局。如北阁至钟亭三组大体平行的南北向山岭,与西北东南向的环湖山曲折交错,组成了重山复岭的景观。群山之中,巧妙地布置了四面环山的小盆地,别有天地。又如未名湖南岸利用海淀台地北缘的高坡堆土,形成山岭连绵峰峦起伏的高山气势。南岸两山之间,临湖轩以东,留有一个封闭式的空间,构成极为清静的幽境。更为精彩的是,造园家们未忘"山有主客尊卑之序",校内各园之山脉差不多都有其主峰,如鸣鹤园主峰是东部校景亭所踞之土山,朗润园以岛东南山为首山。而未名湖区则以南岸临湖轩西山为最高峰,呈东西延展,彼伏此起,势若游龙,成为全园群山之主脉。另外,园中鸣鹤园、未名湖区的最高峰上以及朗润园岛上的东北余脉都点缀了一座既是优美的景点,又可供人临眺憩息的亭榭,也是点睛之笔。

燕园的山水园林景观

中国古代画论云:"山之体石为骨,林木为衣,草为毛发,水为血脉,云烟为神彩,岚霭为气象。"山水画如此,立体的画——园林也不例外。经数百年的营造,燕园园林气象万千。对此,《燕园景观》也做了以下精到的赏析。

"山得水而活,水得山而媚。"山河相依是燕园的一大特色。西校门内,就有一方池水。水出方池,便入山口,过菏泽急流下切,深沟急流而入镜春西湖,再东出山谷,时绕山之阳,时环山之阴,出南入北,转东折西,遂入朗润园。

湖岛相伴是燕园的又一大特色。岛如湖之眼睛,湖有岛而生灵气。湖中置岛,既可分隔水面的空间,不至于一览无余,又可丰富湖面景观,使临湖岸线变长,从而产生深远感,求得以小见大的神奇效果。在未名湖边任何一方观湖,都不能穷尽,因有岛亭之隔,给人留下充分想象余地。未名湖还有一个小岛,两个半岛,都与主岛相呼应,相望而不相连,可望而不可即。大湖南边,隔山有小湖,有一小河通过山口使其相连,大湖旷阔开畅,小湖藏于深山幽谷之中。缘大湖再进小湖,如入桃源幽境,咫尺之间,感受迥异,意境顿变。大湖西边有纤细的源流,东北隅有隐约的去处,观之有来龙,有去脉,生机盎然,是燕园最佳观景之处。在未名湖岛上,东可观湖光塔影,月上东山;西可看钟亭落霞,湖天相映;南可望湖山林木;北可览层楼叠影,处处给人以诗情画意。

　　鸣鹤园亦有大小两岛,相近而不相连,对比强烈,本来尺度很小,由于对比关系,大者愈大,小者愈小。而朗润湖,则中有大岛,大到似陆似岛,其水面又像河又若湖,甚为巧妙。

今日鸣鹤园水景

　　燕园山水园林之功还在于得势。假山得乎势,虽假犹真,草木得乎势,虽由人植,宛若天生。燕园古园林中山山水水无不显势者。如钟亭山岭平夷转折,老松虬枝,古柏盘根,林木葱郁,具有苍古而高逸气势。校景亭东山高耸峻峭,北临湖而南界河,颇有平地拔起之势。鸣鹤园湖中两岛之间石壁悬崖,虽高不盈丈,因相距甚近,又下临湖水,却使人产生峡谷临渊之险势。又如蔚秀园假山上,有不少古树盘根抱石,势若巉岩古木,极富自然野趣。站在未名湖东山之巅,西望湖岸群山便有遥岭层叠之气势。

燕园斑斓的植物景观

园林的山水格局,为植物配置打下了基础,也为房屋建筑创建了优美的空间环境。而植物配置和房屋建筑又赋予园林景观以生机和神采,从而构成和谐与诗画般的环境。

如今从空中鸟瞰北大,校园核心区如绿色的海洋。据生物系1982年《北京大学校园植物名录》,校园植物共有94科441种,其中园林观赏植物141种,14200余株、丛。又根据校绿化队调查,20世纪80年代初,全校共有古树1096棵,其中三百年以上的有23棵,一百年以上的有1073棵。

这些花草树木,有少量是古园林的遗留,燕园开辟时保护了它们。如与岛亭、钟亭相依为伴枝干如铁的两棵古油松,西校门内老态龙钟的大桑树,临湖轩前两棵挺拔、高雅、清新的明代白皮松,以及学一食堂原清朝军机处所在地前雄浑有力的国槐等。其数量之多,为其他高校乃至一般公园所不能比肩。它们是有生命的文物,是燕园悠久历史的见证,弥足珍贵。

燕园林木的主体,是燕大植树运动之成果。据燕大校友钟文惠《回忆七十二年前的燕京大学》一文记载,燕大师生早在1922年燕园刚动工时就开始了植树"造园",当时曾举行过一个独特的奠基仪式:"女生主任带去一个金属盒子,她把每件东西都给我们看,然后放到盒子里,其中有一张我们共同签名的纸,还有很多照片,盒子盛满,封固,把盒子放在右角的地基上。大约要等贝公楼拆建时,才可以取出那盒子"。

另外,未名湖南钟亭土山下树有燕大教育系1922(壬戌)班为纪念班级植树活动而立的"植树铭"碑;俄文楼旁松树脚下有"护松"碑。这些都是燕大师生绿化校园的确证。

由此可见,当年燕大校景委员会和师生们的心灵有多美,他们留下的物质的和精神的财富有多珍贵。燕园有花神庙,他们是当之无愧的花神。

燕园园林植物品种丰富,数量众多,其中有许多北京地区稀有珍贵的品种,如七叶树、海州常山、火炬树、黄檗、栓皮栎、鸡爪槭等。《燕园景观》认为,丰富的植物不仅反映了师生亲近自然的审美情趣,也是高等学府科学文化水平的一种表现。所以,书中对燕园的植物品种、植物配置等都作了精微的观察和研究。

临湖轩前的明代白皮松

燕园在园林植物品种的配置上非常有特点。

一是有多种长势优美的骨干树种。一批特色鲜明、有数量优势的树种遍布校园各区,它们是桧柏、油松、侧柏、白皮松、国槐、洋槐、元宝枫、黄栌、银杏、白蜡、栾树、椿树、桑树、垂柳、法桐等十五个树种,其总棵树约占乔木总数的百分之六十五。常绿树与春秋色树结合,快长与慢长相结合,大多为乡土适地树种,在校园落户几十年乃至百年以上。它们长势健美,各具特色,控制着校园景观的面貌和生态环境大局,起着骨干树种的作用。尤以油松的苍劲古朴,桧柏的端庄浓绿,白皮松的华美高雅,银杏枫树的金煌富丽,在构成植物景观的总体效果中起到关键作用。

二是有四季分明的季相时序。园林植物是构成园林风景最活跃的要素,随着四季而变换色彩和形态,呈现出四季优美的园林植物景观。

三月初,林下、水际、墙角的羊胡子草悄悄返青,带来春的信息。三月下旬,未名湖畔山桃花闹红枝头,垂柳披纱带绿,如帷如幔,拉开春天的序幕。四月中旬至五月初,连翘、榆叶梅、黄刺玫、丁香等三十多种花木在未名湖畔、图书馆前、路边林缘,群芳争艳,把校园推上满园春色的高潮。六月至九月,万千乔木浓荫蔽日,洒下片片阴凉。太平

燕园花信

银杏装点的"前朝"

鲜花簇拥的大楼

花、紫薇、木槿、珍珠梅等十余种夏季花木,为绿色的校园点缀了丰富的色彩。九月下旬,柠檬黄的白蜡,暗示着初秋来临,继而银杏、栾树、栓皮栎、元宝枫、黄栌等秋色树,在蓝天艳阳下呈现出中黄、土黄、褐黄、深红、绛红……艳丽色彩,此起彼伏,校园变成一片火红、金黄的世界。尤其是未名湖四周的山地风景林,颇有"万山红遍,层林尽染"的意境,胜似"西山红叶"。而俄文楼至北阁山坡之林缘,则如一幅色彩绚丽的油画。十一月至翌年三月的隆冬季节,复归素静,约有十二种五千多株常绿乔木苍青葱郁,迎风傲雪,使北国风光仍然充满着生机。而数以千计的落叶树的枝干,在蓝天的陪衬和常绿树的衬托下,气韵生动,表现了千姿百态的线条美。

三是有和谐统一的基调树种。约有十二种常绿树,广布于校园各区,尤以油松、白皮松、桧柏居多。它们或成片栽植于冈阜山丘,增加山势之高广;或以丛植、群植作为背景,烘托春秋景色;或环植于建筑周围,渲染庄重宁静的气氛;或孤植、丛植于道路尽端、空间转折之处,形成对景,美化环境。由于常绿树数量的优势和广泛分布,校园虽大,却四处有苍松,四时皆葱绿,使植物景观通体协调统一。

燕园建筑环境的植物配置也很有艺术。例如,借助植物组织环境与人文氛围,烘托建筑的性格。像办公楼周围,由于油松、白皮松、桧柏、云杉多种常绿树的进退间植,绿化效果更富有园林的气氛。平坦简洁的草地使古色古香的建筑群变得开朗起来。而西校门附近的古柏、老桑、银杏与方池、石桥交相辉映,象征着校园悠久历史,古老文化,并与校园深处的山水风景遥相呼应,成为园林化校园的"序幕"。

燕园中,植物景观最丰富,最精彩的是未名湖景区。

未名湖畔漫长的岸线,随植物配置不同,意境情趣各异。其间"春风杨柳万千条"无疑是最撩人的:在开阔的湖畔,垂柳依依,迎风探水,颇多疏朗柔情之意。湖西北、东南岸突出于水面的半岛、疏林草地,隐约露出均、备二斋及花神庙等建筑,使红楼、残庙与湖光山色交融。

关于湖畔杨柳的来历,北大中文系教授褚斌杰在《温馨的母亲湖》中记载了他刚入学时听说的一个故事:这许多的杨柳树,是燕大一位教授夫人为了纪念她的不幸落水溺死的小儿所植,故又称"母爱树"。后来,有学生作文把风中的柳丝比作"女人的长发",不知是否与那个凄婉的故事有关?

未名柳韵

其实，如果我们换一个角度看，就不难发现：正如许智宏、顾红雅主编的《燕园草木》一书所说，丰富的林木花草不仅构成了斑斓的植物景观，装点了燕园诗画般的环境，也不仅作为有生命的文物，成为燕园悠久历史的见证，它们本身就蕴含着一种精神，一种意义，一种品格——

> 几百年的雕梁画栋基本荡然，但草木花卉却代复一代年复一年，不惧人事更迭、沧海桑田，顽强地生长繁滋，以循环往复的春华秋实冬枯夏荣，展示着世界上真正的壮观，镌刻着真正活着的历史。

昔人对草木趣灵的赞叹已经杳然，而今人与草木的故事还是这座庭园最动人的记忆之一。从燕京大学到如今的北京大学，多少学子曾在心中梦里涵咏过桃李桑槐，多少学者俊才在文中笔底追摹过兰蕙蒹葭。因有草木，燕园的历史才有活色，因有花卉，燕园的记忆才有芳香。

燕园建筑与环境的谐和

在中国古代园林的营造中，建筑与环境的协调和谐从来都是一个十分重要的课题。在一个以湖面为主体、山峦冈阜为骨架的园林基址上如何按学校的功能要求布置建筑，难度就更大。

《燕园景观》认为，燕园在这方面的成功，得力于两个方面的努力：一是从总体布局上实现建筑功能与环境的统一；二是通过种种艺术布局手法实现建筑功能与环境的协调。

在总体布局上，燕园在充分利用原有园林山水的基础上做了适当的改造。其中最重要的抉择就是选择西面入口，这使学校与城市有便捷的联系，亦为借景西山取得总体上的协调。因而，西部安置了学校的主体建筑行政办公与教学用房，建造时部分改变了地形。南部用地较大，并有广阔的腹地备用，便安排公共活动用房（现南北阁）、教学用房（现俄文楼）、女生宿舍（现一至六院）与教工宿舍（现燕南园）。北部临近湖面，视野开阔，安排男生宿舍区（现德、才、均、备、体斋）。东部为体育活动场地与公共设备用房。从而总体形成了以教学活动为中心，环抱山水园林布置的"品"字形建筑格局。这样的总体布局，提供了一个有利教学、方便生活、易于管理、环境优美、秩序井然的校园环境。可以说在总体布局上首先使

燕园古建与环境相得益彰

燕园古建与自然和谐共生

建筑功能分区与环境得到了有机的结合。

为取得建筑艺术与环境的协调，燕园成功地运用了多种艺术布局方法。其中最重要的是采用传统民族风格的个体建筑与古老园林风格相协调。

燕大校舍建筑形式采用了中国古建筑式样，一律大屋顶、素色墙体、深红柱子与条石基座。古色古香的建筑不仅在校园内求得了和谐统一，而且与整个西郊园林区的大环境也取得了协调。外有西校门与颐和园东宫门的相似，内有林泉山水、楼阁亭塔的相互呼应。在和谐统一的建筑群体之中，各组建筑又因地而异地在比例、尺度、屋顶形式等方面做了不同处理，使各类建筑与环境协调而又各具特色。

由于在建筑的形式上采用了民族传统的大屋顶形式，这与原有古园林的山、水、古木、桥亭就很和谐，而且使人自然地从感情上容易接受，并被它的美所吸引。这正是建筑与环境高度统一，从而使人赏心悦目的结果。

此外，还有纵横交替的建筑轴线布置与园林环境的渗透、建筑组群母题的应用构成和谐的韵律，以及建筑与山水、道路、林木相融合的空间序列和尽善尽美的景观序列，都使人产生多种美的感受。

侯仁之先生在《我从燕京大学来》一文中，就以亲身体会，描述了这种精彩：

> 校门西向，遥对西山。校门以内，跨过一个波平如镜的池塘上的一座大石桥，就进入了教学中心。中国古典建筑形式的大楼，三面环列，中间场地开阔，绿草如茵。从教学中心深入校园腹地，岗阜逶迤，林木丛茂。大路起伏，畅通无阻。羊肠曲径，经过其间。出人意料的是穿过这一区岗阜，突然展现在眼前的是一片微波荡漾的湖泊，水光天色，视野开阔，这就是享有盛誉的未名湖。湖中有小岛，点缀其间，平添无限景色。男生的宿舍大楼，一座又一座，并列在湖泊的北岸。深藏在湖泊南岸岗阜密林之后的则是传统庭院式的女生宿舍。从入学的第一天起，我就为这座校园的自然风光所吸引……

四、燕园建筑的温度

燕京大学是教会大学，它有传播基督精神的使命，司徒雷登却要使它"中国化"，成为"安静的精神至上的"博雅教育场所；墨菲要实现将它建成仅次于故宫的"中国复兴式"建筑的梦想，而校景委员会则又希望它成为真正的园林化校园。

这诸多不尽相同的理念的灌注，使燕园的建筑不是冷冰冰的，而是有特色、有温度，甚至是会说话的。

现在，就让我们对燕园的主要建筑做一番巡礼。

1. 从西校门到办公楼的"前朝"

从西校门进入，走过校友桥，即置身于对面的办公楼和左右两翼的睿楼（化学北楼）和穆楼（外文楼）这三座中国传统复兴式大楼围合成的开阔的三合院方形广场。

办公楼南北又有两座东西向的建筑图书馆（档案馆）和宁德楼（民主楼），都为仿清宫殿式歇山顶建筑。与广场两翼平行又分别有九间庑殿顶的化学南楼和1991年依照燕大最初规划加建的赛克勒博物馆，它们又围合成两个三合院，和主广场的三合院平行展开。

这里是燕京大学的行政和主要教学区。有研究者认为，如果借用故宫和颐和园"前朝后寝"的格局来说，这个燕园的西部就是燕大的"前朝"，而以未名湖为核心的东部便是"后寝"。如董黎《中国教会大学研究》一书就有这样的看法：

> 燕京大学……西部为教学行政区，东部为学生宿舍区，教师住宅分布在校园附近的其他王府遗址中。但从设计手法而言，仍是中国

古典式的。西区的轴线明确,建筑布局对称严谨,建筑体量大,屋顶形制的等级较高,具有典型官殿式总体布局的特征。东区布局则灵活自由,建筑体量小,外部装饰也比较简单,庭院内点缀花木,呈现中国传统住宅的生活气息。将燕大校园与中国明清苑园囿对照……墨菲很可能是从颐和园得到了某种启发,燕京大学校园实际上也是皇家苑园的一个缩影。

办公楼区既然是"前朝",这个定位就决定了它建筑形制和规模的非同寻常。

西校门:中国皇家园林的遗韵

西校门:中国皇家园林的遗韵

西校门系燕京大学校友于1926年集资修建,所以又称校友门。

校门坐东朝西,面阔五间,中部三间敞开朱红大门,门上金钉闪耀,梁枋上绘有青绿相间的旋子彩画,屋顶为卷棚歇山式。为了与西山优美的自然风景相协调,屋顶铺着低调的灰瓦。大门正中悬挂着蔡元培先生手书的"燕京大学"匾额。门前左右两侧立着的一对石狮,为校友们1924年花700银圆从民间购得,据说原来也是圆明园内之物。居左脚踩绣球者为雄狮,右脚抚幼狮者为母狮。据何晋《燕园文物、古迹与历史》一书说,这种左右安排,可能和中国以左为尊的左昭右穆制度有关。这对狮子鬓发虬卷,目光炯炯,威风凛凛,为古典式校门更增添了几分神圣与庄严。

细心的人还会发现,西校门与不远处的颐和园东宫门很相似。燕大的西校门怎么会像颐和园的东宫门呢?这里有个故事:在墨菲的设计图上,西校门是一个体量不大的歇山式传统建筑,入口为一个简单的拱券式门洞。燕大校友对这个方案很不满意,最后就决定仿照颐和园东宫门设计、建造了这样的一个门。所以,它的形制为院门中最高级别的王府大门,端庄华贵,气势恢宏。

根据侯仁之先生《燕园史话》考证,西校门所在地原是勺园故址。门外迤南大约七八十步就是明代著名景观"篓斗桥"(娄兜桥),曾有不少名人留下吟咏的诗篇。当年篓斗桥曾为勺园借景,在院内就可看见它美丽的身姿。后来,随着勺园的荒芜,篓斗桥也淹废无存了。桥虽不存,桥名却变作地名沿用至今。西校门原有个门牌就是"篓斗桥一号"。在今西校门往南50米处围墙之内,尚有旧日篓斗桥渠道旧址——虎皮墙下的青砖拱形建筑。

校友桥:天光云影共徘徊

作为校门和办公教学区过渡的,是一座三孔圆券石拱桥。此桥亦由燕大校友于1926年捐建,故名校友桥。据唐克扬《从废园到燕园》一书记载,该桥是翟伯从圆明园零碎运来,又在现场用混凝土拼装在一起的。

校友桥长15米,宽4米,石桥三孔相连,桥拱弧形,优美玲珑而又秀气。石桥雕镂十分精美,栏板为清式做法,望柱断面为正方形,柱头方形,阴刻如意纹,桥端以抱鼓石收束,中券券门上还有石雕,雕有龙九子之一、名为"蚣蝮"的镇水兽。

桥下为一个方形小湖,别看湖不大,却很不简单,据说是当年参照紫禁城金水河设计的。所以,方拥主编《藏山蕴海:北大建筑与园林》一书有这样的说法:经小桥"从此岸走向彼岸,不由得让人产生朝圣之感"。侯仁之先生也在《燕园史话》一书中说,以前海淀水源充足,校友桥下常年有泉水冒出,所以湖中水清如镜,宛如深潭秋水。桥身和岸柳倒映在水中,十分清晰美丽,这就更使人走过时不由自主地精神为之一振。1931年他入学时,一进校门,看到"半亩方塘",就想起朱熹那首富有哲理的名诗:"半亩方塘一鉴开,天光云影共徘徊。问渠那得清如许,为有源头活水来。"这种难得的体验,他在八十多年后仍然记忆犹新。

校友桥:从此岸到彼岸

北大毕业学生走在校友桥上

有趣的是,侯先生入学时对"半亩方塘"的感受是精神层面的,后来他在《未名湖上新景象》一文中又考证出,这个小湖在燕园中还真是"源头活水"呢:它的上游与校园北部鸣鹤园中的小池相通。"它的下游向南方汇为一片荷塘之后,又绕过档案馆和办公楼东侧的地下沟渠,流注未名湖,终于形成校园内最重要的风景中心。"

办公楼:巍巍魁首之势

走过校友桥即进入三座大楼围合成的方形广场,前方面对的便是学校最主要的建筑办公楼。

这里的空间处理是颇具匠心的。广场设计为半敞开空间,使办公楼前面的空间尽可能开阔,再以体量并不十分大的西校门做陪衬,这就使办公楼显得更为宏伟。同时,广场修整为几何形的西式花园,又有一对从圆明园安佑宫移来的华表巍然耸立在左右草地,标示出广场的入口,更为这里增加了庄严肃穆的气氛。

办公楼是燕京大学的主楼,建于1926年,最初为纪念对燕大做过贡献的贝施德主教(J. W. Bashford),命名为"施德楼"。

贝施德(1849—1919),又译作贝施福,是燕京大学前身之一汇文大学的第二任校长,还曾任美国俄亥俄州卫斯理大学的校长。他也是一位著名的史学家和藏书家,编著有《中国与美以美会》《美以美会在华一百年文献集》《中国论述》等在华教会史文献。1919年辞世前,他将自己的大量书籍,其中包括许多善本赠送给汇文大学。这些书后来都存入了燕大图书馆。在今北大图书馆仍可以找到不少他亲笔签名的西文书籍。

贝施德主教

四、燕园建筑的温度 173

当年司徒雷登漫步在贝公楼前

1931年，燕京大学校楼命名委员会又曾将施德楼改名为"贝公楼"。现在楼内还保留着当时颇有影响的书法家、北大教授沈尹默所书"贝公楼"三字，为1931年燕大毕业生所赠。后来，根据钱穆先生的建议，再次改名为"办公楼"。与此同时，也将左侧的"M"楼（现外文楼）和"S"楼（现俄文楼）分别改名为"穆楼""适楼"。于是也才有了前引的（钱）穆、（胡）适各得一楼之戏说。

办公楼建筑仿清朝宫殿样式，由歇山式主体和两翼庑殿式耳楼构成，灰色筒瓦屋顶横分为三段。办公楼建筑体量非常大。据当时的外国报刊报道，说它的"面阔和纽约市街区的宽度相当"，甚至堪比紫禁城中任何一所殿堂，因此，说它具有魁首之势，是一点也不夸张的。

办公楼在建筑上非常考究。檐下密设斗拱，梁上绘有点金彩画，雪白的墙壁上装饰着云纹堆塑，通贯两层的红柱将墙壁分割成五开间，露出一扇扇朱红雕花的窗户。楼身下部由花岗岩条石筑成，坐落在雕饰精美的须弥座上，正面月台前装饰着刻有云龙图案的丹陛石，台下左右镇守着两只瑞兽麒麟。丹陛石、石麒麟和华表都是圆明园天佑宫的遗物。

办公楼在燕京大学时代是全校的行政中心，当年燕京第一任校长司徒雷登就在这里办公。二楼是著名的大礼堂，内有942个座席，内部用传统的宫灯和彩绘装饰，基调以红色为主，和学校古朴典雅的风格相一致。

众口纷纭说"前朝"

作为燕大"前朝"的办公楼区是燕园最重要的建筑，也可以说是最有"温度"的建筑。对于它的特质和属性，至今仍众口纷纭，见仁见智。

在燕园学习、生活和工作过的人，大凡会觉得这里像个传统的书院。侯仁之先生入学时看见校友桥下的"方塘"就想起朱熹的那首名诗，其实就是从方塘想起古代学宫的"泮池"，想起书院的清溪。朱熹是一位对中国文化有巨大贡献的大儒，宋明理学的集大成者，曾主持庐山白鹿洞书院，为中国书院教育树立了光辉的典范。

这种感觉，得到了一些专业人士的赞同，如前引《燕园景观》一书就说：办公楼"这种主体突出的对称建筑布局，加上灰色筒瓦的大屋顶、红色柱子、白色粉墙、蓝绿色调为主的斗拱彩画，所形成的古朴高雅的色调，庄重而宁静的气氛，使人感到这里既不是皇家园囿、又不是殿堂庙宇，而仿

宽阔、庄严的"前朝"广场

佛是古老中国的书院"。

　　这些年来,一些对西方建筑文化有过较多研究的学者,对这种看法也表示了赞同。如前引《藏山蕴海:北大建筑与园林》认为:

> 至此,由紫禁城向燕园的过渡终于完成。紫禁城宛如一场华丽的美梦,墨菲从梦境出发,一步一步走向现实。最后的作品正如人们所说,既不是皇家园林,也不是殿堂庙宇,而仿佛中国古老的书院,宁静典雅,大度从容。

　　近年,学术界有了一些新的看法。如孙华、陈威《北京大学校园形态历史演进研究》一文就提出这样的观点:墨菲"耶稣+孔子"的理念,除校园南北采用"十"字形以外,就更强烈地表现在这里——"教会大学通过'校园主入口——林荫大道——教会行政建筑'表达控制力的方法在设计中展露无遗。"

　　这种观点是有一些道理的。办公楼的魁首之势,确实是过去书院所不具备的。作为体现西方宗教精神的行政中心所具有的权威性和控制力,也是昔日书院山长所难以比肩的。而且,如前引《藏山蕴海:北大建筑

花木丛中的办公楼

与园林》所指出的：办公楼在一些建筑细部上也展示了一些西方建筑的特征。如办公楼明间大门前伸出一个抱厦，抱厦顶部是二层的阳台，这是西方常见的设计，可供人们在上面对公众发表演说。这个阳台在当年燕大就常被用作讲坛，办公楼前的大片草地也就成为听众聚集的广场。

更何况二楼礼堂是学校举行重大活动的场所，这使她所承载的历史担当和时代风云，也是昔日书院所不可比拟的。如 1935 年 12 月 8 日晚上，"一二·九"运动之前夜，燕大的学生会就是在这里开会决策的，燕大在这次运动中起了先锋和中坚的作用。老北大迁来燕园后，这里依然在与时代同行。周恩来总理、江泽民总书记等国家领导人，美国总统克林顿、俄罗斯总统普京、德国总理施罗德、哈佛校长劳伦斯·萨默斯、剑桥校长布鲁斯爵士、中国国民党主席连战以及世界许多国家和地区著名的政界、学术界和文化界名人曾在这里演讲。时至今日，能够在这里演讲仍然被视为一种很高的荣誉。

四、燕园建筑的温度　177

作为学校行政中心的办公楼

2. 以未名湖为核心的"后寝"

我们前面已分析过,由于巧妙地处理好了建筑与山水之间的关系,"后寝"建筑分散而不零乱,体量较大而又不影响湖区风景的和谐。而且,依靠绵延于西部和南部的山坡将位于东部和北部的主要校园建筑群遮挡在湖区之外,从而保证了湖区风景的完整性。

在以未名湖为核心的"后寝"——燕大生活区内,主要建筑有岛亭、钟亭、临湖轩、一体二体和六斋四院、南北阁与圣人楼等。

岛亭:身系古今中外

湖心岛上有一座方亭,端庄,美丽。有人说,如果把未名湖上的湖心岛比作明珠,那么岛亭无疑是明珠发出的最耀眼的一束光芒。

秋染岛亭

四、燕园建筑的温度　179

　　这座亭子,为木质结构,形制上是一座单檐八角木亭,由八根红色的木柱支撑起重檐瓦当和宝塔状的亭顶,整体上给人以敦厚稳重之感。木梁上施有精美的彩绘,色彩艳丽,题材广泛,既有山水风景又有人物和历史故事。亭子的底座是一个一米多高的八角形石台,外有回廊。

　　从建筑上来说,这座亭子在形制上并没有太多特别的地方,然而"社会关系"上却可以说是"身系古今中外"。

　　先说古今。岛亭所在的岛即是当年巨蠹和珅遐想的"蓬岛瑶台",他的那只希望永远不沉的石舫依然系在小岛的东侧,那是耻辱的物证,也是留给历史刻骨铭心的教训。时光到了20世纪的20年代,燕京大学要在这里传播基督福音,开展博雅教育。燕园的设计者墨菲,起初把这个小岛设计为"拼贴式的中国小园"——斯克拉顿—鲁斯社会活动岛,然而为了不破坏风景区的宁静和天然,这里最终只建了这座方亭,亭前辟出一块开敞的空地,作为全校社交和公共活动的中心。那里可以举行包括宗教仪式在内的小型集会,也可做露天的课堂。例如燕大国剧社等一些社团的活动就经常在岛上进行。校方曾请来治贝子园的前主人"红豆馆主"侗五爷溥侗,在这里讲授昆曲选修课。在燕大刚迁入这里的一段日子里,在这里看电影便成为一项常规的娱乐。有一天播放了一部名字叫《淑春园的

昔日岛亭的露天课堂

宝藏》的"神秘电影",片子开始时叙述和珅罹祸后,主要宝藏从来没有找到过,因而一直流传着淑春园中有大量宝藏的传说。人们为了寻宝,全园都搜遍,甚至连石舫都被移动了,仍然连影子都没有。一个多世纪以后,"宝藏"出现了:不是和珅的金银财富,而是"比和珅拥有的金珠宝玉更弥足珍贵"的"燕京大学"。

历史与现实就这样联系在一起。

再说中外。岛亭取名"思义亭",是为纪念一个美国人,这位美国人就是司徒雷登的朋友鲁斯(中文名路思义)。鲁斯先生毕业于耶鲁大学,1897年作为传教士被美国长老会派到中国,在中国生活了31年,曾任教于济南的齐鲁大学。他积极支持司徒雷登接掌燕京大学,应邀就任副校长,动用一切资源为燕大筹得160万美元首期建设款,并建议学校采用中国古典建筑风格,还力荐墨菲为总设计师。1928年,鲁斯先生返回美国任事,其长子亨利·鲁滨逊·鲁斯捐资在湖上建了这座"思义亭"。亨利·鲁斯是美国《时代》《生活》《财富》三大杂志的创办人,亦为司徒雷登的忘年交。他对中国有着很深的感情,这就有了让中国人成为《时代》封面和年度人物的设想和实践。他于1967年2月28日去世,同年3月10日出版的《时代》将这位《时代》之父第一次也是唯一一次作为封面人物。1998年北大百年校庆时,鲁斯基金会捐资重修岛亭,并重新命名为"鲁斯亭"。

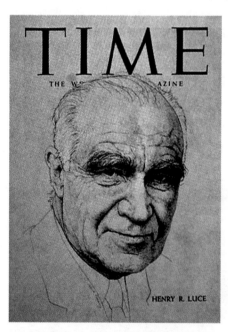

唯一一次登上《时代》杂志封面的
亨利·鲁斯

当然,岛亭在校园景观中也有重要的作用。从岛亭上观看对面的湖光塔影,视点极佳。同时,它本身庄重古朴的形态与古老松柏相依成景,也是未名湖一大亮点。

钟亭：苍古气概

钟亭位于未名湖南岸的山峦上，隐翳于苍松翠柏之中。

这里地理位置极佳。西望视野开阔，北面则面临美丽的未名湖，想必当年一定有许多燕大学子在这里远眺西山烟岚云霞，俯看未名湖光塔影。如今湖边有侯仁之先生题写的未名湖石碑和湖中的翻尾石鱼；山下西南侧分别立有乾隆诗碑和蔡元培的雕像；东侧陈立着石供桌及五供。从山脚北、西、南三面皆有曲折小径可达山顶。

钟亭

从点景与观景的角度看，钟亭不仅位置得当，而且造型非常优美。圆形攒尖屋顶与钟形协调一致。亭旁有古松虬枝参天，老柏盘根而立，更显出古钟亭之苍古气概。

据当时燕大校刊记载，此钟于1929年1月由德胜门外马甸以南的黑寺购得，作为校钟。同年6月被搬到湖畔悬于土山支架之上，9月建成此亭，从此这座古钟有了新的归宿和新的使命。当时学校制定了"撞钟法"，由一位老校工，每天早晨从办公楼出发，负责定时敲钟。校刊上还曾记载：钟甚巨，口径逾三尺四，高达八九尺，悬于山冈亭下，用力叩击，声音清亮悦耳："校内外数里之遥，均可闻及，不知者殆将误以为传自古寺之钟声。"

由于钟亭位置正处于燕大男女宿舍区和教学区之中,钟声几乎能传遍学校的每一个角落。

那么,这口钟的前世又是什么呢?里面有没有什么故事呢?我们后面予以解答。

临湖轩:临风待月

临湖轩,坐落在未名湖迤南的山峦,由美国费城乔治·柯里夫妇捐资建造。

一座规模不大的三合院,静谧,安详,却有着故事和波澜。

院外两棵白皮松,为明代古树,两百多年来虽然历经浩劫却依然苍劲可爱,侯仁之《燕园史话》一书认为,"比起湖中人工雕凿的石舫来,这是更可珍贵的有生命的历史产物",而建筑的基址则是毁于1900年八国联军大火的和珅淑春园的"临风待月楼"。

有文章说,临风待月楼并未被毁,被"修缮一新"后即成为临湖轩。这

昔日临湖轩

种说法恐怕值得怀疑。据唐克扬《从废园到燕园》介绍，早在1925年4月30日，在费城，有一个当时燕大人尚不知姓名的，或在宾夕法尼亚大学学习建筑的中国人就完成了司徒雷登住宅设计。

大概是对中国古建筑了解还不够透彻，临湖轩建筑样式是纯中国风格，屋脊两角却出现了两个不伦不类的烟囱。

"临风待月"是一个富有诗意的字眼，和珅有文才，给他的小楼取了一个这么好的名字，可惜熏心的利欲使他无法真正体味到其中的真意。临湖轩就不同了，在燕京大学的岁月里，这里演绎了不少平凡却又富有诗意的故事。

首先是建筑趣闻。对于司徒雷登住宅方案，各方面都表示认可，它的位置却引发了争议。燕大纽约托事部认为，校长住宅最好不要建在校内，这样可以使得他和他的家庭免受无谓的袭扰，从而保证他们生活的隐私。但是司徒和一部分学校的同事却认为，校长的住宅在校园为好，只有这样，校长才能成为整个校园生活的一部分。在这种理想化的情境中，更有利于校长认为自己不是独裁者，甚至也不完全是一个家长，而是同学的朋友和知心人。学校工程处最终决定，将校长住宅放在了这个地方。这里既不至于太喧闹，但又在相对的校园中心。它的环境相对隐蔽，建筑风格不事声张，学生们不会感觉自己被校长"监视"着，相反，他们可以隔湖相望。

在建筑艺术上，《燕园景观》说它在"布局上突出一个'藏'字"：它位于未名湖南岸山坡上，西北有山林环抱，东北可眺山色湖光，南有竹林作屏障，东临幽谷深泽，周围有密林环绕，环境特别幽静。建筑物依山就势，高低跌落，功能分明，尺度亲切，远观只见屋脊，入内则别有天地。更加巧

司徒雷登在临湖轩

妙的是,在这里竟能从两棵白皮松之间见到博雅塔,"这一景致绝不是巧合,而是独具匠心的巧妙安排"。

后来,关于这个住宅的命名,又有了前面已谈到过的一个故事:燕大建校十周年庆祝会期间,中外来宾曾欢聚在这里。此时住宅尚未命名。在座的冰心先生即席建议名为"临湖轩",不久又请胡适先生题写轩名,一时传为佳话。

更富有内在诗意的是在这里居住的第一位主人、校长司徒雷登。偌大一个临湖轩,属于他这个主人的只是一间卧室。为什么呢?李素《燕京大学校园》一文道出了其中的缘由。原来,司徒校长向人募捐时总是先表示:捐款人捐出了款项,不得在用途上加以限制;否则,他宁可不接受。只有这一次,他通融办理了:美国费城的居礼先生和太太执意为他捐建一所校长住宅。他考虑自己的夫人已于1926年去世,不必住一所大房子,住学生宿舍或课室楼的一角就够了,所以他请求居礼夫妇将该款项移作别用。但居礼夫妇坚持说,若不依照他们的主张,就要取消这笔捐款了。他拗不过人家的一番好意,就顺情接受了,并承诺自己只要一间卧室,其余作为学校的公共活动空间。

在临湖轩的岁月里,司徒雷登校长不仅一直遵守着对居礼夫妇的承诺,而且表现出"临风待月"的人格力量。

临湖轩完全开放,学校的每个学生都有机会来此举办和参加活动。除了一般餐聚茶会,还开结婚庆典、学生舞会,"真正成了一个连接教师、男生和女生的纽带"。

司徒雷登曾历尽千辛万苦,前后为燕京大学募集了大量资金,自己生活却十分俭朴。当时燕大规定,校长的月薪是500元,教授为360元,当燕大"中国化"、吴雷川先生任校长后,任校务长的司徒雷登则和其他教授一样是360元。

他爱校如家,爱生如子,常常把大部分薪水资助了生活困难的师生。对于新生,他每个周末都分别邀请他们到临湖轩便餐;毕业时又在这里逐一和他们品茗话别。

他还常常以校长的身份为师生中的情侣们充当月下老人,并亲自主持婚礼。著名学者吴文藻和作家冰心的婚礼就是1929年在临湖轩举行的。1935年,吴文藻的高足费孝通和王同惠的婚礼也是在这里举行的。

对这个"美差",他到晚年还不无自鸣得意:"这里举办的婚礼没有一个后来破裂的。"

司徒雷登为冰心夫妇证婚

司徒雷登的临湖轩岁月,留给人们的印象是深刻的。芪威威《因真理得自由以服务:司徒雷登与燕京大学》一文曾这样评述:

> 从1919年接手燕大到1946年出任美国驻华大使,司徒雷登担任燕大校长(校务长)长达27年的时间。这27年间,以他的热情、宽容、伟大的人格魅力赢得了燕大每一个人的心。很多当年的校友回忆当年的情景依然历历在目,燕大的生活改变了他们的一生,更具体地说他们的老校长的人格力量在感染激励着他们。

所以,当司徒雷登六十岁生日的时候,他收到冰心写给他的这样一张贺卡:"这团体上上下下、前前后后总有上千上万的人,这上千上万人的生、婚、病、死四件大事里,都短不了他,为婴儿施洗的是他;证婚的是他;丧礼主仪的也是他。你添了一个孩子,害了一场病,过一次生日,死一个亲人,第一封短简是他寄的;第一盆鲜花是他送的;第一个欢迎微笑,第一句真挚的慰语,都是从他而来的。"

湖畔六楼:阳刚之气

当年墨菲在设计燕大男女生宿舍时,别具匠心地将它们分别置于南北中轴线的两端,"后寝"主体未名湖的两侧。遵照中国"水北为阳"的传统观念,男生宿舍在北,女生宿舍在南。均为三合院式形制,但在庭院空间和建筑形体的尺度上却迥然不同:男生宿舍正好是女生宿舍的两倍,一个气势开敞、豪放,建筑体型雄浑,充满阳刚之气;一个则精巧玲珑,幽静典雅,富有阴柔之美。

那时候,男生宿舍称楼,1952年北大入主燕园后才称为"斋"。

在未名湖北岸,首先于1929年以前就建成的是一至四号楼(亦即后来的德、才、均、备斋),亦即起初以捐款人的名字命名的"裴楼""蔚楼""干楼"和"复楼",这四座楼分为两组,均坐北朝南。

这四座楼体量巨大,如何与周边山水环境协调是一个大问题。在当时土山上植被还没完全长起时,有人比喻说:这四座本都应占据一个纽约街区的巨厦,就像一艘艘"吴淞口停泊的巨轮"。为使大楼与环境融合,设计中做了许多努力。如都以较窄的山墙面湖,墙面上还设计了透空的朱红柱廊,使建筑与风景相互渗透,为两者的交接做了过渡。这不仅能引景入室,增添了许多引人入胜的框景,柱廊亦由此成为课余休息、开阔视野和观景的共享空间。谢凝高等《燕园景观》一书从专业的角度对此作过分析:"由于柱廊的设置和所产生的光影效果,增添了虚幻的空间,使这组建筑的厚重感减轻了,那透空的柱廊,美丽的山花,映入湖中的倒影,使湖区的景色变得更加秀丽。"

当然,在方拥主编的《藏山蕴海:北大建筑与园林》看来,这两组建筑也有"朝向失误":承担居住功能的楼房为东西向,冬冷夏热,而作为三合院主体的南向正房却被用作饭厅等服务性功能,既不实用也不符合中国传统建筑的尊卑礼制。

在这两组建筑迤东,是由平津银行界著名人士李烛尘先生等人和磨新洋灰公司所捐资金于1928年和1930年建成的五号楼、六号楼(亦即后来的体斋、健斋)。由于校方师生的坚持,这两座楼没有像原设计的那样建成宏伟庭院,而是朴素别致的单个楼宇。五号楼是玲珑的四方形;六号

四、燕园建筑的温度　　187

未名湖畔的"阳刚之气"

面湖山墙透空的柱廊

连接体斋与健斋的长廊

楼是当时燕园内唯一的三层长方形楼房。两座楼以廊相连。形态与体量的变化,打破了原设计的单调对称,与自然形态的湖面结合得更加亲切。

  这湖畔六楼虽然早已作为别用,但是它在燕园历史上的功绩是永存的。虽然有句名言说,大学者,非大楼之谓也,乃大师之谓也。其实,大师固然重要,大楼亦非等闲。在燕大短暂的生命途程中,正是从这里走出了很多杰出的人才,如著名学者费孝通、吴阶平、侯仁之、周汝昌、林焘;著名外交家黄华、周南;著名艺术家孙道临、黄宗洛、黄宗江等。

  原先体斋、健斋北边还有个形制完全不同的全斋,那是新中国成立后为解决在燕大上学的海外华侨子女住房问题由国家教育部出资盖的。2005年前后,已被拆除重建,成为北大国际数学中心的办公场所。

体斋、健斋长廊间的光影交响

静园四院：阴柔之美

当年燕大女生宿舍所在地为我们今天常说的静园六院。其实，燕大初建时，只有四个院落，即现在的一、二、四、五院，三、六院是1952年按原来的图纸加建的。燕大女生宿舍即是早先建的四个院。

静园六院的阴柔之美

静园四院，处于南北中轴线的南端，四个生活单元，两两分居于中轴线两侧。每个生活单元与湖畔男生宿舍一样为三合院式的品字格局，同时整体又以"二体"为主轴形成一个大的品字形结构。

这四个近乎方形的小院，从整体上又都敞向女生宿舍区南北纵长的公共活动空间（现在的静园），而小院本身又有短墙和小巧别致的门楼所隔，形成完全闭合的庭院。杨虎、翟淑华、李文文《静园六院》一文认为，其亲切的尺度，隐蔽的环境，安全而宁静，给人以"庭院深深"的感觉，似乎"更像是古代富贵人家千金小姐的绣楼"。

这些院落，均为东西向，院内各有两间南北向厢房，中间以正房相连。房间为老式砖木结构，雕梁画栋，古色古香，每座院门都有紫藤萝花架。每年五月，紫花缀满门楼，典雅优美而富有情致，而院内高大的乔木和布满墙壁的爬山虎又赋予小院以四季不息的生命力。

作为生活单元,楼房虽然较男生宿舍要朴素得多,但内里的陈设却一点也不逊色,每个院落还都有一个小食堂,自己动手,大家一起吃饭。还有一个很大的阅览室,里面有很多中英文报纸、杂志。在这四个院落里,还有各有各的种植式样:马樱、迎春、紫藤、丁香……许多燕大校友一生都记着这小院里的风景。这里显然要比男生宿舍有情趣得多,所以,当时戏称"男生住楼,女生住院"。

那时还有一个说法:"男校有水,女校有山。"说的是男生宿舍临湖,可观湖光塔影,而四院这边小院外还有"大院",即当时的公共活动空间,今天的"静园"。那时的"大院"是一个花园,周围有松墙,里面有松柏、花木、藤萝架和假山,还有石人、石马等散落文物,是一个非常美丽、幽静而又富有诗意的地方。

宿舍开放日,女生插上鲜花迎接男友

静园四院当时因封闭性而被男生称为"紫禁宫",但每年也有"开放"的时刻。徐兆铺《燕大的轶闻趣事》一文就谈及这样的趣事:

> 每年有一次男女生宿舍开放,男生可到女生宿舍参观,女生也可到男生宿舍参观。那天男女生都将自己房间收拾得干干净净,床上被褥,铺得整整齐齐,好让一楼人来参观;尤其男生有女友,女生有男友的,更是将房间布置得好看,墙上挂了画和照片,瓶里插了鲜花,桌上摆了糖果,可随便取食……

冰心先生在《未名湖畔的三年》一文中也忆及四院,讲到这里也住过部分燕大女教师,可见当时的师生关系是相当亲密的。

北大入主燕园以后,这里有了新的变化。六院之中,二院、四院、五院曾是北大历史、哲学、中文三系的办公场所,何晋《燕园文物、古迹与历史》一书称其为"北大的文脉聚集之地"。昔日出入院门的,"谈笑有鸿儒,往来无白丁"。如今,人文社会科学研究院、燕京学堂等机构在此办公,亦可谓"文运赓续"。

"姐妹楼":玉树临风 佳侣盘桓

姐妹楼,即南北二阁,建于1924年。

北京国子监辟雍

两阁外部造型、体量、色彩完全一样,都是重檐灰瓦四角形攒尖塔式,高两层,下层七开间。她们如杨虎、翟淑华、李文文《南北二阁与俄文楼》一文所形容的"相依而立,方正中不乏清秀,玲珑中带着雍容,好像是亲情依依的姐妹",因而被叫作"姊妹楼"。

让人很难想到的是,她们本为燕大女校校长办公用房,其形制却酷似北京国子监的辟雍!这显然是墨菲的刻意为之。在古代,辟雍乃历代帝王亲授御学之处。晋成帝侍中

遥望西山:南北阁旧影

冯怀云:"天子修礼,莫盛于辟雍。"为了这种修礼之盛,历代王朝只要江山既定,必首建辟雍。今国子监辟雍为清乾隆皇帝所建,1785年,他曾在那里举行临雍大典,并宣谕《易经》《大学》等典籍。

关于姐妹楼,曾经有着温情的传说:有说这两座完全一样的楼阁,是校长司徒雷登因思念远在大洋彼岸的两个女儿所建的;也有说他两个女儿曾经分别居住于两阁之中,这里方圆十几米以内轻易不让男士入内,因此得名"姐妹楼"。

其实,南北二阁原名分别为甘德阁和麦风阁,英文名统称为Miner Hall。据沈弘《燕园姐妹楼以谁命名》一文考证,二阁均以原华北协和女子大学校长、并入燕大后的首任女部(校)主任麦美德博士命名。麦博士虽然在任只有三年,却为燕大做出了历史性的贡献,燕大女部一路的发展都是在她的努力下完成的。方拥主编《藏山蕴海:北大建筑与园林》一书持另一说:北阁与麦美德有关,而南阁则是"1928年由甘伯尔夫人捐款建造,因此命名为'甘德阁'"。至于后来改名为南北阁,大概亦是由于钱穆先生那个关于贝公楼的建议。

麦美德博士

姐妹楼建成后,南阁是女部麦博士的办公处,北阁当时则设有音乐室并专辟一处为学校社交中心,用于女生会见男宾,所谓"佳侣盘桓"之说即源于此。1936年冰心还曾在二楼开设"新文艺写作"课。

和姐妹楼配伍为品字形格局的是女子学院教学楼,建于1924年。原名Sage Hall,简称S楼,又称"圣人楼",1931年改称"适楼",由罗素·赛奇基金会为纪念赛奇夫人(Mrs Sage)而捐资修建。建筑坐东朝西,为两层单檐歇山顶仿宫殿式建筑,檐下饰以斗拱,灰瓦白墙,红色门窗嵌套其中,充满中国古典之美。内设教室、图书馆,早先还有一个小教堂。

南阁秋色(采自纪念北大建校一百周年纪念画册《北京大学》)

历史资料显示，墨菲原拟建两座东西长的庑殿顶配楼与圣人楼相衬，最终没有建成，只留下这姐妹楼为其配伍。然而这并不影响姐妹楼在燕园中的特殊价值：由于姐妹楼正是借景西山的当口，凭窗西眺，玉泉万寿，尽来眼底，且又正处于湖区山林之南办公楼区和男女生宿舍三大群组的转折处，它们那种方亭阁形制使这品字形建筑组群母题所构成的韵律更带装饰性，像音乐里的装饰音符一样，使得燕园显得更为活泼而有生气。

北大入主后，改称圣人楼为俄文楼。楼门前的小型园林为北大七九级学生1983年辟建。后来七七、七八级学生捐建的李大钊雕像亦矗立在这里。

一体二体：力与美的交响

建于1931年的第一体育馆为燕大男生体育馆，坐落在未名湖东岸东西主轴线的延长线上，与贝公楼隔湖相望。因由燕大美国托事部主席华纳先生捐资修建，故又名华氏体育馆。其形制与贝公楼相似，亦坐西朝东，主体为庑殿式屋顶，西翼配有副楼。主体建筑墙下设有古典式华丽的须弥座，为了和庞大的屋顶相协调，下方第一层用粗犷的灰色条石砌筑，处理为基座的样式，但紧靠地面开了窗，以便地下空间的使用。入口处设在主体两侧，台阶配有汉白玉护栏，由此提升了它的华贵气质。

"一体"建筑有几个绝妙之处。一是西侧土岗假山的设置和绿化、由于一体体量庞大，在未名湖东岸相当突兀。这组假山和树木，正好遮住馆身下半部的实墙，使其临水而不近水，从对岸遥望，仅能看到端庄秀丽、错落有致的灰色庑殿顶和粉墙红柱、蓝绿彩画的建筑立面。这样，"一体"在湖东岸就不显得过于庞大，而且与湖光塔影融为一体，显得深远而含蓄，整个湖区的园林空间也因此而更加完美，所以《园林景观》说它"既是体育建筑，又是风景建筑"。二是楼前假山之下设有高耸的拱桥，锁住了湖泊的水口，给人以水面无尽的错觉。早先这里还伴有哗哗的流水声，使寂静的湖光山色中有了"动"，颇有一点勺园当年的"声境"之妙。三是由"一体"的立面与假山的峭壁和山上苍松翠柏的狭窄空间，正好将高矗的密檐博雅塔收入其间，形成夹景，画面优美，引人入胜。

一体的东面是空润的运动场，当年是在纽约卡尔·汉米尔顿先生的帮助下平整出来的。司徒雷登曾在这里亲自为运动会获胜者颁奖。北大入主燕园后，将其名为"五四运动场"。

一体的西面是美丽的未名湖,不仅风景如画,早年春夏秋三季还曾有"小船儿轻轻飘荡",冬季则又是学生们冰嬉和上滑冰课的乐园。

绿荫掩映中的一体

矗立在静园草坪的"二体",是落成于1933年的燕大的体育馆,由威廉·鲍埃夫妇(Mr. and Mrs. William Boyd)捐资修建,因而又名鲍氏体育馆。鲍氏夫妇的女儿米兰从美国威尔斯利女子学院化学系毕业后,在燕大化学系任教,是燕大最早的女教授之一。米兰的女儿及外孙谢海日后来也曾到中国讲学、教书。

"二体"所在正是燕园南北轴线的南端点。建筑坐南朝北,与女生四院形成品字形格局。建筑形制为二层仿宫殿式建筑,体量虽然比贝公楼和"一体"略小,却并没有被分成三段,而是灰瓦庑殿顶的一个整体。又因周围环境不像"一体"那样开阔,它看起来似乎要更魁梧一些。

《藏山蕴海:北大建筑与园林》一书作者发现,"二体"建筑也有一些特殊的地方:一是楼身被红柱划分为九间,底部用黄色花岗岩设计为基座的式样,却在正中设了拱门,还开了窗户;二是并不像传统中国宫殿式建筑那样,仅在正面设出入口,而是像西方神殿一般从比较窄的山面进入,而且装饰了清式汉白玉台基,并配有月台,这大概也是渊源于西方文化的一个设计细节。

五、倾听历史的声音

在燕园的开辟和建设过程中,燕大留存和利用了一些珍贵的文物。它们有的出土自古园林基址,有的来自民间,有的则是曾经飘零、辗转至此的圆明园等处旧物。这在当时是很不容易的。

1860年和1900年圆明园等古园林遭遇两次"火劫"的余烟还未散尽,又遭遇一场旷日持久的"木劫""石劫"和"土劫",偌大的圆明三园除了孤零零的绮春园宫门、福缘门门楼及正觉寺个别建筑之外,统统被拆抢一空。燕园基址的古园林也难以幸免,如我们前面提到过的继承淑春园的睿亲王的不肖子孙德七和以薄金租下鸣鹤园、镜春园的民国总统徐世昌都造了不少孽。

就是在这样多灾多难的背景下,燕园和燕大的初创者,能够如一些学者所说的出于"对历史记忆的关注",能够"倾听历史的声音",并"有意为历史留出空间",这是十分难能可贵的,其意义也是非常深远的。因为这些文物都如肖东发、杨虎主编《风物:燕园景观及人文底蕴》一书所说,"拖着一段长长的历史足迹,负着一层厚厚的文化心结",这使燕园不仅有了美丽的景观,而且增添了深厚的人文底蕴。所以,当我们今天漫步在幽雅的燕园,品悟这些文物时,应当怀有对前贤深深的崇敬与感恩之情。

当年燕大留存和利用的文物,主要有翼然亭(校景亭)、石舫、慈济寺山门(花神庙)、华表、石狮、石麒麟和乾隆诗碑等。

1. 淑春园遗物

在这个小节里,我们要介绍四种燕园文物:石舫、慈济寺山门(花神庙)、花神庙碑和石屏风。

石舫、慈济寺山门（花神庙）为和珅淑春园遗物，是一点疑问也没有的。对花神庙碑和石屏风是否为淑春园遗物还无定论，但与淑春园有关，所以在此一并讨论。

未名湖石舫：沉默的历史证物

未名湖石舫位于湖心岛的东岸，是今日未名湖标志性的景观，也是当年淑春园最有代表性的建筑旧物。

诚如贾珺《北京私家园林志》所指出的，画舫作为一个园林建筑母题早已有之。江南水乡篷舟画舫极为常见，所以江南园林常在水池一边设船厅，如南京煦园不系舟、苏州狮子林石舫、畅园涤我尘襟、拙政园香洲、怡园画舫斋、常州近园虚舟、嘉定秋霞圃园舟而不游轩，等等。北京缺水，但从明代起，也有不少园林设有类似建筑，如明代米万钟湛园之书画船、勺园之定舫与太乙叶、李园之船桥、张氏园之陆舟。清代怡园之凫舟、自怡园之野航、听雨楼之绿天小舫、述园之红兰舫、淑春园之石舫、绮园之船轩、半亩园之不系舟等。所以，园中置舫，并非个例，而且其用意也大半是为获江南水趣，有的像退思园甚至还寄退隐之意。

未名湖石舫

然而,未名湖的这座石舫就不同了:因为它是和珅所建造,而且还和颐和园的石舫有些瓜葛。乾隆帝修清漪园(颐和园前身)时,于1755年改原明代圆静寺之放生台为"清晏舫",上设中式楼房,并写了一首寓有江山永固之深意的《咏石舫》:"雪棹烟蓬何碍冻,春风秋月不惊澜。载舟昔喻存深慎,盘石因思奠永安。"这样,和珅"逾制"仿建石舫自然也就成了大逆不道之事。

其实,和珅深得乾隆宠信,家有财产无数,未必有篡上之想。在淑春园中建画舫,也无非是为了装点淑春园,以显示其尊贵和豪华,抑或如唐克扬《从废园到燕园》一书所说的"只是象征性地表达他和乾隆之间特殊关系的一种方式,未见得就是'僭越'野心的包藏"。

英使团画师亚历山大所画石舫

和珅淑春园画舫上的小楼在1860年英法联军的大火中烧毁,其面目在史料中没有任何记载,1989年侯仁之先生从《停滞的帝国——两个世界的撞击》一书的附图中,看到马戛尔尼使团的随团画师威廉·亚历山大的一幅画舫的速写。亚历山大是最早多方位描绘中国图像的英国画家。

那次随访,他们住在与淑春园相邻的弘雅园,所以有机会给画舫写生。侯仁之先生在1990年所写的《燕园一粹——记北大未名湖中的小石船》中认定其所画即为和珅淑春园之石舫。不过,也有研究者质疑,如贾珺《北京私家园林志》就说:"其图中所绘周围景致与十笏园石舫周边环境差异很大,或许当年弘雅园中曾经存在另一座石舫。"

今天,石舫虽然仅余基座,但仍是未名湖的著名一景,只是人们已经很少去探寻它的过去,这是一件很可惜的事情。

慈济寺山门:识别淑春园旧址的标志

坐落在未名湖南岸的慈济寺山门,是和珅淑春园中残存建筑,也是墨菲规划中未名湖南岸特意保留的唯一建筑。

墨菲特意保留这座山门是有深意的。由于早期可供建设的土地局促,未名湖(当时还没有命名)南岸曾计划填平盖教堂等建筑。后来经过我们前述"翻天覆地"的变化,湖面得以保留,并作为整个"后寝"的核心,这座山门的意义也就不一般了。

山门与湖心岛和石舫遥遥相望,周围地势平坦,下临湖面,是观赏湖上风光的绝佳所在,又能起到极好的点景作用。在色彩上,它身上的红色也是未名湖绿色世界的绝妙点缀,"有万绿丛中一点红的意境"(何晋《燕园文物、古迹与历史》)。

更重要的是,可以借助它"与历史对话"。因为它是"可作为识别淑春园旧址的标志之一",而旧园林对新"园林化校园"的建设有着十分重要的意义。舒衡哲《鸣鹤园》说:"尽管华丽的园林已在1860年被毁,但幸存下来的这座山门仍然蕴含着文艺复兴的可能。历史的碎片仍珍藏在人们的记忆中,因而可以创造出一个崭新的完整的历史。"墨菲正是借用这个昔日园林的"残骸","为北京新型的大学创造出更有'中国特色'的氛围",同时"唤醒了以后几代人的想象"。

关于慈济寺,尚有一些疑问有待厘清。

其一,慈济寺建于何时,是在淑春园赐予和珅前所建,还是和珅得园后自建?其性质如何?

杨承运、肖东发主编的《古园纵横:北京大学校园文化景观》一书中认为,"慈济寺属圆明园辖管范围",应是乾隆将它随自怡园(淑春园)一起赐

慈济寺山门

给了和珅；陆波的《无数学子朝拜的北大花神庙，和一位公主的哀愁》一文则认为慈济寺"应为和珅拥有淑春园时期大肆建设的作品之一"。关于该庙的性质，一般认为该庙是为祭祀花神的，例如何晋在他所著的《燕园文物、古迹与历史》一书中云：清代圆明园养花的太监们，常在此祈求花神，保佑他们所养之花四时开放，所以又称此庙为"花神庙"。祭祀花神说以外，也有认为此庙或许是"观音寺"。如周其凤主编的《燕园建筑》即从寺名"慈济"作出此推断。

其二，慈济寺何时被毁，如何被毁？

原慈济寺庙门临湖，有正殿一间北向，即在今斯诺墓的位置上，并有东西两配殿，连同四周垣墙，都建在土山之上，其墙垣基础今仍可见。据清潘德舆1830年至1839年间写的《水调歌头·游海甸和相旧园》"昔日花堆锦绣,今日凫余香火"句来看,慈济寺至少在嘉庆年间还有香火。其后有两种可能:毁于1860年英法联军的大火,或是和临风待月楼一起被毁于1900年八国联军的大火。侯仁之先生《燕园史话》倾向于后一种可能。

其三,现慈济寺山门上"重建慈济寺"题额何人所为?

前引陆波的文章认为,这个门额写法"太过奇怪",一般佛寺门额都是"敕赐""敕建",如果沾不上"敕",便直接叫××寺,如此以"重建"某寺为额,有悖常理。再说,"慈济寺"从未被重建过,山门本身也未毁,何来"重建"。还有,以蓝色字体书写门额也极为罕见,中国内地佛寺匾额、门额一般用金色、红色,即使藏传佛教,门额一般也是蓝底金字,如北京雍和宫,所以,该文"高度怀疑":这五个字或是燕大某位对中国文化或者佛教寺院有些知识的洋教授的创意,抑或留洋归来的我中国博士所为?"总之,在我看来'重建慈济寺'如果再加个惊叹号,那就是一句表决心的标语口号,作为寺庙门额有些不搭调,只是表个重建寺院的决心而已。"

其四,慈济寺为何俗称"花神庙",与燕南园那里的花神庙碑有无关系?

对于第一个问题,侯仁之先生在《燕园史话》中说:"其因尚待考。"对于第二个问题,有文章说:"据侯仁之考证",慈济寺"失于大火","只剩下两块石碑以及未名湖南岸的山门。燕大早年大兴土木之时,将它们移到了燕园北门的位置"。但我们查阅了侯先生的《燕园史话》,那里只讲了慈济寺被毁,唯余一座庙门,并未提及有花神庙碑。那么,花神庙碑究竟是何来历呢?

花神庙碑:或许与未名湖"花神庙"无关

花神庙碑有两通:一左一右矗立在燕南园的北口马道旁。碑体高两米多,汉白玉石质,为清代常见形制:赑屃(龙的九子之一)为基座,碑顶有螭(龙的九子之一)缠绕,雕工十分精美。端庄,伟岸,富有文化气息。

两块碑的碑文大同小异,正面有进献给花神的祈祷词,背后是进献人的名字。碑额均为"万古流芳"。经历岁月的磨洗,字迹多已漶漫,但其文物价值仍存,侯仁之先生就曾拓取碑文以作研究。

石碑一是为"花朝节记"而进献。花朝节,俗称百花生日,是我国岁时八节中最有诗情画意的节日之一。

清代统治者以每年农历二月十五日为花神诞日。即日皇帝降旨,命内务府大臣代为恭祭,定为仪制。有时皇帝还亲临恭祭。

燕南园北口的花神庙碑

此碑文中记述花匠们如何"锄云种月"、含辛茹苦地劳作,使得花事繁茂,但他们敬畏和感恩"司花诸神",不敢贪天之功。

石碑二记述乾隆皇帝中秋游园之后花圃"烂比霞蒸,姹紫嫣红"的奇丽景象,歌颂花神与帝王之神奇功力。

圆明园有管理部门认为此二碑出自圆明园,为圆明园莳花碑,1860年大火后流散他处。前引陆波文也认定这两通石碑隶属圆明园,一是因为落款都是圆明园总管题记,二是文中所指"于内苑拓地数百弓,结篱为圃"及"识惭学圃,辟町畦于禁近,插棘编篱,罗花药于庭墀",说明花圃于"内苑""禁近",即离皇帝住所较近之处,而绝非圆明园附属园林淑春园。

持此说者,还有古园林研究专家焦雄。他在《汇总万春之庙祭花神碑》一文中说:这两通碑,昔日立置于圆明园西路"汇总万春之庙"前。此庙亦称花神庙,实际为圆明园四十景区之一。

如果此二碑出自圆明园或长春园,花神庙碑与慈济寺山门(花神庙)有关的说法就是一种"美丽的"附会了。当然,也可以推测,人们用花神庙这个名字可能是为了有助于渲染年轻学子的浪漫情怀。当时的燕大，虽然是教会学校，男女交往有一些比较严格的规定，但实际上"佳侣盘桓"的机会还是很多的，有回忆文章说，除了前述的"姐妹楼"，博雅塔也是一个"盘桓"之所，甚至最早图书馆二楼也设了一个"鹊桥"，供有情人相约。至于当今，此风就更盛了。20世纪80年代，那慈济寺山门（花神庙）便成为"主管燕园学子的爱情"的"牌坊"，据说"恋人在这儿盟誓，很灵验"（张曼菱《北大回忆》）。而到了新世纪，经过"北大游"的导游们大忽悠嘴的煽乎，这儿更成了成千上万渴望跳龙门的年轻学子的许愿门、涂鸦墙，可怜一座小小山门里里外外被涂满各种奇葩留言。

不过，花神庙碑属圆明园之说，也有可讨论之处：一、圆明园之物基本都有记录在册，如此精美、体量巨大的石碑理应有据可稽，但此二碑并未见明确记录。二、华表及翻尾石鱼等流落燕园的文物大都有辗转的人证、物证可寻，此二碑却没有明证。三、前引潘德舆诗，在"今日龛余香火"的句子前有"昔日花堆锦绣"，后有"忏悔付园丁"，焉知此庙一定不是花神

侯仁之先生拓花神庙碑碑文

庙？如若是乾隆早已盖就的花神庙，立有此二碑亦不是没有可能。

还有一种说法也值得注意。曾在燕大任教的著名作家许地山在《燕京大学校址考》一文中说：今人传为"花神庙"的未名湖边小庙门，却和花神无关。真正的花神庙据说是在今男生网球场北两井之间，而此两碑即立于此庙，"民国九年移去，今在燕南园内马道旁"。按许先生的说法，此二碑就既不属圆明园亦不属淑春园了，此说也有可能是确实的。因为那时私家园林设花神庙并非个例，如曾昭奋《圆明园与北京西郊园林水系》一文所录鸣鹤园平面图中就有花神庙。

这些问题，就作为一桩悬案，留待学人们继续破解吧。

这里，我们不妨换一个视角，看一看另一番与花神庙碑相关的风景。

这两通碑原来散落在废园山坡之上，被土掩埋着，燕大开辟校园时，将它们立于新建的教职工住宅区燕南园北端。这真是一个如丁永勋《花神庙碑》一文所说的"恰如其分"的安排：

> 不管这石碑的出处如何，如今立于燕南园的门口也正可谓各得其所，恰如其分。它们历经三百余年，凝聚着历史的厚重，与路两边常青的松柏融为一体，又显得年轻挺拔，正如这古老而年轻的燕南园。这园内居住的，都是享誉中外的学术大师和执教坛几十载的长者。我们常以园丁喻老师，而他们则可以称为守护满园桃李的"花神"，清人祭祀的花神只是他们想象中的神仙罢了，而这些园中的老人却是以自己一生的实际行动来培护满园春色争芳吐艳。因此，进献给花神的石碑立于此，又有了一层更深的含义。

石屏风：天作之合

石屏风在未名湖北岸迤东的一方土丘之阳，背山面湖，前有扇形空地，周围树木荫繁。

石屏风为四扇，每扇自成一景而又联为一体。其上自右至左依次刻写"画舫平临苹岸阔""飞楼俯映柳荫多""夹镜光澄风四面""垂虹影界水中央"，四句两两组成佳联。据说此二联是乾隆御笔，字体为行书，"可以看出当年乾隆皇帝在题写这两副对联时的从容和优雅"，"写得潇洒倜傥，卓尔不凡。在横竖撇捺之间透露出封建盛世帝王的雍容"（王伟《乾隆石屏风》)。此二联内容也类似乾隆御制诗二集卷六〇的《咏石舫诗》。

关于石屏风的来历,王伟《乾隆石屏风》认为它是圆明园"夹镜鸣琴"的遗物,燕大建校时移至此地。"夹镜鸣琴"位于福海南岸,为圆明园四十景之一。此石屏风原镶嵌在一座高大的亭桥两面,亭桥下方为出水口,水声琤琤作响犹如琴声,"鸣琴"二字大概即缘于此。而"夹镜"乃可能取自李白诗句"两水夹明镜"。1998年福海疏浚时,曾挖出该亭桥顶端的镇水兽。周其凤主编的《燕园建筑》一书亦持此说。

石屏风

另一说认为此石屏风可能是淑春园旧物。

早年洪业先生在苦苦寻觅"另一个埋藏在历史地表下的燕园"时就曾推测,此石屏风可能与和珅昔日石舫上的旧建筑有关。侯仁之先生1988年再版的《燕园史话》也谈道:"这四条石屏,原来被弃置在民主楼西北的草丛中,几年以前才被搬到这里,用来点缀湖上风光。读罢以上刻石,自然会使人联想到未名湖中、小岛东岸的石舫。从石船上雕凿的痕迹来看,它原应是一个画舫似的建筑。如果设想石屏风所描写的正是这只石舫附近的旧日景物,岂不是倒也很恰当的么？可惜,对于这一点,我们提不出任何有力的证据。"侯先生那时很慎重。1989 年,侯先生见到了英国马戛尔尼使团随团画家威廉·亚历山大(William Alexander)在弘雅园所作的一幅画舫的写生画(图见本书 199 页)后,看法变得坚定了:"正是从这幅插图中,我们才得以看到这只船上原来确曾有类似画舫的建筑……为今日北大校园中幸存的石船,显示了她原有的画舫面貌"(《燕园一粹——记北大未名湖中的小石船》)。让人错愕的是,《燕园史话》(2008 年版)有关石舫的图注中却确言:"这四扇青石屏风为圆明园'夹镜鸣琴'的遗物。"

杨承运、肖东发主编《古园纵横：北京大学校园文化景观》则采用了更明确的说法:"石屏四条是淑春园的遗物""所描绘的景色大约就是淑春园当时的情景"。

这石屏风究竟来自何处,看来还须继续探究。但是,对于众多燕园景观的欣赏者来说,他们已经很感欣慰了。王伟《乾隆石屏风》一文就有这样的描写:"石屏风位于未名湖畔,衬着垂柳、伴着波光塔影与石舫相呼应,似乎也恰当地体现了'画舫平临苹岸阔'的意境,真是天作之合""如今,四座石屏面湖而立,每日朝阳初升,未名湖碧波荡漾,柔和的阳光穿过茂密的枝叶,投射在斑斓的青石屏上,透出金属的质感,伴着鸟鸣声声,映着垂柳小径,投射出历史的沧桑"。

2. 鸣鹤园遗物

现今燕园的校景亭,原名翼然亭,为鸣鹤园之遗物。

翼然亭坐落于德斋(红一楼)与考古文博学院新楼之间。其形制为重檐攒尖顶四角方亭,亭式既古朴大方,又雄伟秀丽,为昔日鸣鹤园中最大的也是仅存的一座亭子。

亭在中国园林中有着特殊的地位。人们爱在山水中设置空亭一所:"群山郁苍,群木荟蔚,空亭翼然,吐纳云气。"历代名亭,不胜枚举:浙江山阴之兰亭,因王羲之《兰亭集序》而扬名千古;安徽滁州之醉翁亭,因欧阳修《醉翁亭记》而为天下名胜;苏州沧浪亭怡人性情:"清风明月本无价,近水远山皆是情";北京颐和园湖山真意亭予人"真意":"采菊东篱下,悠然见南山。山气日夕佳,飞鸟相与还。此中有真意,欲辨已忘言。"

"有亭翼然",古人常用此语形容亭子的飞檐如仙鹤展翅一般。用"翼然"来命名,把亭和鹤联系在一起,就具有了更深的意义。古往今来,除了杭州孤山高士林和靖(林逋)梅妻鹤子的故事千古传颂以外,其他不少放鹤亭的故事也颇令人回味。如宋代隐士张天骥在江苏彭城(今徐州)隐居,"修真养性",自号"云龙山人"。他在山上盖了个草亭,养了两只仙鹤,每天清晨就在亭中放飞仙鹤。大文豪苏轼时任徐州知州,与山人结为好友,为其写了脍炙人口的《放鹤亭记》,致使放鹤亭与云龙山闻名于世。

鸣鹤园的翼然亭建于一座假山之上,很空旷,展现飞来之势,有着八面来风。登亭西望,可见西山秀岚。乾隆皇帝当年就注意了这片风景的魅力,他曾于1747年登临并赋《翼然亭》一首:

峰有飞来亭岂无,天然距此不南图。
藉松为幄阴偏秀,依石成章兴迥殊。
茶鼎烟飞云半野,棋枰声杂瀑千珠。
寄言纵目搜吟客,莫认琅邪岩畔途。

他在诗引中说:"出西轩面横岭,亭中设便坐,近纳岚翠,远望野绿,仿佛香山来青(即来青轩)景色。"

翼然亭(今校景亭)

咸丰十年(1860),鸣鹤园毁于英法联军之手,园中建筑多被损毁,唯独翼然亭奇迹般地保存了下来,后来又侥幸地逃过了庚子之乱与徐世昌的偷拆,终于在燕大开辟燕园时获得了"新生"。1928年燕大对亭进行了修葺,并于亭内绘制校园风景十二幅:第一体育馆、校景亭、博雅塔、荷花池、钟亭、校友桥、湖心岛亭、办公楼、化学北楼、俄文楼、南北阁、西校门。作为燕园重要景观的"校景亭"之名即由此而得。1984年北大又对该亭做了修整,于此亭内顶绘36幅展翅飞翔的仙鹤,似乎是有意唤起历史的记忆,赓续燕园的文脉。

3. 圆明园遗物

作为中国皇家园林巅峰之作的圆明园,享有了皇家园林空前的繁盛辉煌,也经受了中国半殖民地半封建社会崩塌的惨烈苦难。帝国主义侵略者两次罪恶的大火,将这个"万园之园"烧得面目全非。其后又是荒唐的"木劫""石劫"和"土劫",使残存的文物流散京城各处。由于毗邻圆明园,又处于新校园的开辟建设之中,所以,燕园成了保存其遗物较多的地方。

圆明园遗物:西校门内南行路边引水槽

在燕园落户的圆明园遗物有安佑宫的华表、石麒麟和丹陛石,"谐奇趣"的翻尾石鱼,茜园的梅石碑、"断桥残雪"和"柳浪闻莺"石牌坊遗存,以

湖心岛北侧原圆明园方外观西式平桥

及西校门内南行路边的引水槽、湖心岛北侧的方外观西式平桥等。

安佑宫"三宝":华表、石麒麟、丹陛石

燕园办公楼前的华表、石麒麟均来自圆明园安佑宫。

清朝的开创者虽是关外游牧民族,入主中原后,却十分尊崇华夏传统礼制。在祭祀先祖、供奉先帝圣容方面真正形成体系即是在清代。雍正时首创供奉圣容制度,将圣祖画像供于寿皇殿内以供祭拜;常驻跸圆明园后,即在畅春园东墙内建恩佑寺以供奉先帝圣容。乾隆即位后,袭其制并加以完善,于圆明园西北角仿太庙之制、循寿皇殿之例,自乾隆五年起历时三年建成皇家祖祠安佑宫,供高祖圣容于中龛,世宗圣容于东一室,从而形成规范。

安佑宫亦称"鸿慈永祜",是圆明园内最大的建筑物,为圆明园四十景之一。1860年毁于英法联军之大火。该建筑坐北朝南,有两对华表、三座牌坊及石桥、更衣殿、宫门、碑亭及配殿等一系列建筑。正殿面阔九间,重檐庑殿,为圆明园形制最高者。

从安佑宫的这个建筑格局,就不难看出华表在古代建筑的价值与意义。

据罗哲文、王振复主编的《中国建筑文化大观》一书考证,华表在中国古代建筑的繁华家族中,是一种纪念性、象征性意义颇为丰富的建筑。

圆明园安佑宫

华表,又称恒表。以"华"饰"表",以示其华美尔。中国古代以其设于宫殿、城垣、桥梁或陵墓前作为标志与装饰。《文选·何晏〈景福殿赋〉》云:"故其华表则镐镐铄铄,赫奕章灼。"李善注:"华表,谓华饰屋之外表也。"

关于华表的文化原型,一般有三种说法。

一说始于中华上古立柱以测日影的晷景;又一说本为原始部落的图腾柱;还有一说为古代王者善于纳谏或指路的建筑形象的象征,始于所谓"诽谤之木"。

对于第三说,研究者一般不采用。所谓"谤木",相传为上古尧舜之时,于通衢要道"竖立木牌,让人在上面写谏言"(《辞海》)。其根据,一是《淮南子·主术训》云:"尧置敢谏之鼓,舜立诽谤之木。"二是《后汉书·杨震传》:"臣闻尧舜之时,谏鼓谤木,立之于朝。"这个说法,只能视为传说而已,尧舜之时,文字和书写工具以及鼓是否已经发明,都是一个问题。

从古籍记载与实物遗存看,华表所用材料以石为多见,多为双柱对立。其柱身往往以龙为饰,由须弥座、蟠龙柱、承露盘和其上的云板蹲兽组成,显得十分圣洁与崇高。柱顶的异兽,名曰"望天犼",传说中的一种神奇的动物。望天犼与云板垂直相向成十字,指向四方。昔日华表放置于宫廷,是政治清明之象征。据说放在皇宫门里的华表,犼冲着北方,名叫"望君出",每当民间发生灾害,它就呼唤君王出宫;宫门外的华表上,犼冲着南方,叫"望君归",君王若在外耽于安乐,它就会呼唤"君王速归"。

北京故宫天安门前后的两对华表当如是。

办公楼前的这对华表原置于安佑宫琉璃坊前。《燕京大学校刊》载：1925年燕大建造校舍时，曾商诸圆明园之主管者，拟将此石柱移归本校保存，并经地方当事人之认可，遂鸠工起运，陆续移来三座，第四座却被京师警察厅运到城里，横卧在天安门前道南。1931年夏国立北平图书馆文津街新馆落成，欲将燕大多余的一座搬走与天安门的那座配为一对。由于搬运时过于匆忙，致使如今北大与北图老馆前华表皆不成对。如果细心观察的话，会发现南办公楼前两根柱身粗细不一，且一浑圆一略有棱，下面须弥基座也一有浪花一无。这就是何晋《燕园文物、古迹与历史》一书所谓的"历史造成了差错，但差错也已变成历史"。另外，华表多南北向，燕大校园因是东西主轴线，所以改为东西向。

办公楼前华表云板蹲兽"望天犼"

燕园这对华表虽说不成对，其艺术魅力和文化义涵却并未受损。华表通高8米，座高1.24米，柱围约3.16米。其形制与天安门前通高9.57米的华表相仿，规格略低。它们以整段石材建筑，通体灰白色，有净洁、沉着之质感。柱身云龙盘旋，有叱咤风云之气概。其上部飘云之造型，让其似生双翼，有高出云表之美感。顶部"望天犼"昂首向天，声震寰宇，神圣而崇高。而这对华表耸立在"孔子＋耶稣"的燕大行政办公区,又被赋予了新的意义:祥云和腾龙或许依然象征着中国传统士人"以天下为己任""仰不愧于天,俯不怍于人"的抱负与胸怀,而它那巍然屹立、气宇轩昂的姿态,不仅是"巍巍上庠"的标志与象征,而且又颇有西方教堂尖塔直插云天的那种亲近上帝、拥抱真理的神圣意味。所以,对于燕园学子,它就是一个无言的昭示和无形的鞭策。1948年走进燕园的燕大学子葛翠琳,四十年后仍心怀敬意、激情难抑,她在《光明赞·摇篮曲》一文中这样写道:

> 每当我走进北大朱红的西校门,熟悉的校园总使我激动不已。贝公楼(办公楼)前庄严的华表,深沉地注视着我,仿佛等待着回答:"记得母校的期望吗?"

办公楼前石麒麟原是圆明园安佑宫前的守护神。其实,这对麒麟原先在圆明园大宫门前,乾隆六年七月传旨将其移至安佑宫,大宫门前新制铜麒麟一对。可见这对石麒麟要早于安佑宫。

在中国的传统文化中,麒麟(雄者为麒,雌者为麟,有时统一简称为麟)俗称"圣兽",为万兽之王,与龙一起被认为是吉祥崇高

华表(采自《纪念北京大学建校一百周年藏书票》)

的化身,所以常有"神龙""圣麒麟"之称谓。根据《礼记》记载,龙、凤、麒麟、龙龟合称为四灵。一般认为,双角和独角者均称为麒麟,无角者称为辟邪。麒麟是传说中的一种神兽,它龙头、鹿角、猪鼻、蛇鳞、虎背、熊腰、马蹄、狮尾,可谓兽中精华之集大成者。《草木疏》还说它是祥瑞的"仁兽":"音中钟吕,行中规矩,王者至仁则出。"即是说,只在太平盛世才有麒麟出现。

办公楼前的这对麒麟高1.74米,须弥座高0.98米,正面宽1.41米,

侧面宽 1.95 米。它们犄角直竖,遍身鳞甲,神态非常逼真,不怒自威地透着英武之气。用它作为办公楼"卫士"真正再恰当不过了。

办公楼前的石麒麟

这对麒麟"堪称燕园内最精美的石雕艺术品"(何晋《燕园文物、古迹与历史》)。20 世纪 30 年代燕大新校明信片中,这对麒麟就和办公楼一起作为燕园的标志之一而出现。它们的刻工非常细腻,鳞甲、口齿、须毛及鳞纹的线条纹样都十分清晰挺括,而整体又神采勃发,气韵生动。经历了两个世纪的风雨,坚实的石材犹未见风化,殊为难得。而且,如李秋香《安佑宫的石麒麟》一文所说,唯"犄角及若干牙齿已遭断折,正好说明它们不平凡的经历"。

这对麒麟看上去都像是一块巨石雕成,其实是由身体和基座两块石头雕成拼接的,接缝在须弥座上方距上面身体约 19 厘米处。由于这里断

办公楼前的丹陛石

面向里收缩,接缝很难被发现。这也是中国"工匠精神"的一个实例。

置于办公楼正门九级台阶上的那块丹陛石,以前是安置在安佑宫前的台阶。安佑宫前原有两块,另一块现安放在颐和园东宫门入口处。

丹陛石又称丹墀。"墀",指台阶或台阶前的空地。"丹墀",即红色的台阶,特指帝王宫殿前的台阶。臣民对君主称"陛下"即源于此。东汉蔡邕《独断》云:"天子正号曰皇帝,自称曰朕,臣民称陛下。……谓之陛下者,群臣与天子言,不敢指斥天子,故呼在陛下者而告之,因卑达尊之意也。"丹陛石上一般雕刻有帝王之势的龙云图,所以又称"龙云石"。

这块丹陛石长3.15米,宽1.3米,其上龙云浮雕宽1米,所刻二龙戏珠栩栩如生。放置在办公楼前,不仅和麒麟一起平添了许多中国文化的气息,也为整个"前朝"增加了几分庄严的氛围。

还应该特别提及的是,据资料记载,这一对麒麟和丹陛石被盗出园后,屡次险遭变卖,幸亏朗润园的最后一位主人载涛闻知后,出手以高价买下,置于朗润园中。这才使燕大建校时有可能"装点此校园,今朝更好看"。先贤义举,可敬可佩!

翻尾石鱼:湖不在深,有"龙"则灵

未名湖中翻尾石鱼,也是因载涛保存才得以后来由燕大1930届学生购得献给母校,安身燕园。

此物亦为圆明园遗物。当年,圆明三园之一的长春园北部有一组仿照欧洲文艺复兴时期样式的"西洋楼"。其最西面靠南一点建于乾隆十二年(1747)的建筑叫"谐奇趣"。它的前面有一个大型海棠式喷水池,周围有许多铜羊、铜鹰等造型的喷水机关不停地向池中喷水,最高可达十余米的水柱交相辉映,常在阳光下形成奇观。翻尾石鱼便是池中的装饰物。

石鱼由一块浑然的黄褐色璞石雕琢而成。鱼身长1.65米,高0.87米,下部鱼肚宽0.9米,上部鱼嘴宽0.42米。其雕工十分精湛,形象栩栩如生。可以想见,昔日在喷水池中时隐时露,该多有生趣。可惜,外国侵略者的一把罪恶之火,让它也遭遇到厄运,而不幸之中的万幸则是终于又在燕园未名湖安身,并获得了新的生命。

翻尾石鱼落户未名湖,可谓"如鱼得水""得其所哉"——

它造型生动却又朴拙,鳞状花纹时常在波光潋滟的湖面闪烁奇异的光芒。更奇妙的是站在它近处的南岸向东望去,常可看见博雅塔的倩影恰好含在它张开的口中,于是"鱼含塔影"成为未名湖的一个奇特景观,让许多人驻足流连。

翻尾石鱼的落户,为未名湖增添了许多的灵气。"山不在高,有仙则名;水不在深,有龙则灵。""龙"是中华民族最伟大的文化创造之一。龙学研究者王东在《龙是什么:中国符号新解密》一书中这样阐述:龙作为中国文化符号经历了一个漫长的历史过程,由许多文化原型综合而成:东北红山文化的马形原龙和猪型原龙,西北仰韶、马家窑文化的鱼形原龙和鲵形原龙,中原仰韶、龙山文化的鳄形原龙与蛇型原龙等。20世纪80年代初

未名湖"鱼含塔影"(采自纪念北大建校一百周年纪念画册《北京大学》)

陕西宝鸡北首蒜头壶

期,陕西宝鸡金陵河畔北首岭文化遗址出土的一件蒜头壶,壶上绘有一条鲜活的鱼形原龙。它初看是鱼形,仔细端详却可发现有不同于鱼的奇特之处:"鱼头呈方形,鱼嘴显得十分巨大,可以说是鱼头又有点像鳄鱼头,而身子又有点近似于蛇,鱼鳃张开如角状物,显得很有气势,甚至似有出水腾空之势。""造型别致的地方还在于,画面上还绘有一只鹰鸟,衔着鱼龙的长尾。不过表现的主题,不是水鸟捉鱼,鱼鸟之间十分和谐……这是一幅'飞鸟衔鱼龙'的原龙图腾标志,也是后来龙凤呈祥的文化源头。""图案绘在盛酒用的蒜头壶上,看来是用作礼器的,不是日常生活用品,这一点也有助于证实我们的判断:这里的鱼形原龙是起通天神灵的作用的,而不是用来展现一般食用的鱼。"

经碳 14 等检测,这件文物距今六千八百年至六千年。这就是说,早在距今六千多年以前鱼龙——"中华原龙"之一种就出现了。更何况,后来黄河之滨还有"鲤鱼跳龙门"的民间传说呢!

可惜,在 20 世纪 60 年代中期,石鱼因涉嫌"封资修"而被推入湖底,直到 1981 年抽干湖水才重见天日。那时,石鱼的尾部和嘴部都断了,后经过精心修补并将其安置于现在的位置。

"半月台"诗刻碑:诗碑无语,历史有声

半月台诗刻碑亦名"半月"诗碑,坐落于燕园西北角的鸣鹤园。

诗刻碑原是圆明园"海岳开襟"之旧物。"海岳开襟"建于乾隆十二年(1747),为汉白玉栏杆围成的赏月高台。此碑即立于高台之上。碑上为

乾隆皇帝御书。现碑体有断残，字迹尚可依稀辨认：

> 台形规半月，白玉以为栏。
> 即是广寒界，雅宜秋夕看。
> 会当银魂满，不碍碧虚宽。
> 太白镜湖句，常思欲和难。

诗的落款为"丙戌新秋御题"，可见此诗为乾隆三十一年(1766)初秋时赏月所作。诗中多处写到月亮，正合"半月"诗碑之旨。此诗写得比较直白，状物写景也还可看。最后一句"常思欲和难"，作为一个封建帝王能意识到这个问题，亦不无惊警之意。

1860年英法联军火烧圆明园时，由于"海岳开襟"地处长春园西湖内，没有受到大的破坏。可是在1900年的庚子之乱中，随着"海岳开襟"化为瓦砾，诗碑亦遭损害并被遗弃。后来作为一个"与历史对话"的对象被请进燕园，不想20世纪60年代中期又遭重创，被遗弃在民主楼西边的杂草丛中，身上布满"无知无畏"者留下的刀痕。

"半月"诗碑

如今，它静默地安于燕园一角，但它的存在仍然值得我们珍惜，因为正如方拥主编《藏山蕴海：北大建筑与园林》一书所说的："诗碑无语，历史有声。"

梅石碑：诗画双绝

梅石碑深藏在临湖轩西侧的浓荫之中，碑身高1.6米，宽1.03米。形制并无多少奇特之处，碑上浅浅的线刻亦难以辨识，然而，它的身世经历却比燕园中哪一件文物都要久远复杂。因为关于它的故事要从南宋高宗说起。

据史料记载,宋高宗赵构的德寿宫内生有古苔梅一株,花开时奇香远溢。花旁有一名曰"芙蓉石"之奇石,花石相映,成为一绝。至明时德寿宫早已不存,梅花也枯萎于废墟杂草之中,唯芙蓉石尚存。明画家孙杕来此访古,痛心之余突发奇想,在一块石碑上刻一株梅花置于芙蓉石旁,致使苔梅"枯木逢春",梅石相映胜景得以重现。后来画家蓝瑛又补刻"芙蓉石"于此碑之上,遂成享誉一时的"梅石碑"。

梅石碑

清乾隆十六年(1751),风流皇帝乾隆南巡,遍访各地名胜。到杭州后,在德胜宫遗址发现了断残的"梅石碑"碑体与完好的"芙蓉石",抚摩良久不忍离去,还题诗一首以寄感慨:"傍峰不见旧梅英,石道无情迹怆情。此日荒凉德寿月,只余碑版照蓝瑛。"只是当时他根据《浙江通志》的记载,误以为碑上梅、石皆蓝瑛所画。他命人将芙蓉石运回北京,置于圆明园茜园,并赐名"青莲朵",还将这三个字亲题于石上。此石遂为茜园八景之一。

至乾隆三十年(1765)第四次南巡时,发现梅石碑上的梅花并非蓝瑛所画,于是又题诗一首,同时作文以正先前之误,并令人复制此碑,将他所作诗文一并刻上。乾隆这一诗文主要叙说梅石碑源流,但诗的后半部分

北大图书馆藏梅石碑拓片

的感慨还是有些发人深省:"德寿岂复存？久矣毁兵火。不禁兴废感,碑亦漫漶颇。"镌刻成以后,将复制品立于德寿宫遗址。

乾隆三十二年(1767),乾隆皇帝念及此事,又命人重新摹制梅石碑一块,置于茜园门左的碑亭中,与"青莲朵"相依而立。这块摹刻的梅石碑即我们今日燕园所见之石碑。乾隆送往德寿宫遗址的梅石碑已毁于20世纪60年代中期,此碑即成为海内孤刻,弥足珍贵。

清咸丰十年(1860)圆明园的火劫中,青莲朵与梅石碑得以幸存。前者于1927年被移至当时新建的中山公园内,2013年又被移至北京丰台园博园内中国园林博物馆收藏,经岁月沧桑其外形已与梅石碑上有异。

后者则于20世纪20年代进入燕园,被安置于"姐妹楼"北阁的西侧。1993年,北大园林科将此碑移至现在的位置,还特意在碑顶加了一个石雕庑殿顶和碑座。1996年,又在梅石碑东侧仿照"青莲朵"配制了三块太湖石小品并植以榆叶梅,从而使得奇梅异石相映成趣的胜景又再一次重现人间,美丽的燕园也因此增加一处引人注目的景点:"在大雪纷飞的严冬时节,踏雪寻梅,赏梅观石,追忆梅石碑的往日沧桑,想来也是别有一番风味的。"(杨虎《梅石碑》)只可惜加在石碑上的那个庑殿顶,从造型搭配来看缺少一点艺术水准。

"柳浪闻莺""断桥残雪"二坊:乾隆皇帝的"江南梦"

风流皇帝乾隆曾六下江南,深为其秀美风光所陶醉。杭州西湖即是他最迷恋的去处之一。他在乾隆十六年(1751)第一次南下游"西湖十景"之五"柳浪闻莺"时,就写诗咏之:

> 那论清波及涌金,春来树树绿荫深。
> 间关几啭供清听,还似年时步上林。

及至乾隆二十八年(1763)圆明园扩建之时,他依然沉醉在他的"江南梦"中。他以福海比西湖,将"西湖十景"统统复制了过来。后来自然也被英法联军大火重创,支离破碎,流落四方。

2012年北大修缮朗润园时,从地下发现了"断桥残雪"和"柳浪闻莺"两座原圆明园仿"西湖十景"石牌坊的遗存。

当时,"断桥残雪"坊基本完整。其阳面坊楣匾额为乾隆御书"断桥残雪"四字,匾额左右两侧分别刻有荷花和菊花。坊楣阴面是乾隆御制《断桥残雪》诗:"在昔桥头密雪铺,举头见额忆西湖。春巡几度曾来往,乃识西湖此不殊。"诗的两侧分别刻有牡丹和梅花。坊柱前后还各有一副对联,阳面为"杨柳似含烟羃䍥;楼台仍积玉嵯峨",阴面为"连村画景张横幅;著树梅花丛野□"(残一字,当为"桥")。"断桥残雪"曾是西湖一处著名景点,有说是因为雪后白堤石拱桥阳坡上积雪先化,远望似长桥白堤于此而断的奇景而名;也有说是缘于夜晚树影遮断虹桥,月光透过树荫洒地如残雪的意境。乾隆此坊的诗与对联,无疑都是对此美景意境的追忆和怀念。此坊经适当修复后,置于朗润园岛南石桥的南端。

"断桥残雪"坊

同时出土的"柳浪闻莺"坊,则只有两根立柱,其前后两幅刻联尚大体清晰可辨:一面为"能言春鸟呼名字,罨尽云林自往迴";一面为"几缕画情遮过客,一行烟意□新题"(残一字)。其意亦是对昔日"西湖十景"之五

"柳浪闻莺"坊

"柳浪闻莺"佳境的追念。此坊刻有乾隆御书"柳浪闻莺"四字的坊楣，1977年时曾在朗润园岛西北角的一间平房下被发现，其时并未发现立柱，校方便把坊楣捐赠给了圆明园。园方将其存于西洋楼景区海晏堂遗址北侧。北大这次出土"柳浪闻莺"坊的两根立柱后，想向园方要回坊楣未果，只得自己仿制了坊楣，将牌坊放置于鸣鹤园红湖东南岸边。虽然如此，一座颇有诗情画意的牌坊分拆两处，"柳浪不闻莺，莺不见柳浪"总是一件令人遗憾的事情。"期待有一天圆明园能将坊楣回赠北大，再成完璧，成就一段佳话"，何晋《燕园文物、古迹与历史》一书的期盼也是我们共同的心愿。

4．颐和园遗物

未名湖南岸土山上端庄古朴的钟亭里悬挂着一口古铜钟。

这口铜钟曾是燕大的校钟，其清亮悦耳之声能震响校内外数里之遥。如今虽然不再司报时之职，但是在我们看来，它依然"此时无声胜有声"，在讲述着它经历的那个时代。

清代大钟

这口铜钟，体量硕大，古色古香。钟钮为双首龙身，其名为龙九子之一"蒲牢"。钟体下摆铸为八瓣荷花状，钟身上镌有波涛汹涌的大海、喷礴而出的朝阳以及十二对腾挪翻滚的蛟龙戏珠。钟体上还镌有八卦的图案。冯友兰先生的女儿、散文作家宗璞曾在《我爱燕园》中写道：

> 亭有亭的线条，钟有钟的线条，钟身上铸了十八条龙和八卦。那几条长短不同的横线做出的排列组合，几千年来研究不透。

关于此钟铸造的年代，钟体上满汉两种文字铸刻的是"大清国丙申年捌月制"。问题是，清代光绪、道光、乾隆、康熙四朝均有丙申年，究竟是哪一个丙申年就众说纷纭了：有人推测为乾隆四十一年丙申（1776）；也有人认为是光绪二十二年丙申（1896）；而老燕大以钟亭为图案的明信片上则说铸于雍正年间（1723—1735），已有二百多年历史，然而雍正朝并无丙申年，倒是此前康熙五十五年（1716）为丙申年，也符合两百多年历史这一说法。那么，此钟是怎样来到燕园的呢？

颐和园中南湖岛有景物铭碑称："岛北侧的岚翠间，1889年慈禧曾作为阅兵台，检阅李鸿章调来的北洋水师及新毕业的水师学堂陆战队学员。为适应演习，把小火轮改为炮舰，东西两岸排列着炮队和马队。当时为水师报时的大铜钟，1900年险被劫走，后来置于燕京大学内，今北京大学内未名湖畔钟亭内即此物。"

这座铭碑把铜钟易地的经过交代得很明白，其中的潜台词却要人们自己去领悟：我们前面在讲蔚秀园园主奕譞时谈过，在颐和园里搞什么水师学堂，什么阅兵，纯粹是慈禧和奕譞挪用海军军费重修颐和园的烟幕弹！历史就是这样无情：慈禧"阅兵"仅仅过了五年，昆明湖里这口大钟的余韵尚存，大清国貌似不可战胜的北洋水师就在甲午海战中全军覆没！

5. 畅春园遗物

未名湖钟亭的土山下，有一方乾隆皇帝御制诗碑。该碑长方形，由碑身和碑座组成，宽227厘米，通高110厘米，碑座四周有游龙装饰，甚为精致华美。

碑身的两侧分别刻有乾隆五十二年（1787）仲春所作《土墙》诗和《种

松》诗。

《土墙》诗云:"苑西五尺墙,筑土卅年矣。昔习虎神枪,每尝临莅此。木兰毙於菟,不一盖已屡。土墙久弗拭,数典忍忘尔。得新毋弃旧,可以通诸理。"("昔习虎神枪,每尝临莅此"句后注文:习枪苑中,远筑土墙以遮枪子,恐伤人也。)

《种松戏题》诗云:"清明时节宜种树,拱把稚松培植看。欲速成非关插柳,挹清芬亦异滋兰。育材自合求贞干,絜矩因之思任官。待百十年讵云远,童童应备后人观。"("欲速成非关插柳"句后注文:柳最易活,折枝插地即成,根亦易长,种树十年计盖谓此。若松柏,二三十年尚不入观也。)

从《土墙》诗的前几句,可以推断该诗是乾隆的忆旧之作:年轻的乾隆常去畅春园母亲处请安,并且亲自骑马射箭,以让太后欢心。四十年后,已过古稀的乾隆又见土墙,不免触景生情、感时伤怀,乃作此诗。关于请安骑射之事,《日下旧闻考》有载。

土墙诗碑

而《种松戏题》则是因逢清明时节有感而作。

既然是"御制诗碑",人们就难免要品评一下"御制诗"的水平。乾隆风流倜傥,钟情文墨,一生作诗几近《全唐诗》所收 2200 多位诗人全部诗作的总和。对其质量,恭维者不多,批评者却不少。如钱钟书先生在《谈艺录》一书中就说:"清高宗以文为诗,语助拖沓,令人作呕。"

不过,如果不从一个纯粹诗人的角度去品评,乾隆帝的诗还是有些可取之处的。即就此碑之二诗而言,以孝闻名的乾隆,77岁时犹对四十年前探望慈母的情景难以忘怀,并作诗刻石,以身垂范,不亦感天动地么?清明时节,多少人沉迷的是踏青宴游,而身为一国之君犹思植柳,继而由栽树想及育人,不亦可见其心忧天下之一斑么?

对于此诗碑当初立于何处,至今尚有异议。

一说,此碑原在圆明园山高水长楼西北部,属四十景之一的"山高水长"。方拥主编《藏山蕴海:北大建筑与园林》即持此说。此说的主要根据是咸丰五年御制《折枪有作》诗注云:"山高水长有乾隆间所筑土墙,并碑刻圣制土墙诗,盖因御虎神枪而作也。"

另一说,认为此碑为畅春园旧物。持此说的有周其凤主编的《燕园建筑》及肖东发、杨虎主编的《风物:燕园景观及人文底蕴》等。后者所持根据有二:一是畅春园从雍正时起即为皇太后的居所,常来探望太后的乾隆对此感情至深,四十年后触景生情、感时伤怀,"乃作诗刻石立于畅春园,这种推测是可信的"。二是此碑"为燕京大学在此兴建新校舍时从西校门附近挖出,与诗中内容相印证,知此碑应为畅春园遗物"。

让人纳闷的是,侯仁之先生所著《燕园史话》(2008年版本)里,正文确指此碑"原来也是畅春园的遗物",而诗碑图注中却又明言:"山高水长'土墙'诗碑:原圆明园山高水长楼之西北部石碑。"孰是?孰非?

对于此碑原址,尚待深入探究,我们这里暂从畅春园一说。

6. 长河遗珠

中国文化源远流长。随着一次次沧桑巨变,许多昔日的辉煌成了长河中散落的遗珠。燕园中幸存的杭爱碑和石雕五供、玉洗等即是例证。

杭爱碑:记录着一个忠魂

杭爱碑为两方,分别矗立在静园草坪北侧东西两端。二碑体量巨大,形制精美,碑首蟠龙雄壮威武,碑座赑屃端重大方。

此二碑的主人是杭爱。碑上的文字已漫漶不清,但从史料仍可知其

杭爱碑

历史和功绩。《清史稿》卷二五六有他的传记。从传文中可知,杭爱为满洲人,章佳氏,原属正黄旗,后改隶镶白旗。他的父亲古尔嘉珲,顺治初年任国子监祭酒。他仕途坦荡,历任吏部郎中、山西布政史、陕西巡抚、四川巡抚等,为显赫一时的封疆大吏。在任期间,多有政绩。陕西任上,适逢吴三桂起兵叛乱,康熙皇帝任用他负责督运粮饷。四川任上,平定了万县潭弘和建昌土司安泰宁的谋乱,并疏通了淤塞多年的宝瓶口,打通了各大干渠水道,在都江堰至今还有他的功德铭。《四川通志》称他"巡抚四川,属吏敬惮,莫敢以私,时滇黔未靖,调军协饷,劳绩甚著"。

康熙二十二年(1683)杭爱卒,皇帝赐谥号"勤襄",两年后,康熙帝敕建此二碑:东面的一方,正面是康熙帝敕令建碑的碑文,表彰他一生的功绩;西边的一方正面是礼部侍郎中稚虎的祭文,背面为康熙十四年(1675)嘉奖杭爱的诰命。两方碑皆满汉文并用。

据资料记载,杭爱碑原先立于现在六院和俄文楼之间的土山上,燕大开辟燕园时移至现在的位置。静园花园里至今还散落着一些石羊、石兽,很可能即是杭爱墓前遗物。至于杭爱为何葬于此处,丁永勋、杨虎《杭爱碑》一文的解释是:此处属海淀风水宝地,明末即得到开发,李园、米园均在附近,能在这里入土为安也许是他平生所愿。

从康熙二十四年(1685)立碑至今三百多年间,杭爱碑仍然保存完好。而距它们的不远处,前些年又增加了一座意义更为重大的革命烈士纪念碑,互相辉映,浑然天成。此情此景,不禁让人如方拥主编《藏山蕴海:北大建筑与园林》一书所说的那样心生感慨:

在北大校园里,隐藏着大大小小、古今中外很多陵墓和纪念碑。在这些不为人注意的角落里,每一个陵墓都记录着一个灵魂,每一个纪念碑都诉说着一段不能忘却的往事。每当溯其渊源时,就仿佛触摸到了百年北大灵魂的最深处。

石五供·鱼洗:明代遗物

在燕园未名湖南岸钟亭小山北坡下,有一组别处很少见到的文物——石雕五供。

这是一组与佛教有关的文物。据方拥主编《藏山蕴海:北大建筑与园林》一书考证，早在宋辽年间，寺庙佛像前即设有香水、杂花、烧香、饮食、燃灯五种供物，后来逐渐简化为"三具足五供"，即一香炉、二宝瓶、三烛台。三具足五供作陵墓供养祭器始于明永乐帝长陵，寓意皇陵香火旺盛，鲜花长开，神火不灭，之后遂成定制。燕园这组石雕五供即为三具足五供。北京西郊明清园陵众多，且明代的陵墓多已荒芜，所以燕园这组五供很可能为晚明遗物，但具体已不可考。

"三具足五供"石雕

这组石五供和石供桌，不仅具有文物价值，而且有很高的艺术价值。有研究者认为，它的体量和雕刻精美程度，甚至超过了明清帝陵的五供。

石供桌置于一块方石之上，为金雕的须弥座形制。整张桌子从上至下上枋、上枭、束腰、下枭、下枋、圭角六个部分均有精美雕饰。上枋为缠枝莲花，下枋为古钱、宝珠、祥云、方胜、珊瑚、犀角等八宝吉祥图案。上枭、下枭分别为仰莲瓣、伏莲瓣，束腰四角为玛瑙柱，圭角则是美轮美奂的云纹。

位于石供桌前方的石五供，下方均有雕镂着灵芝云纹的圆形底座。

香炉为双耳三足圆鼎形,俗称"海山"的圆柱形球头,象征香火。其上饰以青竹花纹,下有花卉图案。炉口周围饰卐字连续图案,炉身饰鸟兽纹。炉底三足圆雕狻猊兽头。狻猊为传说中的龙生九子之一,形如狮,喜烟好坐,所以形象一般出现在香炉上,随其吞烟吐雾。

香炉两侧的烛台均为圆形,上部刻有造型夸张的蜡烛,浑圆强壮,似可燃烧万载,香火永嗣,世代永祀。

烛台的外侧为四面体双耳宝瓶,左右饰兽首衔环,其名"椒图",亦为龙九子之一。瓶身雕有精美图案。

由此可见,这组五供和石供桌,是祭器,亦是艺术品。面对如此精美的艺术作品,即便是没有佛教信仰的人,也不能不为其赞叹!

临湖轩院内的明代鱼洗

燕园原有明代鱼洗两件,现仅存临湖轩院内一件。据何晋《燕园文物、古迹与历史》考证,这两件玉洗形制相似,仅大小、雕饰稍异。其底座一侧均刻"大明永乐年造"及"永乐御贤之宝"钤印。另一侧均刻明文徵明《恭候大驾还自南郊》诗,现存鱼洗为其前半部分:"圣主回銮肃百灵,紫云团盖翼苍精。属车剑履星辰丽,先驾旌常日月明。"被盗鱼洗为后半部分:"千里春风传警跸,万方和气协韶韺。白头欣睹朝元盛,愿续思文颂太平。"可见二者本为一对。

从底座印钤看,此二物当为明永乐(1403—1424)遗物,但文徵明诗则可能写于他在京为官的嘉靖年间。所以,若钤印为真,则诗为后人所刻;若字、印皆为后人所刻,则时间已不可考。故有学者认为,此二物为清康熙年间仿制而成。"如此看来,鱼洗这样的文物也包含着层累形成的历史。"何晋《燕园文物、古迹与历史》此言,是有道理的。

另外,在南北阁之间的花坛内,还有一尊雕刻精美的长方形香炉。虽然其年代及来源尚不详,但是作为燕园文物家族的一员,也应当得到我们的珍惜。

六、燕大一鸣惊人的起飞

经过近十年的努力,燕大有了"世界上最美丽的校园",但在迁校之时,学校的"软实力"还是非常差的。

由于燕大的前身是两所小神学院,经过筛选后留下的教师在数量和质量上都明显不足。当时,连司徒雷登本人在内,全校只有29名教师,其中,除司徒雷登和陈在新、李荣芳三人具有博士学位外,大多数教师不仅没有接受过正式的专业培训,而且其知识水平和知识结构都远远达不到在一所综合性大学任课的要求。

学生素质也不高。由于燕京大学是由两所神学院合并而成,所以建校初期的一百多个学生大多有着明显的宗教背景。其中百分之七十二的学生是基督徒,靠教会的资助读书,毕业后也将主要从事宗教工作。这种一入校就局限于宗教氛围的状态,使学生们无论是对自己的将来,还是对学校的学术水平,都没有高的要求。

面对这样的现实,具有雄心壮志,并已经过历练的司徒雷登,决心知难而进,走出一条自己的路!

1. 司徒雷登:走出一条自己的路

在20世纪20年代的复杂社会氛围中,燕京大学从它诞生的第一天起就面临着激烈的中西矛盾、宗教和世俗的矛盾。对此,诚如程龙《司徒雷登推动燕大"世俗化"改革》一文所说,司徒雷登的头脑是非常清醒的:"他从个人经历和在华教会的命运中清楚地看到,教会学校在中国是死路一条,不进行改革,它只会是下一场排外运动的打击对象。"

如何改革呢?在司徒雷登看来,最重要就是改变传统的教育思想。

司徒雷登在华传教的头十年,正是在华传教士中现代派向传统派发起挑战的时期。传统派历来把布道传教、培养教徒作为办教会学校的唯一目的,而现代派则认为,办教育时更多地应是培养学生的人道主义精神和为社会服务的技能。由于对传教目的看法不同,两者在选择传教方式上存在着明显的差异:传统派不顾基督教文化与当地文化的严重冲突,强调必须用基督教文化取代当地文化;而现代派则主张对不同的文化应更多地给予理解和尊重。司徒雷登支持后者的观点。还是在金陵神学院任教时所写的《圣教布道近史》中,他就认为:传教士应当走在中国改革的前列,并且应当对教育倾注更多的热情与关注,使宗教不仅进入课堂,还要进入学生的生活。要向学生证明基督教与爱国主义精神是相一致的。正是基于这样的认识,出任燕京大学校长后,他就决心走出一条自己的路。事实也正如郝平《无奈的结局:司徒雷登与中国》一书所指出的,"从开始组建燕大起,'中国化'就一直是司徒雷登追求的目标之一"。司徒雷登在他任校长后的第三年,就正式提出燕大"中国化"的问题,是当时教会学校中起步最早的。

司徒雷登当时采取的措施,主要有以下两个方面:

一是调整办学宗旨。作为教会大学,主办的教会组织理所当然地把传教作为学校的宗旨,因此学校往往设置了大量与宗教有关的必修课程。而司徒雷登为燕大设计的目标却是:要使其成为一所能与中国的国立大学平分秋色的、名副其实的正规私立大学,要使其成为一所以学术为目的的教育机构,使学生在智、德、体方面得到发展,成为国家领袖人才,以满足国家与社会的需要。他还将福音书中"人本来不是要受人的服侍而是要服侍人"和"你们必须晓得真理"两句格言合二为一,为燕京大学制定了"因真理得自由以服务"的校训。

为了实现这一办学宗旨,司徒雷登决定取消学生参加宗教仪式的规定,代之以学生自愿参加的宗教团契。将神学院改为不在注册内的研究性质的宗教学院,将宗教课程由必修课改为选修课,并缩减宗教课程的时间,规定在60个必修的学分中选修12个学分的中国文学和十个学分的中国历史课程。同时,于1929年在中国教会学校中最早完成了教育部的登记注册,将教育主权还给中国。

二是起用和善待中国教师,特别是充分发挥中国员工在行政管理方面的作用。到20世纪20年代中后期,燕大几乎所有院系领导都由中国人担任。1927年,中国籍教师所占比例已由创办时的三分之一增加到三分之二。1929年,校董事会经过调整后,中国董事增加到21人,占了三分之二的席位,其中包括了孔祥熙、颜惠庆、胡适、陶行知等社会名流。

司徒雷登为燕大"中国化"所采取的措施,引起美国教会保守派的猛烈抨击。首先是1921年《普林斯顿神学评论》和《礼拜日学校时报》等刊文发难,紧接着南长老会一些老资格的保守派教士也纷纷用各种方式对他大加谴责。后来,哥伦比亚神学院的一位教授甚至向弗吉尼亚宗教大会对司徒雷登进行起诉。这种批判声浪一直持续到1926年。旷日持久的攻击和指责把司徒雷登搞得疲惫不堪。雪上加霜的是,1926年还接连遭到母亲去世和妻子病故的双重打击。但是,司徒雷登始终没有退缩和屈服。令他欣慰的是,中国社会各界对他在燕大的工作给予了充分的肯定。1923年,中国政府授予他三等嘉禾奖。

2. 栽下梧桐树,引得凤凰来

还是在燕大校园开辟建设的过程中,司徒雷登就又在为另一件同样重要的事情殚精竭虑:广纳贤才,优化生源。

为了给燕大广纳贤才,司徒雷登从三个方面做了努力:一是向纽约的托事部申请自主聘任教师的权利;二是招聘教师时不过问教师的政治倾向、宗教信仰和学术观点,真才实学最重要;三是提高中籍教师的待遇,使中外教师同工同酬。虽然没有完全得到托事部的批准,司徒雷登还是"将在外,君命有所不受",坚持了自己的办学方针,并且努力通过自筹更多经费将经济命脉和教师任命权更多地掌握在学校自己的手里。

考虑到文化的差异和师资队伍的长期建设,司徒雷登格外垂青那些留学归国的年轻学者。因为这些人有较深的国学根底,又接受过系统的西方教育,有利于两种文化的贯通融合。

司徒雷登的这三项措施,取得了立竿见影的效果:刘廷芳、洪煨莲、吴雷川三位"创校功臣"相继被相中并揽入麾下。

司徒雷登与中外教师合影

创校三功臣

洪煨莲我们前面已有介绍,这里谈一谈刘廷芳和吴雷川。

刘廷芳是司徒雷登在金陵神学院的一个年轻朋友兼同事,后赴美国留学,八年中获得两个硕士学位和一个博士学位。受聘燕大后,成为司徒雷登的得力助手,建校初期中国教师的选聘几乎都是他主持的。不久,即担任燕大宗教学院院长、校长助理。刘廷芳还是中国基督教会一位领袖式人物,曾参与组建该会,并任理事十年之久。1925 年 3 月,孙中山先生在北京病故,为他主持基督教丧礼的人就是刘廷芳。

吴雷川知识渊博,著作等身,在中国教育界很有威望。1925 年 11 月 16 日,北洋政府教育部第 16 号布告规定所有教会大学"如校长原系外国人者,必须以中国人充任副校长"。司徒雷登亲自登门求贤,以办学的愿景和丰厚的酬金请其出山任燕大副校长。

翌年,根据教育部新公布的《私立学校规程》"私立学校不得以外国人

六、燕大一鸣惊人的起飞　　237

刘廷芳:司徒年轻时期的朋友

吴雷川校长

为校长"的规定,纽约托事部即任命吴雷川为燕大校长,司徒雷登改称校务长。正是在吴雷川的积极筹划下,燕大于1926年11月和1928年12月先后两次向中国政府申请注册立案,成为第一所在中国政府教育部注册的教会大学。

随着人才的引进,燕京大学的学科建设也逐渐走上正轨。

众星盈庭　弦歌燕园

国文系是燕大最靓丽的风景。

1923年,国文系开始组建,当时只有教师4名。司徒雷登的用人政策逐渐为燕大吸引来一大批具有真才实学的教授,使燕大国文系拥有了如吴雷川、钱玄同、周作人、钱穆、沈士远、沈尹默、沈兼士、马裕藻、马衡、马鉴、马廉、马淮、林庚、俞平伯、朱自清、郑振铎、陆侃如、冯沅君等著名的学者。到1928年时已扩充为19人。

20世纪30年代以后,燕大国文系的发展进入鼎盛时期。不少毕业于燕大的高才生经过海外留学后归来,进一步充实了国文系的教师队伍。

燕大国文系名师荟萃

熊佛西、冰心、许地山、郑骞、高名凯等教授都曾是燕大的学生。

国文系从诞生之日起就一直受到新思潮的影响，课程设置和教学实践采取的是新旧兼容、中西并重的原则，既注重保留和发扬中国的传统文化，又不忘汲取西方新的文学思想。与国内其他大学相比，燕大国文系的课程设置具有以下两个鲜明的特点：

一是古典文学与现代文学相得益彰。据黄楠《百年前的燕园故事》一书记载，当年燕大国文系很早就有了女性小说家的出现（冰心、凌叔华）；有了中国新文学课程的最早开设（周作人、俞平伯）；翻译文学的兴盛（瞿世英、张采真、白序之、董秋斯、李霁野、韦丛芜）；散文诗的勃兴（焦菊隐、于承泽、于赓虞）；有了话剧艺术的引进与确立（熊佛西、焦菊隐）……从而与刚刚诞生的新文学也产生了密切的联系，深刻影响了中国现代文学的历史进程。后来，有文学史研究者总结说：如果说中国现代文学中确存在北大传统和清华传统，那么说有燕京传统，也是一个毫不夸张的说法。

二是在众多名师的共同努力下开设了许多选修课，其种类之多，内容之精彩，令燕大的学子们大饱耳福。当时选修课中既有古文字学家容庚的"说文解字研究"，小说家刘盼遂的"音韵学""汉魏乐府""三礼""诸子

"汉书""诗经",中国文学批评史家郭绍虞的"文学批判史"和"中国文学史",书法家、诗人沈尹默的"诗学",董璠的"魏晋诗歌",刘节的"经学",陆侃如的"小说史",顾随的"词曲",顾颉刚的"春秋史",钱穆的"经学概论",郑骞的"乐府诗"等,也有大量介绍外国小说、戏剧、散文和诗歌的课程。抗战胜利复校后,燕大国文系的林庚教授又开设了"中国文学通史""中国现代文学史""历代诗选""新诗习作""楚辞"等课供学生选修;梁启雄先生也先后开设了《左传》《史记》《汉书》《荀子》《韩非子》等课。

"就这样,在众多知名教授和学者的共同努力下,燕大国文系的教学质量在相当长的一段时间里雄踞国内一流水平,可与北大、清华齐名。"郝平在《无奈的结局:司徒雷登与中国》一书中的这一评价,是实事求是的。

优美的旋律不独回响在国文系。历史系也于1924年组建,由洪业、陈垣、常乃德等名师执教。1926年以后,王桐龄、孟士杰、梁启超、张星烺、容庚、张尔田、方壮猷、翟宣颖、邓之诚、许地山、顾颉刚等教授也被陆续请上了历史系的讲台。同时,历史系自己培养出来的毕业生、研究生和归国留学生也不断地充实了教师队伍。后来到历史系任教的还有名噪中外的许多著名历史学家,如侯仁之、齐思和、王钟翰、张玮瑛、翁独健、聂崇岐、罗秀贞等。

历史系开设的课程范围也非常广。在新校园尚未落成的1924年一年中就开设了14门中外历史课程。从1927年到1941年期间,燕大历史系开设的课程逐渐增加到80种之多,专业也分为中国史、东亚史、世界史、历史方法等四大类,各大门类又细分为通史、断代史、地区史、专题研究四项课程,以及普通历史研究法、高级历史研究法、年代学、考古学和历史教学法等。据燕京大学校友校史编写委员会编《燕京大学史稿》记载,当时燕大历史系最受学生欢迎的由名教授开设的课程有16门之多,如:顾颉刚的"中国上古史研究";王桐龄的"国史鸟瞰""东洋史";陈垣的"中国史学目录";张星烺的"宋辽金元史""西北史地""南洋史地";方壮猷的"东北史地""日本史";容庚的"器物学";许地山的"道教史""佛教史""中国礼俗史";洪业的"历史研究法""历史教学法";邓之诚的"中国通史""中国名人传记";齐思和的"春秋史""战国史""西洋现代史";裴文中的"中国史前考古";翁独健的"元史""亚洲史";侯仁之的"地理学概论""北京地理研究";聂崇岐的"宋史";王钟翰的"明清史""东洋史";张芝联的"世界史"等。

燕大历史系阵容强大

文史二系之外,其他院系也有不少在国内外享有盛誉、学贯中西的专家学者。他们当中有:教育家陆志韦、梅贻宝、沈体兰、周学章,考古学家徐中舒,神学家赵紫宸,社会学家雷洁琼、许仕廉、杨昆,人类学家吴文藻,法学泰斗张友渔,哲学家张东荪、洪廉、冯友兰,地理学家张星烺,政治学家萧公权,美国细胞学家及遗传学家博爱理(Alice Middleton Boring),心理学教授夏仁德(Randolph Clothier Sailer),美国著名记者和作家埃德加·斯诺(Eagar Snow),国际著名的教育家和中国革命的支持者林迈可(Michael Lindsay),国际著名的物理学家和应用数学家赖朴吾(Ralph Lapwood),著名的日本考古学家鸟居龙藏和瑞典的汉学家高本汉(Bernhard Karlgnen)等。

到1934年,燕大的教师队伍中已有111名正副教授,其中外籍教授44名,他们中许多人都获有国外大学的博士学位。

1929年,随着教职工队伍的日益壮大及燕园的最终建成,燕大的院系和学科设置亦完全规范化:设文学院、自然科学院(后改称理学院)、应用社会科学院(后改称法学院)和宗教学院(不在注册之列),22个系,100多个专业,并且从初创开始就设立了研究院,1931年以后,又在研究院下

燕大导师制全体教师

设立了文科研究所、理科研究所和法学研究所。1937年,燕大法学院还模仿牛津大学开办导师制班,在林迈可教授的帮助下,陆续办了三个班,直到1941年年初被迫关闭。

3. 革故鼎新,锻造"金钥匙"

在优化生源方面,司徒雷登也采取了相应的措施。

一是说服华北协和女子大学并入燕大,作为燕大的女生部。协和女子大学当时有73名学生,校址在位于北京灯市口佟府夹道的原清朝佟亲王府。1909年,该校就培养出中国的第一批女大学生。后来成为社会名人的杨崇瑞(妇幼卫生专家、中国助产教育的创始人)、李德全(中国第一批女部长之一、中外闻名的社会活动家)、谢婉莹(冰心)等人都曾是协和女子大学的学生。协和女子大学并入燕大,不仅提高了燕大学生的整体素质,也使其成为当时国内最早实行男女合校授课的大学之一。

二是建立严格的入学考试制度。燕大早期生源主要来自它所承认的教会中学,自20世纪30年代开始,招生范围扩大,非教会学校的优秀学生也能入学。燕大入学考试最初只针对非教会中学的学生,后来发展为所有的学生都要参加。严格的考试制度,使燕京大学得以选拔最优秀的学生入学。在1937年之前,燕大报考和录取学生的比例一直保持在6∶1左右。

三是对在校学生实行淘汰制。据 30 年代初曾就读于燕大医学预科的韩素音回忆,当时同她一起入学的 70 名学生,最后只有三十多人升入协和医学院,淘汰率近百分之五十。另据 1938 年 12 月 23 日刊发的《燕京新闻》报道,1937 年一年当中,燕大就有 43 个学生因成绩不合格而被劝退学。淘汰制的实行,促使燕大学生养成了刻苦读书、勤于钻研的学习风气。

四是设立奖学金制度,并给优秀毕业生颁发"金钥匙"的荣誉称号,或为他们提供出国深造的机会。

为帮助家境贫寒的学生完成学业,燕大还建立了勤工俭学制度,并成立了专门的资助委员会。资助委员会除帮他们找兼职工作、提供特别房租外,还为他们设立了可在毕业后归还的学生贷款。

1926 年,随着校园的搬迁、师资力量的不断充实和学生素质的提高,燕京大学在国内的影响日趋扩大。燕大优美如画的校园景色和西化的生活方式,不仅使许多银行家、企业家和大商人的子弟把进燕大读书看作一种时尚和荣耀,同时也对许多封建大家族的后代产生了吸引力。如曾国藩的 17 个曾孙、梁启超的五个孙子和孙女、袁世凯的儿子和两个孙子、孙传芳的儿子、宋子文的妻妹、张学良的弟弟等都在燕大读过书。

燕大学生的学习与生活是丰富而又紧张的。校友李素在《燕京赋》中这样回忆当年的生活:在这烟雨迷蒙、晓雾残云的十顷庭园中,年轻的园居者们所出入的却是"广场、宿舍、科学馆、课室楼"——"莘莘学子,咸负笈以来游,芸芸士女,亦联翩而茌止。听钟鸣而惊醒,闻铃声以趋跄,蹩躞道路,出入课堂,如蜂碌碌,如蚁逞逞。"

高水平的教学和认真学习的学生,再加上司徒雷登倡导的自由的学术氛围,确保了燕大教学水平的提高。

1928 年 5 月,为检验私立大学的教学质量,中国教育部对国内 14 所私立大学的学生进行特别考试,结果得分最高的是两名燕大的学生。与其他学校相比,燕大一二年级学生的考试成绩也是最好的。此外,教育部还派人检查了燕大的行政工作,认为燕大的建筑、设备、学术指导和行政系统均达到国内一流学校的标准。同年,美国加州大学对亚洲高等院校的学术水平进行调查,其结果,燕大被列入全亚洲最好的两所基督教大学之一,并认定燕大的毕业生可直接进入美国的研究生院读学位。这一评

1937年在贝公楼举行的隆重的毕业典礼

价结果证明当时燕大的教学质量已得到国内外教育界的一致认可。

正因为这样,燕大得以迅速崛起,一鸣惊人,成为中国高等教育领域中的一颗新星,创造了中国现代高等教育史上的一个奇迹。

4. 燕大的"最有用"与国际化

随着学校的发展和中国国内情势的变化,司徒雷登提出要使燕大成为"现在中国最有用的学校"。

从"最有用的学校"这个目标出发,燕大在办好国文系、历史系等实力较强且很有特色的学系以外,针对民国时期实用人才严重短缺的现状,从20世纪20年代初开始,创办了新闻系、社会学系以及陆续设立了制革、农科、陶瓷、家政、劳工统计调查等一系列职业专科。1927年至1928年,在燕大职业技术专科就读的学生人数所占比重,曾一度达到在校总数的百分之二十六。

燕大新闻馆

在这些努力中,影响最大、成果最丰的是新闻系和社会学系。

燕京大学新闻系于1924年与美国密苏里大学新闻学院合作筹办,1929年正式建成,是中国也是当时亚洲第一所完全的新闻系。从1931年开始,新闻系开始大量聘用校内外的专家和国内外有影响力的资深报人、报业专家和著名记者来系里做兼职教师或办讲座,如张东荪、刘廷芳等名教授都在新闻系兼过课;著名美国记者埃德加·斯诺也曾在燕大新闻系教授过"新闻特写"和"旅行通讯"两门课。密苏里大学新闻学院还曾定期派出副院长等一批优秀教师,轮流到燕大执教。当时的上课地点即在新闻馆。

高水平的教学造就出一批高质量的学生。后来在中国新闻界和外交界颇有建树的萧乾、区棠亮、陈翰伯、龚澎、黄华等人,都是燕大新闻系的毕业生。他们毕业后在社会上的卓越表现,不仅为新闻系增添了光彩,也为母校燕京大学赢得了赞誉。

在回忆创办新闻系这段往事时,司徒雷登颇为自豪地说:"我自己特别偏好的一个系或许是新闻系。……从一开始,新闻系就成为最受欢迎的一个系,报考的学生之多,完全能够与经济系相媲美。中国中央新闻社派往世界各大首都的代表有一度几乎全是我校的毕业生。而在中国各个报社任职的燕大新闻系毕业生的表现,也可堪称卓越。"("FIFTY YEARS IN CHINA")情况确实是这样。第二次世界大战时,中国驻世界各大城市的新闻工作者,十分之九都是燕京大学的毕业生。1945 年 9 月在美国密苏里号军舰上举行的日本受降仪式上,中国派出的三位记者朱启平、黎秀石、曾恩波都毕业于燕大。20 世纪 80 年代,《人民日报》、新华社及其驻英、美的首席记者也多是燕大的精英。1979 年邓小平访美的代表团成员有三分之一是来自燕大的毕业生。燕大还涌现出许多杰出的外交家,包括黄华、龚澎、龚普生等人。

燕大学生黄华

燕大学生龚澎

燕大社会学系始创于 1922 年,是继沪江大学之后的中国第二个社会学系。至 1925 年,社会学系改称社会学与社会服务学系。该系聘请陈翰笙、吴文藻、张鸿钧、严景耀、雷洁琼、林东海以及美国韦尔斯莱大学社会学系主任牛卫华等国内外著名的社会学专家和学者前来执教。燕大社会学系在三十年的时间里,为中国培养出李安宅、黄迪、李景汉、费孝通、林耀华、陈永龄、宋蜀华、王辅仁等一大批国内外闻名的社会学家。

此外,燕大理学院的物理、化学、生物、医预等专业在对"现在中国最有用"方面也有突出贡献,培养出许多国内外知名的科学家和医学家。如中华人民共和国成立之后,燕大物理系毕业生中有 9 人、化学系毕业生中有 15 人被评选为中国科学院院士。2002 年第二届国家最高科学技术奖

1974年，黄昆、邓稼先、黄宛、周光召、杨振宁（从左至右）游览北京颐和园时合影

的两位获奖者之一的黄昆教授，就是1941年燕大物理系毕业生。而燕大"精中选精、优中选优"的医预教育，则为协和医学院输送了大量高素质的学生，不仅为协和的人才辈出提供了保障，也对新中国的医药卫生事业产生了巨大的影响。其中有一代名医吴阶平以及"南丁格尔奖"获得者王秀英、国家最高奖获得者华益慰等。

考入协和医学院的燕大预医35号同学

在对燕大进行"最有用"改造的同时,司徒雷登并没有忽视推进燕大的"国际化"。他认为,为了增进国际了解,保障世界和平,"各大学应当成为推动实现'天下共一家'理想的中心"。他期望燕大的学生不但要做学术上的研究,更要训练自己成为"国家的公民"和"世界的公民"。

本着这一出发点,燕大在选择教师、设置专业,以及开展国际交流与合作方面遵循国际化的原则,其中最为成功最有影响的是1928年燕大和美国哈佛大学合办的哈佛燕京学社的成立。

两校签署的合作协议把对中国文学、艺术、历史、语言、哲学和宗教史作为首选的课题,并把传播和保存中国文化定为开展研究的目的。

哈佛燕京学社的一个重要学术努力就是创办了《燕京学报》。学报创刊于1927年,每半年一期,到1951年共出版40期,发表论文339篇。论文主要来源于燕大名师和学界的知名专家学者,其中有王国维、陈寅恪、郭沫若、钱穆、冯友兰、俞平伯、向达、裴文中、张星烺、吴晗等。其学术水平,很快引起学术界的高度重视,逐渐与《北京大学国学季刊》《清华学报》《中央研究院历史语言研究所集刊》同为四大国学学刊而蜚声中外。

哈佛燕京学社另一个重要学术成果是中国古籍的引得编纂。在1929年至1948年近二十年的时间里,哈佛燕京学社先后共完成出版了64种、81本的中国古籍引得,内容既涉及《十三经》《庄子》《墨子》《荀子》《佛藏》《道藏》《宋诗》《元诗》《辽金元传记》《容斋随笔》等中国古代名著,也包括各代历史书籍和小说等。这些引得至今仍是世界汉学研究者的重要工具书。

哈佛燕京学社的成立,在为燕大开展国际化的学术交流创造了条件的同时,也为中、美两国分别培养出一批高素质的研究人员。

司徒雷登曾这样评价国际化给燕大带来的好处:

> 这样做的最大益处在于,它或许能给校园营造出一种浓厚的国际主义氛围,使学生在不知不觉中产生国际主义意识。同时,那些虽然国籍不同,但却志趣相投的人们聚在一起,可使整个校园的生活内容更为广博与丰富多彩。("FIFTY YEARS IN CHINA")

确实,诚如张黎明《司徒雷登与燕京大学》一文所说,"燕京校园中弥漫着浓厚的国际主义的气息","来自各个国家的学生不分文化的畛域,共聚一堂,融中西学识于一炉,各采众长,形成一种具有凝聚力的校风。司徒雷登称之为'燕大精神'"。

"满园春色关不住,一枝红杏出墙来。"

燕京大学虽然仅存世33年(1919—1952),期间还受到日本侵华战争的影响,注册学生共9988名,却为中国各领域培养了一大批高水平的人才,其中两院院士就多达56人。这些栋梁之材,对中国社会的发展起到了不容小觑的作用。因此,曾经的燕京大学完全可以称得上是春色满园,桃李芬芳。

5. 伴随着伟大斗争而成长

燕大精神,还有着另一个侧面:伴随着伟大斗争而成长。

我们听听两位老燕大人在他们各自为《燕京大学人物志》写的序文中共同为燕大精神这一侧面所做的诠释——

侯仁之先生在题为《我从燕京大学来》的序文中说:"燕京大学校园虽然风景如画,却不是'世外桃源',它虽然是从旧时代的园林废墟上建设起来,可是整个国家命运还处在动荡之中。"

夏自强先生在题为《燕京大学概述》的序文中说:"燕京大学成立于1919年,正是中国人民新觉醒的年代。从此,中国人民的爱国、民主、争取独立的斗争汹涌澎湃,一浪高过一浪。燕京大学正是伴随着这个伟大斗争而成长的,可以毫不夸张地说,广大的燕大师生始终站在斗争的前列,做出了巨大贡献以至牺牲。"

事实正是这样。

1919年春夏之际,燕大学生积极参加了"五四"运动及其后续行动,一批学生被捕。

1925年,上海发生"五卅"惨案,燕大师生立刻发表公开宣言,抗议帝国主义租界当局对爱国学生的镇压,要求取消不平等条约。燕大的学生救国会立即率先成立"五卅惨案后援会"。也就在这一年,燕大成立了共产党支部。

1926年3月18日,燕大学生积极参加天安门前抗议帝国主义暴行的抗议集会,燕大二年级的女学生魏士毅惨死在军警的枪弹和刺刀下。

1931年"九一八"事变发生,9月22日,燕大学生即发出《燕京大学全体学生对日本侵占东北宣言》。130名学生参加北平学联组织的南下请愿团,赴南京请愿,并先后成立"燕大学生抗日救国委员会""抗日战士后援会"等组织。1933年3月,以大约三天时间完成支前卫生包33300个,送交红十字会,还捐钱购置钢盔一万顶,派出代表团赴古北口前线,赠送钢盔,慰劳将士。

在1935年"一二·九"运动中,燕大学生发挥了"策源地"和带头骨干作用。燕大学生自治会主席张兆麟于1935年10月在《燕大周刊》发表《学生运动——燕大学生会的使命》一文,率先发出号召学生们联合起来投入抗日救国运动的呼声。燕大学生高名凯为十校学生自治会起草了极具感染力的《为抗日救国争自由宣言》。燕大是"一二·九"运动核心组织北平市学生联合会的重要发起人,成立宣言由燕大学生陈洁起草,黄华、张兆麟、陈翰伯、陈洁等燕大学生为北平学联主要领导成员。"一二·九"当天,燕大参加游行的学生占总游行人数的百分之七十。

就这样,直到新中国成立,燕大学生始终"读书不忘救国",坚持伴随着伟大斗争而成长,为此他们做出了巨大贡献,甚至有些学生付出了宝贵的生命。据不完全统计,燕大在革命战争年代有13位烈士为国捐躯。

作为一所教会学校,为什么能在中国民族民主运动中扮演如此重要的角色?

一个重要的原因就是司徒雷登对学生运动的支持。在执掌燕京大学校务的岁月里,司徒雷登不仅出色地组织了学校的教学科研,而且始终是中国民族民主运动中激流勇进的燕大之船的船长。在这方面,燕大校友校史编委会《燕京大学史稿》、刘廷芳、谢景升《司徒雷登年谱》和郝平《无奈的结局:司徒雷登与中国》等书中都有大量的记载。

1919年夏初,司徒雷登到燕大上任时,正值五四运动爆发之际,燕大一些学生参与游行被捕。他得知情况后,立即通过其在政府高层的关系向总统徐世昌提出释放燕大学生的请求,并在次日接见了这些学生,赞扬了他们的爱国热情。他在此后写给美国托事部和友人的信中一再表示,"中国的学生运动是全世界民主运动中的一环。学生是中国的希望","此时此刻正值中国生死存亡的关头,燕京大学面对这样的报国时机,是有深远的意义的"。

1925年"五卅"惨案的斗争前后延续了三个月,此期间,司徒雷登正在美国募捐。得到消息后,他两次写信对学生表示支持。当听说燕大学生代表北京55所大、中学校到上海的事情后,他更为兴奋,认为这说明燕大学生的爱国主义热情已深得中国青年的信任。

魏士毅烈士

1926年"三一八"惨案后的第二天,司徒雷登即派燕大男部主任博晨光教授亲自领回魏士毅烈士的遗体,并在校园内为魏士毅举行了由全校师生员工参加的追悼会。燕大迁到燕园后,他支持学生自治会在化学楼附近为魏士毅立碑,以示永久的纪念。北平几所有牺牲烈士的高校都建有纪念碑,燕大魏士毅纪念碑的铭文可以说是最为旗帜鲜明的:"国有巨蠹政不纲,城狐社鼠学跳梁。公门喋血殱我良,牺牲小己终取偿。北斗无酒南箕扬,民心向背关兴亡。愿后死者长毋忘。"这铭文不仅作为历史的见证,而且成为血写的教材。侯仁之先生在《我从燕京大学来》一文中就说,默读铭文是他"在燕京大学所接受的爱国主义教育的第一课"。后来,日寇占领北平后曾要求将此纪念碑拆除,遭到司徒雷登的坚决拒绝。

1931年"九一八"事变发生后,校方决定举行"爱国行动周运动",并停课一周,以便师生参加爱国运动。在同年12月燕大组织的抗日游行中,司徒雷登还和校长吴雷川一道,亲自带领燕大师生高呼着"打倒日本帝国主义"的口号走出校园。后来,他还顶住日军和国民党华北当局的压力,接受了五十多名东北流亡学生到燕大继续学业,其中有后来成为"一二·九"运动主要领导人的张兆麟和黄华。

1934年,因为反对蒋介石的不抵抗政策,学生宣布罢课参加南下请愿,与外籍教授产生了冲突,司徒雷登迅速从美国赶回学校化解冲突。据《燕大文史资料》第十辑载,曾经就读于燕大历史系和新闻系的马绍强亲闻了这件感人的事:司徒雷登到校之后,立即召开大会。外国教授总以为司徒必然站在他们一边,然而出乎意料的是,司徒雷

侯仁之先生在燕园魏士毅女士纪念碑前

登竟然这样说:"我在上海下船,一登岸首先问来接我的人:燕京的学生可来南京请愿了么?他们回答我说,燕京学生大部分都来了!我听了之后才放下心!如果燕京学生没有来请愿,那说明我办教育几十年完全失败了。"在场的中外教授和学生听后无不为之动容。于是,满天乌云一风而散。

1937年"七七"事变爆发后,燕大曾在校园升起美国国旗,作为保护伞,将日军拒之门外。当日本宪兵执意要进燕园搜查时,司徒雷登寸步不让,表示如果日本人一意孤行,他将立即向领事馆报告,要求美国政府向日本政府提出强烈抗议。就这样,日本兵始终没有进得了校园。同时,为保护爱国学生,他还通过关系秘密掩护爱国师生前往国民党统治区或共产党的抗日根据地,具体工作由美籍教授夏仁德和当时在学生生活辅导委员会工作的侯仁之先生负责。侯先生后来在《燕京大学被封前后的片断回忆》一文中回忆说:"凡是要走的学生,临行前他都要在临湖轩设宴送行。我记得一次设宴送行的会上,他说他希望燕京大学的学生,无论是到大后方,还是到解放区,都要在国民党和共产党之间起到桥梁作用,以加强合作,共同抗日。"

"七七"事变爆发后燕大校门挂上美国国旗,将日军拒之门外

20世纪40年代司徒雷登与燕京大学学生指导委员会成员合影。前排左一为侯仁之

著名美国记者埃德加·斯诺去延安的行动得到过司徒雷登的支持，斯诺回来对苏区和红军的宣传活动也是在他的临湖轩进行的。据傅泾波先生回忆，1936年6月，在燕大新闻系任教的埃德加·斯诺在只身独闯陕北抗日根据地采访之前曾与司徒雷登有过一次秘密长谈。

在斯诺陕北之行的影响下，许多师生萌生了到抗日根据地参加革命的想法，并先后两次组织考察团沿斯诺走过的路访问延安。司徒雷登本人也曾躲过北平日军的监视，秘密到太行山抗日根据地考察，受到边区政府杨秀峰及彭德怀、左权、罗瑞卿、刘伯承、邓小平等八路军将领的接见，成为他们的座上宾。

司徒雷登半身塑像　张充仁　作

对于燕大地下党的活动，司徒雷登也是采取宽容的态度。原燕大政治系学生、曾长期担任共产国际情报员的张放，是燕大最早的共产党员之一。他在回忆录《死亡线上的搏斗》中说,"共产党在校园内几乎能公开活动","在学校和司徒雷登的保护伞"下,学校党支部的活动很少遭到破坏,党员也发展到五十多人,这很可能是北京各大学校中党员最多的学校。

司徒雷登的这些举动,不仅被燕大师生传为美谈,也得到了中共领导人的高度评价。据杨富森《新闻工作八年谈》一文载,1945年9月19日,在庆祝抗战胜利期间,毛泽东在重庆遇到司徒雷登时对他说:"你就是司徒雷登先生,久仰久仰!你们燕京的学生在我们那边工作很努力!"毛泽东和周恩来还专门邀请司徒雷登到重庆中共办事处作客。席间,毛泽东一再感谢他对中国教育做出的贡献,并对燕大学生在抗战中的表现给予称赞。

1946年11月,中共驻南京代表处在撤回延安之前,周恩来在南京宴请业已出任美国驻华大使的司徒雷登时,特意请龚澎等燕大毕业生来作陪。当时,周恩来指着这些人对司徒雷登说:"他们是你培养的学生,你是燕大的校长,可是为我们培养了人才。"王炳南《南京局的外事工作》一文中记载了此事。

可惜,仅仅过了三年,司徒雷登就在毛泽东《别了,司徒雷登》一文对美国政府对华政策的谴责声中黯然离开了中国。历史真的充满了太多的沧桑和诡异。描述这个结局,除了郝平先生用作书名的"无奈"二字,或许真的很难再有其他的选择了。

1949年8月19日《人民日报》头版文章

深深的怀念：燕大校友在临湖轩前留影

司徒雷登虽然与中国分别得黯然，但他创办燕大的功绩是不朽的。

1930年6月，美国普林斯顿大学授予他荣誉文学博士学位；1936年12月，中国教育部授予他勋章一枚以奖励他为燕大募捐所做的贡献。

1962年9月19日，司徒雷登因心脏病突发，在华盛顿医院辞世后，世界各地燕大校友十分悲痛，挽联、挽诗如雪片般飞向华盛顿。

在很多燕大校友心中，燕京大学与司徒雷登是同义语，燕大的精神和司徒雷登是分不开的。直到1999年4月，为纪念燕京大学建校八十周年，94岁的曾两度在燕大社会学系任教的全国人大常委会原副委员长雷洁琼先生还再次撰文，对司徒雷登倾注了心血的母校发出由衷的赞扬："燕大为祖国培育出数以千计的学子遍及全球，在抗日战争的艰苦岁月里，在祖国现代化建设的洪流中，他们无不与民族命运、祖国脉搏息息相关，在不同地区和岗位上做出了卓越的贡献。"

下编 燕园的今身

1952年全国高校院系调整,老北大惜别红楼,西迁燕园。

沐浴着新时代的阳光,根植于老燕园的沃土,一个新的北大宣告诞生。

弦歌燕园,澡雪精神,俯仰无愧,风雨兼程……

一步一个脚印,一个脚印一层新天——

上庠巍巍,"等闲识得东风面,万紫千红总是春";

湖塔静静,"不要人夸好颜色,只留清气满乾坤"。

在一百二十华诞的黄钟大吕震响之际,北大人将开启新的征程。牢记使命,不忘初衷,无论走得多远,也不会离开自己的根——

红楼梦,燕园情。

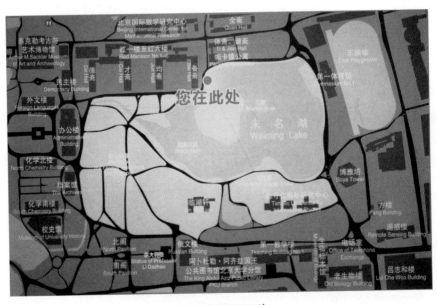

今日燕园指示牌

一、从红楼到燕园

1952年,经过院系调整的新北大挥别红楼,西迁燕园。10月4日,新北大第一次开学典礼在东操场举行。

"萧瑟秋风今又是,换了人间。"自那时起,作为昔日燕园的创造者和主人的燕京大学,隐入了历史的波涛之中。它的相貌,它的精神,它的伟业,至今已很少有人知道,也很少有人提起。红楼呢,也因为不再属于北大,西迁时挥挥手,没有带走它的一片云彩,以致后来很多人都以为北大从来就是在燕园长大的。

其实,它们都没有因许多人的遗忘而逝去:燕大消失了,它的载体燕园还在,它的精神不朽,并且成了新燕园的底色;红楼易主了,它的历史和意蕴却走向永恒,并使新燕园在燕大底色上得以升华,从而以具备了新内涵的燕园未名湖、博雅塔连同后来的图书馆成为北大新的象征——"一塔湖图"。

1. 两校"历史因缘之了结"

1952年,全国高校进行了大规模的院系调整,其中北京大学工学院、燕京大学工科各系并入清华大学,清华大学的文、理、法三学院及燕京大学的文、理、法等各系并入北京大学,燕京大学校名撤销,北京大学的校址由城内沙滩红楼等处迁至原燕京大学校址(燕园)。

作为中国的名牌大学之一,在新中国成立之前及成立后最初的几年里中央人民政府对燕大还是相当重视和关照的。在北平和平解放前,毛泽东曾两次以军委名义发电报,指示部队要对清华和燕大加以保护。

1949年年初解放军南下时，为了帮助燕大渡过难关，中共额外给燕大补贴了一些急需的现金和口粮。中华人民共和国初创之际，燕大一度享受过较高的政治地位，有11名燕大代表出席了1949年9月在北京召开的第一届全国政治协商会议，这在全国高校中是首屈一指的。另外，政府还允许燕大与设在美国的托事部保持原有的联系，并继续接受来自美国的财政支持。

由于得到政府的特别关照，燕大的各项教学工作非但没有受到战争的影响，学科建设还有了新的发展。

燕大校长陆志韦

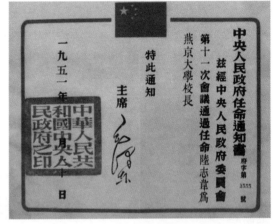
毛泽东主席任命陆志韦为燕大校长

1951年2月12日，燕京大学改为公立大学，毛泽东主席为燕大题写了校名，原燕大校长陆志韦被正式任命为燕京大学校长。时任燕大学生会主席的夏自强在一篇文章中回忆说，当时，毛主席亲笔题写的燕大校名是彭真送来的，写在一张信笺上，一连写了好几个。他接到这题词，心情非常激动，立即将它陈列在图书馆入口处的一个玻璃橱窗里，供大家观看，还写了一篇短文，予以介绍。不久，学校将题字制成校徽，红底白字的为教职工佩戴，白底红字的为学生佩戴。这年"五一"节，师生们戴着新校徽兴高采烈地参加了大游行。

这次院系调整，对燕大人来说自然有些突然，但是他们的热情还是很高的。当时的燕大教授侯仁之先生在《燕园史话》一书中就说：在1952年暮春，北大从城里迁校到燕园之前，燕大师生为了准备迎接即将来临的院系调整，曾组织力量整治校园。最重要的一件事，就是疏浚篓斗桥（西校门所在

毛泽东主席为燕大题写的校名

地）的桥孔和上下游渠道，为的是便于引导丰沛的河水，更加畅通无阻地流入校园："当时我曾参与其事，记得一天下午，在桥孔中的淤泥完全清除干净之后，有一位同学自告奋勇，竟自从桥西头的洞口爬了进去，又从桥东头的洞口爬了出来，证明桥孔确已十分通畅。他尽管弄得满身泥土，脸上也沾上了污泥，可是他却更加起劲地和大家一齐欢呼跳跃起来。这一幕小小的喜剧性场面，至今仍然闪现在我眼前。"

不久后，燕大隐入了历史，但是她的载体和她的精神是不会消弭的。你看，那是静园小院门楼上的"燕"字瓦当，那是侯仁之先生带人在辨认依旧为燕园服务着的"燕"字井盖……

"燕"字瓦当依然保留在静园小院

侯仁之先生在带人辨认至今尚存的燕大燕字形井盖

因这次院系调整而得以西迁燕园,这件事对北大来说自然是一件大喜事。

校园环境对学子的教育关系甚大。昔时太学、国子监坐落皇城,可沐浴浩荡的皇恩;民间书院多栖身名山大川,为的是借助山川之灵气。

现代大学亦不可不讲求校园风景。北大中文系陈平原教授在《老北大的故事》一书中,曾风趣地谈到美国哥伦比亚大学"租借来的风景"。他第一次踏进百老汇116街附近的哥大校园时,见其非但无山无水,甚至连花草树木也没有几棵,真担心那冷冰冰的几十幢水泥建筑,无法安顿下万千学子"漂泊的灵魂"。后来他才知道,哥大自有妙法:一方面经营由悠久历史和大师风范构成的"一道道百读不厌的'风景线'";另一方面"毫不客气地"将校园外的赫德逊等"风景"尽收眼底。他由此便联想到曾经同样"身居闹市"的老北大,实在也没有什么风景可言,但是,他们谙熟中国古典园林的"借景":老北大人,想来必定是抬头景山孤松,侧脸故宫飞檐,视沙滩、北河沿为内院,天安门则成了面向社会的讲坛。看他们当年一本正经地讨论如何将校园外的一条小水沟命名为"北大河",实在有趣。真不敢想象,倘若没有那么多"租借"来的风景,关于老北大的传说,还能否如此色彩斑斓?

不过,"租借"来的风景再好,终究不是自己的。现在好了,西迁燕园,不仅拥有了完全属于自己的校园,而且风景那么好!难怪,马寅初校长在迎新大会上要提高嗓门,告诉大家:我们北京大学拥有世界上最美丽的校园!

当然,喜中也有忧。那就是将告别已经和他们的生命融合在一起的老北大红楼。这对许多老北大心来说,是心中难以抹平的痛。

老北大人如此珍爱红楼,绝非是一个偶然的现象。陈平原在《老北大的故事》一书中揭示了其中深刻的内蕴:"借用钱穆《师友杂忆》中的妙语:'能追忆者,此始是吾生命之真。其在记忆之外

1951年,马寅初校长在迎新年大会上(采自《纪念北京大学建校一百周年藏书票》)

者,足证其非吾生命之真'。一个人如此,一所大学也不例外:能被无数学子追忆不已的,方才是此大学'生命之真'。此等'生命之真',不因时间流逝而磨灭,也不因政治不同而扭曲。"

不过,随着时间的推移和情感波涛的逐渐平复,人们还是发现,正如方拥主编《藏山蕴海:北大建筑与园林》一书所说,北大、燕大的结合其实也应了"一切都是最好的安排"那句格言:

> 驻足燕园,仍是水光潋滟、塔影婆娑,大屋顶的"中国式"建筑庄重婉约,渲染着旧园的繁华,这方山林,更因名师大儒之云集而增色良多。藏山蕴海之燕园,有澄清宇内的气度,1952年燕大并入北大,可算两者历史因缘之了结。

1950年,毛泽东主席题写的"北京大学"门匾,挂在红楼大门之上(采自《纪念北京大学建校一百周年藏书票》)

2. 新旗杆:红楼汇入燕园的第一泓清泉

从红楼到燕园,有多长的路程?

说短也短。1952年10月,北大奉命西迁燕园,原燕京大学西校门牌匾上由蔡元培先生题写的"燕京大学"换成了毛泽东主席题写的"北京大学"。

说长也长。校名的变更,宣示了燕园的易主,但要让老北大的血脉在燕园流注,与旧主燕大精神融合,并在新生活中践行与弘扬老北大精神,进而培育和升华出新北大的精神,则是一个很长的过程。

因此,西迁之初有一个"旗杆"的插曲,事情不大,意义却不一般。

在1952年沙滩民主广场上举行的北大全校毕业典礼上,出现了意味深长的一幕:学生代表乐黛云把一个旗杆模型郑重地送到当时的校务委员会主席汤用彤手上。

为什么会在这个庄严、隆重而又带有与老北大依依惜别的感伤之际,出现这样一幕呢？

北大中文系教授乐黛云在《我心中的汤用彤先生》一文中回忆说："由于我们是新中国成立后正规毕业的第一届学生，毕业典礼相当隆重，就在当年五四大游行的出发地——民主广场举行。当时全体毕业生做出一个决定，离校后，每人从第一次工资中，捐出5角钱，合力给新校址建一个旗杆。目的是希望北大迁到燕园时，学校的第一面五星红旗是从我们的旗杆上升起！"

那么，这些即将毕业的北大学子又为什么想到用这种方式表达自己的情怀呢？

因为这是最好的选择：为了中华人民共和国的诞生，为了五星红旗的升起，他们为之奋斗并且期盼很久了。

1952年10月，燕园西校门换上了毛主席题写的"北京大学"门匾（采自《纪念北京大学建校一百周年藏书票》）

乐黛云先生1948年考入北大，那时离北平解放已经很近了。就是在那一段时间里，她为中华人民共和国的诞生贡献了北大学子的一份力量，这就是她在《四院 沙滩 未名湖》一书中所回忆的——

> 尽管特务横行，北京大学仍是革命者的天下。我们在校园里可以肆无忌惮地高歌："你是灯塔"，"兄弟们向太阳，向自由"，甚至还唱"啊，延安……"，北大剧艺社，大地合唱团，舞蹈社，读书会全是革命者的摇篮。我很快就投入了党的地下工作……那时，我们还绘制过需要在围城炮击中注意保护的文物和外交住宅的方位略图，又到我的老师沈从文和废名先生家里访问，希望他们继续留在北京。值得

骄傲的是尽管胡适把全家机票送到好几位教授手中,飞机就停在东单广场,然而北大却没有几个教授跟国民党走!

和她一样向往新中国的北大学子还有很多。我们听一听后来成为著名诗人的李瑛在《回忆:迎接黎明》中抒写的心声:

> 那时,我总是清晰地听见我们的学校深情地叮嘱她的儿女:"你们要战斗下去,坚强地站立着,迎接黎明,我们会胜利!"

新中国第一届北大毕业生捐建给燕园的旗杆座

现在,我们胜利了!高高飘扬的五星红旗凝聚着我们的希望,也闪耀着我们的骄傲。西迁燕园时,我们要把红楼的这一份情怀带回燕园!

就这样,旗杆座落户到燕园。

这是老北大注入燕园的第一泓清泉。

如今,六十余年过去了,旗杆已经没有了,旗杆座上的石刻题词也已漫漶,介绍北大燕园景观的资料更是几无提及。如果不是当事人在文章中再一次提起,很多人都不知道北大历史上这难忘的一幕了。

由此，我们不由地又想起未名湖边慈济寺山门东西两侧的石旗杆座，那是燕大 1934 班赠给母校的礼物。这两座旗杆和上述旗杆时代背景不尽相同，但两校学子的拳拳之心是相通的，他们的家国情怀和对母校的爱，都是炽热的。

未名湖畔的燕大旗杆座

二、一脉相承:历史伟人的"入住"

人是历史的创造者,也是他那个时代的精神传统的承载者,伟人尤其是如此。

在北大从红楼到燕园的精神灌输中,一些历史伟人的"入住",有着不容忽视的作用。这些伟人中,有真实的伟人,也有精神的伟人,有中国的伟人,也有外国的伟人。

1. 蔡元培与李大钊

燕园中蔡元培与李大钊两位先贤的铜像由中文系七八级学子募建,

北京大学校长蔡元培(采自《纪念北京大学建校一百周年藏书票》)

北京大学图书馆主任李大钊(采自《纪念北京大学建校一百周年藏书票》)

分别由曾竹韶和傅天仇两位著名雕塑家创作。落成仪式在1982年10月15日举行,当时的党和国家领导人乌兰夫、胡乔木、邓力群、许德珩、胡愈之、周培源等参加。乌兰夫副委员长在讲话中,对两位北大先贤做了高度的评价。

两位历史巨人就这样"入住"了燕园。他们的光临,带来了老北大的传统、老北大的历史和老北大的精神,从而成为今日北大新的象征,其意义是不同寻常的。让我们听听学子王开林在《我生命的那些时刻》一文中坦露的心声——

在校园里溜达,我的脚步总要停在李大钊同志与蔡元培先生的铜像下,伫立几分钟。我总觉得:从蔡孑民先生智慧的前额与李大钊同志沉着的目光可以看到北大人几十年一贯至今的对于知识与真理的热爱。

大钊同志的铜像旁劲松环立,那一球球的松针在寒冷的冬天尤其绿得令人起敬,象征着这位老前辈超众逸群的节操。蔡元培先生

蔡元培先生塑像

的神态则若有所思又若有所悟,铜像四周鲜花灼灼,那草坪上已踩出了几条路,真可谓"桃李不言,下自成蹊"。先生在北大功德无量,景仰者自然络绎不绝。

百年校庆期间,北大师生排演的话剧《蔡元培》剧照(采自《纪念北京大学建校一百周年藏书票》)

确实,这两位历史伟人"入住"燕园的意义是不同寻常的。

蔡元培校长,他一生功绩中最为人称道的是对北大的改革。诚如陈平原《大学校长的现实》一文所说:"百年中国,出现过无数英雄豪杰,但要讲对于北大的深刻影响,至今没有可与蔡校长比肩者。"从1917年1月至1927年7月,他断断续续执掌北大十年半,其实真正在校时间只有一半,其余都是在海内外"遥领"。他既非北大的创校校长,也非在任时间最长的校长,然而只有他被北大称为"永远的校长",其根本原因在于他开出一种"思想自由、兼容并包"的大学风气,一举奠定了这所大学的基本品格:"蔡先生一生的成就,不在学问、不在事功,而只在开出一种风气,酿成一大潮流,影响到全国,收果于后世。"

"收果于后世",因而称得上永远。"永远的校长"现在回来了,永驻在燕园了,北大人每天都要面对他睿智、深邃、审视的目光,这不是北大一件极有意义的事么!

李大钊同志塑像

同样,李大钊铜像也像一座灯塔,照耀着北大前进的路。作为一位革命家,他号召被压迫的人民奋起,以武装斗争推翻反动统治,创造一个"青春的中国";作为一名北大教授,他在北大25周年校庆时所发表的《本校成立第二十五年纪念感言》一文中这样"感言":"我以诚挚的意思,祝本校学术上的发展,只有学术上的发展,值得作大学的纪念。只有学术上的建树,值得'北京大学万万岁'的欢呼!"不忘初心,牢记使命,李大钊的这一感言,是每一个北大人都应该永远铭记的。

同样值得欣慰的是,还有两位与老北大有关的伟人也入住了新北大(塑像均在图书馆):北大第一任校长严复,那是北大百年校庆时福建校友会赠送的;北大"老校友"青年毛泽东,1988年为纪念毛泽东同志诞辰九十周年而塑。

老校长严复是以翻译赫胥黎《天演论》而极大影响了中国思想界的思想家、教育家。他任职京师大学堂末任总监督、北京大学首任校长的时间并不长，却为北大的存续和向现代化大学平稳过渡做出了不可磨灭的贡献。

"老校友"毛泽东，1918年8月至1919年春在京，由于李大钊的安排在北大图书馆做助理管理员。时值新文化运动的巅峰时期，青年毛泽东在这里经受了洗礼，实现了人生旅途的巨大飞跃。

争睹老校长严复（《纪念北京大学建校一百周年藏书票》）　　北京大学"老校友"青年毛泽东塑像

2. 入住新北大的第一位"洋人"

在新北大的燕园里，还有几位外国历史伟人先后"入住"。他们是俄国莫斯科大学的创始人罗蒙诺索夫（塑像在图书馆），《堂·吉诃德》的作者西班牙作家塞万提斯（塑像在勺园荷花池北侧），古希腊大哲学家苏格拉底（塑像在静园一院）和古巴民族英雄何塞·巴蒂（塑像在图书馆）。我们这里着重介绍前两位。

罗蒙诺索夫是入住新北大的第一位外国伟人。

北京大学和俄国莫斯科大学曾经有过比较密切的交往。在20世纪50年代初的交往中，有两件事特别值得关注：

二、一脉相承：历史伟人的"入住"

1955年3月5日，为祝贺莫斯科大学建校二百周年，北大送了四件珍贵的礼物，其中一件是江西景德镇特制大花瓶一对，每只瓶的正面是莫斯科大学创始人罗蒙诺索夫彩色像；1958年，北京大学六十周年校庆时，莫斯科大学赠送了一份珍贵的贺礼——一座罗蒙诺索夫雕像。

北京大学和莫斯科大学为什么在如此隆重时刻互赠的礼品中都采用了罗蒙诺索夫的形象呢？

这反映了两个学校文化精神上的某种契合。

曾负笈于莫斯科大学的著名戏剧家童道明在《挥之不去》一文中对此有过解读——

文章说，人们常将老北大与日本、德国、英国的一些名牌大学相比较，其实，适合于做比较的外国高等学府，至少还应该加上俄

罗蒙诺索夫雕像

国的莫斯科大学：北京大学和莫斯科大学都是世上少有的寓于革命传统的高等学府，但铜像立在校园里象征着学校精神主宰的罗蒙诺索夫（1755年根据他的倡议和规划建立莫斯科大学）和蔡元培，却不是一般意义上的革命家。

文章谈到，莫斯科大学和北京大学各自地理位置的特殊和政治担当的沉重，颇有相似之处。那时，莫斯科大学的校舍有新老之分。新址是列宁山上一座尖顶的摩天大楼，旧址是红场旁边的一座圆顶黄楼。在那座黄颜色的百年老楼里，透过教室的窗户，眼睛看得见克里姆林宫的砖墙，耳朵听得到克里姆林宫的钟声。这个地理特征，让人联想起北京大学的历史沿革。北大前身京师大学堂西邻景山，与紫禁城近在咫尺，就是老北大到了沙滩，也离皇宫不远，老北大人站在红楼一角引颈西望，可以体验到古人所描绘的"云里帝城双凤阙，雨中烟树万人家"。生活在校舍靠近权力中心象征的大学生们，自然更容易产生"国家兴亡，匹夫有责"的政治

激情，因而，世界上两所校舍挨近皇宫的高等学府，都在两国历史命运的大关节处成为狂飙突进的中心：梁漱溟先生在《五四运动前后的北京大学》一文中断言"若没有当时的北京大学，就不会有五四运动的出现"，而按照赫尔岑在《往事与随想》的说法，尽管十二月党人起义被尼古拉一世血腥地镇压了，"一切都后退了，血涌上了心头，在外表上活动消沉了，暗中它却澎湃汹涌。莫斯科大学坚定地屹立着，在一片暗雾中轮廓分明地出现在最前列"。

文章还谈到，两校都有一座体现"最高智慧"的"最高学府"。俄国大诗人普希金说过："罗蒙诺索夫是个杰出人物，他缔造了俄国的最高学府，他本就是我们的最高学府。"普希金用在罗蒙诺索夫身上的"最高学府"，含有"最高智慧"的体现者的意思。罗蒙诺索夫是俄国在18世纪中叶最著名的学者，他既是俄国历史上第一个物理学家、化学家，也是第一部《俄语语法》的编撰者，后人称他为"大百科全书式的伟大学者"、俄罗斯的"科学始祖"。而"本就是我们的最高学府"这样的评语，用在蔡元培身上也是合适的。蔡元培曾说："夫大学者，囊括大典，网罗众家之学府也。"他本人虽不是20世纪初叶中国最大的学者，但他在北大期间的确显示了那个时代中国思想文化界的最高智慧，因而他本人也正是当之无愧的这样一座"学府"。

文章最后说，现在，在莫斯科大学和北京大学，都立有一座自己校长的纪念铜像，这是两个民族理智的选择，也是两所学校心灵的默契。

其实，据老北大人的回忆，北大与苏联的交往很早就开始了。

俄国十月革命后不久的1920年，北大就设立了俄国文学系。那时北大采取"开门办学"的方法，俄国文学系也不例外。除本系学生外，校内外前来旁听的学生也不少，曹靖华先生就是其中的佼佼者。曹靖华在北大旁听时，教俄语的就有三位苏联教师，其中特列季亚科夫是最早的一位。他是苏联艺术团体"左翼艺术阵线"的成员，革命诗人马雅可夫斯基的知交和崇拜者。他同情中国革命，来华后取名铁捷克，在教学之余写过《怒吼吧，中国！》等反映中国人民革命斗争的、有着强烈现实主义色彩的优秀作品。这对曹靖华的帮助是很大的，使他不仅掌握了语言的工具，而且有了一种神圣的使命感，这就是他在《窃火者——鲁迅先生介绍外国文学的前前后后》一文中所说的——"借俄国文学的火，来照中国的暗夜"，打开这"输送精神粮食的航路"。从此,他和鲁迅等左翼文艺工作者一起,"给起义了的奴隶运军火",做"普罗米修斯取天火给人类"(鲁迅语)。在红楼旁听时,他就译了《蠢货》,经瞿秋白推荐于1923年发表在《新青年》上。后又译了苏联作家绥拉莫维支的《铁流》,在革命战争年代鼓舞了成千上万的中国青年投入革命斗争的洪流之中。

中华人民共和国成立以后,全面学苏联。北大自然和莫斯科大学有了更多的"亲密接触"。

由此看来,"心有灵犀一点通",初迁燕园就让罗蒙诺索夫在新北大安家,对于老北大血脉的延续,确有一种不寻常的意义。

"堂·吉诃德的爸爸"塞万提斯先生

1986年10月3日,在北大勺园荷花池北侧的草地上举行了一个特别的仪式:安放塞万提斯的铜像。从此,北大校园里又多了一位与北大精神相通的洋人。

尽管没几天腰挎的长剑就不见了踪影,但他一点烦恼也没有,因为他终于实现了来到中国的夙愿。

他是文艺复兴时期西班牙伟大的人文主义者、《堂·吉诃德》的作者。《堂·吉诃德》这部伟大的作品塑造了充满理想却又脱离现实、落后于历史的英雄人物堂·吉诃德,体现了人文主义的新思想,开创了西方近代小说的先河。塞万提斯曾自诩为"堂·吉诃德的爸爸"。从18世纪起,这部小说就被认为是西班牙人民对人类文化的伟大贡献。德国诗人海涅曾把塞万提斯同莎士比亚、歌德并提,说他们"成了三头统治,在叙事、戏剧、抒情者三类创

有朋自远方来(《纪念北京大学建校一百周年藏书票》)

作里,分别达到登峰造极的地步"。

塞万提斯和中国结缘是很早的事了。1615年,在《堂·吉诃德》第二部问世的献辞中,塞万提斯写道:"最急等着堂·吉诃德去的是中国的大皇帝。他一个月前特派专人送来一封信,要求我——或者竟可说是恳求我把堂·吉诃德送到中国去。他要建立一所西班牙语文学院,打算用堂·吉诃德的故事做课本,还说要请我去做院长。"但是,塞万提斯并没有实现自己来中国的梦想。1616年4月23日,他去世后被草草埋葬,甚至没有立下墓碑。直到1835年,西班牙政府才在马德里的西班牙广场为他建立了纪念碑,碑的上端有塞万提斯的石雕像。

后来,他的《堂·吉诃德》先来到中国。这部作品诞生至今,已在世界各国翻译出版了一千多种版本,在中国就有不止一个译本。堂·吉诃德的精神曾在中国文化界引起强烈的反响。

1986年,北京与西班牙马德里结为姊妹城市。马德里市政局特意复制了西班牙广场上的塞万提斯像,赠送给北京市民。整整370年后,这位巨人终于风尘仆仆地来到了中国。

意味深长的是,北京市政府决定将这座铜像安放在北大燕园。铜像安放的时候,并未引起人们特别的注意。随着时间的推移,却引起了不少人的赞许和遐想。

翟淑华《塞万提斯雕像》一文说:

> 塞万提斯像安放在北大无疑是一个正确的选择。除了塞万提斯的故乡之外,没有一个地方能够如此地适合塞万提斯居住。北大是无畏的,无数北大人在新文化运动和五四运动中发挥了先锋作用,而塞万提斯具有无畏的批判精神,他通过自己的文笔讽刺了腐朽的骑士小说;北大是充满理想的地方,而塞万提斯是理想主义的,他有一个乌托邦式的梦想;北大是一个人文圣地,无数学子把这里当成他们的精神家园,而塞万提斯是人文主义的作家。我们相信,塞万提斯将会和北大精神一起熠熠发光。

万紫《挎着断剑的塞万提斯像》一文亦写道:

> 这个失落的骑士,这个不可救药的理想主义者,这个伟大的不合时宜人,总是让我联想到这座著名的校园。
>
> 一个世纪以来,这座人类历史上罕见的校园用她的勇气、用她的

理想一次次地试图向那些破败的风车冲过去,一次次地遍体鳞伤,可是,她却从来没有畏惧过,也从来没有顾影自怜过,她只是在一次次地行动,一次次地冲杀,然后又一次次地受伤。

或许这一次次不停的行动,和在骨子里奔涌不息的理想主义的血液才是北大给予中国最宝贵的财富。

文章最后说,塞万提斯是"北大真正的同志和知音"。"我希望那座铜像永远矗立着,但我不希望修复那柄断剑,那是我们曾经战斗过的标志和不可磨灭的精神的痕迹。"

"精神巨人":"德先生"和"赛先生"

在入住新北大的外国历史伟人中,还有两位特殊的"精神巨人"——"德先生"和"赛先生"。

当年,正是他们作为"五四"新文化运动的旗帜,为当时死一般沉寂的中国,带来了清新的空气,并融进了北大的传统、北大的精神。这就是谢冕先生在《永远的校园》一文中所说的:"科学与民主是未经确认却是事实上的北大校训。二者作为刚柔结合的象征,构成了北大的精神支柱。"

半个多世纪以后,北大 1986 届毕业生把一尊《民主与科学》塑像献给了母校,以期让德先生和赛先生从历史中走出,永驻新大的校园。

《民主与科学》塑像造型相当抽象、相当奇特:雕像的主体由两个巨大的螺旋状字母 D 和 S 组成。D 代表民主(Democracy)——"德先生",S 代表科学(Science)——

民主与科学塑像(采自《纪念北京大学建校一百周年藏书票》)

"赛先生"。它们是"五四"传统的代表性符号,也是北大精神的一个象征。雕像呈银白色,坐落在北大28、29、30、31四座宿舍楼中间的空地上,与四周的建筑相映成趣。

《民主与科学》塑像诞生在20世纪80年代中期,坐落在学生居住区的中心地带,不仅是在北大人在百年校庆前夕表达承传"五四"传统的情怀,"也是20世纪80年代校园思想的一个缩影"(何晋《燕园文物古迹与历史》)。

北大1986届毕业生1982年入学,正好经历了80年代前期和中期的校园生活,而这个80年代对中国大学,尤其是北大来说,是一段不平常的岁月。对此,北大未名创作中心策划、北大副校长林钧敬主编、北大出版社1997年版的《精神的家园——当代大学启示录》一书有这样的描述:从1977年恢复高考到80年代前期,"理想主义成为大学校园中最鲜明的旗帜"。北大学生提出的"团结起来,振兴中华"的口号,"整整激励了一代人去为之努力奋斗"。从80年代中期开始,随着国门的洞开,"西方大量的社会思潮和意识形态开始传入中国,大学校园成为接受这些思想的滩头阵地和最重要的场所","萨特、荣格、弗洛伊德、尼采、叔本华等西方哲学思想开始在大学校园占据重要地位。后现代主义、新权威主义成为大学生最爱讨论的话题,理想主义逐渐趋于极端,资产阶级自由化思想开始蔓延泛滥"。在那样的氛围下,一些"天之骄子"对西方文化产生了盲目的崇拜,而对我们自己的文化传统却缺乏应有的了解和自信。这一点,和当年在"全盘西化"风潮影响下的"五四"前辈颇有些相似。

历史的经验值得注意。在21世纪的今天,我们应当站在新的历史高度,对中西文化传统有个更清醒更理性的认识。北大教授楼宇烈先生《中国文化的根本精神》一书中有这样一段文字,值得一读:

> 没有民主思想,缺乏科学精神,是新文化运动以来,大部分知识分子对中国传统文化抱有的两个解不开的情结。"五四"时期,高举民主与科学两面大旗,正是这两种情绪的表露。时隔将近一个世纪了,中国社会和文化形态也已发生了根本的变化,世界范围的文化观念也在发生巨大的变化……这两个情结也到了应当化解的时候了。因此,当我们致力于学习西方民主与科学的时候,不仅不应当再妄自菲薄,乃至全盘否定自己民族的传统文化,相反,应当积极地发掘自己民族传统文化中的优秀成分,做出合于时代精神的诠释,以贡献于世界未来世纪文化的发展与建设。

三、慎终追远：先烈先贤和国际友人的会聚

北京大学是大时代的产儿。她从诞生之日起，就与祖国同行，在时代的激流中筚路蓝缕，勇猛前行，"虽斧钺加身毫无顾忌"，有的北大人甚至付出了热血和生命。这些先贤先烈的精神，是北大的血脉。

同样地，燕园曾经的主人——燕京大学，也有自己的精神，自己的血脉，也曾培育过祖国的栋梁之材。

北大从红楼来到燕园，应该让这两股血脉在这里汇流、激荡、升华。

也不能忘记，在北大和燕大的风雨历程中，也有国际友人真诚的支持和无私的奉献。也应该把他们请进来，一起在新的燕园会聚，一起注视着后来人继续前行。

1. 北京大学革命烈士纪念碑

1993年5月4日，北大95周年校庆之际，在苍松翠柏掩映的静园举行了"北京大学革命烈士纪念碑"落成揭幕仪式。时任国务院副总理的李岚清，以及北京市市长李其炎、国家经贸委副主任袁宝华、北大校长吴树青等为烈士纪念碑揭幕。当时的学生会和研究生会主席代表全校师生员工向纪念碑敬献了花圈。

留取丹心照汗青

纪念碑由中国雕塑艺术研究所秦璞先生设计。碑名由老一辈无产阶级革命家陈云题写，碑的阴面镌刻着北大（含燕京大学和西南联大）83位烈士的姓名。

该纪念碑有两个不平凡之处。

北大校史馆烈士墙（采自《纪念北京大学建校一百周年藏书票》）

北大烈士纪念碑（采自《纪念北京大学建校一百周年藏书票》）

其一，它以独特的造型形象生动地彰显了作为北大精神和传统根本的爱国情怀与牺牲精神。纪念碑位于原有的五棵松树之间，与周围柏林、草地自然地融为一体。设计者采用了象征的造型方法：整个形状像一个"心"字，由五块不同大小的碑石组成；主碑 4 米高，象征着"五四"精神。碑身呈斜面波浪形状，象征着烈士们和北大师生前仆后继地前进。碑石用粗纹肌理效果处理，以显示岁月沧桑的痕迹。碑群四周以鹅卵石铺地，象征革命先烈抛头颅、洒热血开创革命之路、胜利之路，激励后人踏着先烈的足迹勇往直前。因此，这座纪念碑的建立，具有了非常深远的意义。

其二，它以富有庄严仪式意义的实体，实现了北大、燕大和西南联大革命英烈的胜利"会师"和三校精神的深度融合。纪念碑铭文首句就明示：从 1919 年五四运动到新民主主义革命取得全国胜利，为中国的民族解放和人民革命事业英勇献身的北大师生中"含西南联合大学、燕京大学"。

黄文一《民族的脊梁 北大的骄傲："北京大学革命烈士纪念碑"落成》一文，介绍了三校部分革命先烈的事迹，感人至深。

文章说，位于英烈之首的是中国共产主义运动的先驱、中国共产党的主要创始人之一，曾任北大图书馆主任、教授的李大钊同志。1927 年 4 月 28 日，在奉系军阀的绞刑架下，他慷慨就义。和李大钊同时遇难的还有北大学生和校友范鸿劼、杨景山、邓文辉、张挹兰、姚彦五位烈士。党的早期活动家、中共"一大"前的党员、北大学生邓中夏,以及高君宇、张太雷、何孟雄,也先后怀着坚定的共产主义信念,为民族解放事业献出了生命。1926年3月18日,北大和燕大学生怀着对日本帝国主义的极大义愤,在天安门参加国民大会后,到国务院请愿示威,遭反动政府残酷镇压,张仲超、李家珍、黄克仁、魏士毅四烈士被杀害。据北京大学党史校史研究室《烈士小传》等资料介绍,这四位烈士表现非常英勇,不愧是"杀身成仁"的民族脊梁:张仲超,陕西三原人,"三·一八"前夕党已决定派他去黄埔军校学习,他还是毅然参加了游行请愿,在与反动军警搏斗中身中两刀,头部中弹,壮烈牺牲,年仅23岁;李家珍,湖南醴陵人,右腿动脉中弹,因失血过多于当天下午5时在医院去世,年仅20岁;黄克仁,湖南长沙人,被枪击中牺牲,年仅19岁;魏士毅女士,天津人,惨案发生前还因病卧床,但她毅然抱病前往,还手执燕大校旗走在队伍最前面,在军警的大屠杀中身中两弹,又被木棍猛击,当场牺牲,年仅23岁。另外,在大革命时期牺牲的烈士还有郝克勤、王仲强、王中秀、孙炳文、耿丹,共19人。

李大钊等英勇就义(采自《纪念北京大学建校一百周年藏书票》)

五四时期的高君宇(采自《纪念北京大学建校一百周年藏书票》)

土地革命战争时期,北大党组织遭受严重挫折,广大进步师生受到摧残迫害。25位北大、燕大学生用生命谱写了一曲曲撼天动地的正义之歌。他们中有:黄日葵,五四运动时期北大学生中的先进分子,中国共产党的早期党员。1929年11月他在日本不幸被捕。一个多月的监禁中,他经受了残酷的电刑和疾病的折磨,身体极度虚弱。1930年春被日本当局勒令出境,回国后虽贫病交加,但仍坚持斗争,于同年12月英年早逝。李芬,北大文科预科女学生,中国共产党的优秀党员。就义前,她在胸前缝了一块鲜红的布,象征党永远活在心中。刘谦初,燕京大学历史系学生,曾任中共福建、山东省委书记,由于叛徒出卖,被反动政府逮捕。1931年4月5日,他高呼着"打倒蒋介石""中国共产党万岁"的口号英勇就义。杜自生,被敌人活埋。刘雪亮,被打得血肉模糊,双手被钉在墙壁上,但他坚贞不屈,高唱《国际歌》与祖国和人民告别……

刘谦初烈士

1980年,刘谦初遗孀张文秋与女儿邵华、女婿毛岸青、外孙毛新宇等在济南为烈士扫墓

14年抗日战争,北大、燕大师生与全国人民一起共赴国难,16位烈士的鲜血染红了北大人高举的爱国主义旗帜。王册就是他们的一个代表。她是燕京大学教育系学生,燕大遭日军封闭后转入北平大学历史系学习,并在那里入党。1942年赴抗日根据地,1943年日军进行"秋季扫荡",她虽身患疟疾,腿部长疮,但坚持随军突围。10月,她为保护区委书记,不幸被俘。在日寇面前,她义正词严:"我是抗日的,其余什么都不知道!你们是侵略者,是法西斯强盗!"英勇就义于河北阜平,年仅22岁。

北大、燕大、西南联大23名师生在解放战争中牺牲。他们中有:西南联大著名教授和诗人闻一多,面对特务的凶残,拍案而起,凛然就义。"一二·一"烈士李鲁连、潘琰,勇敢冲向围攻联大的特务,被敌人的手榴弹炸成重伤,于当天牺牲。贺建华、刘亚生、黄琪三位北大、燕大毕业生,1946年在中原突围中被俘。万恶的敌人割下贺建华的首级悬于寨门"示众",提着黄琪的头颅去领赏;刘亚生则被身捆重石沉入长江。齐亮、陈虞陶、刘国鋕等烈士,在渣滓洞的魔窟中,受尽折磨,坚强不屈,在重庆解放前夕被敌人杀害。更为惨无人道的是,齐亮牺牲后身上被浇洒镪水;陈虞陶牺牲后尸首被劈为数段,被丢入大河。他们连一点遗骨也未留下,却留下了永不消失的英灵和伟大的共产主义精神。

刘国鋕烈士

"人生自古谁无死,留取丹心照汗青。"让我们永远记住他们!

邓稼先:新时代的民族英雄

新中国成立以后,中华民族又开始了新的长征,新的奋斗。要奋斗,就会有牺牲。在这新的伟大事业中,北大人血液中的英雄主义和牺牲精神焕发出新的光彩,他们中有的人,在祖国最需要的时候,献出了自己的宝贵生命。北大革命烈士纪念碑上应该刻上他们的名字。

为"两弹一星"而献身的邓稼先就是一个光辉的代表。

让我们从发生在杨振宁和邓稼先两位西南联大同学之间的一个故事说起——

在杨振宁这位巨子心中,也深藏有虔诚的祭坛。

说起昔日同学邓稼先,他满怀崇敬与痛惜。每次回国,他必访邓稼先,后来邓稼先住院,他去医院看望。在邓稼先去世后,他到八宝山祭拜。

邓稼先

杨振宁的一篇悼念散文《邓稼先》已经进入国内人教版中学语文课本。在文章中他称邓稼先为"民族英雄"。

据邓稼先夫人许鹿希讲:杨振宁在美国看见美国报纸上宣称,中国的原子弹是一个做过美国原子弹专家助手的叫寒春的美国人参与做成的。他来到国内后就很想问邓稼先,但是没有启口。直到登上去上海的飞机时,他才问:"有没有美国人?"邓稼先迟疑了一下,说:"你先走吧。"

邓稼先回家后立即请示周恩来总理。周总理说:"把实情告诉他。"

邓稼先写了一封信,送信的人等在桌边,立即拿了上飞机。赶到上海,在送别宴上亲手交给杨振宁。杨振宁当场打开一看,立即泪流满面,只得到洗手间稳定情绪。

邓稼先在信中告诉他,参加原子弹制造的,没有一个外国人,全是中国人。

作为一个宴席的主宾,杨振宁突然泪流满面,人们的惊讶可想而知。以杨振宁的应变能力,可达政治家水平,然而在宴席上流泪了,那深藏于内心世界的情感爆发了。

身居海外,他盼望的强国梦,被他的同学实现了。

邓稼先博士服照

邓稼先少年时代就具有强烈的爱国之情。早年随父亲邓以蛰教授在北平生活,有一次看见日军在北平沦陷后举行"庆功会",他顿时怒不可遏,当众把一面日本国旗撕得粉碎,并扔在地上狠狠踩了几脚。

邓稼先在西南联大读书时,年龄很小,所以老师和同学都习惯叫他"小孩"。他 26 岁时便在美国拿到了博士学位,人们又称他为"娃娃博士"。

1950 年夏天,邓稼先在美国取得博士学位后,毅然回国。同年国庆节,在北京外事部门的招待会上,有人问他从国外带了什么回来?他说:"带了几双眼下中国还不能生产的尼龙袜子送给父亲,还带了一脑袋关于原子核的知识。"

1958 年秋,钱三强找到邓稼先,说"国家要放一个'大炮仗'",征询他是否愿意参加这项必须严格保密的工作。他知道是国家要研制原子弹后,便欣然同意,回家对妻子许鹿希说:要调动工作了,往后家里的事我就不能管了,我的生命就献给未来的工作,做好了这件事,我这一生过得就很有意义,就是为它死了也值得! 从此,邓稼先的名字便在刊物和对外联络中消失了26年。

在一次地下核试验前的检测中,某个关键的信号突然测不到了,危险性极大。邓稼先带领的团队从夜里12点钟一直讨论到天亮,最后他比较了各方面的意见,决定在现场采取妥善办法处理。他跟科技人员来到现场附近一起研究解决办法。当时,戈壁滩上风沙呼啸,零下三十多摄氏度。有人见他实在太疲倦了,劝他说:"邓院长,你回去吧!"但他说:"不,这里就是战场,我不能走!"故障排除后,他才和大家一起离开了现场。当试验成功开庆祝会时,他竟疲劳得当场晕倒了。

1979年一次爆炸试验失败,需要有人到原子弹被摔碎的地方去找回一些重要的部件。邓稼先说:"谁也别去,我进去吧。你们去了也找不到,白受污染。我做的,我知道。"然后就穿了件简易的防护服,走进原子弹摔碎的地区,很快找到了核弹头,用手把它捧着,走了出来。最后查明是降落伞的问题。就是这一次,强烈的射线严重地损害了他的身体。1985年,倒在病床上的他对妻子和当时的国防部部长张爱萍将军平静地说:"我知道这一天会来的,但没想到它来得这样快。"

邓稼先生前,曾有不少人问他:"原子弹成功后,你得到多少奖金?"他

1979年邓稼先(左)寻回未爆核弹头

总是笑而不答。直到1986年6月邓稼先病危时,杨振宁到医院去看望,提起此事他才说:"原子弹十元、氢弹十元。"杨振宁又问:"不开玩笑?"他回答:"是真的,不开玩笑。"并解释说,1985年颁发原子弹特等奖的奖金总数是一万元,单位里平均分配,按十元、五元、三元三个等级发下去,他拿的是最高等级的奖励。邓稼先去世后,国防科技成果办公室曾经追授奖金三千元,他的家属又把这些钱全部捐给了院里的科技奖励基金会。

在邓稼先去世前不久,组织

上为他个人配备了一辆专车。他只是在家人搀扶下,坐进去并转了一小圈,表示已经享受了国家所给的待遇。

1986年7月17日(邓稼先逝世前12天),时任国务院副总理的李鹏以及罗干、朱光亚等到医院探望邓稼先,李鹏代表国务院颁发给邓稼先"全国劳动模范证书"。他提前拔掉输液管,准备发言稿,穿着整齐,等待领导的到来。他在发言的最后,脱稿说:"核武器事业是成千上万人的努力才取得成功的,我只不过做了一部分应该做的工作,只能作为一个代表而已。"

"先天下之忧而忧,后天下之乐而乐","为有牺牲多壮志,敢教日月换新天",这就是中国的邓稼先!这就是北大的邓稼先!

"邓稼先是中国几千年传统文化所孕育出来的具有最高奉献精神的儿子。邓稼先是中国共产党的理想党员。""如果他再有一生,他还会选择这个事业!"杨振宁这个评价是非常准确的。

2. "三·一八"遇难烈士纪念碑

1926年3月18日,这是一个永远不能忘记的日子。

这天上午十时,北京二百多所学校和群众团体五千多人在天安门广场召开"反对八国通牒示威大会"。会议由共产党员李大钊和国民党左派徐谦等人担任主席。与会的群众通过了《国民大会致八国公使书》。同时,还通过了通电全国民众,反对最后通牒、通电全世界被压迫民众,反对八国进攻中国、宣布《辛丑条约》无效,驳回通牒之最后要求等决议。

国民大会结束后,立即开始游行。游行队伍在中午一时左右到达铁狮子胡同(今张自忠路)的段祺瑞执政府门前时,遭到一场空前残酷的大屠杀。这就是历史上著名的"三·一八"惨案。

据后来北京市互济会调查,在这次惨案中牺牲的群众多达47人,重伤者155人,轻伤者不计其数。死难烈士中,有七个是中学生,最小的一个年仅12岁。北京大学的张仲超、黄克仁、李家珍,燕京大学的魏士毅,以及女子师范大学的刘和珍、杨德群等也在这场血腥的大屠杀中壮烈牺牲。

鲁迅先生闻讯后极其悲愤,"怒向刀丛觅小诗",写了饱含血与泪的《纪念刘和珍君》一文。

为了纪念在惨案中牺牲的烈士,北京学生联合会于3月23日在北京大学三院(东城区北河沿)组织举行了全市性的追悼会,并号召北京各学校学生缠黑纱一周致哀。1929年5月,北大师生为了纪念张仲群等三位

北大"三·一八"烈士追悼大会

烈士,在北大三院修建了"三·一八遇难烈士纪念碑"。碑座高三尺,碑腰高一尺,碑身高八尺,暗喻"三·一八"惨案。碑腰的四面分别刻着三位烈士的简历和悼文。燕大也为魏士毅烈士建立了纪念碑。

1982年3月,北大团委将纪念碑从城内原老北大三院迁移到西校门内正东方向原魏士毅碑所在的小山坡上。

燕园中并肩站立的两座"三·一八"遇难烈士纪念碑

三、慎终追远：先烈先贤和国际友人的会聚　289

于是，两座碑并肩站立在一起，燕园又多了一处精神的矿藏。杨虎《三·一八遇难烈士纪念碑、魏士毅女士纪念碑》一文对此作了这样的诠释：

  两座纪念碑肃然挺拔的身躯傲视苍穹，透露着一股反抗强暴、视死如归的凛然正气，强烈地震撼着每一位瞻仰者的心灵。它们占地面积都不大，但它们所昭示的精神却极不寻常，它们昭示着中国青年为了国家和民族奋起抗争，甚至不惜牺牲青春和生命的崇高精神。石碑本身是冰冷的，但它们所铭刻的历史却是动人心魄的，它们铭刻着一段在黑暗中燃烧着激情、澎湃着热血的历史。

3. 国立西南联合大学纪念碑

1937 年 7 月 7 日，震惊世界的"卢沟桥事变"发生后，北京大学、清华大学和天津南开大学三校，奉命南迁，在湖南合组为长沙临时大学，以三校校长蒋梦麟、梅贻琦、张伯苓为常务委员，主持校务。不久，上海、南京相继沦陷，学校又于 1938 年 1 月 20 日迁往云南。数百名师生徒步 3600 里，跨越湘、黔、滇三省，翻过雪峰山、武陵山、苗岭、乌蒙山等崇山峻岭，历时 68 天，于 4 月 26 日抵达昆明。学校更名为"西南联合大学"，于 5 月 4 日开始上课。就这样，纵然国破家亡，仍然始终有一群人在守护着中国的文脉！

1946 年 7 月，西南联合大学结束。"神京复，还燕碣"，三校分别北归复校。唯师范学院仍留昆明，改称昆明师范学院，后又更名

西南联大校旗校训（采自《纪念北京大学建校一百周年藏书票》）

为云南师范大学。

从1937年8月至1946年7月,西南联合大学与其前身长沙临时大学,整整历时九年。

九年在浩渺历史上实在只是短短的一瞬,然而西南联合大学却创造了举世瞩目、永载青史的成就。

就是在这艰苦卓绝的九年时间里,三所名校以"刚毅坚卓"为校训,弘扬"爱国、进步、民主、科学"的时代精神,同舟共济,共同创造了中国现代教育史上的一大奇迹。三校虽有各自独特的经历,但都富有爱国的传统,师生中有不少人是五四运动和"一二·九"运动的直接参加者。全面抗战的爆发,更加激发了爱国热情,联大当时有八百多名学生投笔从戎,效命疆场。三校又都是国内著名大学,三校联合,学者云集,"五色交辉,相得益彰;八音合奏,终和且平",在极其艰苦的条件下,培养了一大批人才。九年中,毕业于联大的学生两千余人,前后进入联大学习的五六千人。其中有不少人成为后来各个领域的骨干和知名学者。据统计,在联大学习过的大学生和研究生中有中国科学院院士174人、中国工程院院士13人。取得特别突出成就的有诺贝尔奖获得者杨振宁、李政道;国家最高科学技术奖获得者黄昆、刘东生、叶笃正、吴征镒、郑哲敏;"两弹一星"功勋奖章获得者赵九章、朱光亚、邓稼先、屠守锷、郭永怀、陈芳允等。在人文和社会科学方面也出现了一大批突出人才,还有一大批政治家、革命家。联大人才济济,群星灿烂。为祖国的解放事业和社会主义建设,乃至改革开放、开创中国特色的社会主义新时代都做出了不可磨灭的贡献。正是因为如此,西南联合大学才被视为中国高等教育史上的一个伟大的奇迹,并成为中国乃至世界可继承的一宗文化遗产。

抗战胜利后,在联大各校即将复员北归之际,为了永远地缅怀和纪念这段珍贵历史,也为了用这段光辉历史去警示和教育将来的学子,联大师生一致决定修建一座西南联合大学纪念碑。纪念碑于1946年5月落成于联大校园。现位于云南师范大学校园内"一二·一"四烈士墓西侧。碑座呈圆拱形,高约5米,宽约2.7米,中嵌石碑,是联大在昆明的珍贵遗迹之一。

碑的正面为碑文,碑文系冯友兰先生撰写,闻一多先生篆额,罗庸先生书丹,真可谓古人所推崇之"三绝碑"了。尤其是冯先生所写之碑文,文约意深,有口皆碑:"文章洋溢着一种爱国家、爱民族、爱理想的深情,看上

去,真不觉得那是刻在一块冰冷的石头上。"(宗璞《燕园碑寻》)

碑的背面,还有联大校志委员会篆刻的,由唐兰教授篆额、刘晋年教授书丹的联大"抗战以来从军学生题名"。上列834人的从军名单,其中有清华大学校长梅贻琦先生的儿子梅祖彦。他们为了国家和民族,甘愿牺牲学业甚至生命,《国立西南联合大学八百学子从军回忆》一书中就记载了五位烈士的英雄事迹。他们当中年纪最小的只有19岁。正是因为如此,这块看似普通的石碑才显得更有精神、更温暖,也更厚重。

西南联大校友与清华、北大新生合影(采自《纪念北京大学建校一百周年藏书票》)

北大西校门南侧树丛中矗立着的西南联大纪念碑是原碑的复制品,1989年5月4日敬立。

从此,燕园中又多了一块精神的丰碑。宗璞《燕园碑寻》一文说它是"一块极有意义的碑,它不评风花雪月,不记君恩臣功,而是概括了一段历史"。因而,燕园的历史就更为丰厚,北大的精神也就更为浓烈。

4. 葛利普教授之墓

在旧中国"风雨如晦,鸡鸣不已"的年代里成长起来的中国现代高等教育中,也有国际友人的助力。曾在北京大学任教的美国学者葛利普,在燕京大学任教的美国学者斯诺、夏仁德、林迈可和英国学者赖朴吾,就为他们所深爱的中国文化和大学教育贡献了心血和智慧,贡献出自己的光和热,有的直至生命的最后一息。

葛利普教授

葛利普(Amadeus William Grabu),美国著名地质学家、古生物学家、地层学家。他祖籍德国,出生于美国威斯康星州塞达堡,早年任哥伦比亚大学教授,并当选为纽约科学院院士、副院长,他一生出版近三百种学术著作,内容涉及古生物学、古人类学、地层学、地史学、古地理学、地壳学、生态学、矿物学、沉积岩石学、构造地质学等领域。他是古生态学的创始人之一。他1910年出版的《北美标准化石》一书,曾风靡一时。

葛利普先生在1920年"知天命"之年,接受中国地质事业奠基人丁文江的邀请来到中国,任农商部地质调查所顾问兼古生物室主任,同时任北大地质学系古生物学教授。1929年任中央研究院地质研究所通讯研究员。1934年任北大地质学系主任。1941年12月太平洋战争爆发后,他被侵华日军送进北平集中营受尽折磨,但仍坚持著述。抗战胜利后恢复自由,1946年病逝于北平。

葛利普先生是中国地质学会的创立会员之一,为中国古生物学、地层学的奠基和北大地质学系的创建与发展做出了不可磨灭的贡献,被誉为"中国地质学之父"。中国最早一批地层学和古生物学者大都出自他的门下。他在中国 26 年的教学和科研生涯中,培养了二百七十多名地质工程师,其中有 22 人后来成为院士。

在北大授课时,他的学识和人格令人敬佩。那时由于学校经常发不出薪水,罢课时有发生。他有时也"真活不下去了"(罗家伦《现代学人丁在君先生的一角》),但他不仅坚持授课,学校罢课时,还把学生叫到他家里去上课。同时他也拒绝清华月薪六百元的专任教授邀请,只同意兼课。

老北大校友陶钝在《风雨北大》一文中,记述了葛利普先生这样一件非常感人的往事:地质系的学生赵亚曾去云南考察,搜集了大批资料,装了几只箱子,雇了几个骡驮打算从山区运到城市。不想路上被土匪看到,他们以为箱子里装有财物,竟然杀害了竭力保护这些"石头"的赵同学。此后有一天地质系上课的时候,当时已下肢瘫痪的葛利普教授坐在椅子上被抬上讲台。他神情凝重地两手按着教桌,颤巍巍地站起来。同学们从来没见过他这种神情和动作,正在惊疑之际,他说:"同学们站起来,我们的赵亚曾同学在云南被土匪杀害了,要为他默哀。"全堂的同学都起立低下了头。坐下以后葛教授又讲了赵同学被害的经过,并回忆了他平日自己勤学并帮助同学一同进步的情况以及他常说的为了祖国富强努力学习、发掘宝藏的话,使大家受到深刻的教育和激励。

葛利普先生 1946 年逝世前,曾多次提出加入中国国籍,终因逝世过早而未能实现,但他"我死后请把我葬在中国"的愿望实现了。他病逝后,北大的教授和学生们将他的骨灰归葬于北大红楼西边他生前讲学的地质馆前。洁白的墓碑上用中英文镌刻着"葛利普教授之墓"几个大字,墓碑的正中镶嵌着他的侧身头像。在那些年里,新入学的北大地质学系学生、返校的校友,都会到他墓前深鞠一躬。

1982 年 7 月,在中国地质学会的倡议下,北大将葛利普先生的墓及墓碑移到了燕园校友桥以南、勺园荷花池边的草地上。

这样,老北大的葛利普就和燕大的斯诺、赖朴吾、夏仁德相聚在北大的新校园之中了。燕园因为有了他们,而平添了一份特殊的精神魅力。

5. 埃德加·斯诺之墓

埃德加·斯诺,这是一个中国人民永远不应该忘记的名字,更是燕京大学、北京大学永远引以为荣的名字。因为斯诺为中国人民的事业奔走、奋斗了大半生。他的事业、他的命运与中国紧密相连,而其中和燕园结缘尤深。

斯诺在燕园

斯诺(Edgar Snow),出生在美国密苏里州堪萨斯城一个小印刷厂出版商家庭,1925年进入密苏里大学新闻学院学习。

斯诺先生

从密苏里大学新闻学院毕业不久,他于1928年7月来到中国,在上海《密勒氏评论报》工作,以后又任《芝加哥论坛报》和"统一新闻协会"的驻华记者。在此期间,有着古老文明和壮丽河山但却灾难深重、贫穷落后的中国深深地吸引了这位年轻的美国人,从而改变了他的旅游乃至生活的轨迹。

此后,他在这个东方古国一待就是十三年。其间,他主要活动都和燕园有关。

1934年2月,斯诺应燕京大学之邀兼任新闻系讲师,开始过着"介于新闻与学术之间"的生活。据1934年2月13日《燕京大学校刊》报道:2月9日,燕大教职员交际委员会在临湖轩设茗招待新闻系和社会系新到教员,其中有美国《纽约时报》驻华记者"雪·斯诺"。这位"雪·斯诺"就是斯诺先生。斯诺对这个汉译名并不满意,自己改称"施乐",取意"好施乐善",并特意到前门大街"亿昌图章店"刻了一枚隶书方章,在中国时他一直使用这个名字。

当时,燕京大学新闻系只有六七个教员,其中有一半是英、德、美各国的通讯社驻华记者兼任的。斯诺在燕大开设了"新闻特写""新闻撰述""旅行通讯"等课程。他的博学、谦逊和友善给中国学生留下了深刻的印象。为了授课之便,斯诺举家从城里乔迁到海淀军机处8号,位置在今日北京大学西南学一食堂一带。这里原是一位燕大毕业的银行家的房子,他在这里住了两年。

任教燕大时,斯诺除了给学生们讲授课堂知识以外,还给他们带来了新鲜的思想和正直的观念。他坚决支持中国学生的抗日爱国运动,很多进步青年常到斯诺家里造访,其中中共北京市委负责人黄敬和燕京大学学生运动领袖龚澎、黄华、陈翰伯等人就是他家的座上常客。

斯诺利用自己的特殊条件,收藏了大量被当局定为"禁书"的进步书籍和刊物,其中有苏联小说,有反映中国红军的小册子,还有宣传马克思主义的理论著作。这样,斯诺的家里就成了学生们的"真正的课堂",成为他们"呼吸一点新鲜空气的窗口"。当时有些进步学生就利用这个条件,在斯诺的小客厅里进行革命活动。

1935年6月,斯诺又被聘为英国《每日先驱报》特派记者。为了兼顾教学和工作,他不久即搬回东城盔甲厂13号居住。这时,斯诺依然关心和支持燕大学生的进步事业,并坚持参加燕大新闻学会的活动。"一二·九"运动前夕,地下党员们在斯诺家里商量了游行活动的具体步骤,并把12月9日、16日两次大游行的路线、集合地点都告知斯诺夫妇。游行前夕,斯诺夫妇把《平津十校学生自治会为抗日救国争自由宣言》连夜译成英文,分送驻北平外国记者,请他们往国外发电讯,并联系驻平津的许多外国记者届时前往采访。"一二·九"运动爆发以后,斯诺在通讯中写道:"蒋介石国民党把许多爱国青年赶到了作为中国最后的希望的红旗下来",并热情称颂"一二·九"运动是又一次五四运动。

震惊了世界的《西行漫记》

1937年"卢沟桥事变"之后,北平沦陷。斯诺家中成为对敌斗争的重要据点。他掩护很多学生离开北京,奔赴革命圣地延安。他还同意一些东北的流亡革命者在他的住所安放收发报机。斯诺为此说:"我的住所很快成了某种地下工作部了,我肯定不再是一个'中立者'了。"

斯诺在延安

毛主席会见斯诺

这次在中国、在燕园生活期间,他做的最重要的一件事是到革命根据地延安采访,最后出版了震惊世界的《西行漫记》。

1936年6月,在宋庆龄的精心安排下,斯诺以赴内蒙古旅行采访的名义,秘密抵达陕北革命根据地。7月16日晚,毛泽东在他那"非常原始的"两间窑洞里接见了斯诺,并与他进行了关于抗战形势的谈话。斯诺还遵照毛泽东"到前线去看看"的建议,到前线生活了一个月。

《西行漫记》书影

金秋时节,斯诺回到北平,在全力撰写《红星照耀中国》一书的同时,还热情向青年学生介绍陕北见闻。

1937年2月5日和2月22日两个晚上,燕大新闻学会与燕大历史学会分别在临湖轩召开会议,会上,斯诺两次放映了他拍摄的陕甘宁边区的纪录片和照片、幻灯片等,使与会者第一次看到了毛泽东、周恩来、彭德怀等红军领袖的风采以及根据地人民群众和红军的景况。从此,陕北根据地在燕园成为一个公开谈论的话题。

1937年10月,斯诺赴苏区所撰写的系列新闻通讯报道汇编成《红星照耀中国》(中译名《西行漫记》),由伦敦维克多·戈兰茨公司出版。1938年2月,中译本又在上海出版,让更多的人看到了中国共产党和红军的真实形象。胡愈之先生等翻译《西行漫记》一书时,因不知他还有过一个"施乐"的中文名字,而译作"斯诺"二字。这个译名,后来一直沿用下来。

此书甫一出版,便震动了整个世界。正如美国历史学家拉铁摩尔所说:"斯诺的《红星照耀中国》就像火焰一样,腾空而起,划破了苍茫的暮色……原来还另外有一个中国啊!"有人还说:斯诺对"中国共产主义运动的发现和描述,与哥伦布对美洲的发现一样,是震惊世界的成就","标志着西方了解中国的新纪元"。斯诺因此成了最了解中国和毛泽东的美国人。"红星"照耀了中国,也照亮了世界,同时斯诺自己也成为人们敬仰的"星"。美国总统罗斯福看完斯诺的著作后,在1942年至1945年期间先后三次接见斯诺,还亲自推荐过斯诺的书。1937年3月10日,毛泽东在延安专门致信斯诺:"我们都感谢你的。"1938年春,毛泽东还对一位德国记者说:"我们将永远记得他曾为中国做过一件巨大的工作。他是为建立友好关系铺平道路的第一个人。"

斯诺的《西行漫记》影响了几代中国青年。正是在这本书的影响下,许许多多的进步青年从祖国各地奔赴延安,成为坚定的无产阶级战士。时至今日,世界各国还在不断地再版《西行漫记》,这本书已成为不朽的经典。

抗战期间,斯诺不忘新闻记者的本职工作,继续关注中国时局,撰写了大量有关中国时局和战事的精彩通讯报道。1941年,国民党制造了震惊中外的皖南事变,严重破坏了国共联合抗日的局面。斯诺大胆地向全世界报道了事变的真相,在全世界联合反对法西斯的大背景下,蒋介石背信弃义的行为遭到了全世界舆论的谴责。国民党政府一怒之下取消了斯诺在中国的记者采访权。斯诺不得不离开一住就是十三年的中国。十三年风雨同舟的生活使他对中国产生了无限依恋的深情。他在一篇文章中说:

纵然我不能贸然自称是中国的一部分,但中国却已承认我是她的一部分……是的,我应该是中国的一部分。我的一部分将永远地同中国褐色的群山、碧玉似的梯田、晨雾掩映的岛上庙宇留在一起;同那些信任我、爱护过我的儿女,同那些脸色黝黑、衣衫褴褛、眼光明亮的儿童,同我所认识的同辈和好友,尤其是同那些卑贱的、没有军饷的、饥饿的、受人蔑视的、农民出身的步兵留在一起……

斯诺离开了中国,但是中国人民永远记住了他。张文定《斯诺在燕园》就这样写道:"斯诺用笔说服了世界,他作为一个外国人,为中国共产党领导的革命事业做出了特殊的贡献。"

鲁迅先生生前深为斯诺的精神所感动,甚至曾动情地说过这样的话:斯诺"之爱中国,远胜于有些同胞自己"。

斯诺的中国心

在20世纪五六十年代麦卡锡主义盛行的美国,斯诺被视为危害美国安全的"共党嫌疑",他的著作不能发表,这对于一个以新闻为职业的作家来说是莫大的痛苦。斯诺最后不得不离开自己的祖国,迁居瑞士日内瓦,但他仍然关注着中国,牵挂着燕园。

斯诺夫妇参观北大(采自《纪念北京大学建校一百周年藏书票》)

新中国成立以后,斯诺曾于 1960 年、1964 年、1970 年三次访问中国,每一次都必定要重游日夜思念的燕园。

斯诺第三次和夫人洛伊斯·惠勒(Lois Wheeler)一起来到中国时,冷战的形势正迫使美国走上接近中国的道路。这时候,斯诺再次走上前台,充当了中美关系正常化的信使。他被邀请至天安门城楼,与中国最高领导人一起观赏新中国成立 21 周年庆典,并在天安门城楼上和毛泽东主席亲切交谈。这一年圣诞节那天的《人民日报》,在头版头条刊发了斯诺和毛主席一起站在天安门城楼上的照片,文章称斯诺为美国友好人士。这显然是中国政府的有意安排,是向美国政府传达的友好信息。随后,斯诺发表了《我同毛泽东谈了话》《周恩来的谈话》等文章。斯诺此次访华之后,经多方面的努力,中美关系正常化的步伐逐渐迈开。然而,斯诺却不幸患了胰腺癌。在他的最后岁月里,中国政府派专机护送由中国最好的医生组成的医疗队去为他治病。1972 年 2 月 15 日,也就是在毛泽东和尼克松会晤的前一个星期,斯诺在瑞士日内瓦郊区埃辛斯村与世长辞。临终时,他用生命的最后力量讲出一句话:"我热爱中国!"

在生命的最后时刻,他曾写有这样一张纸条:

> 我爱中国,我愿在死后把我的一部分留在那里,就像我活着时那样。美国抚养和培育了我,我愿把我的一部分安葬在赫德逊河畔,日后我的骨灰将渗入大西洋,同欧洲和人类一切海岸相连,我觉得自己是人类的一部分,因为几乎在每一块土地上,都有着同我相识的善良的人们。

斯诺墓(采自《纪念北京大学建校一百周年藏书票》)

中国政府欣然同意了他临终前的要求。1973年10月,斯诺夫人秉承斯诺先生的愿望,把他的部分骨灰送来中国安葬。墓园在未名湖南岸花神庙(慈济寺山门)后边的山坡上,那是遵照他的意愿选定的。

1970年他携夫人洛伊斯第三次访华畅游燕园时,曾在花神庙旁驻足。洛伊斯后来回忆说:"我们在一个略为发灰的浅红色的亭子(指慈济寺山门)边停了下来,眼光穿过它的拱顶,凝视阳光下碧波荡漾的一片湖面。在我们身后,拾几步石阶向上的那块稍为高起的地方,有一片蔓草丛生的空地,四周松树围绕,遮住了我们的视线……"1973年,洛伊斯就选择了这块"空地"作为墓址。

1973年10月19日,斯诺先生的骨灰安葬仪式在未名湖畔隆重举行。周恩来总理亲拟了碑文,并抱病参加了这次仪式。安葬仪式由邓颖超主持,廖承志和斯诺夫人在仪式上讲了话。

1977年12月13日,叶剑英同志亲笔题写了碑名"中国人民的美国朋友埃德加·斯诺之墓",后被鎏金镌刻在墓碑之上。

还有一个巧合是,墓所在的小山坡后面,就是他当年在燕京大学新闻系教学时经常给学生们上课的新闻馆。

6. 赖朴吾、夏仁德墓园

在燕园中,有一处不被人注意而又不应该被忘记的地方,那就是临湖轩后边小山坡上的赖朴吾、夏仁德墓园。

素朴的墓园

墓园很简陋,一棵青松,数株刺梅,一堆垒石,最高处的一块上立着一块碑。碑上刻着:

RALPH   LAPWOOD
RANDOLPH   SAILER
GARDEN
(赖朴吾、夏仁德花园)

碑下方的两块石头上,刻着他们二人的亲笔签名和生卒年代:

赖朴吾、夏仁德墓园

Randolph Sailer   Ralph Lapwood
1898—1981   1909—1984

这个墓园实在是简朴得不能再简朴了。

然而,简朴中其实也常常会蕴含着丰富。所以,陈阳、杨虎在《赖朴吾、夏仁德墓园》一文中提醒人们:"当了解了这两位先生的生平后,我们再去看这块简朴的墓碑,或许会心生一种别样的感觉。或许,当我们再一次漫步未名湖畔时,也会在这里驻足,沉思,而不是在不经意间匆匆而过。"或许,你还会发现,"石碑面朝着正北方向,便如两位先生的眼睛,在临湖轩的婆娑竹影和声声鸟鸣中,日夜凝望着他们钟爱的湖光塔影,凝望着他们为之魂牵梦萦的燕园。能与他们心爱的燕园长相伴,于他们也是一件幸事,于我们这些后来人也是件很有意义的事"。

确实,他们是我们不应该忘记的国际友人。

喜爱黄刺梅的赖朴吾先生

赖朴吾教授(Ralph Lapwood),著名的地球物理学家、数学家。生于

赖朴吾教授

英国的伯明翰，1928年进入剑桥大学，在圣约翰学院自修数学，1934年获硕士学位。1936年开始任教于燕京大学数学系。

赖朴吾教授在燕大任教期间，教学十分认真负责。他用心准备每一节课，还针对学生不同的学习水平精心设计各种试题和随堂测验，做到因材施教。他的课逻辑严密、条理清晰、活泼生动，深受学生喜爱。他待人至诚，主动要求与学生同吃同住，了解学生的想法和需要。学生有了经济上的困难，他总是倾囊相助。

在抗日战争时期，赖朴吾教授坚定地和中国人民站在一起。他最重大的贡献是，有力地协助了中国工业合作协会（由新西兰人路易·艾黎[Rewi Alley]组织的发展生产、支援抗日的组织，简称"工合"）的工作。1939年，他在中共北平地下党员的陪同下，和在燕大任教的林迈可等外籍教授一起徒步越过日伪封锁线，访问了华北八路军抗日根据地，受到朱德、彭德怀、聂荣臻、萧克等八路军将领的接见。此后，他留在了成都，以"工合"观察员的身份，终日奔忙在大后方，为在国际上援华募捐做了大量的工作。1942年，燕京大学在成都复校，他任理学院代理院长。他积极支持当时的进步学生运动，并向学生介绍他在八路军抗日根据地的见闻，深得学生爱戴。1945年，他回国攻读博士学位，在此期间，他经常向英国人民介绍中国的民主运动。

1948年10月，赖朴吾教授又回到燕大任教，兼任学生生活辅导委员会主席，对学生护校和准备迎接解放的活动多有帮助。1949年5月，英国军舰"紫石英"号在长江挑起冲突，他联合校内几位英籍同事给英国政府写信，指出"曲在英方"。中华人民共和国成立时，赖朴吾教授和学生们并肩游行，一起欢庆开国大典。在其后的多次节日游行队伍中，都能看到他的身影。

　　1952年，由于种种原因，赖教授全家返回英国。他人回去了，心里却从没有放下过他所热爱的中国和深爱着的学生。他们夫妇到英国各地旅行演讲，介绍新中国的情况，并合写了《经历中国革命》一书，1953年出版后成为当时的畅销书，后来又被美国出版商引进出版。20世纪80年代初期，他和夫人连续三次来华讲学访问。他在1980年来中国讲学回英后，写了《中国1932–1980年》一文，把新旧中国做了深刻的对比，称赞新中国取得的"伟大的成就"。

　　1984年4月11日，他第四次来华讲学期间不幸因心肌梗死病逝于北京。在弥留之际，他叮嘱夫人："不要开追悼会，不要树纪念碑，唯一的希望是把骨灰留在中国。"遵照他的遗嘱，他的学生和朋友把他的骨灰撒在了未名湖畔的山坡旁，并栽了三棵他生前最喜爱的黄刺梅。赖夫人在以后给老朋友的来信中说道："Ralph永远热爱着中国和中国人民，现在他比以往更成为这个伟大的国家的一部分了。"中国人民也没有忘记他，每年9月23日赖朴吾诞辰，都有他的友人和学生前来这里扫墓。

有一颗悲天悯人之心的夏仁德先生

　　与赖朴吾教授长眠在一起的是夏仁德（Randolph C. Sailer）教授，他的骨灰并没有安放在这里，小小的石碑上仅仅镌刻着他的名字，但他同样受到人们的景仰。

　　夏仁德教授出生于美国宾夕法尼亚州的费城，1919年毕业于普林斯顿大学，1922年和1923年先后在哥伦比亚大学获硕士、博士学位。1923年8月，应司徒雷登之邀任教于燕大心理系。

　　夏仁德教授在校时一直讲授心理学的相关课程，还曾担任过系主任，30年代还曾一度代理教务长。他循循善诱，所开课程广受欢迎。他主张博览群书，曾把《共产党宣言》列入所授课程的参考书目，许多青年便是从他这里第一次接触到了共产主义。

　　夏仁德教授有一颗悲天悯人的仁爱之心。他虽是外籍人士，却关注中国的前途和命运。

　　抗战期间他公开支持学生的抗日救亡运动，是燕大第一个向学生抗日会捐款的外籍教授，并多次拿出自己的薪金资助生活困难的学生，而自

夏仁德教授

己却因省吃俭用而得了营养不良症。他的家常常作为地下党的会场,他把后门和房间的钥匙交给他们,让他们自由进出。进步同学学习的党的文件和宣传材料也经常藏在他家地毯下面。他曾和侯仁之一起,帮助许多同学奔赴敌后根据地。太平洋战争爆发后,他和司徒雷登、侯仁之等一起被捕,直到1943年才获释回美国与家人团聚。1945年夏季,他回到成都燕大。

抗战胜利后,夏仁德随燕大复校回京,仍不改支持学生革命行动的初衷。在反对国民党内战独裁政策的学生运动中,他和学生们一起并肩前行,在抗议美军强暴女大学生的游行中,他背上贴着"抗议美军暴行"的大标语,愤怒地呼喊着口号。参加运动的学生被军警打伤,他冒雨将他们接回家中;警察来校抓人,他又挺身而出,不许他们搜查。就这样,许多进步学生在他家中躲避过搜捕,又在他的掩护下安全地转移到解放区。有人不理解夏仁德何以对中国有那么深的感情,他说:"使我深受感动的是学生们为消除国患而献身的决心。"

最惊险、最感人的一幕发生在1948年7月。那年的"七九"游行中,不少同学在德胜门被打伤,夏仁德冒雨接他们回校。国民党当局进行"八·一九"大搜捕,大批军警包围燕园时,尚有八名上了黑名单的燕大学生藏在他燕南园家中。他在门口挡住前来搜查的军警说:这里是外国籍教授住宅,不许搜查。21日凌晨,他经过周密计划,亲自帮助八人中的六人从燕南园翻墙而出,安全转移到解放区。其他两位因身体原因暂留下来。其中一位,由他提供毛毯将其藏身在南大地偏僻的草丛中,并亲送食品,几天后送其转移。另一位同学也于月底安全回到四川家乡。

夏仁德1950年回国后,致力于美中友好协会的活动。1973年他应邀重访中国。"五一"节那天,周恩来总理特地在中山公园音乐堂客厅接见了他们全家。1980年邓小平访美,他还作为主人之一设宴款待。

1981年7月11日,夏仁德在美国病逝,终年82岁,病榻之上,他还坚持着给燕大校友写了一封告别信,信中说:"我对中国人民为了建设一个更美好的世界所进行的斗争以及你们在其中的贡献,表示深深的敬佩。"同年9月6日,一二百名前燕大校友在北大图书馆隆重集会,纪念这位他们敬爱的师长、中国人民的忠诚朋友。夏仁德辞世了,但他的名字永远地留在了燕园未名湖畔的这块石碑上,他的馨香也融入了北大的血脉,永远地流淌在美丽的燕园。

白求恩的好友林迈可先生

在我们怀念赖朴吾和夏仁德这两位国际友人的时候,我们不能忘了,当年燕大还有一位国际友人也是值得我们永远缅怀的,他就是白求恩的好友林迈可。

林迈可(Michael Lindsay),出生于英国伦敦一个书香家庭。祖父是一位历史学家,在苏格兰拉斯哥的神学院任院长多年。父亲是一位国际知名哲学家,在牛津大学的贝里奥学院任院长25年之久,1945年起任英国上议院议员并被英王封为男爵。

林迈可和他中国籍的夫人李效黎

林迈可在牛津大学获得政治学、经济学、哲学硕士学位后,由他父亲推荐到燕京大学创办导师制班并任导师。在来华途中与同船的诺尔曼·白求恩相识并成为好友。这次巧遇使他对坚持抗战的中国八路军有了初步的了解。后又在保定郊外遇到华北抗日游击队，对他们在物资极端缺乏环境下英勇作战的精神油然而生崇敬之心。不久，他数次利用假期到冀中、晋察冀等根据地，详细了解情况，决定在根据地缺乏的电讯器材和医药品方面给予支持。

林迈可和朱德将军研究工程方案

回京后，他用自己的钱购买药品和通信器材，并和北平地下党取得了联系，多次巧妙地避开敌人，把物资送达游击区。

1941年，他与学生李效黎结为夫妇。婚后他们继续出生入死地为抗日战争做地下工作。珍珠港事件爆发，当清晨七时多日军从西校门进来抓捕他们时，他们刚从东门乘坐司徒雷登的汽车急驰西山。奔赴抗日根据地后，他们在聂荣臻将军麾下任晋察冀边区通讯组技术顾问。1944年夏天，林迈可夫妇到达延安，受到毛主席和朱总司令的热情接待，并委以重任——十八集团军三局通讯组技术顾问及新华社英语主编顾问。李效黎则帮他做书记、翻译等工作。

离开中国后,林迈可分别在哈佛、耶鲁、美利坚大学和澳洲国立大学等处执教。他一直关注中国,多次给毛主席等领导人写信呈言。中国改革开放后,他渴望到中国颐养天年,可惜未能成行,于1994年在美国病逝。

7. 司徒雷登的遗憾

在燕园先烈、先贤和国际友人的精神会聚上,有一个和老燕园结缘最深的人,本是不该缺席、也有可能不缺席的。可惜未能如愿。

这个人,就是被誉为"燕大之父"的美国人司徒雷登。

1949年8月初,司徒雷登回到美国,仅三个月就一病不起,严重的卒中后遗症让他在轮椅和病榻上度过了最后的十三个春秋。如果说身体上的病痛尚能忍受的话,精神上的失意和哀怨却几乎要了司徒雷登的命。更让他难以承受的是,在遭受了《别了,司徒雷登》的无奈结局和来自蒋介石的无情冷落之后,1952年,燕大与其他学校合并的消息又给予他巨大的打击。

那时,给司徒雷登以折磨的,

司徒雷登中风前,在写回忆录

还有生活上的清贫。他当燕大校长时,大部分工资都花在燕大学子身上,1946年出任美国驻中国大使后,每年圣诞节他仍然拿出大笔钱给燕大的学生聚会,给教职员工的孩子买礼品,每月的钱所剩无几。杨林彦在《论燕京大学在中西文化交流中的作用》一文中甚至不无夸张地说:"其一生的积蓄还不够买一个冰淇淋。"因此,司徒雷登晚年连自己的住所都没有,只能与昔日的学生傅泾波一家生活在一起。

然而,他是有信仰的,无论是生活的清贫还是精神的打击,都没有使他屈服,更无法冲淡他美好的记忆:他一生的最后岁月里,最让他为之魂牵梦绕的依然是那万里之外的第二故乡——中国和那里的燕园。张黎明在《司徒雷登与燕京大学》一文中有这样的描写:

> 1954年,这位已被中风病魔纠缠的虔诚教徒,用混浊的双眼,回视人生旅途上的枯枝败叶时,脑中拂不去的依然还是浓荫匝地的燕园那一绺绺绿意。他把燕京大学称作"实现了的梦想"。

1955年8月1日,79岁的司徒雷登立下遗嘱,请傅泾波在他去世后,如有可能将他的骨灰安葬在原燕京大学他妻子的墓地旁(他妻子原葬在中关园墓地。墓地后因建宿舍迁出,至今未寻得他妻子骨灰的下落)。

自从司徒雷登1962年辞世以后,傅泾波先生就一直在为实现他"叶落归根"的遗愿而奔波,但始终未果。1986年1月,他直接给邓小平写了信。1986年年底,终于得到有关部门的答复:同意司徒雷登的骨灰以原燕京大学校长的名义安葬于临湖轩。可惜傅泾波先生因健康原因直到1988年去世也未能再次来华,司徒雷登的骨灰一直由傅先生的女儿傅海澜女士供奉于家中。

后来,这个遗憾总算得到了补偿。2006年,时任浙江省委书记的习近平率团访美,傅泾波之子傅履仁向习近平提起司徒雷登的遗嘱。在习近平的关心下,司徒雷登的骨灰终于在他辞世46年之后得以安葬在杭州半山安贤园。杭州,那是他的"第二故乡":童年生活之地、父母和两个弟弟的长眠之地,1946年他重回杭州,还被杭州市长周象贤授予"杭州荣誉公民"的殊荣。能在那里安息,也算是落叶归根,入土为安了。

燕园呢,有他书写的历史在,有他至诚的精神在,还有燕园里他那"临风待月"的临湖轩,就不妨看作是对他最好的纪念。

四、又一个甲子的风雨兼程

从1952年西迁燕园到一百二十周年校庆,北大在燕园这块土地上,又风雨兼程走过了一个甲子的征程。

一个甲子的风雨兼程,一个甲子的教学相长。从弦歌燕园的琅琅书声到雨过天晴的书声琅琅,从"向科学进军"到登上国家最高科技奖的领奖台;从马校长"新人口论"的空谷足音到新时期真理标准讨论的嘹亮"序曲"……这一切,都使北大的历史更加丰厚,都让未名湖的湖水更为清澈。

1. 从西迁燕园的琅琅书声到雨过天晴的书声琅琅

1949年10月1日,伟大的中华人民共和国像初升的朝阳一样,出现在世界的东方。

在这旭日东升的时刻,一直与祖国同行的北大人感到前所未有的激动和喜悦。

那时候,在北大学子眼里和心中都是乐黛云《四院 沙滩 未名湖》一书所描绘的那种玫瑰色的憧憬:"到处是鲜花、阳光、青春、理想和自信","深深庆幸那些苦难的日子已经成为过去,仿佛辉煌灿烂的世界就在眼前,真想展开双臂拥抱自由美好的明天!"

那时候,甚至在久经风霜的老师们的眼里和心中也都是玫瑰色的憧憬。季羡林先生在《我的心是一面镜子》一文中就说:"我觉得一切的一切都是美好的,都是善良的。我觉得天特别蓝,草特别绿,花特别红,山特别青。全中国仿佛开遍了美丽的玫瑰花,中华民族前途光芒万丈。"

这个时期,对北大影响最大的一件事就是1952年的院系调整。

20世纪50年代初的未名湖畔

名师云集　星河灿烂

尽管对1952年院系调整看法至今仍不尽一致,有一点大家还是认同的,那就是"分后之合"使北大文理不少科系的师资力量得到了加强。

北大一向以文史哲见长,这次调整在师资方面的获益亦以文史哲为最。那群贤毕至、星汉灿烂的景象,在20世纪50年代初期的许多校友的回忆文章中,都成为美好的记忆。这是中文系校友傅璇琮的《学风与良师》:

这对于北大中文系来说,可以说是前所未有的人才荟萃。当时从清华过来的教师,有吴组缃、浦江清、王瑶、朱德熙、冯钟芸、郭良夫等先生,从燕大过来的教师,有高名凯、林庚、林焘等先生,北大中文系留下的则更多,如杨晦、魏建功、游国恩、周祖谟、杨伯峻、川岛、吴小如等先生。不久,又从广州中山大学过来几位语言学教授,如王力、岑麒祥、袁家骅等。中文系的几门学科,如古典文学、现代文学、语言学、文艺理论、写作,都有国内第一流的名家执教。

这是历史系校友马克垚的《北大上课记》:

> 给我上两门通史——这重要的基础课的,大都是名师。例如先秦史由张政烺先生讲授,秦汉魏晋南北朝史由余逊先生讲授,唐宋史由邓广铭先生讲授,近代史由邵循正先生讲授,世界中古史由齐思和先生讲授,世界近代史由杨人楩先生讲授,亚洲史由周一良先生讲授。

成为全国唯一一个哲学系的北大哲学系更是这样。全国的哲学系,统统都并入了北大,形成一个大师云集的阵容:原北大哲学系的有熊十力、汤用彤、郑昕、贺麟、朱谦之等;原清华哲学系的有金岳霖、冯友兰、张岱年、邓以蛰、沈有鼎、朱伯昆等;原燕京大学哲学系的有洪谦、张东荪、吴允曾等;原武汉大学哲学系的有黄子通、周辅成、江天骥等;原南京大学哲学系的有宗白华、熊伟、何兆清等;原中山大学哲学系的有李田华、方书春、马宋等。所以,有人说:此时的北大哲学系,可谓众贤盈庭,群英聚集,开创了中国现代哲学史上空前未有之局,在中国几千年历史上,可能只有齐国稷下能与之相比。

十年树木 百年树人(采自《纪念北京大学建校一百周年藏书票》)

如沐春风　如曝冬日

有了这么多名师,自然是学生的缘分和福分。许多名师课堂的风采和人生故事,都成了他们人生的甜蜜记忆和宝贵财富。

尤其是中文系的学子,收获本来就丰饶,再加上他们那支生花妙笔,在回忆文字中展现给我们的风景就格外诱人——

曾任中国作协副主席的张炯在《感谢母校》一文中说:

> 我进的是北大中文系。当时一代名师魏建功、游国恩、王力、高名凯、吴组缃、王瑶、林庚、朱德熙、川岛等都健在。系主任是杨晦先生。他们的博学和严谨,以及对待学生循循善诱、诲人不倦的精神都给我留下深刻的印象。记得魏建功先生第一次给我们上古代汉语课,他因为找错了教室,来到课堂便上气不接下气,登上讲台就一再向同学们道歉,说发生迟到这种事,还是他在大学执教三十年来的第一次。那种诚挚的拳拳之心,让同学们都分外感动!游国恩先生一上讲台就先拿起粉笔,用不着看书便把《诗经》一首首默写在黑板上,那种背熟古诗的记忆力,简直叫我目瞪口呆,佩服得无以名之。王力先生讲授《汉语史》和《诗律学》,逻辑严谨,口齿清晰。高名凯先生讲授《普通语言学》,对法语特别精通,他翻译过巴尔扎克的许多名作。吴组缃先生讲授《红楼梦》,极有自己独到的见解。林庚先生讲授魏晋文学和唐诗宋词,因他是诗人,尤有许多精粹的见地。……此外,我还听过外系老师的一些课,如冯友兰先生讲的《中国思想史》,朱光潜和蔡仪先生分别讲的《美学》,季羡林、金克木、李赋宁先生讲的《外国文学史》等。

这种精彩也不限于中文系。马克垚先生的《北大上课记》就记录了历史系的另一番课堂风景:

> 老师讲课各有自己的风采,各有自己的鲜明的个性。张政烺先生上课,时值冬天,他穿一件棉布长袍,上面似乎有不少油渍,围一条深色的围巾,但我不知道为什么他的围巾总是用一端系在脖子上,余下的则垂在胸前,长可过腹。他讲课说话不多,讲义似乎也写得短些。但常常背过身去写字,密密麻麻的黑板上时常写着一大片古文

亲切的重逢　温馨的记忆（采自《纪念北京大学建校一百周年藏书票》）

时间也就在他写字我们抄写中过去不少。杨人楩先生讲课时则是西装革履,风度翩翩,讲到得意处时,还脱去西装,只穿一件西装背心,把两个大拇指插在背心口袋中,显得意气昂扬。他的讲义写得很短,但讲课的笔记很好记。因为他讲到重要处,一定提高声音,放慢节奏;讲到不重要处,则降低声音,加快进度。正文与注疏,十分明确。你只要把正文记下来,就完全可以了。邵循正先生讲课的特点是大量的抽烟。他讲课声音很低,前半句还可以听到,讲完半句后抽一口烟,后半句就和烟一起被吞进腹中,所以我记的笔记往往只有半句。但他的讲义是一种逻辑性很强的提纲,可以把我的断断续续的笔记归纳起来而成一体系。

子规啼血　弦歌再续

和一切伟大的事业一样,新北大的征程也是不平坦的。其间,有风和日丽,也有风雨交加,甚至还有寒凝大地的时刻。但是,北大的脊梁始终没有折断,北大的精神始终没有暗淡。

所以，一旦改革开放的春风吹遍神州大地，燕园很快就展现出更加蓬勃的生机。

1977年，在改革开放总设计师邓小平的主持下，国家对高校招生制度进行了改革，高考得以恢复。

1978年春，北大迎来了"文革"后第一批经高考录取的大学生。他们中很多人是"文革"中上山下乡的知识青年，艰难困苦的磨炼和对中国社会深刻变化的亲身体验，使他们有了很高的起点。

经历过黑夜更知道光明的可贵，经历过寒冬更珍惜阳光的温暖。自从恢复高考、新生入校，北大这个"铁打的营盘"已经在全新动力的驱动下，开始高速运转了。我们听听几位学子当初的感受——

高考恢复后第一届北京大学新生进校（采自《纪念北京大学建校一百周年藏书票》）

吴晔在《贫穷而且精彩》一文中说：

> 那时，我的北大老师们也很穷，他们庆幸自己的有生之年还能碰上这么一个春天，急急忙忙从各自的尘封处回到岗位上，家未安妥就走上讲台，竭力弥补无情岁月的沟壑。我去过几位老师的家，他们常是一家人挤住在筒子楼里，楼道堆满了杂物、炉灶、锅碗瓢盆。……我猜想那时候，我的北大老师们内心里都各有其酸楚的梦影难以摆

寒凝大地发春华

万紫千红总是春

脱，但他们是很伟大的，无论生活现实给他们强灌进什么滋味，只要一走上讲台，他们都那么尽心竭力，全力以赴，哺出知识的琼浆；即使冬天，内心的热情也能使他们额头上泛起晶莹的汗珠，染白了手、四处飞扬的粉笔末从未引起他们"空气污染"的恐慌与警惕。他们不仅是学问的修行者，也是道德的修行者，讲台上，他们的形象是圣洁的。许多老师的音容笑貌虽历经岁月沧桑，至今仍长留我记忆深处，不能抹去。

学子的回忆，鲜明生动地凸现出北大老师们的心灵之光，他们没有在那儿咀嚼岁月给自己带来的创伤，他们又像中文系教授袁行霈先生在《我心中的北大》一文中所说的那样，当起"交响乐团的指挥"，让新一代的桃李去担负起天下的兴亡，他们也由此感受到"从来没有过的讲授者和接受者之间所共同拥有的那一份共鸣的快乐"，而且"在这乐音中聆听到北大的呼吸"。这又是一种超越。

老师是这样，学生呢？我们听听七七级岑献青同学在《北大杂忆》一文中的肺腑之言：

> 在那个时代，承受了最大苦难的却是我们的国家，我们的民族！
> 北大使我学会从一个更高的层次上重新阅读苦难，认识苦难，理解苦难。也许正因为经历过这些，我们才会一百倍、一千倍地珍惜读书的机会，没有人一味地躲在角落里舔伤口，也没有人终日在絮絮叨叨地诉说过去，我们都认为民族的振兴将从我们这一代开始，我们每一个人都应该为自己的民族做一些什么。

事实正是这样。有幸走进北大这块圣地的七七、七八届学生充满了理想主义的情怀，如饥似渴地学习，誓把被耽搁的青春时光夺回来。这段岁月，也成为很多人甜蜜的回忆，成为许多人欣赏的北大风景。上引岑献青文章中就记录了这样一位女生：

> 多少年来，常常有一个晨曦中的背影总在我的记忆中浮现，那是我们宿舍的一个女生，她每天早晨四五点钟就起床，悄悄地搬一张凳子，在楼道的窗下读书，不只是读外语，还读别的教科书，甚至把一些枯燥无味的史料也背得滚瓜烂熟。有一次我们去军事博物馆参观，她居然把"四渡赤水"讲得明明白白，像是她自己渡了四次赤水似的，让我惊讶不已。

许知远的《图书馆快照》和《电教报告厅》两篇文章,则记录了当时图书馆和电教报告厅的盛况:

晨读的女生

每天清晨,在门还没有开之前,那些好学的北大学子就匆匆忙忙地集结在图书馆门前,那些洗过的和没洗过的不同的脸孔交错在一起,相同的是脸上急切和没有睡醒的表情,他们的手里拿的是书或饭盒或是半个啃得惨不忍睹的面包。当门被拉开的时候,那些平日看起来斯斯文文的学子们在学习欲望的驱动下暴露出他们内在的原始冲动力。他们拥挤着奔跑着向前,攒动的人头伴随着拥挤的呼喊向图书馆内的自习室涌去。

每每报告厅内有热点问题的演讲时,就会有大批的人放弃吃饭的时间来占座,来晚的人就坐在台阶上和讲台上。而往往是那些坐在地上的人有更强烈的求知欲,他们常常会提出独特的问题。我喜欢看那些学生们坐在地上倾听思考的样子,他们各式各样的坐姿,各种各样的面孔上是相同的思考的表情,我常常在想,他们才是中国真正的希望所在吧。

为了珍惜在北大的时光,让人生焕发出学术的光芒,有的人甚至付出了生命的代价。王岳川《生命与学术》一文就记述了其中的一个:"惊悉北大一位二十几岁的博士生突发脑溢血死亡,在这之前,他已通宵达旦地工作了好几个星期,拼命读,拼命写,耗尽了他的心力。不是学术剥夺了他的生命,而是贫困剥夺了他的生命,他的生活仅维持在最底水准,导致他的身体状况每况愈下。"

有人也许不解:北大人何以如此执着,以至"虽九死其犹未悔"呢?

季羡林先生在《一个老知识分子的心声》一文中这样回答:"中国知识分子是一种很奇怪的群体,是造化小儿加心加意创造出来的一种'稀有动物'。""几千年的历史可以证明,中国知识分子最关心时事,最关心政治,最爱国。""'天下兴亡,匹夫有责',不管这句话的原形是什么样子,反正它痛快淋漓地表达了中国知识分子的心声。在别的国家是没有这种情况的。""中国知识分子有源远流长的爱国主义传统,是世界上哪个国家也不能望其项背。""爱国主义在他们心灵深处已经生了根,什么力量也拔不掉。甚至泰山崩于前,迅雷震于后,他们会依然热爱我们这伟大的祖国。""我平生优点不多,但自谓爱国不敢后人,即使把我烧成了灰,每一粒灰也还是爱国的。"

"子规夜半犹啼血,不信东风唤不回。"正是在这燕园新的弦歌和新的征程中,老北大精神不但获得了新的生命,焕发出新的光彩,而且在新的时代新的奋斗中更增加了新的内涵。

2. 从"向科学进军"到登上国家最高科技奖的领奖台

中华人民共和国成立以后,"向科学进军"就成为高校和全国科技工作者努力的目标。尽管不时有种种的干扰,院系合并后的新北大还是以对祖国的热爱和对科学事业的忠诚,为社会主义事业做出巨大的贡献。许多经过北大这个大炉淬炼的科技界校友,也在各自岗位上做出了不平凡的成绩。

我国学术科技事业的奠基者们

1955年,中国科学院首批学部委员(院士)产生。

在首批233名学部委员中,北大在校教师有29人,其中还有7名兼任常务委员。人数之多,比例之大,均居全国高校之首。

他们是:物理数学化学部数学家江泽涵(常务委员)、流体力学和理论物理学家周培源(常务委员)、化学家黄子卿(常务委员)、物理学家和教育家叶企孙(常务委员)、理论物理学家王竹溪、数学家段学复、物理学家胡宁、化学家张青莲、数学家许宝騄、化学家傅鹰、化学家黄昆、物理学家饶毓泰;生物学地学部生物学家陈桢、生物学家汤佩松、生物学家李继侗、地质学家乐森璕、生物学家张景钺、哲学社会科学部历史学家向达(常务委员)、哲

校史馆院士廊(采自《纪念北京大学建校一百周年藏书票》)

学家金岳霖(常务委员)、诗人和文学评论家何其芳(常务委员)、语言学家和作家季羡林、经济学家马寅初、哲学家汤用彤、哲学家冯友兰、历史学家翦伯赞、诗人和文学评论家冯至、语言学家魏建功、语言学家王力。

这些著名教授,大师级的学者,都是我国学术科技事业的拓荒者、奠基者。在新北大的科研和教学中,他们和广大教师一起,不畏艰难,甘于寂寞,满怀热情,"向科学进军",刻苦攻关,培育桃李,在教书育人和科研学术上都取得了令人瞩目的成果。

改革开放以后,经过二十年的努力,至校庆百年的1998年,北大已经拥有8个学院和23个系、52个研究所、63个研究中心,两个国家级工程研究中心、42个国家重点学科,已建成国家重点实验室11个,国家重点

学科专业实验室4个。这时的北京大学,已成为中国推进现代化建设的一个重要教育中心和科学研究中心。

作为北大教学和科研成就的一个重要标志,北大先后有11位在校教师和校友登上了"国家最高科技奖"的领奖台。其中2000年至2007年有六位,占全国总获奖人数的一半。他们是中国半导体物理研究的开创者黄昆院士和领导中国印刷业"告别铅与火"革命的两院院士王选,以及校友数学家吴文俊、地质学家刘东生、气象学家叶笃正和植物学家吴征镒。其后,又有为中国稀土研究和利用做出杰出贡献的在校教授徐光宪院士以及中科院院士谢家麟、工程院院士王忠诚、中国科技大学原校长谷超豪等校友获此殊荣。

江泽民主席与2001年国家最高科技奖获得者王选(右)、黄昆(左)

"核科学家的摇篮"与"两弹一星"功臣

1952年院系调整后,北大更加强化其主要从事自然科学、人文社会科学基础学科教学与研究的综合性大学的地位。为适应国家建设和发展的需要,不懈地在探索中前进,排除各种干扰,不断扩大教学规模,努力提高教学质量和科研水平,为国家培养了大批优秀人才。

据统计,自1949年至1965年,北大为国家培养了三万多名本科生和两千多名毕业研究生。他们走向社会后,成为我国各个领域的骨干和中坚。他们中有政治家、教育家、科学家和其他方面的专家。这些毕业生中,后来成为中科院院士和中国工程院院士的多达一百多人。"两弹一星功勋奖章"获得者于敏、周光召,"国家最高科技奖"获得者王选,受到党中央表彰的知识分子的优秀代表蒋筑英等,都是这个时期的毕业生。

其间,有一个特别的亮点,就是1955年年初,党中央为创建核工业,在北大建立了我国第一个培养核科技人才的教学基地——北京大学物理研究室。并于1958年扩建为我国第一个原子能系,1960年改称为技术物理系。自此以后,该系为国家培养了大量杰出的核科学人才,仅首届毕业生中就涌现出于敏等"两院"院士五人,有的还成为"两弹一星功勋奖章"获得者。所以,该系被人们誉为"核科学家的摇篮"。

技术物理系获"核科学家摇篮"殊荣

在攀登核科学事业高峰,特别是在"两弹一星"的研制方面,曾在北大工作和学习过的师生,建立了卓越的功勋。在国家1999年授予或追授的"两弹一星功勋奖章"的23位科技专家中,北大就占了12位。他们是赵九章、郭永怀、钱三强、彭桓武、陈芳允、屠守锷、杨嘉墀、王希季、邓稼先、朱光亚、于敏、周光召。

在"文革"前的十七年里,北大在其他方面也做出了许多贡献,如1965年9月17日,北大化学系与中科院化学所经过多年研究,首次用人工方法合成了结晶牛胰岛素,开启了人工合成蛋白质的新时代,为北大增添了光彩。

天上有颗"北京大学"星

改革开放以来,北大进入了新的历史发展时期。据校史馆《1980—1981学年以来北大在校生统计表》显示,北大在校生逐年增长,至2000—2001学年,更是高达36110人!至1998年北大百年华诞时,北大百年间已经为祖国培养了近二十万人。在那时的中国科学院和中国工程院千余名院士中,有三分之一以上是北大校友。

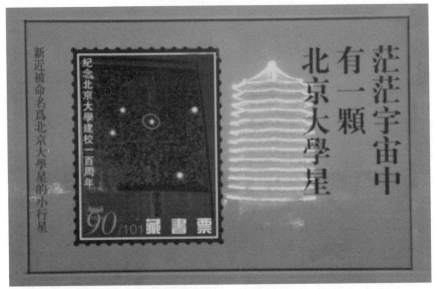

天上有颗"北京大学星"(采自《纪念北京大学建校一百周年藏书票》)

在校友多如繁星的科学成果中,有一颗星格外明亮,那就是被命名为"北京大学星"的 7072 号小行星。这颗小行星是由北大校友、中科院院士、北京天文台研究所陈建生所领导的观测宇宙组于 1996 年 2 月发现的。该课题属于施密特 CCD 小行星计划项目,科学界称之为 SCAP。SCAP 自实施以来,已发现小行星近两千颗。但 7072 号"北京大学星"则是该计划实施以来的第一颗获得永久编号和命名权的小行星。

"北京大学星"的命名仪式于百年校庆当天下午在未名湖湖心岛举行。令人不可思议的是,据"北京大学星"发现人之一朱进博士介绍:在北大百年校庆前后,"北京大学星"处于与太阳最近的位置,太阳、火星、地球及"北京大学星"几乎处于同一直线,"北京大学星"将与太阳同升同落。而且,5 月 4 日晚上,正是这颗行星最明亮的时候。是奇妙的巧合,还是旷世的因缘、神奇的瑞象和灵异的吉兆?

3. 从"新人口论的危言"到真理标准大讨论的序曲

新的北大不仅在科技方面为祖国做出了巨大贡献,在思想领域也曾不止一次发出过振聋发聩的惊雷。

有几个突出的例子,一是马寅初校长当年的"盛世危言"——《新人口论》;二是校友胡福明奏响了关于真理标准大讨论的序曲;三是一位"股份先锋"的出现。

马寅初校长的空谷足音

1953年,中国在全国范围内进行了历史上第一次人口普查。马寅初校长以经济学家的敏锐眼光,从普查结果中看到了中国人口问题的严重性。于是,他开始关注这个问题,并将它作为自己研究的重点。此后,他以全国人大代表和人大常委的身份,多次到农村进行调查,足迹遍及江浙、上海、山东、江西、陕西和京郊等

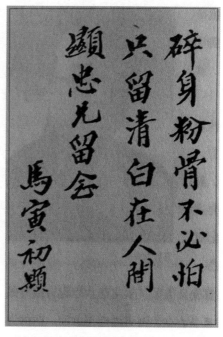

1946年马寅初为重庆大学学生许显忠题词

地,仅浙江就先后去过五次。调查结果表明:中国人口正以惊人速度在增长,要解决我们现阶段先进社会制度和落后生产力之间的矛盾,非从人口和科学两方面着力不可。从而逐步形成了以节制生育、提高人口素质为中心的"新人口论"思想,这在当时无疑是盛世危言,空谷足音。他因此遭到了激烈的批判。而他在坚持真理中表现出的无畏,又使他总结和提倡的北大牺牲精神,放射出更加灿烂的光辉:

> 我虽年近八十,明知寡不敌众,自当单身匹马,出来应战,直至战死为止,决不向专以力压服不以理说服的那种批判者投降。

他的悲壮,换来的是在当时两个所谓"理论权威"鼓动下对他这个中国"马尔萨斯"的更大规模的批判。他仍然不屈服,又在公开发表的最后一篇文章《重申我的请求》中再次坚持了自己的观点,重申"我马寅初是马克思的马家"!1960年元旦过后,马寅初辞去了北大校长的职务,退掉在

马寅初校长在大饭厅作关于新人口论的报告(采自《纪念北京大学建校一百周年藏书票》)

马寅初《新人口论》手稿(采自《纪念北京大学建校一百周年藏书票》)

燕南园的住房,回到了他城中东总布胡同的家中。

这是马校长的悲剧,也是历史的悲剧。

然而,真理的光芒是不会熄灭的。马校长的悲剧,使得他所倡导的北大牺牲精神更加光辉夺目,也让每一个学子又一次经历了精神和信仰的洗礼,从而更加坚定地担负起时代与历史的使命。

一百二十年校庆期间,中文系校友在燕南园马校长旧居前留影

不同凡响的改革"序曲"

20 世纪 80 年代初期,中国进行了一次影响深远的关于真理标准问题的大讨论。

改革开放的总设计师邓小平在 1978 年 12 月党的十一届三中全会上这样评价这场大讨论:目前进行的关于实践是检验真理的唯一标准问题的讨论,实际上也是要不要解放思想的争论。大家认为进行这个争论很有必要,意义很大。从争论的情况来看,越来越重要。一个党,一个国家,一个民族,如果一切从本本出发,思想僵化,迷信盛行,那它就不能前进,它的生机就停止了,就要亡党亡国。从这个意义上说,关于真理标准问题的讨论,的确是个思想路线的问题,是个政治问题,是个关系到党和国家的命运和前途的问题。

正是这场大讨论,使中国这艘航船,驶向了改革开放的伟大新时代。

这段曾经充满惊涛骇浪的历史,现在已为人们所熟知。然而,很少有人知道,奏响这场大讨论"序曲"的,是北大校友胡福明。

胡福明,1955年考入北大中文系新闻专业。四年级最后一学期,新闻专业并入中国人民大学新闻系。他在那里毕业后又读了哲学系研究班。毕业后,到南京大学政治系任教。

校友胡福明

胡福明具有较高的马克思理论素养,经历了20世纪六七十年代那个特殊岁月以后,他深感许多问题需要从理论上予以厘清。1976年10月以后,他在《南京大学学报》先后发表四篇这方面的文章。正是在这个过程中,他深感当时流行的"两个凡是"的危害,决心拿起马克思主义的批判武器,向"两个凡是"宣战。经历过多次政治运动的他,深知这个行动的危险性,但是他这个从北大熔炉里出来的誓以天下为己任的"士",顾不得这些了:"我不入地狱谁入地狱!"

1977年6月,正当他紧张构思写作这篇文章的时候,妻子在体检中发现长了肿瘤,急需开刀。怎么办呢?后来他在《北大生活与我对真理标准的思考》一文中记述了当时的境况:在妻子住院的一个星期里,他白天要给妻子做饭,晚上去医院陪护时就带着资料,阅读思考。"累了找几张凳子拼起来睡一会儿,醒了再干。一星期后,妻子出院了,我的提纲框架也写好了。回家后,用了几天时间,写出了《实践是检验真理的标准》的草稿。"

文章寄给《光明日报》,得到新任总编辑杨西光的肯定。在杨西光的主持下,经过中央党校吴江、孙长江和《光明日报》马沛文、王强华等人参加的讨论和修改,最后又由孙长江做较大修改。定稿后送时任中共中央

发表在《光明日报》上的《实践是检验真理的唯一标准》

组织部部长、中央党校副校长的胡耀邦审定。审定通过后以"本报特约评论员"署名,由《理论动态》先期内部发表,第二天在《光明日报》头版公开发表。《人民日报》《解放军报》翌日转载。

一个伟大思想运动的序曲就这样奏响,一个经过北大精神淬炼过的学子在关系到党和国家命运的关键时刻,做了一件北大人应该做的事情。

2018年10月,为庆祝改革开放四十周年,国家评选出一百名改革先锋。胡福明先生作为"真理标准大讨论的代表人物"获得这一殊荣。2018年北大校庆一百二十周年的时候,他回校参加庆祝活动,并和母校师生进行了座谈。

百姓加冕的"股份先锋"

人们一看"股份先锋"四个字,就会想到这是指"厉股份"——北大教授、著名经济学家厉以宁。

自新时期以来,厉以宁先生出版有经济学方面的著作四五十部,发表学术论文数百篇,其理论自成体系,如非均衡的中国经济、第二次调节论、转型发展理论等,他自己认为其中最能代表他关于当前中国经济学术观点的是1990年出版的《非均衡的中国经济》。但许多人,尤其是一般老百姓却偏都爱叫他"厉股份"。这是因为:其一,他自1984年开始在社会上公开演讲、提倡股份制理论,到党的"十五大"将发展多种形式的所有制写进总书记的报告,成为执政党的意志,其间几度风雨几经沉浮,由此也使他本不平坦的学术之路愈发显得不凡。而后尘埃随风,是非公断,"厉股份"自然也声名远播。其二,他的非均衡论、二次调节论等学说,其直接影响力、作用力主要还是体现于政府领导层或相关机构,而股份制理论则与中国千千万万个企业,与数以亿计的民众息息相关。它对中国社会现实生活的触动是广泛而深刻的,它所引起的关注自然也是空前的。

一百二十年校庆典礼上,厉以宁先生挥手向大家致意

所以,李俊兰、魏晓清在《股份先锋》一文中说:"厉股份——不是学术界的命名,不是领导人的钦定,它是中国民间的赠予,是集民间百草编织成的一项荆冠——是厉先生以丹田之气、热血生命推动过的一段特定历史、那段历史又回赠给他的最好礼物"。

自然,"股份先锋"的应运而生,也是北大在新时期的一个贡献,一份光荣。

2018年10月庆祝改革开放四十周年之际,厉以宁先生以"经济体制改革的积极倡导者"的历史功绩,获得"改革先锋"的称誉。

在庆祝改革开放四十周年大会上表彰的一百名"改革先锋"中,北大教师和校友多达 11 人。他们中,除了上述胡福明、厉以宁以外,还有王选、林毅夫、钟南山、樊锦诗、邹碧华等。他们为改革开放做出了巨大的贡献,他们是祖国的栋梁,也是北大的骄傲。北大校长郝平称赞他们"以思想引领时代,以学术报效国家,以实干造福人民"。

4. 从"团结起来,振兴中华"到向世界一流迈进

改革开放后入学的学生有着几乎完全不同于以往北大学子的经历,但他们"以天下为己任"的血脉是相连的。在如饥似渴读书的同时,他们和北大历史上许多风华正茂的年青学子一样,时刻关注着祖国的命运。在新时期乍暖还寒的岁月里,他们又一次走在了时代的前列,向祖国交出了满意的答卷,也在这个过程中完成了自己灵魂和精神的救赎。

一个口号的诞生

1981 年 3 月 20 日,这是一个注定了要被写进北大历史,写进中国历史的日子——

这天晚上,中国男排与韩国男排在香港伊丽莎白体育馆进行世界杯亚洲区预赛决赛,胜者将代表亚洲参加在日本东京举行的世界杯排球赛。前两局中国队输了,很多人都以为大局已定,这回中国队又冲不出亚洲了。没想到,从第三局开始风云突变,中国队连扳三局,最后逆转取胜。

"振兴中华"碑(采自《纪念北京大学建校一百周年藏书票》)

要在平常,这也就是一场比较提气的一般性比赛,可在那时却像冬天

里的一把火,点燃了北大学子的激情。西川在《小事物的精英》一文中这样诠释:"那个时候,学生们的精神似乎时常处于亢奋的状态。一有机会,一有借口,这种亢奋就会以一种狂热的形式表现出来,最终在庆典中得以宣泄。"于是,有人抬来了鼓,有人找来了旗,有人把自己床上的草席拿到了楼下来烧,有人把寝室里的笤帚点着了当火把,大多数找不着家伙的用脸盆当锣鼓敲……越来越多的人形成了流动的队伍,"中国队,万岁!""中国,万岁!"口号声此起彼伏;国歌、《国际歌》的歌声不绝于耳。而最后,一切的兴奋、狂热、宣泄、躁动、期盼,都归结为一个直薄云天的口号:"团结起来,振兴中华!"

这一口号,很快就通过电波,通过铅字传遍神州大地,成为新时期一声惊蛰的春雷。而作为北大学子这种时代激情与崇高理想的凝固,便是位于图书馆东北、一教南侧草坪的"振兴中华"碑。

一个惊人的杰作

三年后的 1984 年 10 月 1 日,共和国 35 周年盛大庆典上,又出现了同样激动人心的一幕——

那一天,人们把十年磨难蒙在心头上的阴影扔到九天云外;那一天,人们用意气风发的游行昭示中华民族阔步前进的信心。大学生们尤其激情勃发,走到金水桥时,纷纷把手中的花球、花环、花束抛向天空,天安门前顿时花似海洋,五彩缤纷。就在这花海之中,突然拉起一面醒目的横幅,上书"小平您好"。四个饱含深情的大字喊出了全国人民的心声!

这又是北大学子的惊人杰作。据魏国英《"小平您好",北大人的心声》一文记载,从 5 月份起,北大八一级学生就投入了国庆游行训练。越接近国庆,大家的心情就越激动。9 月 30 日晚,八一级生物系细胞遗传专业的郭庆宾、李禹、毛小洪、常生等同学在一起,思来想去,终于找到了这样一个大家都满意的表达情感的方式:

> 就像当年陕北人唱《东方红》一样,小平您好是北大学子、一代青年、全国人民发自肺腑的心声。这是多么平常的问安,这是多么亲切的祝愿,像是对挚友,像是对亲朋,像是对自己热爱熟悉的家人。而小平同志那一刻充满惊喜和理解的笑容说明了一切:领导者是人民

的一分子，是人民最贴心的朋友。小平同志的心和青年的心不可分割地融合在一起。

国庆35周年庆典上，北大学生打出"小平您好"的横幅（采自《纪念北京大学建校一百周年藏书票》）

春华秋实，北大学子对小平同志的热爱和尊重是有缘由的。作为中国共产党第二代中央领导集体的核心的小平同志，早在1957年就曾第一次踏上燕园这块土地，那是以国务院副总理的身份与副委员长彭真、教育部长杨秀峰等一起陪同苏联最高苏维埃主席团主席伏罗希洛夫参观北大。

1977年，邓小平第三次复出，任中共中央副主席、国务院副总理等职务后，对北大的关怀日渐增多。

这年秋天，他点名要曾任贵州省委第一书记的南京大学党委书记周林任北京大学党委书记，并欣然接受周林的建议，同意周培源任北大校长。其后，多次接见周林和周培源，具体指导北大的各项工作。

在拨乱反正的那段日子里，邓小平亲自关怀并过问了马寅初先生和翦伯赞先生的平反问题。

邓小平对北大的学科建设也给予了悉心的关怀。是他支持批准北大汉中分校迁回北京；支持王选研制激光照排系统，从而让印刷术告别火与铅而迎来光与电的时代。

邓小平还为北大留下了两幅珍贵的墨宝："北京大学图书馆"和"今日北大"。

故事还有续编——

十三年后，1997年2月24日，在十里长街为小平同志送灵的队伍中，北大师生打出了"再道一声小平您好"的横幅，在寒风中送别邓小平。中央电视台将这一场景摄入镜头，各大新闻媒体纷纷将它定格在报纸上。北大人的这次呼唤已不再是十三年前欢欣的问候，而是欲留难留的哭诉。

小平同志逝世噩耗传来的第二天，"世纪伟人邓小平——北京大学邓小平生平大型图片展"出现在北大三角地。305幅珍贵的图片展现了邓小平同志光辉伟大的一生。

"铁打的营盘，流水的兵。"北大"营盘"里的教师信念不变，初心不改；"流水的兵"又如此心明眼亮，朝气蓬勃，北大的重新起步就是不可逆转的了。

一个决定性的新起点

北大再次起飞的决定性的新起点是校庆一百周年。

这个世纪的庆典意义非常。不忘初心，继往开来，就从这个新的起点，迈步从头越！

北大百年庆典于1998年5月4日上午在北京人民大会堂举行，八千多名来自五湖四海的北大校友和各方嘉宾相聚一堂，共襄盛事。写有江泽民主席为百年校庆所题"发扬北京大学爱国进步民主科学的优良传统，为振兴中华做出更大贡献"的横幅，醒目地悬挂在会场。江泽民、李鹏、朱镕基、李瑞环、李岚清等中央领导参加了大会。江泽民在会上作了热情洋溢的讲话。教育部长陈至立、北京市副市长林文漪分别宣读了教育部和北京市政府的贺信。联合国秘书长安南的特使、秘书长外事办公室主任沃纳宣读了安南的贺信。清华大学校长王大中院士、牛津大学校长卢卡斯先后在会上致辞。北大校长陈佳洱、北大校友代表于敏及北大学生代表叶建第也在会上发了言。

纪念北京大学建校一百周年庆典在北京人民大会堂隆重举行（采自《纪念北京大学建校一百周年藏书票》）

百年庆典期间，学校还举行了一系列高规格、高水平的学术交流活动。

人文社会科学方面，有"面向二十一世纪的高等教育——大学校长论坛"，与会的有美国哈佛大学、英国牛津大学、奥地利维也纳大学、俄罗斯莫斯科大学、德国慕尼黑大学、日本东京大学和中国香港中文大学等来自世界各地的191所著名大学的校长；"著名华人科学家演讲会"，杨振宁、丘成桐、朱棣文等科学巨星作了精彩而有深度的讲演；"汉学研究国际会议"，由北京大学中国传统文化研究中心主办，为新中国成立以来规模最大、层次最高的汉学学术盛会，哈佛大学哈佛燕京学社社长杜维明、哈佛大学东亚系主任斯蒂芬·欧文（Stephen Owen）、香港中文大学名誉教授饶宗颐、京都大学名誉教授清水茂等著名汉学专家，北大季羡林教授、张岱年教授，北京图书馆馆长任继愈，以及在汉学研究方面卓有成就的近三百名中外学者出席了会议；还有"马克思主义理论研讨会""翦伯赞先生诞辰百年纪念学术研讨会""经济体制转型中的政府作用国际学术讨论会""中国资本市场发展国际研讨会"等。

邮电部为北大百年校庆发行了纪念邮票

在庆祝百年校庆晚会上，季羡林等四代北大人敲响新世纪钟

大学校长论坛

牛津大学校长演讲

纪念北京大学建校一百周年庆典剪影（采自《纪念北京大学建校一百周年藏书票》）

著名华人科学家演讲会　　　杨振宁在华人科学家演讲会上

纪念北京大学建校一百周年庆典剪影(采自《纪念北京大学建校一百周年藏书票》)

自然科学方面,有"面向 21 世纪的遥感与地理信息科学研讨会""21 世纪的生命科学国际研讨会""数学科学前沿展望讨论会""面向 21 世纪的化学学术研讨会""计算机与微电子科学技术国际研讨会"等。

盛大的百年庆典,为北大树起了一座世纪的丰碑,为北大增添了无限的活力,也为北大吹响了向世界一流大学迈进的号角。北大以这次校庆为契机,继往开来,于 1999 年 1 月举行了中共北京大学第十次党员代表大会,会议提出,落实科教兴国战略,努力把北大办成一所世界一流的大学,使北大成为"培养和造就高素质的创造性人才的摇篮;认识未知世界、探求客观真理,为人类解决面临的重大课题提供科学依据的前沿;知识创新、推动科学技术成果向现实生产力转化的重要力量;民族优秀文化与世界先进文明成果交流借鉴的桥梁"。

弹指一挥间,又是二十年过去,北大又以更蓬勃的精神状态和更丰硕的学术建树迎来自己的一百二十年生日。2018 年 5 月 4 日,庄严隆重的

北大建校一百二十周年纪念大会

"北京大学建校一百二十周年纪念大会"在邱德拔体育馆举行。会上,老教师代表为获得第十一届"学生五四奖章"的学生颁了奖。

"雄关漫道真如铁,而今迈步从头越。"这又是一个北大走向更加光明的前途和为祖国人民做出更大贡献的伟大新起点!

五、"只留清气满乾坤"

在自1952年以来"又一个甲子的风雨兼程"中,有着光荣传统的北京大学在燕园这块土地上为祖国、为民族做出了巨大的贡献,也赓续和升华了汤用彤先生所说的北大"特殊之精神及学术上之贡献"。

在这个赓续和升华的过程中,"群星中光耀照人者"起了最主要的作用。

季羡林先生在为《巍巍上庠 百年星辰:名人与北大》一书所作的序言中说过:一般说来,表现优良传统主要在人。专就北大而论,人共有两部分:一个是教师,包括一部分职工;一个是学生。前者比较固定,后者则每隔几年就要换班。因此,表现北大传统的主要是教师。而在教师这一群体中"光耀照人者"作用尤其重要。他们"人数虽少而能量却大。北大的优良传统是靠他们来传承,北大的名声主要靠他们来外扬"。原因何在?"根据中外各著名大学的经验,一所大学或其中某一个系,倘若有一个在全国或全世界都著名的大学者,则这一所大学或者这一个系就成为全国或全世界的'重点'和'圣地'。全国和全世界学者都以与之有联系为光荣。问学者趋之若鹜,一时门庭鼎盛,车马盈门。倘若这一个学者去世或去职,而又没有找到地位相同的继承人,则这所大学或这个系身价立即下跌,几乎门可罗雀了。"

院系调整以后,全国许多著名学者乃至大师级的人物聚集到北大。他们主要居住在燕大时期建立的燕南园、燕东园和20世纪60年代新建的朗润园公寓以及朗润园、镜春园等古园林遗存的老院子中。

"不要人夸好颜色,只留清气满乾坤。"(元代王冕《墨梅图》题诗)风风雨雨半个多世纪,北大之所以传统不改、声名不坠,和这些"光耀照人者"的关系是极大的。

现在，他们都已经到了鲁迅《野草》所说的另一个野百合花盛开的地方，但他们身居燕园所"留"布祖国大地的朗朗清气将永存。

［元］王冕《墨梅图》

1. 燕南松风

燕南园、燕东园都是当年燕京大学的教职员宿舍，建于20世纪20年代。燕南园因位于燕园之南而得名，燕东园则得名于居燕园之东。

司徒校长为了筑巢引凤，于募捐得来的有限资金中，不惜以巨资建造这两个园子。建材除了泥石砖瓦取自当地，其他几乎都从国外运来：门窗用的是菲律宾等国的上好红松，房间里铺设打蜡地板，屋角有典雅的壁炉，地下室还有供暖的锅炉房。

住宅中有自成一体的西式小楼，也有矮墙环绕的中式小院。家家门前屋后都有一个宽敞的庭院,花草树木生意盎然。

"山不在高,有仙则名"

燕南园并不大,在48亩基址上,疏落有致地布置了16座小楼和一个不小的中式小院。"它是园中之园,玲珑婉约,若燕园绿海中之一块碧玉。"(谢冕《燕园旧踪考》)

燕南园当时主要作为燕大外籍教师的住宅,也有一些中国教授入住。如历史学家洪业、社会学家吴文藻和作家冰心夫妇就曾在园中居住过。按照那时所有中外教师住宅的编号顺序,燕南园住宅被定为51号到66号(后来加建了50号)。这一编号,从燕大到北大一直未变。

1952年,全国高校院系调整,新北大的很多知名学者入住这里,使燕南园进入了全盛时期。

数十年来,曾经居住在这里的学者、教授中有二十多位学部委员和科学院院士,他们对中国学术文化的传承与创新做出了卓越贡献。

这里,也曾先后迎来送走北大的马寅初、陆平、周培源、张龙翔等四位

燕南园东南侧二门曾有一副"山水有清音;园林无俗韵"的楹联

校长和八位副校长，他们也都在中国教育史和中国文化史上留下了深刻的印记。

所以，诚如李响《北大的精神家园：燕南园》一文所说，这里被许多人视为北大的象征："一个个光耀整个中华现代文明史的名字，让这朴素的院落熠熠生辉。因此，提起北大的象征，外人会说是未名湖、博雅塔，而每一个北大人，都会用庄严而淡然的语气告诉你：北大的象征，是燕南园。"

燕南园寓居名师一览表

房号	曾寓居名师
燕南园50号	向达（历史学家），程廼颐（实验心理学家）
燕南园51号	饶毓泰（物理学家），江泽涵（数学家），韩启德（病理生理学家）
燕南园52号	罗志如（法学家），黄子卿（化学家），林焘（语言学家）
燕南园53号	沈同（生物学家），齐思和（历史学家）
燕南园54号	洪业（历史学家），江隆基（书记），陆平（校长），庄圻泰（数学家）
燕南园55号	冯定（哲学家），陈岱孙（经济学家），李政道（物理学家）
燕南园56号	周培源（物理学家、校长），张龙翔（生物学家、校长）
燕南园57号	冯友兰（哲学家）
燕南园58号	汤用彤（哲学史家）
燕南园59号	褚圣麟（物理学家）
燕南园60号	马坚（语言学家），王力（语言学家）
燕南园61号	侯仁之（历史地理学家）
燕南园62号	雷洁琼（社会学家），王宪钧（逻辑学家），林庚（文学史家）
燕南园63号	马寅初（经济学家、校长），魏建功（语言学家），杨人楩（历史学家）
燕南园64号	赵占元（体育教育家），翦伯赞（历史学家）
燕南园65号	郑昕（哲学家），芮沐（经济法学家）
燕南园66号	吴文藻（社会学家），冰心（作家），朱光潜（美学家）

（采自肖东发、杨虎主编《燕园景观及人文底蕴》）

汤用彤："醇儒之典型"

季羡林先生在给《汤用彤全集》写的序言中曾说：在地球上凸出一些高山，仅仅一次出现；但它们将永恒存在，而且是不可超越的。在人类文学史和学术史上，不论中外，有时候会出现一些伟大诗人和学者，他们也仅仅一次出现；但他们如同高山，也将永恒存在，而且不可超越。在中国近现代,"章太炎是不可超越的,王国维是不可超越的,陈寅恪是不可超越的,汤用彤同样是不可超越的"。季先生在给《国故新知》所写的序文中又说:汤先生之被认为是现代学术史上少数几位既能会通中西,又能熔铸古今的学术大师之一,此乃国内外学者之公言,非一人之私言。

汤用彤先生所以获得如此崇高的学术地位,是因为他无论是在治学还是做人方面,都达到了那个时代所能够达到的高度。汤一介、孙尚扬《不激不随 至博至大:汤用彤与北大》一文这样评价:

> 在学术研究中,汤用彤先生可以说是一位勤奋严谨、默默耕耘而又淡泊名利的醇儒,但《汉魏两晋南北朝佛教史》和《魏晋玄学论稿》却使他获得了世界性的声誉。半个多世纪以来,这两部著作一直都是该领域里学人们必读的经典著作,由此可见其生命力之恒久。

汤用彤先生

著名哲学家贺麟在《五十年来的中国哲学》一书中说过,魏晋以来几百年佛学在中国的发展,历来是写中国哲学史书写者最感棘手的一段,许多学者写到这一期间,都碰到礁石了,"然而这一难关却被汤用彤先生打通了"。汤先生用以打通难关的,是他的代表性著作之一《汉魏两晋南北朝佛教史》。为写作这本书,汤先生潜心探究了十余年,他在该书跋中自云:"十余年来,教学南北,常以中国佛教史授学者,讲义积年,汇成卷帙。"他从20世纪20年代初就开始撰写此书,20年代末完成初稿,30年代又用了近四年时间全部修改和补充了一次。直到卢沟桥事变爆发以后,由于担心手稿遗失,才考虑将其中一部交付出版。当钱穆问他,《汉魏两晋南北朝佛教史》为什么要花这么多时间反复修改雕琢,汤先生解释道:"总是心感不满。"这部著作开辟了中国佛教史研究的新纪元,受到学术界的广泛赞誉。胡适在校阅该书稿本第一册时就曾在日记中写道:"锡予训练极精,工具也好,方法又细密,故此书为最有权威之作。"季羡林亦称赞此书:"规模之恢宏,结构之谨严,材料之丰富,考证之精确,问题提出之深刻,剖析解释之严密,实在可以为中外学者之楷模。"抗战期间,此书与陈寅恪的《唐代政治史述论稿》同获国民政府教育部学术研究奖哲学类一等奖。谁知汤先生听了并不高兴,他对同事说:"多少年来都是我给学生打分数,我的书要谁来评奖?"可见他对自己的学问颇为自信。

汤先生的另一部代表作《魏晋玄学论稿》,则清晰而又深刻地勾勒了魏晋时期中华学术思想自身的变迁发展之迹。该书与《汉魏两晋南北朝佛教史》珠联璧合,既理清了佛教思想在中国的演变轨迹,亦揭示了中华学术思想自身发展的自主性、连续性,从而解决了当时中国文化与印度佛教之关系这一历史文化难题。著名哲学家贺麟在五十多年前就在前引书中充分肯定了这一成果的价值:汤先生著作中"宏通平正的看法,不惟可供研究中国哲学发展史的新指针,且于积极推行西化后的今日,还可以提供民族文化不致沦亡断绝的保证。而在当时偏激的全盘西化声中,有助于促进我们对于民族文化新开展的信心"。

汤先生精深的学术造诣还表现在他的教学之中。在西南联大时,他一人就开有七门课:"印度佛学概论""汉唐佛学概论""魏晋玄学""斯宾诺莎哲学""中国哲学与佛学研究""佛典选读""欧洲大陆理性主义"。学生汪子嵩先后听过上述课程,他后来在《漫忆西南联大哲学系的教授》一文中感叹道:"一位教授能讲授中国、印度和欧洲这三种不同系统的哲学史课程的,除汤先生外我还不知有第二人。"

汤先生的学问令人心折,而其人格魅力亦令人倾倒。

汤先生字锡予,祖籍湖北黄梅,其父汤霖(字雨三)是光绪十五年(1889)的进士,曾任甘肃地方官多年。他"幼承庭训,早览乙部",严格的家庭教育对他产生了深远的影响,后来虽经美雨欧风的洗礼而不改士人的本色。

他的很多学生在回忆文章中都谈到,汤先生身为享誉中外的国学大师,却极为平易近人。他上课提着老伴为他缝制的书包,着布鞋、布大褂,无论是在西南联大还是在老北大,数十年如一日。他上课从不带讲稿,绝少板书,也不看学生,而是径直走到讲台边一站,就如黄河、长江一泻千里似的讲下去,没有任何重复,语调也没有什么变化,在讲到哲学家的著作、术语和命题时,经常是用英语;就这么一直到响铃下课。听讲者如稍一走神,听漏了一语半句,就休想跟上,所以只能埋头赶记笔记,生怕漏记一字一句。因此,在课堂上,除了他的讲课声外,都是学生记笔记的沙沙声。

在美国加州大学讲学时留影

他的儿子汤一介也说:我父亲的生活非常节俭,从不挑吃,1954年生病后,每天早上一杯牛奶,一片烤馒头片,放上一点加糖的黑芝麻粉,他就满足了。有一次,我姑母没看清,把茶叶末当成黑芝麻放在馒头片上,他也照样吃下去,似乎并不觉得有什么异样。

汤先生对自己要求甚严。1946年,中央研究院历史语言研究所成立了一个"驻北京办事处",傅斯年请汤先生兼任办事处主任,并每月送薪金若干,汤先生全数退回说:"我已在北大拿钱,不能再拿一份。"

汤先生为人平和忠厚,处事稳重,平日寡言少语。20世纪30年代,汤先生与熊十力、蒙文通、钱穆、梁漱溟、陈寅恪等常在一起聚会。熊和蒙二人常就佛学、理学争论不休,梁和熊常谈起政事,也有争论,唯独汤"每沉默不发一语"。因而钱穆在《忆锡予》一文中称其"一团和气,读其书不易知其人,交其人亦难知其学",极高明而道中庸,"柳下惠圣之和者"。

当然,汤先生为人和气一团,却绝非一无原则的乡愿。

在学术与思想原则的问题上,在学术与道德的问题上,他都自己默默的坚守。作为一名新人文主义的学术大师,他喜从往圣古哲的前言往行中求取立身行己之大端。其治学固重才性、重知识之增益,更重道德之涵养。早在清华学习期间,他就曾立论以为无道德者难以成名山事业。所以,其挚友吴宓在日记中赞其"喜愠不轻触发,德量汪汪,风概类叔度……交久益醇,令人心醉,故最投机"。

在学术与政治的关系问题上,汤先生主张二者应当保持一定的距离,他曾多次对学生说:"一种哲学被统治者赏识了,可以风行一时,可就没有学术价值了。还是那些自甘寂寞的人做出了贡献,对后人有影响。至少,看中国史,历代都是如此。"

为了维持北大特殊之精神,他在几部传世之作中,都曾多次论述自由对思想演进的重要性,正是这种丰厚的历史文化意识使他非常赞同蔡元培校长提倡的"自由研究精神",而对民国时期那些"学得文武艺,卖与帝王家"的文人之举颇有微词。

汤先生决不做违心之事。他和胡适的交往,被学界称为"和而不同之典范":二人交谊甚笃,且曾合作共理北大,但他作为一名文化守成主义者从未附随胡适的全盘西化论,在北平解放前夕去留的问题上亦未随从胡适南下。但是1954年他坚决不肯批判胡适。乐黛云先生在《四院 沙滩

汤先生在书房

未名湖》一书中讲过这样一件事:

> 在《人民日报》组织批判胡适的那个会上,领导要他发言,他这个人是很讲道德的,不会按照领导意图,跟着别人讲胡适什么,但可能他内心很矛盾,也很不安。据当时和他坐在一起的当年哲学系主任郑昕先生告诉我们,晚餐时,他把面前的酒杯也碰翻了……当晚,回到家里,他就表情木然,嘴也有些歪了。没想到第二天他竟昏睡不醒,医生说这是大面积脑溢血!

尤其令人感佩的是汤先生对北大的一往情深。1942年,经过一番颠簸南渡后止于昆明的汤先生,于民族危亡之际,为重振精神与物质均受巨大创伤的北大雄风,率同姚从吾、罗常培、郑天挺等人致书远在美国的胡适:"世界著名大学必须有特殊之精神及其在学术上之贡献。如果一所大学精神腐化,学术上了无长处,则实失其存在之价值。"在校庆百年之际,汤一介、孙尚扬在《不激不随 至博至大:汤用彤与北大》一文中指出,汤先生这一昔日之举至今仍应被视为意义深远的"殷忧之叹":"作为北大校史上一位影响颇深的杰出教育家和享有世界声誉的学术大师,汤用彤先生当年的忧叹所包含的真知灼见也许并非只有限于一时一地的意义,于今或仍能警醒和鞭策北大人团结奋进,努力维持北大特殊精神与特殊之地位于不坠。"

汤先生为北大的文科建设做出了卓越的贡献。

在西南联大,汤先生担任哲学系主任兼北大文科研究所主任,成为北大文科的实际负责人之一。面对"自南迁以来,北大之精神物质均受巨大之损害"的局面,他出于"如不及时振奋,恐昔日之光辉必将永为落照"的担忧,曾经高瞻远瞩地指出:国家厄运终止有期,北大终会返京,应在事前为北大之前途预为筹备。他主持北大文科研究所就是为以后复校做准备。为此,他做了大量的工作,使北大文科在后来北归故园后,很快得以蓬勃发展。

新中国成立后,北大哲学系依然保持了重视中外哲学史和佛教史的传统,使受过相关训练的学生往往功底扎实,视野开阔,见解不俗,其研究成果多能在严谨中透出恢宏的文化历史感。

北平解放前夕,汤先生没有随胡适先生南下,除了认为国民党腐败以外,另一个主要的原因就是对北大的深爱,对这片学术圣地的依恋:都走了,北大怎么办?胡适南下后,北大教授选举成立了校务委员会,汤先生被推选为校务委员会主席,行使校长之职至1951年。院系调整后他随北大西迁,住在燕南园58号,担任北大副校长,主管财务和基建,虽用非所学,仍勤恳工作,恪尽职守。1954年脑溢血昏迷数

淡泊宁静(采自《纪念北京大学建校一百周年藏书票》)

月,后经全力抢救而脱险,但身体状况已大不如前。他仍坚持工作,或由助手协助撰写文章,或带病辅导研究生。任继愈先生曾用朱熹晚年的境遇来形容汤用彤:"'虽疾病支离,至诸坐问辨,则若沉疴之去体。一日不讲学则惕然常以为忧。'汤先生只要一谈起学问来,什么医生的嘱咐、家人的劝告全都忘了。"1964年5月汤先生病逝前,念念不忘的是他的两个研究生还没有培养到毕业。

哲人其萎,其德不孤。早年就有人誉其为"活菩萨",国学大师钱穆则称其为"醇儒之典型"。听他的学生、作家马嘶说,他坐在主席台上时,像是一尊良善的普救众生的佛。作家刘绍棠在《想起老校长》一文中则说他的老师,很像鲁迅先生笔下的《出关》中的老子。

周培源:力学泰斗 一代宗师

在燕南园的名师史册里,有一个光彩熠熠的名字——周培源。

周培源先生是力学泰斗,一代宗师,并曾任北大校长。他自1952年校系调整开始,在燕南园56号居住了三十余年。

燕南园素来以人文学者荟萃而著称,然而,作为为数寥寥的理工科大师之一的周培源一点也不显得落寞,他的小院还因为门前每年春天的繁樱如雪而落得一个"周家花园"的美名。那里,不仅邻居们羡慕不已,还常引得路人驻足,甚至有学子为赏花"破门而入"。

周培源先生更让人尊敬的是,他对"祖国之花"的辛勤培育。

早在1929年秋,时年27岁的周培源先生就成为清华大学最年轻的物理学教授。此后在清华大学、西南联大、北京大学辛勤耕耘了六十五个春秋。盛森芝在《科教树人 一代宗师:周培源与北大》一文中这样评价周先生教书育人的丰硕成果:"听过他讲课的有数千人之多,受过他直接指导的也达数十人,而在他的办学思想熏陶下培育成才的则是以万计数,其中包含了一批蜚声中外的著名学者和大批专家、教授,真可谓人才辈出并且遍布五湖四海。他从教时间之长,培育人才之多,以及办学思想影响之深之广,都是我国历史上所罕见。他的学生张守廉教授曾风趣地作了一番描述:'孔夫子有弟子三千,培源师则有学生三万;孔夫子弟子遍布华夏,培源师学生则遍布五洲四海。'"

周培源先生以精深的学术造诣和丰沛的学养育人。

周培源先生

  他出身于书香门第,父亲周文伯是前清秀才。他1919年考入清华学校,毕业后去芝加哥大学学习,获学士、硕士学位。又赴美国加利福尼亚州理工学院深造,1928年获理学博士学位,并因其学业与科研成果特别优异而获该学院"最高荣誉奖",其论文亦获该学院博士学位最佳论文奖。同年赴德国莱比锡大学学习,在海森堡教授指导下从事量子力学的研究。1929年在瑞士苏黎世联邦工业大学泡利教授指导下从事理论物理研究。1936年至1937年他在美国普林斯顿高等研究院参加爱因斯坦主持的广义相对论讨论班,并从事相对论引力论和宇宙论的研究。1946年他当选为国际理论与应用力学联合会理事。其后,他一直把科研与教学相结合,在物理学基础理论的两个重要方面——爱因斯坦广义相对论中的引力场和宇宙论,流体力学中的湍流理论,取得了世界学术界公认的成就,和其他三位著名物理学家一起被誉为"湍流四巨头"。他这些学术的造诣和学养,无疑是学子学习成才的最好的营养。

"湍流四巨头"

周培源先生也以他独特的办学理念和教学思想育人。

他认为:"理与工的关系实质上是基础学科与生产任务的关系,彼此相辅相成,但各有侧重。"我们国家一度推行的"理往工靠,以工代理",只能是一种做法,一家之言,或是应时之需,而不能概括全局、代表百家。院系调整后,他出任北大教务长,全面主持了北大的教学科研工作,为北大的专业设置、科研方向的确定付出了巨大的心血,为北大"三严"(严密的教学计划、严格的基础训练、严谨的科学作风)、"三基"(基础理论、基础知识、基本技能)教学科研秩序和勤奋、严谨、求实、创新的新校风的形成做出了不可磨灭的贡献。因此,社会对北大毕业生素有"基础好,后劲足"的美誉。

为确保基础教学的成效,他强调让学术造诣较深的教师讲授基础课。他自己则身体力行,曾亲自讲授理论力学、相对论力学、量子力学等课程,还亲自担任小班的习题课,深入辅导学生掌握基础知识。

他提倡学术民主,活跃学术空气。他认为:"学校是一个搞学问的场所,而学术活动的特色乃是它的独创和革新,它的追求真理的大无畏精神和尊重实际的科学态度。"而"百花齐放"和"百家争鸣"是办好大学、发展学科的基本条件,是不可避免、不能取消、不该回避、不许压制的客观规律。他常以1956年马寅初先生人口论遭到批判,导致我国人口从5亿激增到11亿的可怕局面为例说明压制打击不同学派的惨痛教训。

他经常勉励学生说:"你们在前辈人的基础上往前走,应该超过你们的老师。如果学生总是不及教师,那就会变成一代不如一代,最后人类只好退步成穴居野人。"

周培源先生还以他的人格魅力育人。

他是一个有故事的人,是个能够自成"风景"的人。在清华园任教期间,他因风流潇洒,而与陈岱孙、金岳霖一起被人们并称为清华"三剑客"。他有这样一段浪漫史:1930年某个星期日,他到一同学家中做客,无意中发现一张女子照片,形象俏丽动人,使他眼睛为之一亮。他原以为是这位同学的妻子,当得知不是时,心中不禁暗喜。同学夫妇看出他的心思,决定撮合这门亲事。照片的主人叫王蒂澂,北平女子师范大学的学生。她天生丽质,又机敏伶俐,是同学中的核心人物。周培源和王蒂澂相识两年后,于1932年6月18日在北平的欧美同学会上举行了婚礼,清华校长梅贻琦亲自主持。从此,清华园里多了一道迷人的风景。直到数十年后,当时清华学子、著名剧作家曹禺还对周培源的四女儿周如苹说道:"当年,你妈妈可真是个美人,你爸爸也真叫潇洒。那时,只要他们出门,我们这些青年学生就追着看。"后来,周家"阴盛阳衰",四个女儿加一个老伴,唯他一个男人。他称家有"五朵金花",引以为傲。晚年,他右耳失聪,说话时要放大嗓门。据说他仍然每天都要到老伴屋里"请安",大声示爱:"六十多年我只爱过你一个人。你对我最好,我爱你!"

在西南联大,他还曾有"周大将军单骑走联大"的美谈。那时,他的住所离联大甚远,两个女儿每天都要去十余里以外的小学上学。他便买了一匹枣红色的大马,用以代步。每逢一、三、五上课之日,他五点多钟便起床,喂马备鞍,先送女儿上学,然后独自骑马去西南联大。每周二、四、六不上课,送过女儿,便驱马到山上吃草,当起马倌。周本人英俊潇洒,骑在马上,驰驱往来于乡村与学校之间,更添几分威武之气。因此,联大师生戏称他为"周大将军"。"周大将军单骑走联大",被誉为当年昆明"一景",在联大师生中传为美谈。

他对家事是这样,对有关国家和科学的事更是如此。1936年,他有幸在美国普林斯顿高等研究院参加由爱因斯坦主持的广义相对论讨论班,前后共九个月。爱因斯坦不仅是一位伟大的科学家,同时也是一位对整个人类有高度责任感的人。周培源从爱因斯坦身上获得的不仅是科学的启迪,更感受到了一种道德的责任和人格的力量。诚如张帆在《燕南园的周培源故居》一文中所说:"他虽然一直谦逊地认为,自己不是爱因斯坦的入室弟子,但在精神深处,他一直把爱因斯坦当做终生崇奉的导师。"

讨论班结业时,他遵照中国的传统礼节,执弟子礼,到爱因斯坦书房话别,并把一尊达摩祖师像送给导师。他请导师在自己的纪念册上留言,爱因斯坦郑重地写下这样一句话:"敢信将来对科学界定有伟大贡献。"随后,他为导师拍了一张坐在转椅上凝视前方的照片以留念。后来,他的女儿问:"当时你为什么不跟爱因斯坦合个影呢?"他说:"他是这么伟大的人,我怎么可以随便和他照相?"

科学伟人爱因斯坦

作为一位唯一与这位科学巨人一起工作和生活了较长一段时间的中国科学家,他虽然没有和这位巨人合影,但导师的科学与道德之魂已经融进了自己的血脉。第二次世界大战爆发前后,美国急需科技人员。前来美国短期度假的周培源一家刚入境,就收到美国移民局的正式邀请,给予他们全家永久居留权。但是,他还是假满如期回国。全面抗战爆发后,他抱定科学家应为反战服务、以科学拯救民族危亡的志向,毅然转向流体力学方面的研究。1941年12月珍珠港事件后,美对日宣战,中美成为盟国。1943年到1946年,他先在母校加州理工学院全力投入湍流研究,后又在美国战时科研机构从事鱼雷投入水方面的研究。二战结束后,美国海军军工试验站以优厚的待遇请他加盟,但条件是必须加入美国籍。他矢志直接报效祖国,谢绝了美方的邀请,毅然于1947年2月回到清华,而那时清华教授的年薪还不到美国年薪的二十分之一。

20世纪70年代初,一个以理论权威自居的大人物掀起批判相对论的妖风,要"打倒爱因斯坦",还特地跑到北大来,要他参加批判。面对巨大的政治压力,他毫不含糊地将那个人给顶了回去:"爱因斯坦的狭义相对论已被事实证明,批不倒。广义相对论在学术上有争议,可以讨论。"

当时,社会上广泛流行着一种"读书无用论",全国高校大有取消基础理论研究的趋势。他在周恩来总理的指示下,于1972年10月6日在《光明日报》发表了《对综合大学理科教育革命的一些看法》一文,态度鲜明地坚持基础理论研究。"一石激起千层浪",该文让广大知识分子看到了希望,他的文章自然又遭到严厉的批判。这场思想斗争让他受到国内外学者的普遍敬仰。杨振宁知悉详况后在笔记本上写道:"大家对周先生很佩服,因为他不怕压。"

"春种一粒粟,秋收万颗子。"周培源先生六十五个春秋的耕耘,为祖国培育了许多栋梁之材。在他入室弟子中蔚然大家者有王竹溪、张宗燧、彭桓武、林家翘、钱伟长、郭永怀、胡宁、张守廉、何泽慧、王大珩、于光远等。王竹溪后来成为杨振宁的导师,彭桓武与王淦昌并称为"中国原子弹之父"。在听课受业者中亦有杨振宁、钱三强、陈省身等大家,所以,一位北大老教授曾为周培源先生慨叹:"'两弹一星'元勋大多是他的学生,有的还是他学生的学生,真该授予他'人民教育家'称号!"肖东发在《走进燕南园》一文中也说:"周先生九代弟子,几乎个个声名赫赫","那些学生、弟子的赫赫英名,每一个都如同一枚奖章,挂在他的左襟右裳"。

巍峨学宫　大家气象

周培源先生还是一位伟大的社会活动家。他一生担任过四十多个社会职务,在许多巨大政治变动和复杂斗争中,他以特有的风采、潇洒的气度、广博的学识和一身正气、两袖清风,伸张正义,维护民族尊严,赢得了"杰出的民间外交家""和平老人"等赞誉。

北大物理学院周培源先生雕像

1992年6月,吴大猷、杨振宁、李政道等当代中华杰出物理学家、力学家以及三百多位海内外学者汇聚北京,出席了为庆祝周培源先生九十华诞而举行的"国际流体力学和理论物理科学讨论会",香港《时代》画刊称之为20世纪海内外中华科学巨星大聚会。北京大学、中国力学学会、中国物理学会还共同为他举行了隆重的祝寿会。

波澜壮阔,功德圆满,周培源先生这一生应该是无怨无悔的了。

然而,耐人寻味的是,据张帆《燕南园的周培源故居》一文记载,周先生在晚年回顾平生时,却说了这样一句话:"这一辈子不是我所追求的。"

冯友兰:用生命筑就学术的丰碑

北大中文系教授、著名语言学家朱德熙先生在《北大的校风和学风》一文中曾说:"真正潜心学术的人是要把生命放进去的。这可以用晚唐诗人李商隐'春蚕到死丝方尽,蜡炬成灰泪始干'(《无题》)两句诗来形容。"

确实,一个多世纪以来,许多北大的学者和教授都是以生命作燃料进行学术研究和教学的。正是这些人的薪火相传、投入和奉献,才使北大得以始终保持前引汤用彤等致胡适书中所强调的"特殊之精神及学术上之贡献"。

燕南园57号"三松堂"主冯友兰先生就是他们中的一个典型。

对于冯先生的一生,人们可能会有不尽相同的评价,但对于这一点则都是感动和钦佩的。

冯先生在这方面一个最感人的事例,就是他从 85 岁到 95 岁经过十年的呕心沥血,完成了 150 万字的巨著《中国哲学史新编》。

冯先生在 1980 年准备写作这部著作之前,已由于长时间备受精神与肉体的折磨而身体极度虚弱。而且,此前不久与他风雨同舟、荣辱与共数十年的老伴又因病亡故。

他在这十年间所经历的磨难更不是一般人所能想象的。动笔之时,他已"耳目丧其聪明,为书几不成字",他就靠自己口述,助手记录的方式写作。他极强的记忆力和依然特别睿智、"不再依傍"的大脑帮助了他,使他能够在半盲的状态下完成如此艰巨的任务。从 1989 年开始,他的身体状态日渐下降,经常住院,此时已经进入"天地境界"的他,早"将生死置之度外",他对女儿宗璞说:"我现在是有事情没有做完,所以还要治病。等书写完了,再生病就不必治了。"果真著作完成后,仅四个月,他就驾鹤西去。

就是这样,这位伟大的哲学家为我们的民族创造了一个历史的奇迹。

那么,究竟是什么力量支撑着冯先生,完成这样一个奇迹的呢?

是由于对中华民族的挚爱,是由于对中国文化兴亡的终极关怀而产生的一种特别强烈的使命感。

冯友兰先生著作等身,然而却并非为著书而著书。他的著述都是生长在这块多灾多难的中国大地上"以天下为己任"的知识分

燕南松风(采自《纪念北京大学建校一百周年藏书票》)

老骥伏枥：20世纪80年代初在书房

子的产品。早在20世纪30年代出版的《中国哲学史》的开头他就引用张载的"四句教"以明志："为天地立心，为生民立命，为往圣继绝学，为万世开太平。"在抗战时期，学校避地南岳，冯先生同几位教授游南岳方广寺。方广寺是南宋大儒朱熹与张栻同游并论学处，后人为之建了嘉会堂，有匾"一会千秋"。冯先生游后有诗云：

二贤祠里拜朱张，一会千秋嘉会堂。
公所可游南岳耳，半壁江山太凄凉。

著名哲学家任继愈在《冯友兰先生在中国哲学史领域里的贡献》一文中说，冯先生这首诗中洋溢的"饱受帝国主义侵略之苦的中国人民，对国家的爱慕眷恋之深情，切盼祖国繁荣强大的愿望是外国知识分子所无法理解的"。随后南迁昆明，他又写出"万里长征，辞却了，五朝宫阙。暂驻足，衡山湘水，又成离别"的悲壮诗篇，期许着"复神京，还燕碣"。在那极其艰苦的岁月，在民族存亡绝续之际，他献身中国文化的宏图远志没有须臾的动摇，著皇皇"六书"(《新理学》《新世论》《新世训》《新原人》《新原道》

《新知言》)"以记贞元"。这六书,他自云"是对中华民族的传统精神的反思",目的是"阐旧邦以辅新命"。所谓"贞元",即"贞下起元"。《易经》乾卦卦辞说:"乾,元,亨,利,贞。"元亨利贞代表着春夏秋冬四季,周而复始。

贞下起元,意味着严冬即将过去,春天就会到来。"记贞元"即"贞元之际所著书","以志艰危,且鸣盛世"(《新原人·自序》)。李中华在《生命不熄 薪火承传:冯友兰与北大》一文中说:"贞元六书"是冯友兰先生哲学著作的高峰。在"六书"中,他"表现出强烈的民族忧患意识和爱国主义情怀。他对中华民族的哲学智慧,对于造就一个自立于世界民族之林的新中国充满信心"。冯先生这种信心是无比坚定的,他曾在《新事论》一书中这样说过:"真正底中国人已造成过去底伟大底中国。这些中国人将要造成一个新中国,在任何方面,比世界上任何一国都有过之而无不及。这是我们所深信,而没有丝毫怀疑底。"

冯先生在西南联大

1946年,冯先生应邀去美国宾夕法尼亚大学讲学,讲授中国哲学史一年,并取得了在美国"永久居留"权。到1947年,国内正值人民解放战争胜利推进,南京国民党政权危机四伏之时。许多人劝他留在美国,但他态度很鲜明:"'虽信美而非吾土兮,夫胡可以久留?'(王粲《登楼赋》)俄国革命以后,有些俄国人跑到中国居住,称为'白俄'。我决不当'白华'。解放军越是胜利,我越要赶快回去,怕的是全国解放了,中美交通断绝。"他辞去美国一些地方的邀请,毅然回国,回到久别了的清华园。这种爱祖国爱故土的赤子情怀,应是国人引以为自豪的。

1982年,冯先生去美国讲学,参加学术讨论会。会上会下遇到不少关心他的人,有人怀疑他是否在国内这几十年说话不自由,又受了一些折磨,希望他讲讲心里的话,在外国人面前诉诉苦,也有人觉得冯先生的思想和行为是个谜。任继愈不同意这种看法,他在前引文章中说:"照冯先生自己的话说,这个谜并不难解,他是个地道的中国人,他热爱中国,他感到作为新中国的学者有责任,也有义务使自己所学的一切为祖国的新文化建设尽力。""冯先生不愿置身事外,他决心参与这场文化上的历史性大变革。"

正是因为这种情怀,冯先生十分关心祖国的现代化事业。

1982年,同年出生的冯先生和金岳霖先生都是88岁。首都学术界庆祝金先生从事教育和研究工作56周年,冯先生作了一副对联(其实也是自寿联):

> 何止于米,相期以茶;
> 心怀四化,意寄三松。

所谓"米",即米寿,日本称八十八岁为米寿,因米字可拆为中国数字八十八;而"茶",即茶寿,日本称一百〇八岁为茶寿,因茶字可拆为廿加八十八。此联期望二人都得茶寿,为中国四个现代化,为中华民族的伟大复兴,著书立说,做出更多的贡献。

晚年的冯友兰先生

现在,我们再回过头来看冯先生用最后的生命撰写《中国哲学史新编》的缘由,就再清楚不过了。

"志道精思,未始须臾息。"有朋友来看望,对他女儿宗璞说,希望他不要再写了。当女儿转达这份好意时,他微叹道:"我确实很累,可是我并不以为苦,我是欲罢不能。这就是'春蚕到死丝方尽,蜡炬成灰泪始干'吧!我现在就像一头老黄牛,懒洋洋地卧在那里,把已经吃进胃里的草料再吐出来,细嚼烂咽,不仅津津有味,而且其味无穷!其味无穷,其乐也就无穷了,古人所谓'乐道',大概就是这个意思吧。"冯先生在生命的最后两年中不能行走,不能站立,起居需人帮助,甚至咀嚼困难,进餐需人喂,有时要用一两个小时。这些都阻挡不了他的哲学思考。

直到生命的最后时光,他无法释怀的仍是中华民族文化的复兴。一直守候在他身边的女儿宗璞说:"他用力气说出的最后的关于哲学的话是:'中国哲学将来一定会大放光彩!''要注意《周易》哲学。'他是这样爱中国!这样爱哲学!当时有李泽厚和陈来在侧。我觉得这些话应该用大字写出来。"

冯友兰先生以95岁高龄驾鹤归西,但是他用生命筑就的学术丰碑仍巍然屹立在他深爱的中华大地之上,矗立在北京万安公墓花岗岩石碑上的十二个大字依然在激励和昭示着后人:"三史《中国哲学史》《中国哲学简史》《中国哲学史新编》)以释今古,六书以记贞元。"这十二个字集中地概括并反映了冯先生一生的学术追求和他对中国哲学、中国文化的贡献。1990年,他的两卷本《中国哲学史》在台北重新出版时,他在"自序"中就说过:"余平生所著三史六书耳。三史以释今古,六书以记贞元。"

陈岱孙:三春桃李 道德文章

天行健,仁者寿。陈岱孙先生以97岁高龄辞世。他九十大寿时,其弟子、著名经济学家厉以宁填《秋波媚》词一首,以作贺礼。其词曰:

忧国少年越重洋,回首几沧桑。人间早换,武夷更秀,闽水流长。
弦歌不绝风骚在,道德并文章。晨堪欣慰,三春桃李,辉映门墙。

这首词,可以说是对陈先生坎坷而光彩的一生的生动写照。

陈岱孙先生,人称"岱老",1900年生于福建闽侯(今福州)名门世家。其叔祖陈宝琛任过晚清光绪帝的国师,家族中曾出过两代三人同科中第的盛事。他五岁启蒙,六岁入福州私塾读线装书,近十年的私塾教育,使他受到了中国传统文化的严格训练,为他成才奠定了坚实的基础。

陈岱孙先生

陈岱孙先生1915年考入名校福州鹤岭英华中学。1918年考入清华学校(今清华大学)高等学科的三年级插班生。1920年夏毕业后获庚子赔款公费留美资格,同年入美国威斯康星大学经济系学习。1922年6月毕业获学士学位,并得该校"金钥匙奖"。1922年入哈佛大学研究生院学习,并于1924年和1926年先后获文学硕士学位和哲学博士学位。后赴英、法、意等国做短期考察和研究。当时他年仅26岁,完全可以在美国或欧洲找到一份待遇优厚的工作,但他毅然回国。他后来说:"当时只有一个信念,学成之后报效祖国。正是因为祖国的经济文化不如欧美发达,才出去学习,学到知识才更有用,学成了不回来,出去干什么?"他还在《往事偶记》中谈及他青年时代一次刻骨铭心的经历:一次,在上海外滩公园看到"华人与狗不许入内"的木牌,"我当时是毫无思想准备的,因为关于这一类牌子的存在,我是不知道的。我陡然止步了,瞪着这牌子,只觉得似乎全身的血都涌向头部。在这牌子前站多久才透过气来,我不知道。最后我掉头回店,嗒然若丧"。第二天乘船回家。他仍心潮难平:"我们民族遭到这样的凌辱、创伤,对于一个青年来说,是个刺心刻骨的打击。我们后来曾批判过那个年代起出现的所谓各种'救国论'。但是只有心灵上经历这深巨创伤的人才会理解'救国论'有其产生的背景。"

1927年,陈先生回国,先后任清华大学经济系教授、经济系主任及法学院院长。1933年6月,作为中国代表团专家出席伦敦国际经济货币会议。同年8月,又作为中国代表团成员出席加拿大政府太平洋学会国际双年会。

1937年他随清华大学南迁,先后在长沙临时大学、西南联合大学任经济系教授、系主任和商学系主任。据当年的学子回忆:在西南联大时期,他讲授"经济概念"和"财政学"两门课。他高硕英俊、鼻梁稍歪,经常口衔烟斗,以致口唇下搭,处事明快决断,不苟言笑。陈先生讲课颇有风度、条理清晰、出口成章,时间掌握准确,全校知名。上课均在大教室,每课必早到五分钟,立在讲台上,上课铃一响即把当日主题大书于黑板之上,开始讲授。因为听课同学太多,每每有人因上一堂课下课迟或教室远而迟到。陈先生必再约略重复一次,以免迟到学生无法做笔记。把他的话按次笔记,便是一本很好的讲义。陈先生对讲课的态度异常严谨,他在每次授课前的一小时,都要把熟悉的课程再重备一次,直到九十多岁高龄时还坚持这一习惯。有人问他为什么还要重备熟悉的课程,他说:"虽然熟悉,但人老了,就怕出错,误人子弟,子弟再误人,岂不罪过!"所以,有的学生就说:"岱老的课讲得精彩、干净、儒雅。听得来,学不来。"

1941年前后,国民党想加强对西南联大的控制,要求当时担任院长以上职务的教授都得参加国民党,陈岱孙知道后淡淡一笑,对他的一个学生很坚决地说:"如果一定要我参加国民党,我就不做这个院长!"

三春桃李　辉映上庠

1945年抗战胜利后,他不顾个人的安危,在西南联大和张奚若、闻一多、朱自清、钱端升等教授联名发表了《十教授的公开信》,坚决要求蒋介石停止内战,希望政治协商会议成功和中华民族独立解放。他在1949年之前写过不少深刻的文章,特别是批评蒋介石政府的通货膨胀等文章,颇具战斗力。朝野上下,对陈先生都颇为尊重,当时也名列中央研究院拟聘院士名单。1948年12月,清华校长梅贻琦将飞机票送给陈先生,邀赴台湾。陈先生态度坚决:"不跟腐败政府同行!"

抗战胜利后,陈先生作为清华大学的"接收大员",最先回到北平接收资产,后历任清华大学教授、保管委员会主席、法学院院长、经济系主任。

从1953年起,陈先生历任北京大学经济系教授、经济系主任、校务委员会副主任、校学术委员会委员、经济学院博士生导师。

"关心社会,以国事为重;关心别人,以他人利益为重。"在新社会,陈先生依然按自己的这一座右铭为人做事。他认真学习马克思主义,以辩证唯物主义和历史唯物主义观点观察分析问题,在政治思想和学术思想上都实现了质的飞跃。20世纪50年代早期,他自编《经济学说史讲义》,第一次用马克思主义观点和方法科学评价资产阶级经济理论,建立起自己的学说史体系。60年代初参加《经济学说史》教科书编写、70年代末编写《经济学说史专题提纲》,后又主持编写《政治经济学史》教科书,这些都产生了广泛的影响,受到学生们的欢迎,从而成为人们公认的我国经济学说史教学与科研方面最著名、最有威望的专家。

但是,细心的人们会注意到,在有些年极"左"思潮泛滥期间,他除了参与为学生编教科书的工作以外,没有发表过学术性的文章和观点。这是他在用沉默表达自己的立场,这是在用行动实践自己的诺言:"我是个教员,教员出言必须是真话,实话。"他的这种气节风骨,得到许多人的赞赏。任继愈先生在《我钦敬的陈岱孙先生》一文中说:"陈先生屹立不摇",他"写文章、发表著作和他不写文章,不发表著作,都显出爱国知识分子的风范"。他的学生刘伟在《回忆陈岱孙先生》一文中也说:"'一言未发'的沉默,是一个学者对那个年代的唯一可行的抗争,这才是真正的尊严所在,尽管为此付出的代价是高昂的,但这种高昂支持着真正的高贵。"

十一届三中全会以后,陈先生已是耄耋之年,却依然壮心不已。十多年中,他陆续发表了专著、论文、教材、回忆录及随笔等总计不下百万字,

陈先生在书房

其中最大的贡献是为我国社会经济生活中的重大理论和实践问题提供了自己的智慧。

然而,即使是在学术上沉默的时候,他在教学上依然是掏出一颗心来。

他对学生的要求非常严格。早在西南联大时期,就流传着这样一则故事:那时他任经济学系系主任,一次,在审批学生选课单时,有个学生填了一门"国济贸易",他用铅笔指一指"济"字,说"改一改",学生马上改为"暨"字。陈使用红笔把这门功课从学生的选课单上划掉,替该生填上一门三学分的"大一国文"课程。

他对学生无论在学习还是生活上,又是十分爱护的。1957年,北大一位青年教师被错误批判后下放劳动,冬天没有衣服穿,当时无人敢借给他。陈先生则不避嫌疑,给他邮去一大包衣服,而且在邮包上大书"陈岱孙"三字。他的一位学生在60年代中期受到冲击,流落街头靠乞讨度日,他知道后,每月挤出五元钱寄给这个学生,连续达八年之久。早先,每届学生毕业时,他都设宴相送。70年代初,一批延期毕业的学生即将离校,已年近八十的陈先生送别他们时,不无遗憾地说:"以前每届学生毕业,我要请吃鱼的,而今亏了你们了!"陈先生对学生十分关爱,而自己的生活却很素朴。当然,虽素朴而不失高贵,这也是学子们在潜移默化中受到熏陶的一个方面。

就这样,学生送走了一批又一批,陈先生仍然乐此不疲。他在八十多岁时还给本科生上课,95岁高龄时,仍在指导博士生。

1995年,北大为他举办"九十五年寿辰庆祝大会",当时的国务院总理朱镕基亲自写信祝贺说:"先生年高德劭,学贯中西,授业育人,六十八年如一日,一代宗师,堪称桃李满天下。惟愿先生健康长寿,松柏常青,学生有幸,幸何如之。"陈先生在会上说:"我这一辈子只做了一件事:教书。我这一辈只做好了一件事,也是教书。"又说:"如果有下辈子,下辈子还教书。"

陈先生早先住在校内镜春园79号,后来住进了燕南园54号。陈先

陈岱孙先生燕南园故居

生仙逝后,西南联大校友会发起募捐制作了一尊陈岱孙先生铜像,安放在他燕南园故居前。在他故居正房北墙上,有前国务院副总理李岚清"一代宗师 桃李满园"的题词和前国务委员李铁映亲书的"师园楷模"。

现在,故居易主了,但塑像仍在。岱老拄着手杖,安详地注视着他深爱的校园,注视着他深爱的祖国。而作为后来人,我们则从他的注视里看到中华民族的伟力、北京大学的精魂和巨大的榜样的力量。

王力:燕园筑梦 名山事业

王力先生1954年来到燕园,担任北大中文系教授,先暂住临湖轩,继而搬入朗润园,最后住进燕园60号。

但是,王先生和北大的渊源则可追溯到20世纪二三十年代。那时他与北大同行罗常培等先生交往密切。1927年他在清华国学研究院学习时发表的第一篇论文《谐声说》,就刊登在北大《国学门月刊》一卷3期上。1932年夏,他在法国巴黎大学获得文学博士后准备回国工作,他选择母校清华,一方面写信自荐,同时也得到罗常培教授的引荐。在西南联大时,更是与罗先生等北大同行一起共事。西南联大解散后,王先生被留在了广州,先后任中山大学和岭南大学文学院院长,并在中山大学创办中国第一个语言学系。1952年院系调整,岭南并入中大,王先生兼任中大语言学系主任。

也正是在这次院系调整中,北大中文系集中了北大、清华和燕京的教师,语言学科力量很强。为进一步加强新中国的语言文字研究,培养语言学专门人才,教育部决定将中山大学语言学系并入北大中文系,并要求下学期开学前即调入。王力先生兼任汉语教研室主任,主讲汉语史。

这是1954年春天的事情。王先生马上开始了准备工作,并于7月中旬亲自到北京落实相关事宜。8月22日,王先生便率语言学系全体师生乘火车北上。那天动身前,广州市委、市政府设宴为他饯行,他早年在博白家乡教小学时的学生、时任广州市市长的朱光恭敬地向他敬酒。他感激家乡亲友的深情厚谊,更思虑北大的期盼与重任,非常兴奋,开怀痛饮,竟然喝得酩酊大醉。当晚被扶上火车,酣睡了一天一夜。据中文系教授唐作藩先生《国子因缘 名山事业:王力与北大》一文记载,说,王先生后来对他们讲,"这是他平生第一次喝醉了"。

王力先生

1954年8月26日清晨，王力先生一行到达北京，北大校、系代表到车站迎接。据王夫人夏蔚霞回忆，有志于筑梦燕园的王力先生到燕园后行李还没有打开，就着手准备上汉语史课了。

然而，他筑梦燕园的路并不平坦。

起初几年，他不仅在工作上得到系里的积极支持，还被推举为北京市第二届政协委员。他很高兴："我在广州当省人大代表，市政府委员，现在做了北京市政协委员，政治关系也转来了。"

在不断有风暴袭击着燕园宁静的岁月里，潜心于学术的王先生还是太天真了。

50年代中期之后，他就逐渐成为批判的对象。由于他在美国人出资办的岭南大学当过文学院院长和五人顾问委员会委员,广东那边过来的人,还要他交代"里通外国"的"罪行"。

即使如此,王先生也不改初心。他以"北大教授"为荣,以"北大教授"为己任。他外出讲学或开会,总喜欢戴上校徽,无论是1957年冬到波兰和苏联、1980年12月赴香港,还是1981年10月到日本,同事们从他带回来的照片中常常可以看到他的左胸前那一块红底上刻着"北京大学"四个金字的校徽。同样,他的名片上也只是印上"北京大学教授 王力"字样,而其他诸如全国政协常委、中国文字改革委员会副主任、国务院学位委员会评议组首届召集人、中国语言学会名誉会长、中国音韵学研究会名誉会长、中国科学院哲学社会科学部首届学部委员(院士)等一概不写。有人问他:名片为什么写得那么简单,他说:"这就很明确了。北大教授是我的职责,其他都是虚的,或临时的。"

是的,"北大教授"在他的眼中是神圣的。无论遇到什么阻碍,他都没有停止履行自己的职责——

初到北大,为开汉语史课,他筚路蓝缕,夜以继日。常常是头天晚上赶写出一节讲稿,第二天带去上课。他下笔成文,草稿往往就是定稿,在课堂上讲授时发现个别错字,改一下,课后即可交印刷厂刻写油印,下堂课选课的同学就可拿到讲义。如此一年下来,每周四学时的汉语史课结束了,中国第一部《汉语史》也就诞生了。该书后以《汉语史稿》之名,分上中下三卷,由科学出版社出版。

1958年,王先生带领汉语教研室全体成员编写语言专业另一门基础课"现代汉语"教材。他草拟大纲供大家讨论,然后分工撰写。王先生除撰写绪论和语言部分以外还负责全书审阅,这样用了一年半的时间编写出一部上中下三册的《现代汉语》,由高等教育出版社出版。

1959年秋,他兼任中文系各专业共同基础课古代汉语课的教改负责人。他首创"文选、常用词、通论"三结合的古代汉语教学体系,并亲自讲授大课,百余人的教室总是座无虚席。随即组织教研室部分教师和五七级同学着手编写《古代汉语》讲义,王先生亲自执笔撰写"通论"和"常用词"。为此,他利用一切时间,参考了许多文献资料。写"通论"的"古代历法"一节时,为弄懂天文,他不仅克服了自己未学过数理化的困难,"啃下"不少天文学的书,夜晚还在院子里观察星夜和天象。就这样,不仅写出这节讲义,他还在《文献》杂志发表了《中国古代的历法》的论文。

1961年夏,为完成教育部高校文科教材编选计划会议的任务,王先生作为主编,和来自北大、南开、北师大等校的编委人员一起,在北大《古代汉语》讲义的基础上,编写出具有很高质量的四大册《古代汉语》。该书作为高校中文系基础课教材,由中华书局出版后,至今仍在广泛使用,显示出强大的学术生命力。

作为把教育与科研相结合典范的王先生,在1954年至1965年的十余年时间里,在北大共开设了汉语史、现代汉语、诗律学、清代古音学、中国语言学史等六门新课,自编或主编教材五种,出版了学术专著和普及读物二十种,发表论文58篇,不愧为北大一级教授和一代宗师。

燕南园60号王力先生居所

风雨过后的1977年春,王先生已是七十有七的老人。此时,看着未名湖边冰消雪化、杨柳吐绿,不禁感慨万千:"艰难黄卷业,寂寞白头人。惆怅桑榆晚,蹉跎惜此身。"(《春日未名湖散步》)他并不计较非正常年代给自己带来的身心苦痛,只是惋惜失去了不少宝贵的光阴。而当1978年2月,出席了全国政协第五届第一次会议,他又看到了祖国振兴和自己筑

梦的希望,于是喜作《五届政协会议感赋》:

> 四害横行受折磨,暮年伏枥意如何?
> 心红不怕朱颜改,志壮何妨白发多。
> 明月九天狂李白,铁弓七扎老廉颇。
> 相期报国争朝夕,高举红旗唱凯歌。

从这一年开始,他以老骥伏枥的情怀,用四年时间完成了自1959年就准备撰写的《同源字典》。唐作藩先生在前引文章中对这部字典给予了很高评价:"这部著作是王力先生学术生涯中的一个里程碑,犹如20世纪40年代的《中国现代语法》、50年代的《汉语史稿》和60年代的《古代汉语》。"

王先生完成《同源字典》时已届八十高龄,但仍然心雄志壮。他在1980年元旦写的《庚申元旦遣兴》诗中说:"漫道古稀加十岁,还将余勇写千篇。"具体目标就是着手全面修订《汉语史稿》,实际上就是重新撰写三部学术著作——《汉语语言史》《汉语语法史》和《汉语词汇史》。1984年春,三部大作胜利完稿,同时还完成了一部《〈康熙字典〉音读订误》。

随即他开始了实现编写一部"理想的《古汉语字典》"强烈夙愿的努力——着手编写一部中型的《古汉语字典》。为此他坚持每天伏案七八个小时,平均日写千字左右。不幸的是,这年1月底他自广州出席中山大学六十周年校庆活动回京后,患伤风感冒,后又引起系列病症,不得不平生第一次住院,此后体质与精力明显下降。1985年秋他又查出脑动脉硬化。1986年3月6日,王先生的挚友朱光潜先生辞世,他带病去八宝山向朱先生遗体告别,当场几乎因心情沉痛而晕倒。回家后病情加剧,一个半月后,王先生身归道山。

自1976年至此时的十年里,王先生完成了九部专著,撰写了六十余篇论文,共计三百余万字,此外,还用旧体诗意译了法国著名象征派诗人波特莱尔的诗集《恶之花》。这样,他进一步丰满了"语言学大师"的形象。

"吃的是草,挤的是奶。"筑梦燕园的王力先生走了,但是他给后人留下了丰饶的文化遗产。山东教育出版社自1983年起积十年之功,出齐了《王力文集》二十卷,八百余万字。

王力先生被公认为大师级的北大教授和语言学领域的巨人。早在1980年北京语文学界及国内同行为他举行的从事学术活动五十周年及八十华诞的庆祝会上,教育部长蒋南翔就称赞王先生"是我国高等教育界的一个杰出代表",并引国外报刊资料称王力先生"是近百年来中国最大的语言学家"。

筑梦燕园的王力先生留给我们的不仅有丰硕的学术成果,还有他人格的光辉。季羡林先生在《回忆王力先生》一文中用"中西融会,龙虫并雕"八个字概括了王先生的贡献。前者讲的是他的学术成就,后者即是说的他的学风和为人。

1985年与1951级毕业三十周年返校同学合影(前排坐者自左至右:林庚、王力、吴小如)

"雕虫小技,壮夫不为。"在中国学术研究领域中,自古以来看重的是皓首穷经、青箱传世,视学术普及工作为雕虫小技而予以蔑视。王力先生则不然,他把自己的书斋命名为"龙虫并雕斋",他的著作中有《龙虫并雕斋诗集》《龙虫并雕斋文集》《龙虫并雕斋琐语》等。可见既雕龙又雕虫是他的志向所在,而且二者不仅未相悖,还都为祖国做出了卓绝的贡献。前者固然不用说,后者如《浙江人怎样学习普通话》《广东人怎样学习普通话》,对于普及普通话工作所起的推动作用,是难以估量的。从这里也可以看出他远大的眼光和广阔的胸怀。在他眼里,"阳春白雪"固然好,但"国中和者数千人"的"下里巴人"亦不可缺少。

其实，王先生的感人之处，不仅在学风上，也表现在其他很多方面。比如他秉性的中正平和，待人的亲切和蔼。季羡林先生在《回忆王力先生》一文中就说过："我从来没见他发过脾气，甚至大声说话，疾言厉色，也都没有见过。同他相处，使人如坐春风中。"又如，他十分关心学子。新时期以来，每个新学年开始，他都要应邀参加迎新会并给新同学讲话。他对学子们寄予无限希望。他经常说："我好比母牛，你们是小牛。将来你们也要成为母牛，挤出奶来哺育新的小牛。"很多同学反映，王先生的讲话使他们更坚定了自己毕生从事语言研究的奋斗目标，更具体地领会到上北大的光荣感。1985年9月开学时，他已因病走不动了，仍坚持让车接他去二教为新生寄语。再如，当山东教育出版社决定出他的文集时，他即决定将文集的全部稿费十万元人民币捐献出来设立"北京大学王力语言学"奖金，面向全国，以奖励当代对汉语与语言学研究做出突出成绩的学者。这项奖金至今已评多届，在海内外产生了很大反响，很多学者都以获得这个奖项为殊荣。在他辞世后，夫人夏蔚霞继承他的遗愿，将其所获吴玉章人文社会科学奖的奖金续捐给王力语言学奖。

朱光潜：崇高的美学拾穗者

早在20世纪30年代，朱光潜先生就已经是老北大的名教授了。

朱先生，字孟实，安徽桐城人。出身书香世家，幼承庭训，熟读诗书。自1918年考入香港大学起至1933年春夏，相继获得香港大学文学学士学位、英国爱丁堡大学文学硕士学位、法国斯特拉斯堡大学文学博士学位。1933年7月回国，任北京大学西语系教授，讲授西方名著选读、西方文学批评史和文艺心理学。次年，在清华大学、中央艺术学院等校兼课。

朱先生汇通中西，才华横溢。1929年即由开明书店出版第一部著作《给青年的十二封信》而闻名全国。后又发表《谈美：给青年的第十三封信》，反响更为强烈，以至上海书摊上出现一本署名"朱光潛"的书，书名叫《给青年的十三封信》。朱光潜看后哭笑不得，给这位"朱光潛"写了一封公开信，含蓄地讲了做人要坦诚的意思，署名曰"几乎和你同姓同名的朋友"。此信后来发表在《申报》上。

1936年又出版《文艺心理学》，这是中国人自己撰写的第一部具有现代科学形态和独特体系的美学专著，也是比较系统地介绍和阐述文艺心

朱光潜先生

理学的专门著作,是"五四"新文化运动以来的重要文献之一,在这一领域具有开拓性的意义。

1937年,朱先生在北大主编《文学杂志》,由商务印书馆出版。这是一个趣味高雅、学术水平很高的文学创作和评论的期刊,被视为京派文化的代表;经院味重,学术味浓,风度典雅潇洒。

在此期间,朱先生还和北平一些大学的教授们组织了一个诗歌朗诵会,定期在他地安门的家中活动。清华的闻一多、朱自清和王力等先生常进城参加,一时蔚为京城一大文化景观。

全面抗战爆发后,朱先生赴成都任四川大学文学院院长兼外语系教授、四川乐山武汉大学外文系主任兼教务长。

1946年返北平后,任北大西语系教授兼主任,后代理文学院长,并与沈从文、杨振声等复刊《文学杂志》,发起成立"西方语言学会"并任主席。

1948年,当选为北平研究院院士,任《民国日报》文艺副刊主编。

然而,院系调整北大西迁燕园后,新来的北大学子知晓朱先生,见面竟然多是在批判会上。之所以如此,原因据说主要是他1941年任武汉大学教务长兼外文系主任时,执行了当时国民政府教育部关于大学里"长字号"人物必须参加国民党的规定,并被蒋介石擢为国民党中央监察委员。正是因为这个历史遗留问题他成了"老运动员"。其实,此事应该放到当时的历史背景中去看。那时蒋政府拉知识分子进入国民党,不过是为越来越不得人心的国民党装装门面而已。事实上,朱先生大是大非是清楚的。季羡林先生在《他实现了生命的价值:悼念朱光潜先生》一文中说:朱先生在抗战期间给周扬写过的一封信中表示"他对国民党并不满意,他也向往延安"。北平解放前夕,"按朱先生的地位,他完全有资格乘南京派来的专机离开中国大陆的,然而他没有这样做,他毅然留了下来,等待北平的解放",他"经受住了考验,选择了一条唯一正确的道路"。

对于这个历史问题,朱先生自己也感到终身遗憾,但是这并没有影响他为教育事业贡献自己的力量。据西语系教授李赋宁《怀念朱光潜先生》一文记载,早些时候,朱先生工资评得很低,大约是讲师的待遇。到1956年政府提出"向科学进军",他的工资才被定为高一级,并住进燕南园66号。朱先生始终兢兢业业备课,认真批改作业,还刻苦地学习俄文,以更新自己的知识结构。另外,他还不懈地锻炼身体,打太极拳,有时还去颐和园爬后山。

1960年,北大哲学系成立美学教研室,他被借调到哲学系,讲授西方美学,并着手系统整理西方美学史。1964年,他出版了中国第一部系统的西方美学史专著《西方美学史》,开拓了我国美学研究的新领域,代表了中国研究西方美学思想的水平。

在其后一段非正常的岁月里,他依然以对祖国人民和教育事业的炽爱,熬过了严冬。其间,他钟情的美学也帮助了他。舒衡哲《鸣鹤园》一书说:"翼然亭的美再加上偷偷练习的太极拳使这个年近八十岁的老人抵住了自杀的诱惑。"他曾从被审查地北侧的翼然亭的飞檐获得安慰,飘过翼然亭的白云和远处蔚蓝色的天空给了他希望,他心中响起了一位西方美学家的名言:"真正的悲剧因为其自身的崇高与庄严可以唤醒我们灵魂深处的东西。它似乎激发并点燃了人们内心神圣的火花。"于是,他柔弱的

20世纪80年代初,在燕南园66号居所前

脊梁变得坚强,他把不得不进行的自我谴责也变成了一种艺术,他要坚守崇高、庄严和美。

而一当冬去春来,还是在春寒料峭之际,朱先生就又只争朝夕地开始了他新的传播美的事业:他以惊人的毅力和劳动强度翻译了黑格尔的《美学》、柏拉图的《对话录》、亚里士多德的《诗论》以及克罗齐的美学和语言学批评著作。1978年高校恢复研究生教育,他以81岁高龄招收了两名美学硕士研究生。雨过天晴后的这些努力,为他赢得了崇高的声誉。1980年,他被推举为中华全国美学会第一任会长。他并没有就此止步,从1980年春到1983年年底,又倾其暮年之力,完成了他最后一部翻译巨著——意大利哲学家维柯的《新科学》。书稿完成时,他的体重只剩35公斤,很快就病倒了。在三年的翻译过程中,朱先生每天从早上8点到下午5点,除了吃中饭,他不离书桌不下楼。夫人和女儿嗔怪他:"简直着了维柯的魔了!"他的小外孙说得更形象:"和外公讲什么他都听不见,一讲维柯,他就活了!"

翻译黑格尔的《美学》、维柯的《新科学》,这都是"第一等"的工作。季羡林先生曾说:"这些著作内容深奥,号称难治,能承担这种翻译工作的,

朱先生在打太极

并世没有第二人。"朱先生却谦虚地说,自己只是一个美学拾穗者,他的一本书就取名《拾穗集》。

多么崇高、可敬的美学拾穗者!

为什么朱先生要自诩为拾穗者呢?这是因为他很喜欢法国画家米勒的代表作《拾穗者》,他认为做学问就要有这种拾穗的精神。他曾自云:"我的时间不多了。中国的美学研究还很落后,一个重要因素就是资料不足。我多翻译一些,可以为后人研究提供方便。"

而又何以老骥伏枥,真正达到"壮心不已"的程度呢?1981年,他在上海出版的《美学文集》作者说明中写道:"'春蚕到死丝方尽'……只要我还在世一日,就要'吐丝'一日,但愿我吐的丝凑上旁人吐的丝,能替人间增加哪怕一丝丝的温暖,使春意更浓也好。"

他的这种执著,这种担当,这种以生命为燃料的创造,赢得了人们极高的评价,季羡林《他实现了生命的价值:悼念朱光潜先生》一文中就这样说:"现在人们常谈生命的价值,我认为,孟实先生是实现了生命的价值的。"

也正是他的这种执著,这种担当,这种以生命为燃料的创造,为我们

五、"只留清气满乾坤"　　377

晚年的朱光潜先生

留下了难以估量的精神财富:他那些不朽的美学著译,乃至生活中的点点滴滴。让我们看看北大师生的几则回忆。这是中文系教授孙玉石《寻觅美的小路》:

> 十年动乱过去以后,你搬进燕南园的一座两层小楼里,孜孜不倦地进行着美学的著述和翻译的劳动。我常常看到,每天下午四点多钟,你步出那座小楼,从燕南园的坡路慢慢走下来,经过三院到一院门前的那条小路,穿过南北阁,一直到未名湖边,再走回来。年纪大了,腰有些弓着,每天都走在那条小路上。每逢遇见,我总是望着你远去的背影,望着印满你足迹的小路,想象着你在桌前伏案笔耕的情景。……我真想提议,把你常常散步的这条小路命名为"美的小路"。

这是恢复高考后第一届学子周立文的《人事两茫茫》:

> 我印象最深刻的,也是跑步的朱光潜先生。他的个子本来就不高,腰又佝偻得很厉害,所以看起来他是那样矮小,只有一双眼睛炯炯有神,似乎能够穿透一切。他就是那样一颠一颠的,从图书馆前跑过,速度慢得惊人。不知因为什么,看到他我就会想起老子。他跑步

的时间和路线,似乎是固定的。

现在,北大图书馆前的那块草坪已经不在了,但朱先生跑过的那条路还是原来的样子。每次到北大经过那条路,跑步的朱光潜先生的形象便浮现在眼前:老子。穿透一切的眼睛。还有一本砖头块一样的厚重的大书。

林庚:"独立小桥风满袖"

诗人、学者、教育家林庚先生一生都在和诗打交道。他在为《燕京大学人物志》所写的自传文章中说:"我的创作以诗为主,我的研究也以诗为主。已出版的《中国文学简史》(上卷)基本上是一部诗歌史,我的许多论文也都以诗歌为研究专题。"

其实,诚如谢冕先生在《先生始终是青春的:林庚先生百年诞辰纪念》一文中所说,林先生一生所创作的最好最美经得起时人及后人再三品读的诗,就是他自己:

> 他不仅写诗,而且把他对诗的感悟注入了生命之中,他的生命因之始终充满了诗意与诗情。在别人那里,可能诗是诗,生活是生活,而在林先生那里,二者是融为一体的。先生的生命是诗的,先生的学问也是诗的。

"独立小桥风满袖。"人们说,这句诗就是很多人心中林庚先生的化身。其最重要的注脚,就是林先生所推崇的盛唐诗歌的少年精神、诗人李白的布衣感和盛唐气象始终燃烧在他的血液之中。

林庚先生,字静西,原籍福建闽侯(今福州市),1910年出生于北京。那时他父亲林宰平先生在北京工作。林宰平先生是清末民初学者王闿运、林琴南、陈三立、樊增祥、梁启超的同道。由于父亲林宰平的庭训和京城文化的熏陶,他从小就对诗歌产生了强烈的兴趣,并在人生道路的选择上显示了蓬勃的"少年精神"。

考入清华时,他报的是物理系,两年后他毅然转学到中文系,得以亲炙名师朱自清和俞平伯等先生。根据俞先生"历代词选"课的要求,他写了平生第一首词《菩萨蛮》:"春来半是春将暮,花开才被风吹去。日远水悠悠,闲花逐水流。凭阑无限意,何事重相记。暝色敛寒烟,鸦啼风满

林庚先生

天。"随即根据朱先生"历史诗选"课的要求,他以指定的六麻韵做了一首绝句:"人景乱如麻,青山逐路斜。迷津欲有问,咫尺便天涯!"此时,他爱词胜于诗。可是后来发现诗的天地比词阔大,情调内容也丰富得多,尤其是唐诗,不但境界开阔,而且具有新鲜健康的饱满力量。

为了表达涌动的诗情,林先生和几位同学一起创办了《中国文学月刊》。他有些旧体诗词就发表在这个刊物上。写了一阵旧体诗词以后,虽然也常有好句可得,但总觉得意境和辞藻毕竟跳不出传统的圈子。于是,决定改写新诗,用今天的语言表达今人的思想感情。

"九·一八"事变后,全校同学群情激奋,准备参军杀敌,林先生挥笔谱写了战歌:"清华子弟今日从军去,不复河山驱彼虏誓不重回顾。便赴前方愿与仇相遇。为中华,为中华,决战生死路!……"不久,又参加了南京请愿团,要求政府出兵抗日,没有结果,曾绝食于南京。这次事变,更坚定了他写新诗的决心。

年轻时的林庚

1933年大学毕业,任清华中文系主任朱自清先生的助教,并应郑振铎先生之约任《文学季刊》诗歌编辑,后来还到北师大等校兼课。但是主要精力仍用在新诗创作上。继1933年诗集《夜》出版后,1934年秋又出版了《春野与窗》。这些创作实践,使他逐渐认识到:诗的语言美在于深入浅出,明朗不尽。这无疑是得之于唐诗的启发。因此,他又开始了新诗民族形式问题的探索,诗歌创作也从自由体转向写格律体,1935年出版的《北平情歌》和1936年出版的《冬眠曲及其他》,即是实践的成果。由此,林先生成为现代文学史上有数的重要诗人之一。

全面抗战爆发后,林先生赴厦门大学任教。不久,厦大迁至闽西长汀山区,与外界几乎处于隔绝状态,这时林先生把精力集中到古典文学研究上,重点是唐诗和楚辞。1946年写成一部《中国文学史》,作为"厦门大学丛书"出版。那时先生才37岁,却一起步就达学术的理想境界,而且就此奠定了今后学术生涯的基础。

1947年,回北平任燕京大学中文系教授。从此他一方面继续研究古典诗歌和文学史,一方面又开始发表新诗和有关新诗创作问题的文章。

1952年院系调整后,林先生任北大中文系教授,兼古典文学教研室主任。当年出版了《诗人屈原及其作品研究》,1954年又出版了《诗人李白》《中国文学简史》(上卷),1981年出版《天问论笺》。这些著作表明林先生古典文学研究已经到了非常高的水平,成为唐诗、楚辞的研究名家。此外,林先生于1962年主编《魏晋南北朝文学史参考资料》,1964年主编《中国历代诗歌选》(上编)。其后,政治风云激荡,校园失去了平静。但是,他致力学术研究的"少年精神"一直没有衰减。风雨过后的20世纪80年代初,林先生居然出版了一本《西游记漫话》,令一些学者"大吃一惊",如陈平原在《即将消逝的风景》一文中就惊叹:"诗人对小说竟有如此的洞察力……以'童话性'解读《西游记》,前人不是没有谈论过,只是大多浅尝辄止,不若先生全身心地投入,且将其作为《西游记》的根本特征来论述。童心与诗心,本就有相通之处,更何况此乃先生之'曲终奏雅'。这部不到十万字的小书,对此后研究《西游记》的学者来说,是个不小的挑战。"

林先生讲课的风采是有口皆碑的。如孙玉石先生在《给我一枝花吧》一文中就曾这样写道:林庚先生给我们讲唐诗,是在文史楼107。他穿着一身浅色的西装,身材高大瘦削,精神抖擞,讲起话来,声音洪亮,诗意盎然。有时激动得"它它它它",说话中间连接的语气词一连好几遍,让你跟着他去着急,去体味,去找一个最恰切的字眼儿,表达他感受的"专利";有时又是那样的轻松、婉转,仿佛引我们进入一种美丽的诗的境界中去。让人真的感到一种"盛唐气象"和"亭亭玉立"的诗人风采。他讲《楚辞》中的"袅袅兮秋风,洞庭波兮木叶下",讲王维的"大漠孤烟直,长河落日圆",讲曹子建的"高台多悲风,朝日照北林"的那些课,已经成了"人间哪得几回闻"的"绝唱"。如此熏修,"古人的诗歌之美与先生的人格魅力升起了我们心中的一道彩虹"。数十年中,林先生正是以自己广博的学识和独有的风度,滋养了几代学子,培养出陈贻焮、孙玉石、袁行霈等英才。

改革开放恢复高考后,年已古稀的林先生仍欣然登台给被称为他"关门弟子"的七七级、七八级学生讲课,课堂上洒给学子的依然是心灵的清风、知识的甘霖和蓬勃的"少年精神"。我们听听七七级学子张蔓菱在《北大回忆》一书中的温馨回忆:

> 褥热三伏天,在"三教"的二楼,中文系七七、七八级都到得齐齐的,再加上研究生们。教室里坐不下了,就敞着门,大家一直坐到走廊上,挤得汗蒸雾腾。上课的铃声响过,林庚先生身着白衬衣,吊带西裤,长腰鹤步登上讲坛。顿时,一片清凉从天降下。

那是一段难忘的课程,在大庭广众之中,林先生是那么潇洒独立,似乎炎热与拥挤带给他的只是愉快。在他那雅洁的风度中,抒发着对《楚辞》的爱,对学生的爱,与对讲堂的爱。

　　我们这拨学生满带着社会风尘和泥土气息,而大师们则以暮年辰光穿过大劫,可谓跋山涉水,幸坐一堂。两代人相思相逢在中国历史起身的时候,备感亲切。

　　回忆文字中,张蔓菱特别强调了林先生讲《楚辞》时引用的"独立小桥风满袖"这句诗。她说:这句诗"在我心中久久地成了林庚先生的化身"。

　　当年曾亲聆林先生教诲、如今已是中文系教授的张鸣,对"独立小桥风满袖"这句诗也印象特别深。他说,林先生讲到"风满袖"的意蕴时,平静地、引经据典地讲着,站在写满优美板书的黑板前,静静地看着学生。这时,他忽然"感到了先生绸衫的袖子仿佛在轻轻飘动",虽然那时教室里并没有风。

　　还有一位学子叫钱鸿瑛,她听完林先生的最后一堂课回到宿舍,躺在床上大哭。人问其故,答曰:"再也听不到林先生的课了!"

　　至于能够直接得到林先生指导的学子,那体悟就更深了。据马晓冬《葛晓音:营造一个精神家园》一文记述,现在的中文系教授葛晓音就曾这样描述自己心目中的林先生:"他是一个真正淡泊名利、甘于寂寞的学者,在学术上特别自得其乐,不考虑自己是不是能出风头,但却在意自己是否能拿出真正的东西。他是那么清的一个人,甚至于每一次踏进燕南园62号,我就觉得自己心里特别干净。有时太阳西下,斜晖透过窗外的竹丛照进他屋里,我和他隔着书桌对坐聊天,听他讲学术上的看法、生活中的领悟以及由一些特殊情景而触发的诗意的感觉,那真是一种最妙不过的境界,是在任何一个地方都很难得到的。"

　　当然,林先生的"少年精神"不仅是内在的涵养,也不乏外在的表现。据说,早些年每到春天,天空晴朗而又有一点风时,还能看到这位八九十岁的老者,在五院门口的草坪放风筝呢。

　　在发扬李白"布衣感"方面,林先生也留下了感人肺腑的佳话。

　　林先生曾对其弟子袁行霈说过:"人走路要昂着头,我一生都是昂着头的。"最能体现林先生这种"布衣精神"的,是上引张蔓菱书中记述的一件事:

林先生燕南园居所

在 20 世纪 60 年代后期那段日子里,林庚先生曾以"夫人有病卧床"为由,拒绝为一位自称"旗手"的权势人物讲学。而在某年国庆日前,他突然收到了"国宴"的请柬。当时,一个三级教授被邀赴国宴,是很罕有的。

林庚先生对弟子说,他很想去,因为可以看见周总理,但是请柬上是那个"旗手"的签字。他矛盾了很久,最后还是十分不舍地放弃了这个一生中不会再逢的机会。因为他不愿意再受到那位"旗手"的纠缠,他后来跟弟子说:"我又不是弄臣。"

张蔓菱对林先生这种凛然正气深为钦佩,她在《北大回忆》一书中说:

林庚与季羡林同是当年北大的风流人物，但个性不同。"季先生身上多有悲悯隐忍和佛教文化的影响，而林先生更像是一位诗人，不愿意与浊世掺和，具有独行泽畔的格调。""'质本洁来还洁去'，这样的话当属斯人。""他怀抱《楚辞》一卷，远离炙手可热之势。这是一位得道高士，无论红黑，都无计点染。""走出污浊地，除了林庚先生，还有谁，配来对我们讲屈原，讲《九章》《天问》，讲芳草美德呢？""这甘守寂寞的诗人，将珍藏的热情奉献于讲坛，而将他心中晚境的诗意，给了我们这批学子。林先生对我们这些精神过于劳顿的晚学生，有掬泉洗涤之功。"

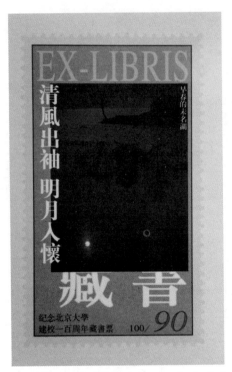

明月清风（采自《纪念北京大学建校一百周年藏书票》）

由此可见，林先生儒雅清高，超然脱俗，一派名士气象，却并非不食人间烟火。他有他的忧虑与关怀，更有着自己独特的应对方式。

对于"盛唐气象"，林先生也是热切期盼和召唤的。

他在1958年北大六十周年校庆时，就写过一篇题为《盛唐气象》的文章，"预祝北大能产生一种盛唐时代一样恢宏博大的文化，中国的新文化能成为世界上最辉煌的文化"。1998年，北大校庆一百周年之际，他又在《青春的常新的北大》一文中表达了同样的心愿："现在是百年校庆了，我还是这个希望，北大要缅怀'五四'精神，带头去创造新文化、发展新文化，在21世纪使我们的民族文化辉煌于世界。"

2006年10月4日，97岁高龄的林庚先生仙逝。据说，他走得非常平静。前一天还和平时一样，吃完晚饭去休息，第二天早晨人们就发现他已经去了另一个世界。

林先生走得很平静，但对很多人来说，心情是难以平静的，至少他的

一息尚存,燃烧不止

那些入室弟子是无法平静的。

林庚先生去世后,其弟子袁行霈先生撰文追忆说:"林先生走得那样安详,那样从容,没受任何折磨,这是他修的福气,我不应该太难过……凡是聆听过他教诲的人,凡是读过他的著作的人,凡是见过他的人,凡是知道他的人,都会为这样一位诗人、学者和教育家的离去而感到悲痛。这样纯真的、诚挚的、一片冰心的、无须别人设防的人,今后恐怕是越来越少了。"

当然,对林先生仙逝备感悲凉的还有燕南园。曾经给予这个园子以深厚人文意蕴的老先生本已寥若晨星,现在又走了一位。他故居旁边燕南园二门上原有的"山水有清音;园林无俗韵"楹联,早已不知去向,但愿其内涵能够永存燕南园。

好在一棵老蒲公英谢世了,它的精魂还在,它还有许多能够飞翔,能够生根、发芽的种子。

2000年为林庚先生举行祝寿活动时,当时的北大中文系主任温儒敏给他以非常高的评价,说先生"由诗人而学者,在文学史研究方面所达到的具有典范性的地位,是不可替代的。北大中文系为拥有这样出色的学者而自豪"。

他一生浇灌的桃李,也永远铭记着他的阳光雨露。前引张蔓菱一书就满含深情地说:

> 一个当代中国文化人,从童蒙"家训"到入学"师训"到"社会训",包括当知青时的"下乡训",都在不断地为之定位。林庚以他完美的名节,为我们这批晚学生做了一次清爽出尘的"定位"。
>
> 无论是作为一个民族还是个人,心灵常需润洁,品格常需修立。每想到林先生,就想到峨冠与佩兰。这种人格与学术的合一,人生与中国文化的浑然结晶,在当今的知识界已属罕物。
>
> 无论这世上东南西北风,我总记得有一位高士"独立小桥",说着他独自的声音,于闹市之外勃发着独醒的美慧。
>
> 像林庚先生这样,曾经以诗的热情拥抱过世界,以冰清玉洁之姿蔑视过豪门权势,焕发出生命最后火焰的人,才是隐中的高士啊!

2. 燕东星光

燕东园和燕南园一样,建于20世纪20年代,为燕大教授职工宿舍。有所不同的是:其一,这里主要由中国学者、教授居住;其二,风景特别优美,犹有江南水乡风光。邓云乡《文化古城旧事》就曾生动地描写过这里的风景,只可惜这些风景今已不存。

一个值得立"史迹碑"的地方

燕东园,又名东大地,坐落在成府村东,清华园西南,有各式精美小楼22座。

那时,由燕东园到燕园东门有一条小路,穿过成府狭长的街道。这条小路上曾走过埃德加·斯诺、吴雷川、许地山、邓之诚、郭绍虞、陆侃如、冯沅君、顾颉刚等多位名师学者。

1952年的高校院系调整,也给燕东园带来新的生机,许多知名学者、教授入住这里,使这里和燕南园一样,星光熠熠。这些星光让北大精神得

曾经星光熠熠的燕东园

以传承,并和燕大精神会集而得以升华,也因之给中国文化版图带来新的亮色。因此,曾任中文系主任的费振刚教授在北大百年校庆时撰写的《我心中的史迹碑》一文中建议为燕东园立几块"史迹碑":

> 燕南园因为在校园内,我们现在每经过这个地方,都会肃然起敬,因为马寅初、冯友兰、王力、魏建功、朱光潜先生曾经生活在这里。同样,我们也不要忘记燕东园,燕东园不仅与燕南园有同样的建筑格局,而且那里也是翦伯赞、杨晦、游国恩、岑麒祥、冯至先生生活过的地方。

他在文章中说,80年代末,他曾在日本东京大学工作过两年,住所在东京大学弥生门外,附近有中国人所熟知的上野公园和以杜鹃花闻名的根津神社。漫步在上野公园周边的街道和根津神社内,在路边或店铺前,不时见到有碑立于其旁,碑上的文字,是记载在此地发生过什么事件,日本人称为"史迹碑",碑文上有我们熟悉的日本著名作家如森鸥外、夏目漱石等人的名字。在根津神社内的一个石条凳边,有块石碑写有夏目漱石休憩之地的碑文。东京大学校园内有一个小湖,东大人称之为"三四郎池",显然也是与夏目漱石有关系。接着他从东大校园联想到北大的燕东园:"我们北大小东门内理发馆旧址,小东门外原有的一个食品店,平时,特别是夜间还卖小菜和散酒,有两张方桌、几个方凳,应该是许多学者、专家小聚和休息之处,我想如按照日本东京的办法,也可以立块'史迹碑'加以说明。小东门至燕东门当年是一段石板路,我们的老师,名扬海内外的学术巨人,年复一年地从这里走过,走进教室,走进实验室,走进图书馆,用他们的心血培育了一代又一代的年轻学子。这里不也可以有块'史迹碑'吗?"

燕东园寓居名师一览表

房号	曾寓居名师
燕东园 21 号	林启武(体育教育家)
燕东园 22 号	冯至(翻译家),王乃梁(地质地理学家)
燕东园 23 号	李宪之(气象学家)
燕东园 24 号	周一良(历史学家),谢义炳(气象学家)
燕东园 25 号	马坚(语言学家),樊弘(经济学家)
燕东园 26 号	洪谦(哲学家)
燕东园 27 号	魏建功(语言学家),朱光潜(美学家)
燕东园 28 号	翦伯赞(历史学家)
燕东园 29 号	赵迺抟(经济学家)
燕东园 30 号	胡济民(核物理学家)
燕东园 32 号	高名凯(语言学家)
燕东园 34 号	游国恩(文学史家)
燕东园 35 号	严仁赓(经济学家)
燕东园 36 号	陈阅增(生物学家),赵以炳(生物学家)
燕东园 37 号	杨晦(文艺理论家)
燕东园 40 号	徐献瑜(数学家)

(采自周其凤主编《北大建筑》)

冯至:"一位真正意义上的北大人"

有幸与冯至先生相处四十多年的北大西语系教授严宝瑜在《诗人·学者·翻译家——冯至》一文中说:"冯至先生称得上是一位真正意义上

的北大人。"

这个评价颇为确切。

冯至先生1922年18岁时进北大预科学习,23岁从北大本科德文系毕业。后留学去海德堡大学,学成归国后在同济大学任教,不久又回到北大。他自1951年起任西语系主任达十年之久。算起来,他前后在北大25年,也就是说他一生中近三分之一的时间是在北大度过的。

早年的北大生活,滋养了他的一生。他在84岁时写的《但开风气不为师:记我在北大受到的教育》一文中还无限深情地说:

> 我经常怀念的是在简陋的校舍里学习的那六年。因为那时,在北大独特的风格与民主气氛的熏陶下,我的思想渐渐有了雏形,并且从那里起始了我一生所走的道路。雏形也许是不健全的,道路也许是错误的,但我却从来没有后悔过。只要提起北大的彼时彼地,便好像感到一种回味无穷的"乡愁"。

冯至先生

这种回味无穷的"乡愁",伴随了冯先生的一生。1964年冯先生奉调中国科学院当文学所长,但他舍不得离开北大。学校当然也不肯轻易放走这位与北大血肉相连的"老北大"。那时学校决定将西语系与俄语系合并,任命原俄语系主任曹靖华为两系合并后的系主任,冯先生为第一副系主任。他欣然从命。由于西语系和俄语系很快又因故分开,那个任命也随之作废。

冯至先生的心从未离开北大。到中国科学院后,除文学研究所所长外,还担任过作协副主席、全国人大代表等重要职务,并被国外学术机构授予多种荣誉称号和奖章、奖金,但他作为北大人的意识依然异常强烈。1992年,亦即他去世的前一年,88岁高龄的他又写了一篇《怀念北大图书馆》的文章,此文在《文汇读书周报》发表时用了《怀念和感谢》的标题。

冯先生作为一个北大学子,他真正的人生之路起始于北大;作为一个诗人、学者、翻译家,他的艺术、学术之花亦主要开放在北大。

早年,他在北大结识了几个朋友,志趣相投,哀乐与共,互相砥砺,共同创办了一个文艺刊物《沉钟》。于是,他初期"堪称独步"的叙事诗,被鲁迅先生赞誉为"中国最为杰出的抒情诗人"的抒情诗,被视为"哲理诗作的高峰"的《十四行集》相继开放。其间尤为令人感动的是,他的《十四行集》是在西南联大从乡下步行进城的数十里乡间小道上,在躲避日军飞机轰炸的间隙里吟成的。其后,他在北大做的德国大诗人歌德研究,继郭沫若之后,将歌德在中国的传播和接受提高到一个新的高度,影响并带动了这个领域研究的深入。他在北大撰写的传记文学《杜甫传》,被我国古典文学研究者公认为具有开创性意义。

冯先生不仅为北大教育和学术上的建树贡献了优秀成果,在北大独特精神的涵养上也发出了光和热。

作为一个真正意义上的北大人,冯至先生的爱国主义是发自肺腑,刻骨铭心的。1986年秋天,81岁高龄的冯先生做了摘除白内障手术,术后眼睛蒙上了纱布,什么也看不见。此时,他反而觉得,这样世界倒显得更清静,思想也更活跃了。于是,他躺在床上作诗,这就是后来发表在《诗刊》上题名为《独白与对话》的十首诗。其中有三首标明为"我和祖国":

《沉钟》时代的冯至

我和祖国之一

祖国,我爱你,
但我说不出豪言壮语,
也写不出昂扬的文字,
只会说谚语一句:
"儿不嫌母丑
狗不嫌家贫。"
祖国,我的母亲,
何况你并不丑,

只不过你久经忧患的脸上
多了几条皱纹。
祖国,我的家,
何况你并不赤贫,
如果你一贫如洗,
又怎能哺育全世界
五分之一的人民。

我和祖国之二

祖国,你有千千万万的好儿女,
也有为数不少的不肖子孙,
有人丑化你的形象,
有人让你永葆青春,
我是什么样的儿孙,
我缺乏自知之明。
我也不值得将来有人
给我作盖棺论定。
我曾喝过海外的水,
总像是一条鱼陷入沙泥。
我曾踏过异国的土地,
总像是断线的风筝
漂浮在空际。
好也罢,不肖也罢,
只有一句话——
"我离不开你。"

我和祖国之三

祖国,你有沉重的负担,
这负担是你漫长的历史。
在这历史的担子里——
有崇高也有无耻,

有智慧也有无知，
有真诚也有虚伪，
有光明磊落也有阴谋诡计。
它们像天文数字的血细胞
循环在十亿人口的血脉里。
历史虽说是属于过去，
却不断在你的肩上加重；
血细胞用显微镜才能看清，
但它们起着巨大的作用。
祖国，为了给你减轻
十亿分之一的负担，
我的血液，
我要经常检验。

这不是用笔写的诗，是从中华赤子血管中流出的热血。读这些诗，让我们想起闻一多的《发

诗：血管中流出的热血

现》："我来了，我喊一声，迸出血泪：'这不是我的中华，不对，不对！'""我追问青天，逼迫八面的风，我问，拳头擂着大地的赤胸，总问不出消息，我哭着叫你，呕出一颗心来，你在我心里！"也让我们禁不住默诵艾青《我爱这土地》："为什么我的眼里常含泪水？因为我对这土地爱得深沉……"

在治学的严谨和教学的认真方面，冯先生也是一个榜样。

冯先生在翻译上一丝不苟。1973年译海涅的代表作《德国，一个冬天的童话》，当他译到该长诗的第九章时，碰到一种鸟名不知怎样译才好。为此他托人去北大生物系询问，后来还看了标本，知道这鸟在我国不同地区有六种不同的俗名，最后他挑选了北京地区的俗称"穿叶儿"，在译文中定名"穿叶鸟"。正是由于他这种精益求精，他的很多译诗不仅忠实于原作，而且本身也成了艺术品。如他翻译的奥地利浪漫诗人尼古莱·勒瑙的诗《芦苇歌》，有人读了误以为是他自己创作的诗。

冯先生对外国文学的教学有自己的见解。他反复强调，一定要多读原著，做作家介绍时，至少把有关作家的主要作品念过才能写文章。他极力

冬湖：素月分辉，明河共影，表里俱澄澈
（采自北京大学建校一百周年纪念画册《北京大学》）

反对那种不读原著,只翻阅时下充斥市场的作家辞典、作品欣赏之类的书就做文章的"克里空"。

在学术上,该坚持的原则,他一定不会动摇。1958年,北大西语系掀起了一股"批判西方资产阶级文学"的热潮。各个专业都忙着拟订自己的"重点批判对象"。德语专业五个年级的一百多位师生集中在民主楼楼上的一间大教室里,一致提名将歌德作为重点批判对象。主持会议的冯至却以深沉而诚恳的语调说:"同学们,你们现在还不知道,歌德在德国人民的心目中具有多么崇高的威望!如果我们批了歌德,会伤害德国人的民族感情的。"听得师生个个目瞪口呆,会场上久久鸦雀无声,"大批判动员大会"最后不了了之。

歌德塑像

冯先生为人的谦虚宽厚重情义,也是有口皆碑。20世纪60年代初期,中共中央宣传部副部长周扬曾几次当众表扬冯先生,说他被鲁迅推崇为中国"最为杰出的抒情诗人",但冯先生自己却从来没有提过。还有关于毛主席曾称赞过他的《杜甫传》的传闻,他也从来不予以证实。

和他私交甚笃的季羡林先生在《哭冯至先生》一文中,还讲述了这样一件事:1988年季先生八十大寿,原定凡是年长于自己的师友一律不通知、不邀请,冯先生当然在此之列。"然而,到了开会的那一天,大会就要开始时,冯先生却以耄耋之年,跋涉长途,从东郊来到西郊,来向我表示祝贺。我坐在主席台上,瞥见他由人搀扶着走进会场,我一时目瞪口呆,万感交集。我连忙跳下台阶,双手扶他上来。他讲了许多鼓励的话,优美得像一首抒情诗。全场四五百人掌声雷动,可见他的话拨动了听众的心弦。此情此景,我终生难忘。"

游国恩:植根乾嘉 巨大渊深

游国恩先生,字泽承,江西临川人。幼年随祖父学习传统经典,打下深厚的古典文学功底。在家乡完成中小学教育后,于1919年到北京,翌年考入北大中文系预科,1922年升入本科。1926年毕业后,先在江西教中学,后任教于武汉大学、青岛大学(后改名山东大学)、华中大学、西南联大和北京大学。1952年院系调整后,任北大中文系古代文学教研室主任,后兼任系副主任、校务委员会委员、中科院文学研究所学术委员会委员等职。1956年被评为一级教授。

无论是在辞典上,还是在北大人的心目中,游国恩先生的名字总是和"学问"这两个字紧紧联系在一起的。有人用"巨大渊深"来形容他的学问,是一点也不过分的。

游先生学识广博,著述宏富,为现代学术做出了重要贡献,是享誉中外的著名文学史家、楚辞学专家。据褚斌杰《文学史家 楚辞专家——游国恩》一文介绍,游先生治学方面极广,举凡先秦经子以迄明清文集、近代诗文,均曾涉足,且多有精到之见。如其重要论文《荀卿考》《陶潜年纪辨疑》《论吴声歌曲中的子夜歌群》《论山谷诗之渊源》,以及记其平时读书之所见所得的《居学偶记》等,都以考辨精审、见解独到而备受海内外学人重视。20世纪40年代初,先生任教于西南联大,于教学之余,还对西南各民族的民俗和语言文化做了考察,撰写了《火把节考》《说洱海》《南诏用汉文字考》和《文献中所见西南民族语言资料》等文,至今仍为研究我国西南民族民俗、语言文化的重要参考文献。

在楚辞学的研究中,游先生功力尤深,成就尤巨。早在大学求学时期就发表了《楚辞概论》。该书是国内第一部全面介绍《楚辞》并加以考证的专著。其后又有《读骚论微初集》等著作问世。这些著作中有许多精辟的

1960 年在燕东园

考辨文章,如《屈赋考源》《论屈原之放死及楚辞地理》《楚辞女性中心说》《楚辞用夏正说》等,皆具有创见,"劳商"即"离骚"即是其一。其说或为后继的楚辞学者所采纳,或视为重要见解参考。总之,成为楚辞研究者不可不登攀的一座高峰。

1930 年代,游先生任教于青岛大学时,开始了一项楚辞学的巨大工程——《楚辞讲疏长编》。先生在序言中说:"且以深慨夫《楚辞》之文窈而深,其旨曲而婉,断非率意浅尝所能窥其万一也。于是区其条理,荟为成编;复采王逸以下众家之说,先就屈子诸赋逐条而系之,末加按语,颇出鄙意,题曰《楚辞讲疏长编》。"可惜,由于时局动荡,这部集历代楚辞研究成果于一炉并发抒己见的巨著,未能完成。其中的《离骚》《天问》部分,中华人民共和国成立后方由先生增补修订，题为《离骚纂义》《天问纂义》，由中华书局出版。这两部近百万字的著述，无论从资料的掌握上看，还是从见解上看，都属先生长期研究《楚辞》的总结，是楚辞学上罕有的高水平之作。

院系调整以后，游先生的工作任务十分繁重，但是他没有放松教学和科研。一项突出的成果是，为了解决当时文学史教材奇缺的问题，他主持编选了《先秦文学史参考资料》和《两汉文学史参考资料》，其后又由林庚先生续编了《魏晋南北朝文学史参考资料》。这一套书选文精当，注释详审，每个文学单元均附录有节选的古文献参考资料，非常有利于配合文学史的教学和自学，大大提高了文学史课的教学质量，因而受到全国高校文科师生的欢迎，至今犹再版不衰。

60年代初，游先生又受高教部的委托，参加主持中国文学史教材的编写工作，在北大、北师大、山东大学和中山大学有关专家的共同努力下，于1963年编写并出版四卷本的《中国文学史》。这部教材，俗称"蓝皮文学史"，观点新鲜、取材丰富、知识准确、体例恰当，不仅很好地适应了全国文科教学的急切需要，而且对中国古典文学的研究发展也起到很好的指导作用。此书至今仍被全国高等教育文科普遍作为教材使用。

游先生所以能在学识上和学术成果上如此"巨大渊深"，很大程度上得力于他"植根乾嘉"的治学道路和治学方法。诚如曹道衡、沈玉成在《游国恩学术论文集》的"编后记"中所说：游先生学风谨严，植根乾嘉，一贯主张在充分掌握原始材料而不是辗转稗贩的基础上寻求结论；反之，"游谈无根"则是他习惯使用的最严厉的批评语言。从各个不同时期看，先生早年才华焕发，锋芒毕露，敢于大胆怀疑古人成说和前辈学者的结论，对当时传入的新方法，则勇于吸收也善于吸收。在这一时期的论著中，可以看到"古史辨"派的疑古精神、民俗学的影响。中年以后，学风归于平正通达、不事矜奇，实则劲气内敛，每一结论无不经过认真推敲。及至晚年，学力愈加深厚，识力愈加周密，但面对马克思主义这一无产阶级的世界观和方法论，先生以小学生自居，认真踏实的学习，并力求运用于自己的研究。

当然，游先生的成就也离不开他的勤奋与刻苦。前引褚斌杰文中记载，游先生曾对当助教的他这样感慨："老一代背书，次一代翻书，到新一代只是查书了。记忆库里没东西，怎么做学问？"说着，他顺口背起楚辞，

20世纪60年代中期在书房

并连王逸、洪兴祖、朱熹旧注一起背诵出来。这使我们想起记忆库存同样惊人丰富的王力先生,他做《〈康熙字典〉音读订误》时,完全靠的是记忆库。把如此浩大的一部字典,"印"在自己的脑子里,当年该付出了多少心血和辛劳!

游先生的学生、中文系金开诚教授在《略说"实至名归"》一文也记述了这样的小事:60年代前期,他曾为游先生到城里买了一台黑白电视机,游先生邀他以后来家看电视。他去了几次,却发现游先生从来不看电视。他认为"看一晚上电视太费时间,不如看点书"。那么,游先生如何调节做学问的勤与苦呢?他说:"看书做学问更有乐趣。"金先生顿时如醍醐灌顶:勤苦治学本身就让他感到很有乐趣,那是一种"升华"。很多人做不到,但在北大校园里,在某种程度上达到这种境界的人一定不少。这也许是北大所以成为北大的缘由之一吧。

游先生心无旁骛做学问,却并不是"两耳不闻窗外事"的书呆子。他胸中同样有着中国老一辈知识分子炽热的爱国情怀。他治楚辞学时,正值抗战,因此常忧心国事,曾有意把《楚辞》研究和国难结合,以期振奋国人,团结御侮。他在《楚辞讲疏长编》"序言"的最后就称:"嗟夫,国难深矣！世之人倘亦有读屈子之文而兴起者乎？则庶乎三闾之孤愤为不虚，而区区之志，亦可与忠义之士相见于天下矣！"

游先生这种爱国情怀也体现在讲课之中。他是一个很严肃的学者，平时讲课声音平缓，然而，也有例外，据当年的学子回忆，有一次他讲疏屈原《离骚》，在讲至诗人坚贞的品德和情怀时，举证"亦余心之所善兮，虽九死其犹未悔"诗句，突然提高嗓门，声震屋瓦，整个课堂为之肃然。

"后皇嘉树，橘徕服兮。"（《楚辞·橘颂》）游国恩先生就是这样，以其高风令德，文章人品，光耀校史，垂范后世，令人高山仰止！

3. 朗 润 荷 韵

除了燕南园和燕东园这两座燕大的老园以外，未名湖北朗润园荷风四面的老院子和20世纪50年代建的八至十三公寓，以及后来建的中关院平房小院也都住过很多燕大、北大的知名教授和大师级的学者。这从

建于20世纪50年代的朗润园公寓

肖东发、杨虎主编的《风物：燕园景观及人文底蕴》一书中的《朗润园寓居名师一览表》可见一斑。其实，除表中罗列的人物以外，还有不少名人居住过，如吴雷川（原燕大校长）、甘子钊（物理学家）、孙国华（心理学家）、徐光宪（化学家）和高小霞（化学家）夫妇、厉以宁（经济学家）以及闻一多的弟弟（外国文学家）闻家驷、邓稼先的父亲著名美学家邓以蛰等。

"季荷"与"朗润四老"的故事

朗润园湖面宽阔。晚清时的朗润园主恭亲王奕䜣在水中种植有大量菱荷，其中尤以红荷最为骄人。奕䜣园居和时人游览时曾留有"采莲湖上红更红，水态含青近若空"等咏荷之诗句。

在圆明园的几次浩劫中，朗润园损失不大。因此，北大西迁时，这里夏天还是莲荷满池，荷香四溢。到70年代中期，校园花草多有凋零，但据宗璞《我爱燕园》一文记述，"勺园附近，朗润园桥边"还"都有红荷"。

后来，不知道为什么，朗润园的荷花又渐渐不见了，这让住在朗润园十三公寓的季羡林先生深感失落。不久，他弄来了一些湖北洪湖的莲子，撒在湖中，几年后居然繁衍出一大片红荷。清新的荷香和连片的碧绿让朗润园又恢复了生机。人们亲切地称之为"季荷"。

季荷（采自《先生之风 山高水长：季羡林藏书票》）

季先生自然更是心旷神怡。他在《悼念邓广铭先生》一文中曾这样写道："在风光旖旎的燕园中，此地更是特别秀丽幽静。虽然没有'四时不谢之花，八节长春之草'，却也有茂林修竹，翠湖青山。夏天红荷映日，冬天雪压青松。"当然，更让季先生心悦的是，这里曾有"闻多素人，乐与数晨夕"的"朗润三老"（季羡林、金克木、张中行）抑或"朗润四老"——三老再加上中文系老先生吴组缃。早晨散步时，"三老"或"四老"中的某两位或三位(当然还有其他的老人)会在湖边"不期而遇","双方相向拱手合十,聊上几句,就各奔前程了。这一早晨我胸中就暖融融的"。这种"素心人"的湖边相遇,曾被誉为"燕园后湖一景"。

光阴荏苒,时移世异,"燕园后湖一景"早已不复存在,唯"季荷"还偶有所见,但愿朗润园红荷年年不败,朗润老人精神常存。

朗润园寓居名师一览表

房号	曾寓居名师
朗润园 11 号院	包贵思(国际友人、燕京大学教授)
朗润园 16 号院	司徒雷登(燕京大学校长)
朗润园 161 号院	赵锡霖(冶金专家)、赵林克悌(国际友人、北大西语系教授)
朗润园 64 号院	罗伯特·温德(国际友人、北大西语系教授)
朗润园 8 公寓	朱澂(植物学家、细胞学家)、胡适宜(植物学家)
朗润园 9 公寓	吴组缃(作家)、王竹溪(物理学家)、季镇淮(文学史家)、洪君彦(经济学者)、田德望(翻译家)、沈克琦(物理学家)
朗润园 10 公寓	邓广铭(历史学家)、黄子通(哲学家)、宗白华(美学家)、周辅成(伦理学家)、宿白(考古学家)、刘国钧(图书馆学家)、王重民(图书馆学家)、张友仁(经济学家)、段学复(数学家)
朗润园 12 公寓	陈贻焮(文学史家)、程民德(数学家)、周一良(历史学家)
朗润园 13 公寓	季羡林(语言学家)、张中行(哲学家、散文家)、金克木(文学家、翻译家)、汤一介(哲学家)、乐黛云(文学理论家)、王阳元(计算机专家)、杨芙清(计算机专家)

(采自肖东发、杨虎主编《风物:燕园景观及人文底蕴》)

季羡林:先生之风　山高水长

季羡林先生在给《汤用彤全集》写的序言中曾说:中国近现代有章太炎、王国维、陈寅恪、汤用彤等大师,如同高山,将永恒存在,不可超越。

其实,在许多人的心目中,季先生自己也是一座高山,将永恒存在,而且不可超越。

这是一座怎样的高山呢?

和季先生一起同享"南饶北季"盛名的饶宗颐先生说:"他是一位笃实

敦厚的、人们乐于亲近的博大长者,摇起笔来却娓娓动听,光华四射。他具有褒衣博带从容不迫的齐鲁风格和涵盖气象,从来不矜奇、不炫博,脚踏实地,做起学问来,一定要'竭泽而渔'。"

同为"朗润三老"、被季先生称为"高人、逸人、至人、超人"的张中行先生说:季先生"以一身而具有三种难能:一是学问精深,二是为人朴厚,三是有深情。三种难能之中,我以为,最难能的还是朴厚……像他这样的难于找到第二位"。

季羡林先生

现在,我们就循着饶、张二位先生指引的路径,去领略季先生这座高山的风光和气象。

先看季先生学问的精深。

季先生19岁时同时考取清华和北大,在鱼与熊掌的选择中举棋不定,最后因"从众""留学"的想法,舍北大而入清华西洋文学系,专修英文、法文和德文。在清华,陈寅恪先生的"佛经翻译文学"课,引起了他对佛经翻译的巨大兴趣。1935年,他考取清华与德国交换之研究生,留学于德国哥廷根大学,主系是梵文和巴利文,副系为英国语文系和斯拉夫语文系。因第二次世界大战的爆发,他被迫在德国客居了十年。在极度艰困中,他坚持学习、研究,于1941年获得哲学博士学位。其间,他选修过希腊文,自学过拉丁文,系统地学习了梵文、巴利文、俄文、南斯拉夫文、阿拉伯文、吐火罗文等。从此,季羡林先生走上了无尽的学问之路。张洪岩在《寄语北大:访季羡林先生》一文中盛赞季先生学问之博大。文章说,季先生是我国的梵文大家,也是世界上少数几个吐火罗文语言学家之一。季先生兼容百家,学贯中外,其涉足学术领域之广,造诣之深,后学难望其背。在中印文化史、印度佛教史、印度古代语言和吐火罗语以及外国文学作品的翻译和研究上都留下了季先生清晰的足迹。《罗摩衍那》《沙恭达罗》《优哩婆湿》等都赖于季先生的翻译。季先生还主持了《大唐西域记》的今译和校注以及担任《四库全书存目丛书》总编纂,并且注译了《弥勒会见记》。对于自己的学术经历,季先生在他的《学海泛槎》一书中也有过交代。

沐浴清华(采自《先生之风山高水长:季羡林藏书票》)

万里投荒(采自《先生之风山高水长:季羡林藏书票》)

先生之所以能将学问做得如此精深,主要得力于他学术志向的坚定、学习动力的充足和超乎常人的勤奋。

在学术志向问题上,他说:"中国学术要发展,必须能直接与西方一流学者相抗衡。有些人在国人面前大谈希腊、罗马和苏格拉底,而在洋人面前讲《周易》,谈《老庄》。这不算大本事。真有本事,就应去和西方学者争论他们的学问,与国人讨论中国的学术。"对此,他身体力行,当年在国内患"留学热"而留学之事却又渺茫时,就立下大誓:若出国,决不写与中国有关的博士论文。后来他做到了,他走进了一个尚未有多少人涉足、充满了荆棘的领域,并取得了令人瞩目的成就。他一生七百多万字的著述中,有不少当属"绝学"。

季先生出国留学,是为了自己的祖国。他德国留学期间,正值德国法西斯统治之时,生活条件极为艰苦,精神上非常痛苦,然而学业上却收获颇丰。他曾在《回忆陈寅恪先生》一文中回忆过那段岁月:"国家为外寇侵入,家人数年无消息,上有飞机轰炸,下无食品果腹,然而读书却无任何干扰。教授和学生多被征从军。偌大两个研究所:印度学研究所和汉学研究所,都归我一个人掌管。插架数万册珍贵图书,任我翻阅……天上飞机的嗡嗡声与我腹中的饥肠辘辘声相应和。闭目则浮想联翩,神驰万里,看到我的国,看到我的家;张目则梵典在前,有许多疑难问题,需要我来答复。"就这样,他留学期间的功课门门得优。当毕业论文顺利通过时,他的感受是:"我没有给中国人丢脸,可以告慰我亲爱的祖国。"他还自称是继陈寅恪先生之后的"万里投荒第二人"。然而,他付出的代价是巨大的:"我经受了而今难以想象的饥饿的考验,以至失去了饱的感受",还"失眠成病,成了折磨我几十年的终身痼疾"。

季先生的勤奋,在北大几乎是无人不知无人不晓的。除了非正常岁月中失去的那些日子,他数十年如一日,每天清晨四点就起床读书撰文。有人说他是闻鸡起舞,是北大的一道独特的风景。他则戏称:"不是我闻鸡起舞,是鸡闻我起舞。"九十岁以后,为了完成自己的著述大业,季先生每天更是提前到三点起床。他经常对别人说,"每天一到三点,就好像有根鞭子抽着让我非起来干活不可。"他藏书有几万册之多,共有六个房间分类储藏。平时他喜欢交替着做几件事情,在这个房间做学术文章觉得累了,就到另一个房间写散文……他戏称这种活动为"散步"。他坐拥书城,经常入神。85岁高龄时,一天他早早起床进了书房看书,等到看完书想出门时才发现已把自己倒锁,而钥匙又不在身边。

70年代有一段时间,受审查的季先生被命令看楼门,守电话。"不甘心成为行尸走肉",他开始着手翻译印度两大史诗之一的梵文《罗摩衍那》。他晚上把梵文译成汉文散文,写成小字条装在口袋里,白天守楼时,脑子不停止思考,把散文改为有韵的诗。他说:如果没有这段特殊的时光,如果当时没有成为"不可接触者",他绝对不可能翻译出八卷本、250万字的《罗摩衍那》。后来在《八十述怀》中还说到此事,"雪夜闭门

闻鸡起舞(采自《先生之风 山高水长:季羡林藏书票》)

写禁文",自谓此乐不减"羲皇上人"。

"焚膏油以继晷,恒兀兀以穷年。"季先生常用这句话赞赏那些甘坐冷板凳的学者,其实这也正是他自己的座右铭。正因为如此,胡适先生在晚年时还对台湾的年轻学者说:"做学问要像北京大学的季羡林那样。"季先生坐冷板凳的成果极其丰硕,他自己说约有一千多万字。尤其是在印度文化的研究方面更是达到他那个时代所能达到的最高峰。1992年,他被印度瓦拉纳西梵文大学授予最高荣誉奖"褒扬状"。

最令人感动的是先生八十岁以后学术上的"冲刺"。他在《九十述怀》一文中说:"我国现行的退休制度,教授年龄是六十岁到七十岁。可是,在学术研究上,我的冲刺起点是八十岁以后。在我冲刺开始以后,颇有一些值得纪念的甜蜜的回忆。在撰写我一生最长的一部八十万字的《糖史》的两年时间内,我每天跑一趟大图书馆,风雨无阻,寒暑无碍。其后,我又把阵地从大图书馆移到家中来,我研究的对象变成了吐火罗文A方言的《弥勒会见记剧本》。这也不是一颗容易咬的核桃,非用上全力不行。两

五、"只留清气满乾坤" 407

羲皇上人（采自《先生之风 山高水长：季羡林藏书票》）

部著作完了以后,我平生大愿算是告一段落。"

我们现在再来看看季先生的为人朴厚。

季先生曾说过,他自己喜欢的人是这样的:"质朴、淳厚、诚恳、平易；骨头硬、心肠软；怀真情,讲真话；不阿谀奉承,不背后议论；不人前一面,人后一面；无哗众取宠之意,有实事求是之心；不是丝毫不考虑个人利益,而是多为别人考虑；关键是一个'真'字,是性情中人；最高水平当然是孟子说的'富贵不能淫,贫贱不能移,威武不能屈'。"

季先生自己就是一个这样的人。

他衣着极为素朴,常年穿一身洗得发白的蓝色卡其布中山装,一双黑色圆口布鞋,出门时提一个20世纪50年代生产的人造革旧书包,形象就似一个乡下老农。很多北大人都知道季羡林给新生看行李的佳话：某年9月初,北大新学期开始。一位新生报到,因为行李较多,带着去办入学手续实在不方便。正在发愁之际,刚好走来了一个衣着朴素而又亲切和蔼的老人,大概是个老校工。这名新生便上前说："老同志,给我看一会儿行李好吗？"老人爽快地答应了。近一个小时过去后,新生归来,老人还在静静地看守着。新生谢过老人,两人分别。到北大开学典礼时,那位新生才惊讶地发现,主席台上就座的北大副校长季羡林正是那天替自己看行李的老人。

季先生打从心眼里愿意给别人以帮助,自己却尽量不麻烦别人,哪怕是一件很小的事情。比如上面说到那天早晨被倒锁在书房里的事,本可给哪个学生打个电话来帮助开一下就行了,可是他不愿麻烦别人,竟自己打开窗户,从窗台上跳了下去,幸而安然无恙。要知道,这是一个已经85岁的老人啊!

季先生敢讲真话。在与国家最高领导人江泽民主席见面时,他直言不讳地指出当今社会上"重理轻文"的弊端,并强调,如果不及时纠正,必有后患。国务院副总理李岚清给他拜年时,他说中国知识分子是"价廉物美"。2007

相交忘年(采自《先生之风 山高水长:季羡林藏书票》)

年,时任国务院总理温家宝,到解放军总医院看望正在调养中的季先生,并祝贺他96岁寿辰。当时温总理说,喜欢看他的散文,因为讲的都是真心话。他回答说:"要说真话,不讲假话。"他还对温总理说:"现在讲精神文明,物质文明,还应该加上一条:政治文明。"

季先生赤诚谦逊,厌恶虚名。曾引起热议的"辞大师"即是一例。先生晚年时,社会上送给他不少"一代宗师"之类的桂冠。在这个功利浮躁的时代,对许多孜孜以名利的人来说,那是求之不得的,可是他听着觉得很不入耳。他说:"对一个人,要给他名副其实的定义,他自己心安理得。如果不名副其

道脉逶迤(采自《先生之风 山高水长:季羡林藏书票》)

实,他自己也吃睡不安。""我是北大教授,东方学者。足够了。"后来,他的几位弟子编《季羡林文集》,在前言的初稿中称他为"国学大师""国宝级学者""北大唯一终身教授",等等。他看后要求删去:"真正的大师是王国维、陈寅恪、吴宓,我算什么大师?我生得晚,不能望大师们的项背,不过是个杂家,一个杂牌军而已,不过生得晚些,活的时间长些罢了。是学者,是教授不假,但不要提'唯一的',文科是唯一的,还有理科呢?现在是唯一,还有将来呢?我写的那些东西,除了部分在学术上有一定分量,小品、散文不过是小儿科,哪里称得上什么'家'?外人这么说,是因为他们不了解,你们是我的学生,应该是了解的。这不是谦虚,是实事求是。"

季先生具有中华民族"滴水之恩,涌泉相报"的传统美德。他在《回忆陈寅恪先生》《站在胡适之先生墓前》等文章中,不止一次地谈到他学术道路上的六位恩师:"在国外有两个人,一个是我的博士论文导师瓦尔德施米特教授,另一位是教吐火罗语的老师西克教授。在国内的有四个人:一个是冯友兰先生,如果没有他同德国签订德国清华交换研究生的话,我根本到不了德国;一个是胡适之先生,一个是汤用彤先生,如果没有他们提携的话,我根本来不到北大;最后但不是最少,是陈寅恪先生,如果没有他的影响的话,我不会走上现在走的这一条治学的道路,也同样是来不了北大。"

对于这六位恩师,季先生铭记一生,并用一生的行动予以感恩。

对瓦尔德施米特(Ernst Waldschmidt)教授,他在《遥远的怀念》中说,自己把先生教授梵文的特殊要求和特殊方法接了过来,并流传了几代。

对西克(Emil Sieg)教授,季先生当年就在日记中写道:"他简直有父亲或祖父一般的慈祥。我一看到他的相片,心里就生出无穷的勇气,觉得自己对梵文应该拼命研究下去,不然简直对不住他。"他最好的报答是坚持了梵文的学习,成为世界上少数几个精通梵文的人之一。

对于冯友兰先生,季先生在晚年所写《晚节善终 大节不亏:悼念冯芝生(友兰)先生》一文中,针对社会上对冯先生的一些议论,理直气壮地评价冯先生"仰不愧于天,俯不怍于地","晚节善终,大节不亏"。

对于胡适先生,在他是守住了"心灵底线":大陆多年来批判胡适,季先生沉默不语。该守望的东西,他没有丢掉。20世纪80年代,"左"风犹狂之际，季先生就写了一篇《为胡适说几句话》的短文。后来他应邀出任安徽教育出版社两千万字《胡适全集》的主编，并写了一篇长达17000字的总序，副标题为"还胡适以本来面目"。1999年，季先生终于有机会踏上祖国的宝岛台湾，他站在恩师胡适先生的墓前，恭敬地三鞠躬。回来之后，季先生写了《站在胡适墓前》一文，将埋藏在心中已久的感情宣泄了出来。

对于汤用彤先生，他于望九之年所写的《回忆汤用彤先生》一文称先生是自己忆念的夜空中最明亮璀璨的"闪光之点"，"无论什么时候回想起来，都晶莹在眼前"，并愿那最亮的光点，"照亮我自己前进的道路"。

对于陈寅恪先生，季先生在《回忆陈寅恪先生》一文中说，好多年来，都是"迟迟不敢下笔"写回忆文章，因为"我对先生的回忆，我认为是异常珍贵的，超乎寻常的神圣的"；"我只有努力学习他的著作，努力宣扬他的学术成就，努力帮助出版社把他的全集出全、出好"。文章最后写道，广州中山大学举办了多次陈寅恪先生学术研讨会，还创办了陈寅恪纪念馆，这使他"感到很大的慰藉"，认为这是"垂暮之年所能得到的最大的愉快"。即便如此，仍然因"前不见古人"，再也不会见到陈先生而"感到无限的空寞"，"这个空寞是无论如何也填充不起来了。掷笔长叹，不禁老泪纵横矣"。

悼陈寅恪师（采自《先生之风 山高水长：季羡林藏书票》）

不过,占据季先生情感最深处的还是家乡和祖国。他在一篇散文中说过:"我有两个母亲:一个是生我的那个母亲,一个是我的祖国母亲。"他也曾自豪地宣称:"我是一个有故乡和祖国的人。"

季先生对自己早逝的母亲一往情深,他在《一九九五年元旦抒怀》一文中谈到,曾计划每年秋天回乡探望母亲的坟场:无论是在白雾笼罩墓头的清晨,还是归鸦驮了暮色进入簌簌响着的白杨树林的黄昏,都到母亲坟头唤一声"母亲"。然而,命运却让他漂泊在他乡:"让母亲一个人凄清地躺在故乡的地下……在白杨簌簌中,淡月朦胧里……借了星星的微光到各处去找寻她的儿子,借了西风听取她儿子的信息。""我真想取掉自己的生命,追陪母亲于地下……在我灵魂深处,我对母亲之死抱终天之恨,没有任何仙丹妙药能使它消泯。今生今世,我必须背负这个十字架"。这"永久的悔"折磨了先生一生。

季先生对故乡有着深深的爱。虽然他在故乡只待了六年,以后便背井离乡,漂泊天涯,但他永远也忘不掉故乡的那轮"小月亮"。他曾在《月是故乡明》一文中这样倾诉:"我曾到过世界上将近三十个国家。我看过许许多多的月亮。在风光旖旎的瑞士莱芒湖上,在平沙无垠的非洲大沙漠中,在碧波万顷的大海中,在巍峨雄奇的高山上,我都见过月亮,这些月亮应该说都是美妙绝伦的,我都异常喜欢。但是,看到它们,我立刻就想到我故乡中那个苇坑上面和水中的那个小月亮。对比之下,无论如何我也感到,这些广阔世界的大月亮,万万比不上我心爱的小月亮。不管我离开我的故乡多少万里,我的心立刻就飞来了。"

季先生对于祖国的感情更是炽热而深沉。我们前面引用过他"即使把我烧成了灰,每一粒灰也还是爱国的""肺腑之言"。正是由于这种家国情怀,他刚刚离开祖国赴德留学,就已经感到:"故国每一方土地,每一棵草木都能给我温热的感觉。"远在异国他乡,一株盛开的海棠立刻使他感到祖国虽然远在天边,却又近在眼前。他曾多次幻想:"当我见到祖国母亲时,我一定跪下来吻她,抚摸她,让热泪流个痛快。"而当第二次世界大战一结束,他就立刻历经辛苦危难回到祖国,任教于北大。而且,由于自己缺少了中国抗日战争这一段"历史空白",而默默承受着"弥补职责"的家国之痛,并决心付出一切代价去弥补与偿还。

20世纪八九十年代,我国大学出现了出国留学的热潮。很多人学成

悠悠乡情（采自《先生之风 山高水长：季羡林藏书票》）

回国，为祖国的现代化事业做出了贡献，也有不少人（包括公派人员）选择了留在国外，甚至放弃中国国籍。对于这种现象，季先生鲜明地表明了自己的态度。他在《悼许国璋先生》一文中说，他和北京外国语大学的许国璋先生都不赞成留学生"久出不归"：

> 我们俩都在外国呆过多年，绝不是什么"土包子"。但是我们都不赞成久出不归，甚至置国格与人格于不顾，厚颜无耻地赖在那个蔑视自己甚至污辱自己的国家里不走。我们当年在外国留学时，从来也没有久居不归的念头。国璋特别讲到，一个黄脸皮的中国人，那几个诺贝尔奖金的获得者除外，在民族歧视风气浓烈的美国，除了在唐人街鬼混或者同中国人来往外，美国社会是很难打进去的⋯⋯"回思寒夜话明昌，相对南冠泣数行。"我们不是楚囚，也无明昌可话。但是我们的心情是沉重的，我们是欲哭无泪了。岂不大可哀哉！

也正是因为这样的家国情怀，季先生从红楼到燕园，与北大同行了半个多世纪。他在《我看北大》一文中自述："在北大五十余年中，我走过的并不是一条阳关大道。有光风霁月，也有阴霾漫天；有'山重水复疑无路'，也有'柳暗花明又一村'，而后者远远超过前者……不管怎样，不知道有什么无形的力量，把我同北大紧紧缚在一起，不管我在北大经历多少艰难困苦，甚至一度走到死亡的边缘上，我仍然认为我这一生是幸福的。……追忆我的一生，怡悦之感，油然而生，'虽九死其犹未悔'。"

还是由于这样的家国情怀，季先生对中国文化充满了自信。多年以来，他反复强调"三十年河东，三十年河西"之说。他在《略说中国传统文化及其特点》中说："我认为，从世界文化的发展趋向来看，中国文化包括中国道德的精华，在二十一世纪的将来，会在人类精神文明的发展中，发挥更重要的作用。"

西山苍苍，未名泱泱，先生之风，山高水长。

邓广铭：亦文亦史　亦学亦侠

邓广铭先生，字恭三，山东临邑人，1907年生，六岁入读私塾，1920年就学于临邑县立第一高等小学，1923年考入山东省立第一师范学校。

邓先生"草根"出身，性格豪爽，天资聪颖，学习刻苦。1931年考入辅仁大学英语系时，就已显示了不同凡响的才能。其时恰逢周作人先生来校讲新文学。周先生自称"既未编讲义，也没有写出纲领来，只信口开河地说下去就完了"，谁知讲完之后，邓广铭"却拿了一本笔记的草稿来叫我校阅，所记录的不但绝少错误，而且把我所乱说的话整理得略有次序，这尤其使我佩服"。后来这本笔记就以《中国新文学的源流》为名出版了。周作人将稿费送给邓广铭，他就用这笔钱买了一部线装《二十四史》。邓广铭的老友张中行后来感叹，周作人先生讲课北调掺和南腔，其中又有不少专业知识，颇不易记，邓广铭却像是轻而易举，不只记了，且接着就印成书，"一个初进大学之门的学生，才竟如此之高，学养如此之富，简直不可理解"。

1932年，邓先生考入北京大学史学系，从此开始了他的治史生涯。他毕生从事中国古代史和宋、辽、金史的教学与研究，治学领域宽阔、学问博大精深，对宋史的研究尤有高深的造诣，是宋史研究体系的创建者，被公认为20世纪宋史研究的学术泰斗。他在宋史研究方面的主要成果是"四传二谱"和《宋史职官志考证》《宋史刑法志考证》。

所谓"四传二谱"，即《陈龙川传》《岳飞传》《北宋政治改革家王安石》《辛弃疾传》;《辛稼轩年谱》《韩世忠年谱》。

邓广铭先生

有人根据他的这些意义重大的成果,送他八个字:亦文亦史,亦学亦侠。这是很有道理的。

邓先生在北大读书时,正是20世纪30年代中期民族危亡之际。他由文学转向史学,是由于内心与中国历史上的忠烈之士有着强烈的共鸣,同时受到法国作家罗曼·罗兰的《贝多芬传》等西方传记文学的影响,他发愿融合文史,为英雄立传,以历史上的爱国故事,激励国人。他的女儿、北大历史系教授邓小南就说过:"像我父亲研究岳飞、辛弃疾,他和研究对象是一样的壮怀激烈。"事实正是这样。邓先生在《陈龙川传》的序言中就写道:"陈氏的旺盛的活动欲,要挺身而出而独当救亡大任的热烈怀抱,到今天还以雷霆万钧之力量震烁着我们的心。"

邓先生的宋史研究是从为陈龙川立传开始的。陈龙川,后改名陈亮,是南宋力主抗金的爱国者,其文章被赞为"推倒一世之智勇,开拓万古之心胸"。他的词和辛弃疾一样被后世归为豪放一派。他和辛弃疾志同道合，都力主抗金。二人著名的"鹅湖会"，传颂古今：在江西铅山境内的鹅峰辛弃疾宅邸，二人共饮清泉，纵论国事，同处十日。陈龙川东归时，辛弃疾仍恋恋不舍，第二天策马追赶，无奈路上雪深泥滑，不得不怅然而止，只好在小村里独饮闷酒，随后写了《贺新郎》一词："把酒长亭说。看渊明，风流酷似，卧龙诸葛。"陈龙川和当时学界一派领袖、理学大家朱熹也曾倾心交往，"盘桓十日"。

邓先生当时所以从陈龙川开始，还有一个直接的原因，就是胡适先生当时开设了传记文学写作课，训练学生科学地分析和处理史料，同时也体现了融合文史的倾向。他开列了十几个历史人物供学生选择，其中包括陈龙川。邓先生以12万字的《陈龙川传》作为毕业论文，被胡适先生赞为"这是一篇可读的新传记……写朱、陈争辩王霸义利一章，曲尽双方思致，条例脉络都极清晰"，给了95分。

邓先生从此"闯"进了宋史这个当时尚属荒芜的领域。自始于1926年的"古史辨"派"疑古辨伪"潮流的冲击，中国古代史呈碎片化，史学研究一度沉浸在对细节的吹毛求疵之中。当时日寇步步进逼，中国史学研究急需发挥现实功能。所以，傅斯年先生高呼"重建中国史"，主张从专史走向通史。

在走向通史的路上，宋史是个最大的难关。首先，元代官修《宋史》只用了两年半时间，且中途任命的主修官不谙汉字，故《宋史》卷帙最繁，舛误亦多。其次，宋代史料浩如烟海，类书、史乘、文集、笔记等，难以尽览。而在"重建中国史"时，宋代又不可或缺。

抗战期间，邓广铭先生撰成《宋史职官志考证》与《宋史刑法考证》，得到陈寅恪先生的高度评价。陈先生在《邓广铭宋史职官志考证序》中说："华夏民族之文化，历数千载之演进，造极于赵宋之世，后渐衰微，终必复振。"而"复振"的希望有一部分他就寄托在邓先生身上。他接着写道："宋代之史事，乃今日历亟应致力者"，然而，欲治《宋史》，必须有勇气，有学力。"数百年来，真能熟读之者，实无几人。"而邓先生就属于这仅有的"几人"之列。对于《宋史职官志考证》一书，陈先生评价说："其用力之勤，持论之慎，并世治宋史者，未能或之先也。"又说："其神思之缜密，志愿之果毅，逾越等伦。他日新宋学之建立，先生当为最有功之一人，可以无疑也。"对此论，季羡林先生在《悼念邓广铭先生》一文中说："这是极高的评价。熟悉陈先生之为人者,都知道,陈先生从不轻易月旦人物,对学人也从未给予廉价的赞美之词。他对恭三的学术评价,实在值得我们注意和深思的。"邓先生这两部著作及其他一系列开创性论著,曾被人称作"《宋史》成书六百年来的第一次认真清理"。周一良先生还称邓先生为"20世纪海内外宋史第一人"。

1945年,邓先生推出《岳飞传》,将岳飞的研究从民间传说提升到学术高度。

岳飞从被杀害(1142)到被昭雪(1162),中间隔了二十年,相关材料散失,岳飞的孙子岳珂只好从民间收集材料,将许多传说掺杂了进来,如"大破拐子马""朱仙镇大捷"等。而此前《三朝北盟会编》《建炎以来系年要录》对岳飞事迹记载不多,但基本真实,到岳珂《鄂王行实编年》时,则真伪难辨。后来《宋史》等书直接抄袭了《鄂王行实编年》,遂以讹传讹。

1923年,吕思勉先生在《白话中国史》中提出:"岳飞只郾城打了一个胜战,郾城以外的(抗金)战绩,都是莫须有的,最可笑的,宗弼渡江的时

1995年春在燕园

候,岳飞始终躲在江苏,眼看着高宗受金人的追逐",认为杀掉岳飞后,"宋朝才可以勉强立国了"。他这么说,大概一方面是发现岳珂的许多记载靠不住,另一方面是有感于当时国中军阀混战,对私军深恶痛绝。

邓先生的《岳飞传》,得到学术界的肯定。蔡辉在《邓广铭:亦学亦侠》一文中说:"《岳飞传》的贡献在于,用专业方法重新辨析史料,力证岳飞妻子干预军务、杀害同僚刘经、当过逃兵等说法之非。邓广铭先生提出,岳珂的记载虽有失误但不能因此抹杀岳飞的功绩。"

《岳飞传》出版于抗战胜利之际,引起巨大轰动。

20世纪50年代初期,邓先生应人民出版社之邀,为该社的"中国历史小丛书"写作了《王安石》(后改名为《北宋政治改革家王安石》)。王安石是历史上一个有很大争议的人物。司马光曾说他是"天变不足畏,祖宗不足法,人言不足恤",而这"三不足"完全违反了孔子提倡的"三畏":畏天命、畏大人、畏圣人。以翻案著称的历史大家郭沫若先生在1946年至1947年曾多次撰文为王安石翻案,却并未引起人们重视。邓先生的《王安石》引起巨大反响,从而逆转了"三不足"的语境,使王安石得到公正的评价。

邓先生的"四传二谱"不仅在宋史研究领域开了新生面,而且恢复了历史学的叙事传统。

由司马迁开创的史传传统,绵延千载,原本是中国历史研究的"正宗"。研究和叙事是承载历史学的两个车轮,缺一不可。叙事,接近于艺术,追求美;研究,接近于科学,追求真。历史叙事,是在研究基础上叙事,在求真的基础上求美。陈寅恪先生的《柳如是别传》是一部精致的人文艺术史学。邓先生的"四传二谱"也是经典范例。李开元在《怀念邓广铭师,恢复历史学的叙事传统》一文中说:"邓先生的学术道路和学术精神,超凡出众。归纳起来,就是学跨文史,既研究历史,也书写历史。这个特点,是邓先生不同凡响的所在。对此,周一良先生曾经敏锐地指出:'与一般史学家不同的一点,他不但研究历史,而且写历史。'"

可惜的是,近几十年来,为历史人物做传的历史学家越来越少,历史学视野下的人物研究已成为被废弃的土地,取而代之的是二月河、唐浩明等人的历史人物小说。而对这些"历史读物",一些历史学家是有疑虑的。尚晓岚在《纪念邓广铭先生诞辰一百一十周年:历史学家为什么忘记

"人"?》一文中谈到,邓先生的女儿、史学家邓小南就持这种观点。邓小南认为,"它们大多缺乏历史视野,是站在今人立场上,应和时下趣味的戏说",而"历史学归根结底是要让全民,让整个社会变得具备人文情怀和基本素养,从而和我们的文化传统更紧密地结合在一起。历史学需要传递,不光是在大学课堂上,学者著述里,还应该用雅俗共赏的方式,面向大众传播一些真正有学术含量的内容"。由此,我们也更加认识到邓广铭先生"亦文亦史,亦学亦侠"之可贵。

88岁的邓先生在书房

邓先生治史的严肃精神和认真态度,也是一切真正做学问的人都应该学习的。

在《邓广铭治史丛稿》的自序中,邓先生在开篇曾引证清人章学诚《文史通义》中的话:"高明者多独断之学,沉潜者尚考索之功,天下之学术,不能不具此二途。"一个学者如果"不能抒一独得之见,标一法外之意,而奄然媚世为乡愿",那就不足取。邓先生说自己在治史时,一直是以章氏所规定的几条标准作为追求的目标的。

邓广铭先生为文一向严谨,从来都是字斟句酌,决不苟且。所以他从来不愿别人改动他的文稿,更不能容忍由于某种"违碍"的原因而删改文字。他常对出版社或报刊的编辑提出这样的要求:"可以提出修改意见,也可以全稿废弃不用;但希望不要在字里行间,作一字的增删。"

邓先生对学生也要求特别严格。前引李开元文中就记述了这样一件事:80年代初,在思想解放的世风中,在历史系当助教的李开元和一些青年学者一道,倡导"新史学运动",提出"要用科学的眼光,重新审视既有的史学,要在经济大潮的冲击下,寻找史学的安身立命之处"。于是,他们"醉心于史学理论,构筑起史学理论的层次模式,为新史学代言,高呼史学危机"。一时间,风生水起。全国史学理论讨论会将在安徽歙县召开。"喜气洋洋的我,拿着邀请信去见邓先生,请他签字同意我去。殊不知,邓先生脸一沉,冷冷说道:'李开元,不许去。这种会,开不出名堂。'这话说完,邓先生手一伸,摊开五指放在我眼前,不紧不慢说道:'你给我拿成果出来。'这一当头棒喝,当即将我打醒。……解放以来,在苏式教条主义的引领下,历史学丧失了实事求是的精神,走入了假大空的死胡同。有戒于三十年来的惨痛教训,邓先生等老一辈学者,对于高调指导的理论充满了戒心,致力于恢复历史学的求实传统。"

邓先生一生中的许多著作都经过反复再三的修改、增订乃至彻底改写,其中《辛稼轩年谱》改写过三次,《岳飞传》改写过两次,《王安石》先后修订和改写了三次,《稼轩词编年笺注》也修改、增订过两次,在1993年出版最后一个增订本之后,他又着手进行新的修改,改动百余处。一部《稼轩词编年笺注》,从1937年开始撰著,到1997年临终前仍在修改订补,创作历程达六十年之久。晚年,邓先生准备在有生之年把四部宋人传记全部再改写一遍。在他去世前一年,河北教育出版社准备为他出版全集,他坚持要等他把几部传记重新改写完毕以后才能收入全集。因为他认为:"我一生治学,没有当今时贤的高深造诣,使二十年代的著作可以九十年代一字不变地重印。我每有新的见解,就写成新书,推翻旧书。"

邓先生做学问如做人,耿介磊落。其学术商榷文章,总是直指根本,非常直接,甚至尖刻。家人劝他随和一点,他却斥之为"乡愿"。其女邓小南感叹:"他这是上世纪三四十年代的学界风气,那时的学者坦诚相见,大家习以为常。"邓先生非常坚持学术良心,他不同意的,决不苟且。郝斌先生《流水何曾谈是非》一书记有邓小南这样一段回忆文字:"1957年支部找我谈话,让我去做爸爸的工作,要他写文章批斗胡适。当时爸爸苦笑着对我说:'他们(指报刊上刊出批胡适的文章)批斗的胡适先生的那些观点,我恰恰认为都是对的!我写什么,我不能胡说啊。'爸爸以他对胡适先生的了解和崇敬,以他的耿直性格和人品良知,就将那灭顶的压力全担当下来了。直到90年代,他几次对我说'(批判胡先生)我没有写一个字,这辈子都觉得心地坦荡'。"邓先生这种耿直性格保持了一生。临终前,他对邓小南说:"我死了以后,给我写评语,不要那些套话,'治学严谨,为人正派',用在什么人身上都可以,没有特点。"举办遗体告别仪式前,北大历史系准备了一份生平简介,称他"刚直不阿",邓小南建议改用"耿介"。她解释说:"他坚持的东西不见得都是对的,但他一定会坚持到底,决不投机。"

亦文亦史,亦学亦侠,耿介之士,这就是值得我们永远尊重的史学家邓广铭先生。

宗白华:散步在未名湖畔的美学老人

谢冕先生在《永远的校园》一文中讲过:在校园,在未名湖畔,年复一年,日复一日,那里行进着一些衣饰朴素的人。"从青年到老年,他们步履稳健、仪态从容,一切都如这座北方古城那样质朴平常。但此刻与你默默交臂而过的,很可能就是科学和学术上的巨人。"

宗白华先生

在北大许多学人的心目中,宗白华先生就是这些"巨人"中的一个。我们看中文系教授袁行霈《我心中的北大》一文中所描绘的"巨人"形象:

未名湖畔,一位老人蹒跚着,手杖的一端拖在地上。他的面孔静穆、超脱,正沉浸在一个艺术的境界里。这是刚刚从城里参观画展归来的宗白华先生。他住在朗润园朴素的公寓里,墙上挂着一幅明人的条幅,桌上杂陈着书籍、手稿和一尊隋唐时代石雕的佛像。那间不足二十平方米的书房兼作客厅,说不上整洁,更说不上华丽,却有比整洁华丽更难得的书卷气。与其说这气氛得之于书卷,毋宁说是宗先生学者风度的弥漫。宗先生话不多,自有一种无言之美;文章不长,却有不尽的意趣。在宗白华以及其他许许多多脱尽俗气的学者身上体现着北大的雍容与高雅。

同是中文系的孙玉石教授,在《寻觅美的小路》一文中,也从另一角度刻画了这位"巨人"的形象。文章说,宗白华先生素朴到不能再素朴的程度,"一位年过八十的老人,常常穿着破旧的蓝布制服,斜背着一个褪了色的绿书包,从朗润园的公寓出来,经过未名湖畔的小路,步履艰难地走到西校门外,然后再一步步挪动似地慢慢走回去"。不知情的人,会以为他是校工,还是退了休的,并且是家里很困难的那种。然而,又有谁能否认他在文学和美学上的富有和卓越呢?

宗白华先生,原名之櫆,字伯华,原籍江苏常熟,为宋代民族英雄宗泽第二十七代后裔。他自幼随父亲宗嘉禄在其创办的南京思益小学读书。诗书的陶冶和古都南京名胜古迹的诱惑,使他成为一个自然之子,从小就具有诗人的气质。他在1923年写的《我和诗》中说过,他对艺术的一往情深,得自于孩童时所受的熏陶。他幼时对山水、风景、古迹有着发乎自然的酷爱。天空的游云和复成桥畔的垂柳,是他童心的最亲密的伴侣。风烟清寂的郊外,清凉山、扫叶楼、雨花台、莫愁湖是他和小伙伴们流连的目标。17岁一场大病之后,他扶着弱体到青岛去求学,那象征着世界和生命的大海,哺育了他生命里最富于诗境的一段时光,其后又在寒假到浙江上虞姨夫家,领略了浙东山色的秋丽清奇。于是,青春的爱心与自然的深静之美,凝结为奇丽的诗思,作有《游东山寺》《赠一青年僧人》等诗。

那时,他在青岛德国人办的青岛大学中学部修习德文。学习中,他被德语里歌德式的浪漫和康德式的深邃思辨这看似矛盾的两种传统深深吸引,从而走上了兼顾哲学和文学的美学之路。

1919年时,刚刚二十出头的宗白华尽管还没有对美学做专门的研究,却已具备了超群的审美鉴赏能力。因而,他被上海《时事新报》主编张东荪、副刊主编郭虞裳看中,请他去编辑《学灯》副刊。正是在编《学灯》期间,他成了发现郭沫若的"伯乐"——他在1920年1月7日《致郭沫若信》中说:"你的凤凰正在翱翔空际,你的天狗又奔腾而至了。"在那个时代发表郭沫若如此具有"叛逆"精神的新诗,是需要巨大的觉解和勇气的。正是有了这个伯乐,郭沫若才能够像火山爆发般地唱出时代的强音。

1920年5月,宗先生赴德留学,在柏林大学师从著名美学家德索(Max Dessoir)教授。德索教授在美学研究上突破了传统的思辨的局限,强调艺术的鉴赏。在德索的影响下,宗先生饱览了欧洲各大博物馆里的艺术珍品,艺术视野大为开阔,创作的激情也大为高涨,诗的灵感纷至沓来,他的二三十年代风行一时的《流云小诗》,绝大部分都是在留德期间创作的。

1925年春,宗先生从柏林回国。途中,游历欧洲多国,又一次亲炙了达·芬奇的杰作、拉斐尔的壁画、米开朗基罗的雕塑等西方文化名迹和艺术珍品。难能可贵的是,他景仰古希腊雕刻的单纯静穆,欣赏罗丹雕塑中灵与肉的跳动,赞叹文艺复兴时期艺术中人文意识的光辉,倾慕印象派大师光与影的交响,但是,他没有像有些人那样拜倒在西方艺术的脚下而"言必称希腊"。他曾在为笔者所编《艺术欣赏指要》一书所作序文中谈道:"作为中国的欣赏者,不能没有民族文化的根底。外头的东西再好,对我们来说,总有点隔膜。我在欧洲求学时,曾把达·芬奇和罗丹等的艺术当作最崇拜的诗。可后来还是更喜欢把玩我们民族艺术的珍品。"

宗先生是这样说的也是这样做的。他非常欣赏晋人王戎"情之所钟,正在我辈"那句名言。20世纪30年代初,他在南京偶然购得隋唐佛头雕刻一尊,重数十斤,把玩终日,因有"佛头宗"之戏。是时徐悲鸿等好友对这尊佛头亦交口称赞,爱抚不已。后日军攻陷南京,他的书画、古玩荡然无存,唯独此佛头深埋地底,得以幸存。奉调进入北京大学后,即置朗润园住所书房的案头,依然生气完足,满室生辉。此佛头正是前引袁行霈文中所提到的那尊。

正是由于对艺术、特别是中国古典艺术的发自肺腑的钟爱,由于他对艺术超乎寻常的感受力、鉴赏力与想象力,他的美学研究就有特别的韵味。彭锋在《漫步于未名湖畔的美学老人——宗白华》一文中说,宗先生在三四十年代写作的《中国艺术意境之诞生》《中西画法所表现的空间意

1964年春和学生参观洛阳龙门石窟

识》等论文,"显示出宗先生对美学尤其是中国古典美学的体悟达到了一个前所未有的高度",故时有"南宗北邓(以蛰)"之誉。

1952年院系调整,宗先生从南京来到北大哲学系。起初,他致力于西方美学史的系统研究,完成了《美学史》(纲要)和对文艺复兴的美学思想、德国唯理主义美学、康德美学思想等的专题研究。另一个重要成果是完成了康德《判断力批判》的翻译。

1960年,哲学系成立美学教研室,朱光潜先生由西语系借调到哲学系。两位大师做了分工,宗先生负责主编中国美学史。当时,美学界在中国美学史方面的研究工作几乎是一片空白,根本不可能写出一部成熟的中国美学史。在宗先生看来,中国美学史的写作至少需要两个条件:一是对中国美学史资料的全面深入的发掘和整理;二是对绘画美学、书法美学等中国美学各个部门的成熟研究。于是,宗先生指导身边的助教,前后花了近三年时间,编出了两本《中国美学史资料选编》。同时还收集了大量部门美学方面的资料。

在掌握大量资料的基础上,宗先生开始了中国美学思想的专题研究,并给哲学系、中文系高年级学生开设"中国美学史"专题讲座。讲座中,宗先生在中国美学史的特点和研究方法,先秦工艺美术和古代哲学文学以及古代绘画、音乐、园林建筑等艺术领域中表现的美学思想等方面,发表了许多深刻、精到的见解,并留下了大量的研究笔记。由于种种原因,他最终未能完成中国美学史的编写工作,给当代中国学术留下了极大的遗憾,但他讲座和笔记中的思想火花和严谨学风,却都是北大乃至整个中国学术界的一笔极可宝贵的财富。其中,最值得玩味的创造之一,就是他的"散步"美学。

1981年冬于朗润园寓所

宗先生在20世纪50年代曾写过一篇《美学的散步》。文章说："散步是自由自在、无拘无束的行动，它的弱点是没有计划，没有系统。看重逻辑统一性的人会轻视它，讨厌它，但是西方建立逻辑学的大师亚里士多德的学派却唤做'散步学派'，可见散步和逻辑并不是绝对不相容的。中国古代一位影响不小的哲学家——庄子，他好像整天在山野里散步……""散步的时候可以偶尔在路旁折到一枝鲜花，也可以在路上拾起别人弃之不顾而自己感到兴趣的燕石。""无论是鲜花或燕石，不必珍视，也不必丢掉，放在桌上可以做散步后的回念。"

"散步"标明了宗先生美学的独特特征。上引彭锋文认为，"这种特征一方面是方法上的，另一方面是境界上的。"

从方法上来看，宗先生的美学研究没有局限在思辨领域，而是更注意艺术体验。他将一般人眼中"散步"所具有的某些弱点变成了滞留于一种自由境界的优点。他参透了美学的对象，拒绝逻辑分析而选择了"散步"，是因为他认为，在美学领域只有"散步"的方法才能更接近那玄秘的对象。事实上，正是这种无拘无束的"散步"，使宗先生涉足非常广阔的有的甚至是人迹罕至的领域，得到许多极为独到而珍贵的见解。集有他"散步"成果的《美学散步》《艺境》《西洋景》以及《宗白华全集》就是收藏这些珍品的宝库。

在境界上，"散步"美学朴素至极而又高标独立。宗先生对美、艺术的追求和热爱几乎没有时空的界限。他在晚年所写《艺术欣赏指要·序》中就说："这些

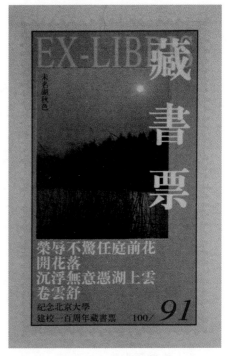

未名秋水（采自《纪念北京大学建校一百周年藏书票》）

年,年事渐高,兴致却未有稍减。一俟城内有精彩之艺展,必拄杖挤车,一睹为快。今虽老态龙钟,步履维艰,犹不忍释卷,以冀卧以游之!"

下引彭锋文亦有更为具体的记述:

> 宗先生对美、艺术的追求与热爱几乎没有时空的界限。宗先生的"散步"不只局限在狭小的书斋和艺术殿堂里,就是在十分平凡的日常生活中,他也能自由自在、无拘无束地"散步"。宗先生从不计较名利得失,所以生活中没有什么事情让他特别烦恼。就是在那些非常的日子里,宗先生照样能不惊不惧、无忧无虑。表面上看来,宗先生仿佛"混迹"于平常的生活;实际上,他从没有停止过思考,从不让生活的尘埃沾染那颗晶亮而高贵的心。不仅在个人的精神世界里,而且在与人共同生活的物质世界里,宗先生都能从容悦乐地"散步",这没有一种极高的觉解是不可能的。只有达到"天地境界"的人,才能如此从容悦乐地"散步"。这话说得并不是十分夸张。哲学系德高望重的张岱年先生在宗先生八十五寿辰的宴会上,面对众多祝寿者说:"宗先生的人生境界一般人很难达到,至少我没有达到。"

确实,宗先生的人生境界是很多人向往而又难以达到的。

"超然物外,逍遥自得",张岱年先生用这八个字概括他的境界。著名美学家李泽厚也说:"宗白华先生本人对名誉是无所谓的,他是魏晋风度、逍遥游。超越世俗,才能走入美的世界。所谓智者乐,仁者寿!"

4. 镜春从游

从早先的燕大到后来的北大,镜春园这块地方只有一些零星的老房子住了些教员,如镜春园75号王瑶先生、79号陈岱孙先生、81号陈贻焮先生等。然而,这里也曾有值得记忆和回味的佳话,其中最为脍炙人口的大概要数王瑶先生带给学子的"从游之乐"。

"从游之乐"

何谓"从游之乐"?这要先解"从游"之意。1941年潘光旦先生代清华大学梅贻琦校长起草的《大学一解》中有一段精辟的论述：

> 学校犹水也，师生犹鱼也，其行动犹游泳也。大鱼前导，小鱼尾随，是从游也。从游既久，其濡染观摩之效，自不求而至，不为而成。反观今日师生关系，直一奏技者与看客之关系耳，去从游之义不綦远哉！

孔子是"从游"教育方式的开创者。从游之乐，就发端于孔子带领子路等众弟子周游列国。他给人们留下了习礼树下、言志农山、叹于川上等经典实例，还点赞弟子游于舞雩，这种从游教育方式意味着：先生对弟子的教诲或弟子向先生讨教，都随实际生活情境展开，随所遇之境而生发创造性发现或领悟，而不仅仅囿于三尺课堂。

两汉以降，名师大儒开堂讲学，总有万千"喜从游"的"子路"们追随。因而这种"从游"的境界和乐趣，在后世一些民间书院中得到继承和发扬。古代民间书院，强调道德气节的修养，突出师生的感情交流，再加上书院往往建于名山大川之间，山长和弟子们迎着松涛飞瀑，伴着明月清风，"风声雨声读书声，声声入耳；家事国事天下事，事事关心"（顾宪成为庐山东林书院所撰楹联），其间不乏刘师培《清儒得先论》一文所谓"披图读史，杯酒论兵，系情民物，穷老而志不衰"的士人。

这种"从游"之风，在近代尚有遗响，最著名的是章太炎先生。始终自立门户，拒绝进入现代大学体制的章太炎，自称"余耕学以来凡四十年"（《太炎通告及门弟子》），"前此从吾游者"（《致潘承弼书》），多有学成。此言不虚。当年在东京"从太炎游"者，有黄侃、钱玄同、朱希祖、许寿裳、鲁迅、周作人等，均一时俊彦。

这种遗响，在京师大学堂和老北大也曾可见。京师大学堂师范馆学生俞同奎在《我考进母校的经验》的文章中回忆说："那时候的学生对于科学，自不敢说有精深研究。不过国学有桐城派大师吴挚甫先生主持，讲学之风，盛极一时。吴先生不久病故，由其弟子张鹤龄先生代替。""在当时更有一样好现象，无论中外教师，无论大小职员，都看待学生像子弟一样，研讨学说，质疑析难，没有一样不亲切诚恳指导。所以学生敬爱教职员，教职员亦非常亲爱学生。回想当年在校读书乐趣，真使我至今神往。"

诗人徐志摩毕业于北京大学，后又任北大教授。他讲课不拘一格，潇洒随意，有时干脆就把学生带出教室，到郊外青草坡上杂乱坐着，或躺着，听着小桥流水，望着群莺乱飞，让学生和他一起畅游诗国。据沈从文回忆，徐志摩有一次上课时带了一个很大的烟台苹果，一边吃，一边讲。还对学生说："中国东西并不都比外国的差，烟台苹果就很好！"

据《量守庐学记》一书中刘颐、杨伯峻、程千帆等文，教授黄侃也曾于春花秋月之际，携弟子寻访名胜，饮酒吟诗。

在西南联大时期，条件非常艰苦，但是仍不乏"从游之乐"。任继愈是北大文科研究所的第一批研究生，当时与北大几位导师教授罗常培、郑天挺、陈寅恪、汤用彤、姚从吾等同住在一个宿舍，又在同一个餐厅开伙食。师生们朝夕相处，谈学习，谈生活，议论政治，也随时讲些历史掌故，关系十分融洽，有点像古代的书院，副所长郑天挺被称为"山长"。

书院教育的这种方式，不仅具有历史的价值，而且也有它的现代意义。诚如北大中文系陈平原教授在《人文景观与大学精神》一文中所说：

> 在我看来，青灯苦读，永远代替不了亲承教诲，即便电视普及的今天，也不例外。有许多东西，比如人格的熏陶，心灵的激荡，便非"面对面"不可。还有一点，比起严谨的著述来，讲课时的即席发挥，更能体现论者的学术思路，并展示其个性与才华。对于学生来说，最好的办法，莫过于既读"书"也读"人"。好大学之所以值得羡慕，除了风景秀丽、藏书丰富、仪器先进，更因其有众多经得起再三阅读、品味的大学者。

令人遗憾的是，书院教育的这种现代意义并没有得到广泛的认可。中国的大学依旧是欧美模式一统天下。唯其如此，曾经在燕园上演的由王瑶先生主导的"镜春从游"就显得更不平常。

未名"从游"之乐

王瑶:魏晋风度 "五四"精神

1989年,王瑶先生仙逝,众弟子送上这样一副挽联寄托哀思:

> 魏晋风度,为人但有真性情;
> 五四精神,传世岂无好文章。

这副挽联,可以看作是对王瑶先生一生的极好概括。

王瑶先生字昭琛,是个有学问、有故事的老先生。他不但分别以《中古文学史论》和《中国新文学史稿》,开辟了两个不同时代的学术新局面,而且以他众多的人生故事滋养了门生和无数学子。

据中文系教授季镇淮《回忆四十年代的王瑶学长》一文载,王先生在学术上非常有自信心,就读西南联大时曾声称:"我相信我的文章是不朽的。"

王瑶先生

　　王先生崇尚知识分子的真正的独立性，蔑视那种"社会活动家型的学者"和不学无术的"二道贩子"。

　　王先生这样论"知识分子"：他首先要有知识；其次，也是分子。所谓分子，就是有独立性，否则分子不独立，知识也会变质。但现在却存在两种所谓的知识分子：一类是"社会活动家型的学者"。这种人或者根本没有学问，但极善公关，或者也有点学问，开始阶段还下了点功夫，取得了一定成绩和学术地位，然后，就吃老本，不再做学问了。而是到处开会、演说、发言、表态，以最大限度地博取名声，捞得政治、经济的好处，这就成了"社会活动家"了。但也还要打着"学者"的旗号，这时候，学术就不再是学术，而成了资本了。当年的研究，不过是一种投资，现在就要获取最大的利息了。他们一旦掌握权力就会充分利用手中的权力，为自己谋取更大利益，拉帮结派，"武大郎开店"，压制才华高于自己的同辈或年轻人，有的就成了"学霸"。另外一种是"二道贩子"，既向外国人贩卖中国货，又向中国人贩卖外国货。看起来很博学，谈古说外，实际上对中外文化都无真知真解,他的学问全在一个"贩"字。

王先生有自己的见解,决不跟风摇摆。20世纪50年代后期,文化教育界曾搞过"插红旗、拔白旗",王瑶先生成为被批判的对象。在有时不得不作检讨时,他"嘴在检讨","脚在底下画'不'字!"

在生活上,王先生有自己的嗜好,他幽默,不拘小节,有时甚至有些"放浪形骸"。

王先生嗜烟,据其学生郑立水回忆,他最引人注目的就是常年不离口的烟斗:他的烟斗不仅不离手,说他不离口也不夸张,清晨醒来一睁眼,先生便将烟斗含在嘴里。洗脸时,先是将烟斗推向嘴角的一侧,将打好肥皂的毛巾擦洗另一侧,然后将烟斗推向擦洗过的一侧,再擦洗这一侧。及至全擦洗完,再一只手使劲握住烟斗连吸几口,这才完成了洗脸的全过程。王先生曾说,他的烟丝是很一般的,但必须经由自己喷洒上从非洲桑给巴尔进口的香料。没想到,这种香料竟对别人也产生了"诱惑"。郑立水说:"我平生不吸烟,就是腻烦苦涩的烟味,但我却喜嗅从他口中弥漫出的一种高贵的芬芳。对此,别人也有同感,因而王先生说,我吸烟是让别人来享受的。"

1987年,已经73岁的王先生在一次老同学聚会上做"自我介绍"云:"在校时诸多平平,鲜为人知。惟斯时曾两系囹圄,又一度主编《清华周刊》,或能为暌违已久之学友所忆及。多年来皆以教书为业,乏善可述,今乃忝任北京大学教席。迩来垂垂老矣,华发满颠,齿转黄黑,颇符'颠倒黑白'之讥;而浓茗时啜,烟斗常衔,亦谙'水深火热'之味。惟乡音未改,出语多谐,时乘单车横冲直撞,似犹未失故态耳。"所谓"两系囹圄",是指他当年身为中共地下党员,参加"一二·九"运动,曾两次被国民党当局逮捕入狱。而"颠倒黑白"和"水深火热",既是描述自己头发白、牙齿黑的形象和喜欢喝浓茶、叼烟斗的生活习惯,也暗含着坎坷一生的辛酸感慨。

奇怪的是,王先生的这些"魏晋风度"式的言行嗜好,不但没有使人生厌,反而让人更亲近。中文系教授董学文在《深藏着的哭泣》一文中说:"不知是哪根神经、哪条命运的弦,把我和另一位先生一段鲜为人知甚至我们彼此都不甚了然的特殊'缘分'埋在了心间";"我佩服王瑶先生的聪敏,才智,更喜欢先生的幽默和机智。他那妙语连珠的闲谈,意趣横生的比喻,他那张着嘴巴,'呵—呵—呵'半天讲不出话来的口吃,令我感到一

镜春园 75 号，王瑶先生旧居

个超量饱和了智慧的大脑在喷射思想之泉时，可能会遇到比旁人更多的阻压和拥挤。每当我读着《中古文学史论》《中国新文学史稿》这样的著作时，心中便油然而生敬意。北大，正是因为有一批才华横溢的学者，才熠熠生辉。"

更有意思的是，他的这种风度竟然还产生了巨大的吸引力，让优秀的学子心向往之。他的入室弟子、现中文系教授陈平原就是其中的一个。李荣明在《陈平原：书生意气》一文中写道：陈平原与王瑶先生的交往起始于中(山)大(学)的一次集会。"他去听先生的演讲，可惜没听清内容，'只为先生那口衔烟斗怡然自得的神态以及那莫名其妙但确是发自肺腑的朗朗笑声所征服。那时只有一个简单的想法，一个老学者，能于大庭广众中如此毫无顾忌地开怀大笑,足证其胸襟的坦荡以及充分的自信'。最初的感动最终也推动着他放弃了硕士毕业后中大提供的教职。第二年,陈平原成为有威望的学者王瑶先生的博士生。"

上引李荣明文还谈到陈平原在王先生身边被熏陶的趣事。文章说,陈平原的眼光没有错,在王先生身边几年就被他在"水深火热"中"熏陶"出来了:"先生习惯了夜里工作,我一般是下午三四点钟前往请教。很少预先规定题目,先生随意抓过一个话题,就能海阔天空侃侃而谈,得意时自己也哈哈大笑起来,像放风筝一样,话题漫天游荡,可线始终掌握在手中,随时可以收回来,似乎是离题万里的闲聊,可谈锋一转又成了题中应有之义。听先生聊天无所谓学问非学问的区别,有心人随时随地皆是学问,又何必板起面孔正襟危坐?暮色苍茫中,庭院里静悄悄的,先生讲讲停停,烟斗上的红光一闪一闪,升腾的雾越来越浓——几年过去了,我也就算被'熏陶'出来了。"

王先生的另一个得意门生,硕、博两届入室弟子温儒敏也一样。王曙光《温儒敏:书生情怀》一文说,温儒敏深深感悟到"王瑶师是一个很有精神魅力的人"。他忘不了在镜春园75号那间大客厅里,先生手持烟斗、吞云吐雾、上下古今神聊的得意神情;忘不了初次见面,听到先生一针见血、不留情面的批评时如坐针毡噤若寒蝉的窘态;忘不了导师对他的学术生涯一次次的引导和教诲。他尤其感铭于先生在最后的日子里对他的勉励,劝他振作精神,埋头著述,不必东张西望。先生驾鹤西去后,"每当经过先生故宅,他更充满一种浓重的感伤与怀旧之情,同时,也似乎看到王瑶先生督促期待的目光,在学术上未敢有荒废懈怠"。

还有,王先生这批出类拔萃的门生中年岁最大的钱理群,也绝不会忘记他考上研究生后,王先生与他第一次个别谈话时的情景。那时钱理群已经38岁了。王先生给他当头棒喝:"钱理群,我很理解你的心情,你是很迫切地希望能在学术界有所作为,你很希望能有空间,因为你已经准备得相当好了——但是我劝你,你要沉住气。"接着王先生语重心长地说:"我们北大的传统,是厚积薄发。学者有两种:一种是出山很早,一举成名,但是后续无力;还有一种,就是大器晚成,出来慢,准备充分,一出来发力,就源源不断,不会停止,你现在还不要轻易出来,要苦读,把你的功夫练好了,再发出自己的声音,冷板凳要坐十年。"

有学问有故事的王瑶先生不幸因病仙逝后,学界许多人都很悲痛。值得欣慰的是,"薪不传火传"这句古语在王先生和他的弟子们身上得到新的最生动的体现。王先生先在清华,后到北大,从教四十多年。他不只是在学术上传道授业,还在人格和精神上给学生极大的影响与熏陶。所以,"王门弟子"面目粲然。且不说他的大弟子孙玉石早已是温儒敏《书香五院》一书中所说的中国"现代文学最杰出的学者之一",上述这些改革开放后入门的弟子亦成学术界的栋梁之材。他们虽同出王瑶麾下,却能各具面目,相得益彰;共同恪守王瑶先生的治学风范:注重材料,并以敏锐深刻的史实去统率材料,于材料的搜集、淘选、比较、辨析中寻找内在的规律,得出水到渠成的合理论断,从而在各自领域做出了可观的成绩。

然而,曾经出现在镜春园75号的这一片"从游"的美丽风景,很可能只是传统的绝响了。诚如陈平原先生《即将消逝的风景》一文所说:他们这几个王瑶先生的弟子,之所以有幸"从夫子游",是由于一种难得的因缘聚合。其一,"从夫子游"的独特魅力,主要在于精神熏陶,而不是知识传授。可这有个前提,"前导的大鱼",不只能够提供实验经费和科研题目,除了学识及才华外,还必须兼有人格魅力,既要"有韵"又"有味",可以作为"阅读对象",这一点王瑶先生当之无愧;其二,"文革"后,一些教育的主导者有意较多地借鉴书院讲学经验,改变课堂冷冰冰的面孔,故而恢复了研究生制度;其三,此时王瑶先生已年届古稀,当时正好希望老专家发挥余热,未让其"赋闲";其四,为确保招生质量,王先生提出中文系研究生,可以不考外语,结果得以采纳。

而这些特定的条件,现在几乎都不复存在了:老一辈的先生们基本都已仙逝,燕南园冷落了,燕东园萧疏了,未名湖的风景也冷清了许多,所谓"物是人非,江山依旧",既然哲人已逝,"江山"也就不可能真的"依旧"了。当然,还会有博学之士入主燕园,就授业而言,不会"青黄不接",不过,学生阅读的不只是"书本",更包括"导师"。而昔日从游的那种"如坐春风"的感觉,"似乎只有存在于'七老八十'的老教授身上。年轻一辈的学者,也有在专业领域里卓有成就的,可就是不如老先生'味道醇厚'"。再者,

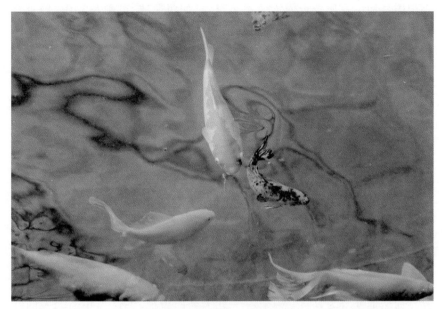

从游：大鱼前导，小鱼尾随

一刀切的退休制度，使得以后的学子，再也没有63岁以上的老教授可以"从游"。研究生教学制度化以后，也可能窒息活生生的师生交谈……总之，"从游"怕是难了。

以后的事情以后再说。我们今天且把绚丽动人的"镜春从游"珍藏。这是北大学子的一份珍贵记忆，北京大学的一份宝贵财富。

5. "一塔湖图"解读

"一塔湖图"作为北大校园的象征，现在可说是常识了。

然而，很少有人知道，这个"一塔湖图"，其实是从那个曾经的"一塌糊涂"脱胎而来的呢。

"一塌糊涂"的由来

那个曾经的"一塌糊涂"，产生于改革开放时期的最初几年。那时候，"寒冬腊月"刚刚过去，北大也是一片荒漠，百废待兴。新时期第一任党委书记周林和第一任校长周培源举步维艰,如履薄冰,虽殚精竭虑,仍难有起色。于是"三角地"南侧16楼门墙上出现了这样一副对联:"选干部选干部选不出好干部;怎么办怎么办不知道怎么办。"横批"北大特色"。

也是在此前后,校园里又流传开一则"笑话",说是有一个老师做了一个梦,梦见学校让教授们选校长,结果教授们送上来的推荐名单上写的都是同一个人:蔡元培。

就是在这样的氛围下,"一塌(塔)糊(湖)涂(图)"之说问世了。其意是说,当时的北大就剩下一个塔——博雅塔,一个湖——未名湖,以及一个图——大图书馆了。

其实,这句顺口溜只不过是一种善意的调侃和焦虑心态的折射。只要稍稍静下心来就会发现经历了疾风暴雨的考验,北大的精神并没有泯灭,炙热的地火依然在燃烧。果然,当改革开放的春风拂过燕园,北大就以"新的装束"和"新的姿态"走在新时期的前列。这样,"一塌糊涂"也就自然而然地变身为"一塔湖图"——北大新的象征,就像当年老北大的红楼、孑民堂和民主广场一样。

我们听听几位北大人的解读。

谢冕:我们永远的校园

> 这真是一块圣地。数十年来这里成长着中国几代最优秀的学者。丰博的学识,闪光的才智,庄严无畏的独立思想,这一切又与先于天下的严峻思考,耿介不阿的人格操守以及勇锐的抗争精神相结合。这更是一种精神合成的魅力。科学与民主是未经确认却是事实上的北大校训。二者作为刚柔结合的象征,构成了北大的精神支柱。把这座校园作为一种文化和精神现象加以考察,便可发现科学民主作为北大精神支柱无所不在的影响。正是它,生发了北大恒久长存的对于人类自由境界和社会民主的渴望与追求。

这是北大中文系教授谢冕先生在《永远的校园》一文中对北大校园和北大精神所做的最经典最权威的概括,读来令人激情澎湃,回气荡肠。北大校庆九十周年出版的《精神的魅力》一书以此作为卷首语,曾吸引过无数读者的眼光。

五、"只留清气满乾坤"　437

世纪之光（采自《纪念北京大学建校一百周年藏书票》）

意味深长的是，就是在这段文字的上面，有着这样一段话："燕园其实不大，未名不过一勺水。水边一塔，并不可登；水中一岛，绕岛仅可百余步；另有楼台百十座，仅此而已。但这小小校园却让所有在这里住过的人终生梦绕魂牵。"

既然是这么一个小小的校园，如何能承载如此浩大而厚重的精神，又如何能让所有在这里住过的人终生梦绕魂牵呢？谢冕先生说，其中的原因在这里："其实北大人说到校园，潜意识中并不单指眼下的西郊燕园，他们大都无意间扩展了北大特有的校园的观念：从未名湖到红楼，从蔡元培先生铜像到民主广场。或者说，北大人的校园观念既是现实的存在，也是历史的和精神的存在。在北大人的心目中，校园既具体又抽象，他们似乎更乐于承认象征性的校园的精魂。"

这就是说，以红楼为象征的北大"特色"和未名湖为象征的燕大"底色"已经完全融合在一起了。当然，融合在这一灿烂画面中的，还有新中国建立和新时期以来北大人为北大精神增添的新的"成色"。

詹克明：魂系未名湖

现在，我们再来读一读詹克明先生的《魂系未名湖》。如果说，谢冕先生上述文章是以诗的语言对北大精神做了概括的话,那么,詹克明先生这篇文章则是以赋的华彩对北大精神做了品评。

文章用一个精巧的比喻立意,提示了未名湖与博雅塔"天作之合"的特殊意义:

> 湖和塔的天作之合构成了未名湖的主旋律。这绝妙的搭配堪称大手笔的杰作。真不愧是大匠之心,那么富有哲理,那么耐人寻味。湖和塔一个动,一个静;一个柔,一个坚;一个纤巧,一个伟岸;一个空灵,一个凝重;一个活泼,一个肃穆;一个欢愉,一个沉思;一个变幻,一个守恒;一个力求平稳,一个崇高正直;一个透着女性的秀美,一个蕴藉男性的阳刚。北大所独有的博大精深就在于它是一个多面的对立统一体。北大的风格总有那么一种永恒的魅力,它是那么的隽永,那么的深沉,又那么不可思议地超稳定。不管经历过多少次的改朝换代、政局变幻,它总是作为一种始终不变的传统保留下来,代代相袭。这种品格和气质你可以很容易地在未名湖感受到。

对未名湖所涵容的北大人和北大精神,文章从三个方面进行了形象生动而又深刻隽永的阐述——

其一,未名湖是北大的眼睛。

未名湖畔没有什么伟岸的建筑。这里虽然曾是皇家的淑春园,但并没有威严的王者气派,倒像个家学渊源、学富五车的谦谦学者。沿湖举目一望:民族风格的大屋顶,湖心岛旁的石舫,大清丙申年铸造的铜钟,四扇面湖而立的石屏诗碑,有数百高龄、高可数丈的名贵白皮松以及错落有致的亭台楼阁……这种整体的文化氛围营造出一种世代书香的大家风范,完全没有小家子气的那种卑琐浅薄,也犯不着像暴发户那样骄横逼人。就如一个天生丽质无须刻意修饰的知识女性,它的一切都是那么的和谐、自然,总是一副平常模样。而且要的就是这种貌不惊人的居家常态。你看,那些走过这里的教授们也都是家常的衣着、老式的书包、陈旧的自行车,不过大脑可绝对是国家级的。

确实,未名湖的整体氛围让人一看就像个沉静的学者,只有心态静如止水的人才好做学问。未名湖的沉静是一种充满生机的沉静,绝不会给人以死气沉沉或是无所作为的感觉。这种沉静的环境勃发着一股生命的活力,透射出一种奋发的张力。在这里你甚至可以感受到北大跳动的脉搏,一种年富力强的学者所特有的沉稳、舒缓而又健全的脉动。深邃的湖水有如学者的渊默,似乎还有点未知的神秘。水平如镜的数顷湖面映射的却是无限精彩的大千世界。

其二,未名湖是北大的魂。

湖光塔影的宁静是一种北大所特有的沉思的静。从这种静里你可以感受到灵魂深处涌动着一股不甘寂寞、不耐平庸、永远探索、永远求真、永远迷恋、永无终极的追求。这是一种自觉的使命感,一种出自内心的虔诚,一种绝对独立的思维。运思如转轴,格格有声。这就是北大人的灵魂,北大人的生命价值观。

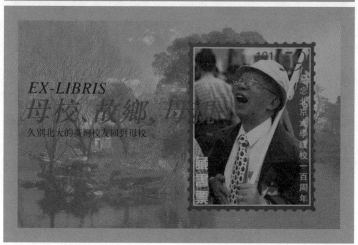

水流云在未名情(采自《纪念北京大学建校一百周年藏书票》)

因此,在这块弹丸之地,他们宁可蜷居在拥挤的斗室里,吃着简单而又不能再简单的饭菜,在万籁俱静之时独对青灯黄卷。他们宁可在一片下海声中生性淡泊地留守在这座孤岛。只是因为这里尚能保有一方做学问的净土;这里密集着一些特别聪明的大脑群体;这里有着引发思维的频繁的信息刺激;这里有着同世界各国学者之间最紧密的联系;这里有着自由探讨的民主、科学传统;这里有着最灵气的学子,保证了北大生命之树常青。在这里,没有学会思考的人算不得真正取得北大的户籍。在这里,权威的见解并不能盖住自己的思维。在这里,思维的箭头永远指向真理,甚至一些怀有赤子之心的人们,都没怎么顾及思考的结果是把自己引向天堂的大门还是地狱的入口。

其三,未名湖是聪明泉。

古人云:"智者乐水,仁者乐山"(《论语·雍也》),可见水和智慧密切相关。凡是喝过未名湖水的人都会长点灵气。每年那些从全国各地云集到这里的青年学子喝了几年未名湖水后都会才智陡涨,与来时判若两人。

我们永远的校园(采自《纪念北京大学建校一百周年藏书票》)

未名湖就是这样独特。它犹如一个充满灵气又不谙世俗的纯情少女,那么的宁静自然,那么的清丽单纯,又那么的坦诚善良,似乎给人以不设防的感觉。步入这方清净之地似乎人也得到净化。浮躁的心也渐渐沉静。似乎尘世的喧嚣、市井的嘈杂、世俗的纷扰都被围绕湖滨的一脉土山阻隔在桃花溪外了。这里只有风声、水声、读书声。浓重的文明、宁静气氛使得再粗俗的人也不敢在这儿撒野。虽然没有什么"学府重地"的警示牌,但仅仅空气就有这么大的约束力量!

  这里的人生性散淡,自成一格,既不想统治别人也不愿意受制于人。因为不管统治还是被统治,两者都不能算是自由人、自在人。这里最重才气,不管是人才、鬼才、歪才,反正都得有高智商,都有展示自己的机会。这里长见识不见得在一本正经的学术报告、讲座之中。聪明人之间那种海阔天空、漫无边际、百无禁忌、直至深夜的侃谈神聊常常会令人大开眼界,迸出个智慧的火花,给你一个惊喜的新思路。教授给学生讲课中突然有如神来之笔似的加上几句借题发挥的议论,不仅幽默,有时会使你受益终身。这真可谓是智慧的"奇点",思维的"舍利子"。没有高深的道行是出不了这种"舍利子"的。个中潇洒飘逸岂是照本宣科的"文抄公"们所能望其项背。问君何能如此?未名湖之聪明水也。

未名湖畔的沉思(采自《纪念北京大学建校一百周年藏书票》)

庆典晚会上的宏图（采自《纪念北京大学建校一百周年藏书票》）

当然，还有"图"——图书馆。宗璞先生《我爱燕园》中的一段话，可能是对"图"的意义的最好概括："有时晚上在外面走……看见图书馆灯火通明，像一条夜航的大船，总是很兴奋。那凝聚着教师与学生心血的智慧之光，照亮着黑暗。这时我便知道，糊涂会变成明白。"

曹文轩：融入北大的庄严背景

最后，我们再一起听一听北大中文系教授曹文轩先生的高论。在一次访谈中，他对采访者提出的"北大对于你个人来说有何意义"的问题，做了如下的回答："没有北大就没有我。若否认这一点，我就是一个不义之人。我且不去说北大在精神上给了我无穷的财富，只说一点：北大是我的背景。"

后来，在北大百年校庆之际，他又写了题为《背景》的专文，详细地阐述了"背景"这个概念：

> 这是一个大背景，一个几乎大得无边的背景。现在，我站在了似乎无声但却绝对生动有力的大背景下。本来，我是渺小的，渺小如一粒恒河之沙，但却因有这个背景的衬托，从而使我变得似乎也有了点

光彩。背景居然成了我的一笔无形资产,使我感到了富有,其情形犹如融入浩浩大海的涓涓细流,它成了大海的一部分,仿佛也觉得有了海的雄浑力量。

"我常去揣摩我与北大的关系:如果没有这个背景,我将如何?此时,我清清楚楚地看到了这个背景参与了我的身份的确定。我为我能有这点自知之明而感到一种良心上的安宁。"他同时也想到了他的同仁们:"他们在他们的领域里,确实干得非常出色,其中一些人,简直可以说已春风浩荡、锐不可挡。也许我不该像发问我自己一样去发问他们:如果没有北大这个背景,他们又将如何?他们也会像我一样去发问自己的。"

文章还说,这个背景具有伟大的力量:"北大于我们来说,它的恩泽既表现为它曾经给了我们知识,给了我们人品,给了我们前行的方向,又表现为它始终作为一道背景,永远地矗立在我们身后的苍茫之中。因为有了它,我们不再感到自己没有'来头',不再感到那种身后没有屏障的虚弱与惶恐。"

让未来作证(采自《纪念北京大学建校一百周年藏书票》)

庄严背景下的新一代（采自《纪念北京大学建校一百周年藏书票》）

文章最后说：这个背景可以说成是人墙。"它是由蔡元培、李大钊、马寅初、陈独秀、胡适之、鲁迅、徐志摩、顾颉刚、熊十力、汤用彤、冯友兰、朱光潜、冯至、曹靖华等无数学博功深的人组成的。这是一道永远值得仰望与审美的大墙。"

这个背景又是一座大山。"我们任何个人都无权骄傲，有权骄傲的永远只能是北大。奋斗不息的我们，最终也有可能在黄昏时变享受背景为融入背景而终止自己。这大概是我们都期盼着的一份幸福而悲壮的景观。"

六、燕园新建筑素描

1952年,全国院系调整,新的北京大学由城内沙滩红楼迁入原燕京大学校址,由此"燕园"就成为北京大学校园。

新的北大,新的使命。她从解放初期怀揣社会主义的热情,向科学进军,到今天肩负向世界一流大学迈进的使命,为实现中华民族伟大复兴的中国梦做出贡献而奋斗,使命的改变必然带来校园这个物质载体的成长。

六十多年以来,校园已经比1952年扩大了四五倍,新的建筑不断增加,功能区域日趋明晰。这是十分可喜的,但新的发展亦不可避免地产生了一些必须正视和慎重处理的问题。其中很重要的一个,就是在创新的同时,如何真正传承北大百年的文化基因、理念血脉,如何使古园风貌不走样、不失魂。

1. 古园风貌和燕园新建筑

从燕京大学开辟燕园到今天一座座新式建筑拔地而起,校园建设所用地主要还是前述明末米万钟勺园和有清一代的畅春园、淑春园、鸣鹤园、镜春园、蔚秀园、朗润园、承泽园以及治贝子园等这些古园林的旧址。

这些遗址是北大十分珍贵的历史文化遗产。如何保护、"唤醒"和利用,不仅关系到我们现实的生存环境,也是个关系到燕园精魂存续的问题。

一个成功的范例

1952年,北大迁驻燕园以后,为缓解学校用房的紧张,陆续进行了不少新的建设。陆续在南校门内以今五四路为轴线修建了1斋到27斋中式小院和28斋至31斋楼群,以及化学楼、生物楼、文史楼、哲学楼等院系

生物楼、地学楼、化学楼

物理楼

哲学楼

学生宿舍

20世纪50年代北大的校园建设

楼和一教、二教等公共教室楼,都大体上与老燕京的建筑风格协调、和谐。

对这一成功的范例,谢凝高、陈青慧、何绿萍《燕园景观》一书,有很高的评价:

五十年代,学校规模扩大,在原燕大南部开阔的腹地上进行扩建,由复杂多变的地形进入平坦的台地。建筑基本延续了原燕大建筑群母题的格局,并沿用了建筑之间以柱廊相接的手法,增添了新的轴线,形成了新的教学中心。建筑形式仍为灰色筒瓦大屋顶的民族形式,所不同的是采用了与原女生宿舍相一致的灰色清水砖墙混合结构,简单的檐部装饰,仅在屋顶样式上区分建筑的主次。如教学楼用庑殿、歇山顶,宿舍楼用硬山顶。并未再重复那种用钢筋混凝土框架柱仿制成的木构架建筑和复杂的斗拱彩画檐下装饰。道路基本平直,趋于规则。这种布置是既考虑了历史的延续性,风格的一致性,空间的完整性,又考虑到时代与周围环境的变化因素。因而,当你自西校门而入,又从南校门而出时,在不知不觉中就已经历了一个渐变的过渡的空间环境,一切都在自然之中。试想,如果没有这种成功的过渡,那样一个浓艳色彩的民族形式的西大门与这简洁明朗的现代建筑风格的南大门又如何能协调一致。

正是这种过渡的成功,奠定了整个北大校园的风格。

然而,毋庸讳言的是,在后来几十年

来的学校发展中,古园风貌和价值已经受到一些伤害,但总体来说,成绩还是主要的。

北大还在发展中,如何走好前面的路,应当格外慎重。

有些问题,现在已经很严肃、很急迫地摆在了我们的面前。比如,具有很高历史文化和人文景观价值的燕南、燕东两园走向何方?

燕南、燕东两园走向何方?

星移斗转,岁月无情。随着原住户老先生们的仙逝,燕南园已日渐萧条,燕东园更是被推土机蚕食得所剩无几。

对于燕南园的未来归宿,曾有过多种不同意见:有人建议仍然安排优秀的学者入住,将此园的传统延续下去;有人建议将现在住户统统迁出,作为办公用房;有人建议全面装修,改为高级宾馆;更有人认为早就应当把这碍事的园子拆掉……

肖东发在《走进燕南园》一文中谈到这样一件事:住在燕南园52号的中文系教授林焘先生,是老住户中的"小字辈",就在前几年辞世前不久,曾非常严肃地向采访者表示:"对于被列为全国重点文物保护单位的北大校园来说,这接纳过数代名人诸多大师的燕南园是其重要的组成部分,万万改不得、拆不得,不仅不应该、不能拆,还应当在每座小楼、每个院落的适当位置设立标牌、撰写铭文,纪念那些曾经在里面居住和生活过的人们。这小小的燕南园应当成为一所内容独特的博物馆。"为了成就这一极有意义的事情,尽管对自己居住多年的住所充满难以割舍的感情,他也甘愿搬出去。林先生的话里显然"充满一种悲壮的味道"。

是的,这种悲壮既是缘自自身难以割舍的情感,更是出自关心北大乃至祖国和民族命运的情怀。

一个不珍惜自己历史文化遗产的民族不是一个伟大的民族。诚如邱运华在《故居:筑牢我们的文化记忆》所说:故居作为一种多维的具象的文化存在,是中国人表达自身文化追求、文化传承最重要的方式之一。一个民族集体文化记忆的留存中,文化名人是一个高地。他们的故居更有其独特的价值,因为他们代表着这个民族在这个时期最具创造力的生命。

而燕南园、燕东园的名师故居,对北大来说,还有着更为特别的意义。

北大之所以成为北大,离不开一代代名师的学识、情怀和文化气质的积累与浸润。如果没有了燕南园、燕东园这些他们生活过的丰富深邃而又饱含情感的文本,北大很可能难以继续成为真正意义上的北大。

对于这样一个如此有历史厚度的地方的任何动作,都应当是十分慎重的。像燕南园63号院马寅初故居外马寅初校长浮雕头像,就过于粗疏。51号院现为几个文化机构所用,大门外新塑横匾上书"美学散步",也有些不伦不类。众所周知,"美学散步"是著名美学家宗白华先生的著名用语,这里与住朗润园的宗先生有何关系?若借用邻里66号朱光潜先生的"美学拾穗"或60号王力先生的"龙虫并雕"岂不更好?

燕南园51号院新制楼匾

有关部门在慎之又慎的同时,还应学学当年燕大重视"景观委员会"的经验,多听听专家和学校师生的建议。前些年,学校搞过新建筑设计方案竞赛,这是一个很好的尝试,也取得了较好的效果。有些参赛作品(如生命科学院新楼和东校门),就很有参考价值。

2019年,有关部门公布了北京市首批历史建筑名录,燕南园赫然在列,这使所有具有"燕南园情结"的人甚感幸慰。

六、燕园新建筑素描　449

生命科学院新楼设计方案竞赛公示的作品之一

北京大学东门设计方案竞赛公示的作品之一

2. 人 文 之 器

北大文科，尤其是文史哲等人文学科历来是北大的优势学科，对祖国的思想文化起过并还在起着重要作用。但在很长时间里，不仅办公教学和学术研究环境拥挤狭小，而且学科的价值也没得到足够的重视。季羡林先生生前就不止一次地呼吁要重视人文社会学科的建设。现在办学条件的改善也反映了观念的变化，这是十分可喜的。

值得一提的是，在新建的一批文科办公教学楼和学术研究机构所在的建筑中，既有鸣鹤园、朗润园、镜春园等古园林遗址修复和增建的古色古香、与人文氛围特别协调的仿古建筑，也有具有时代气息的现代建筑。时代不同了，使命不同了，建筑的多元化或许是一个明智的选择。

李兆基人文学苑

北京大学李兆基人文学苑坐落在未名湖东北侧，原镜春园遗址内。

北大迁入燕园后，这里长期为材料厂、木工厂，古园林的遗迹逐渐湮没，唯剩下一个圆形的小湖。

所幸的是，2011年10月，北京大学李兆基人文学苑的落成，唤醒了这里的风景。

2009年，香港恒基集团主席、北京大学名誉校董李兆基先生为支持北京大学的人才培养，缓解北大人文学科办公条件的紧张，特向北大捐赠人民币两亿元，其中一亿元用于人文学苑的建设。为感谢李兆基先生的爱国热忱，弘扬李先生捐资兴学的崇高美德，落成后的北京大学人文建筑群将永久命名为"李兆基人文学苑"。

李兆基人文学苑总用地面积25000平方米，总建筑面积24600平方米（含地下），是目前亚洲高校中最大的人文学科建筑群。人文学苑的建设方案由中国建筑设计院负责，在满足文物部门对文物保护区的特殊要求的前提下，注重历史传承，充分考虑未名湖区的建筑特点和相宜尺度，并结合新功能的需求，不但复原了镜春园原有的中心建筑和历史水系，还保留了北侧的部分古建筑民居。

六、燕园新建筑素描　　451

李兆基人文学苑内中文、历史二系新址

李兆基人文学苑内哲学系新址

周其凤主编《燕园建筑》一书评价说:"人文学苑内的建筑采用明清时期的建筑风格,朱墙青瓦,并以稳重的院落式布局结合自由舒展的空间,不仅与周边原有的燕大建筑神态相依,情态颇具,而且体现了中国学者的亲和稳重之风和北大人文学科所独有的精神气质。人文学苑之中的建筑屋顶相错,庭院相借,曲径通幽,且庭院内以水系相环绕,业已成为北大校园内一处绮丽的建筑景观。"

李兆基人文学苑的落成使用,使北大人文学科的办学条件得到很大的改善,原蜗居在静园一至六院的文史哲三系已在这里获得了舒展的空间。这个变化的意义是不可低估的。

同样值得庆幸的是,承泽园西所绣花楼也由于得到廖宗明先生的资助而得以在1998年重建。此楼与溪湖南岸的方轩亭一起为承泽园仅有的景观遗存。重建的绣花楼,基本保持了原有的建筑风貌:两层的卷棚硬山顶小楼,传统的花窗、灰砖墙面、红色柱子配以绿色衬底彩画,十分古朴典雅。

绣花楼现为北京大学科学与社会研究中心所在地。

赛克勒考古与艺术博物馆

北京大学赛克勒考古与艺术博物馆坐落在燕园西北鸣鹤园旧址,建成于 1992 年。馆舍为仿古式建筑,由主楼、东西侧厅和后殿组成。主楼为庑殿顶,白墙红柱,雕梁画栋,颇有古朴典雅之风。博物馆院落与民主楼、外文楼合围成品字形三合院,这又与燕大时期建筑形制相契合,很好地融合在燕园文化保护区的大环境之中。

赛克勒考古与艺术博物馆是中国高校中第一所也是迄今为止最大的一所考古类博物馆,建筑面积四千余平方米。馆内藏品两万余件,多为考古教学的典型标本,如旧石器时代重要考古地点出土的石器、商代的甲骨文,以及西周古墓和遗址出土的铜器、玉器、陶瓷和民俗文物等。置身其中,人们会感到一种浓厚的学术气氛和严谨的治学态度,也会为中华民族艺术文化的源远流长而备感自豪,从而更增加我们的文化自信。

赛克勒考古与艺术博物馆

馆中藏品大致有四个来源,是北大、燕大考古实践和教学成果的集中展示：北京大学在 1952 年设置考古专业之前的收藏，燕京大学史前古生物陈列馆的藏品，考古专业建立后从田野考古发掘现场带回来的教学标本，博物馆筹备期间各地文化、考古机构赠送或调拨的展品。

早在 1922 年，北京大学研究所国学门便成立了中国最早的考古研究室，开展了一些田野考古工作并开始逐步收集古代文物。稍后，北京大学文科研究所成立，下设考古研究室，同时成立了博物馆专修科并建立了北京大学博物馆，收集了一些古物及民族学标本。1952 年院校重新调整，北京大学历史系建立了考古专业，上述收藏便都归入考古专业标本室。

燕京大学也是较早收藏古文物的学校之一。著名古人类学家、"北京人"头盖骨的发现者裴文中先生在其中有着特殊的贡献。1940 年，周口店的发掘工作被迫停止后，裴文中先生到燕京大学历史系任教，讲授史前考古课程。为了提高教学质量，在当时历史系齐思和主任的支持下，于当年 10 月进行史前陈列馆的筹建工作。馆址设在镜春园 77 号大院原鸣鹤园怀新书屋。全部展品皆由先生筹集。今天看陈列馆的标本虽然不多，但在当时来说却也算得上"极为丰富"。这座陈列馆是当时全国大学中第一座史前陈列馆。

赛克勒考古与艺术博物馆展品

赛克勒考古与艺术博物馆展品

日本考古学家鸟居龙藏也曾在该馆任职,帮助收集了不少古代文物标本,院校调整后也都归入北京大学考古专业标本室。

1952年北京大学考古专业建立以来,先后在全国许多地方进行了田野考古工作,发掘了多处古代遗址。其中较为重要的有陕西西安半坡、岐山与扶风的周原,河南洛阳的王湾,山西曲沃曲村,辽宁营口金牛山遗址等。上述发掘所得标本,绝大部分都存放在当地文物考古机构或博物馆,只选取了少量教学标本。这些标本都成为我国考古教学和陈列的重要资料。

赛克勒考古与艺术博物馆的创立,主要归功于美国友人亚瑟·赛克勒(Arthur M. Sackler)博士。

赛克勒博士是美国杰出的医药学研究者、出版家和艺术收藏家,在艺术、科学与人文科学等方面都有杰出的贡献。他出资发起的赛克勒艺术、科技和人文基金会,以支持濒临绝境的古典文化、艺术为宗旨,曾经资助过美国国家博物馆、哈佛大学赛克勒博物馆、皇家艺术学院等。

赛克勒考古与艺术博物馆门内赛克勒博士塑像

赛克勒博士是中国人民的老朋友。还是在中国人民抗日战争的艰苦岁月,他作为当时一位崭露头角的内科医生,就以白求恩为道德楷模,开始为白求恩筹集资金。他曾倾其所有,和同仁们一起向美国援华的飞虎队捐献了多架战机。他对中国文化一直非常的尊崇并有着浓厚的兴趣。他还因藏有大量古青铜器而被誉为"中国青铜器之王"。1976年,他第一次来到中国,目的是了解能够为中国文化做些什么。1980年,他将流失海外的颐和园乾隆皇帝御座送还给中国。在北京为他举行的招待晚宴上,时任卫生部长的钱信忠称赞赛克勒:"他深爱中国,因为人类文明起源于这个古国;他愿意为这个他热爱的国家做出贡献,成为今天的白求恩。"也就是在那时,他有了一个强烈的愿望:为中国的年轻人建一个艺术博物馆,希望借此来留住中国文化,保护堆在仓库里的文物。他认为,这座博物馆同时应该是一个教学博物馆,能够提供现代的陈列技术、室温控制、保护设备、储藏安全以及工作者培训等有关现代博物馆学的综合信息,从而为中国文化遗产的保护工作树立一个典范。

1984年,他应邀参加了中国国庆35周年庆典,并与北大校方达成建立博物馆的共识,商定该馆由著名建筑师陈璋源设计。陈先生深谙中国文化,他以儒家思想为建筑理念,制订了以院落为中心的设计方案。

1986年,赛克勒夫妇来北大博物馆奠基。1987年5月20日,赛克勒的妻子吉尔·赛克勒(Gill Sackler)女士代表赛克勒与北大正式签订了协议。令人遗憾的是,六天后,赛克勒不幸辞世,未能看到这座博物馆的最终建成。他的妻子强忍悲痛继续工作,终于完成了他未竟的心愿,博物馆于1992年北大94周年校庆之日落成。司徒雷登在1926年就计划在燕大修建博物馆,现在也算圆了他的梦。

博物馆点缀了两件前朝遗物:一是立于大门前的前清旧物汉白玉石晷;一是立于院内的米万钟勺海堂的巨型太湖石。此二物对博物馆来说,不仅是具有美学意义的装饰,而且是其历史文化价值的宣示。太湖石把历史与现实联系在一起,日晷则更将老北大与燕园联系在了一起。日晷原立于老北大二院(原清和硕和嘉公主府,北大前身京师大学堂旧址)花园水池中央,高近3米,由大底座、碑身和日晷组成。碑身四面分别刻有"近取诸物""远取诸身""仰以观于天文""俯以察于地理"的铭文。北大老校址上的原物保留在新校址燕园,这是意义非凡的。

考古文博学院新馆

北京大学考古文博学院历史悠久,为中国的考古文博事业做出了卓越的贡献。为了给祖国的考古文博业培养更多人才,做出更大贡献,继1992年北京大学赛克勒考古与艺术博物馆落成以后,又于2005年建成考古文博学院新馆。

新馆位于燕园西北部鸣鹤园红湖之北,建筑群环湖而建,规模宏大。主体建筑群由三部分组成:其一是位于红湖北岸的一座七开间歇山顶的临水建筑,朱墙青瓦,色彩炫目;另AB两座楼位于红湖西岸,以垂花门相连,南面A楼为单层悬山顶,露出轮廓分明的五花山墙,格调清新,北面的B楼为两层的歇山顶,外檐彩绘采用墨线大点金旋子彩画,青瓦粉墙,嵌有精致的花窗隔扇,气势恢宏。

这组建筑整体风格与燕京大学时期的建筑形式近似,所以与原有的校园景观形成呼应,风格融洽,成为燕园北部一处标志性建筑。

考古文博学院新馆

国家发展研究院院落

北京大学国家发展研究院（原中国经济研究中心）所在的致福轩建筑群位于朗润园，原为晚清恭亲王奕䜣朗润园的中所，其建造时间最早可以追溯到乾隆年间。

为缓解北大办公用房的紧张状况，也是为了保护朗润园这一珍贵的文化遗产，从1995年10月到1997年5月，北京大学中国经济研究中心筹资对该园进行了全面的修缮和增建。修成以后，原朗润园的主体建筑——原由嘉庆皇帝亲题匾额的奕䜣住所致福轩，成为北京大学中国经济研究中心的办公与教学场所。此事得到侯仁之先生的赞赏，他亲撰《重修朗润园记》，对共襄此举的香港名士钱果丰、利国伟、曹其锋等致以谢忱。

此后，又在台湾同胞万众先生的资助下，增建了以古色古香、气度不凡的万众楼为中心的"万众苑"，建成后，立《万众苑记》碑于万众楼前。碑记中说明：取名"万众苑"，一是为了铭谢万众先生慷慨义举；二是取"万众一心，众志成城"之义。碑上还全文铭刻了时任北大中国经济研究中心主

朗润园致福轩

任的著名经济学家林毅夫先生的《万众苑记》。该记抚今追昔,情文并茂,为当代碑文中的佳作。

北京大学国家发展研究院建筑群由六个院落构成,院落间以回廊相连,形成了以致福轩为主体的南北轴线和以万众楼为主体的东西轴线。廊中什锦长窗千姿百态,有石榴、海棠、扇面、书卷、圆形、套方、曼陀罗等造型。致福轩为坐北朝南的五开间卷棚歇山顶建筑,其入口的敞亮大门气宇轩昂,等级超过清代一般王府。致福轩南面有三开间卷棚歇山小抱厦,朱墙青瓦,构成这一轴线的高潮和重心。而最东端的万众楼为二层卷棚歇山顶的建筑,两翼飞廊相接,俨然成了朗润园景观的核心。建筑群为典型的皇家四合院,除致福轩以外,大部分建筑均依照清代王公府邸的风格重新设计建造,采用钢筋混凝土结构。周其凤主编《燕园建筑》一书认为:"国家发展研究院建筑群为校园现代建筑中与燕园整体景观风貌衔接较好的建筑代表,如今不仅成了中国经济问题研究的重要基地,也成了燕园景观中不可或缺的一部分。"

在北大国家发展研究院的西侧,原朗润园的中所、西所,也经过修缮而成为中国古代史研究中心和中国诗歌研究院、中国画法研究院等单位的院落。今日朗润园,古意益然,秀色可掬,人文气息陡然增浓。

中国古代史研究中心与采薇阁

中国古代史研究中心所在地是一个典型皇家风格的三进四合院,其中中院和后院为办公教学场所,中心前院两侧有游廊,正房三间作会议室使用,东西耳房和厢房作为办公室使用。

著名宋史专家邓广铭的女儿邓小南也是史学专家,供职于北大中国古代史研究中心。该所从原来狭小的平房迁入朗润园后,她精神不禁为之一振。她在《朗润学史丛稿》一书中说:"如今的这片天地,传统的屋檐下,洋溢着活力与生机。我也希望自己能够涵沐于这派勃勃生气之中。"季羡林先生对此很感幸慰,他在《悼念邓广铭先生》一文中说:近些年来,由于众所周知的原因,国内大学及科研机构中,从事人文社会科学研究事业者,大都有后继乏人之慨叹。但是邓广铭先生是有福的。他最小的女儿邓小南"女承父业",接过了父亲研究宋史的衣钵,虽然年纪还轻,却已崭露头角,将来大成可期。"恭三不出家门,就已后继有人,他可以含笑于九泉之下或九天之上了"。如果邓先生地下有知,他也应该为中国古代史研究中心新址的落成而欣慰了。

中国诗歌研究院在朗润园的院落"采薇阁",是一个极为幽雅而有情致的去处。身为院长的中文系教授谢冕先生对其赞赏有加:

> 采薇阁耸于园之西隅,三面临水,杨柳拂面,荷香袭衣,花朝月夕,把酒临风,如入梦境。登阁临轩,西山烟云,玉泉塔影,尽收眼底,诗酒酣畅,翩然入梦,诚人生之大乐也。秀阁耸峙,庭花有待,院门长启,以俟时贤。

那么,北大为什么要成立中国诗歌研究院,又为何将院址选择在这里并命名为"采薇阁"呢?谢冕先生在多篇文章中对此作了他自己的回答——

他在《诗歌的北大》一文中说:诗歌诗性地体现一个民族的心灵世界。"它不仅是作为一种文学样式,也不仅是作为一门学问,更是作为一种精神而温润着、滋养着,并且默默地影响着一个社会,一个民族,以至一座校园。"

他在《为了中国新诗的建设:〈新诗评论发刊词〉》一文中说:中国是一个诗国,数千年古典诗歌的发展,在中国形成了一个无与伦比的至善至美的诗歌形态。"它是足以称豪于世的中国文化骄傲。那些在漫长岁月中经无数杰出诗人的锦心绣口酿造而成的辉煌诗篇,已经成为永远不可企及,也永远难以超越的传世经典。"

他在《诗歌的北大》一文中谈到北大与新诗的关系。文章说,为了适应新时代的呼唤,五四新文化运动中出现了一件"惊天动地的大事"——新诗的创立,北京大学是中国新文学的故乡,也是新诗的发祥地。1956年,林庚先生在为北大学生刊物《红楼》创刊所题的诗中,称北大为"新诗摇篮旁的心"。一个世纪以来,"北大是诗歌的,诗与北大同在"。而在这项前无古人的开创性工作中,北大中文系起到了先锋和中坚的作用,从而形成自己的学术传统。今天,中文系的后继者们继续了前驱和前辈、前贤们的庄严使命,于是就有了中国诗歌研究院。

对于"采薇阁"的命名,他在《采薇阁记》一文中解释说:中国诗歌研究院冠之以"采薇阁"之名,正是出于对传统的承续与弘扬,是借采薇的诗意以彰显中国传统的诗歌理想,旨在发扬诗歌的伟大精神和博大胸怀。"采

采薇阁院门

薇寓意者何？诗小雅有采薇之嗟叹：依依杨柳，霏霏雨雪，戍卒思归，忧心孔疾，感时艰也。伯夷传有西山之悲鸣：天下宗周，耻食其粟，以暴易暴，吾将何适，彰节烈也……诗者，志之所之也，情之所至也，采薇之名甚切，既发乎情，又归于志，诗之大义存焉。"

对于研究院选址，他也在《采薇阁迎春小引》一文中作了说明。文章说，选址在朗润园也是有深意的："因为这里风水好"。其一，这里曾经是皇家赐园，为"充盈着诗情画意的佳丽之地"；其二，这园子历史上曾是贵族和诗人的府邸，以后更是住进了北京大学的几代学人，他们为京都三山五园的丰盈华丽，为中华民族的文化美丽精神，注进了中华千年文脉的精魂。院子建在这里，"可以时刻亲近前辈诗人、学者的气息和体温"。

现代化大楼亦"传道"

在北大近年落成的文科教学科研和办公用房中，也有几座颇有现代气息的大楼，它们和人文学院等仿古建筑群一同承担着文科"传道、授业、解惑"的时代重任。它们中有光华管理学院一号楼与二号楼、法学院楼、经济学院综合楼、政府管理学院大楼以及国际关系大楼等。据周其凤主编《燕园建筑》介绍,这些建筑在功能和建筑形制上都还是有自己的追求的——

光华管理学院一号楼坐落在校园中央大讲堂、理科教学楼群和老化学楼之间,由光华基金会捐赠,1999年竣工。燕园老建筑的三合院母题在它总平面布局中得到充分尊重,其开口朝西侧绿地。与绿地相对的内庭院以铺装为主,正对内庭院的西立面上设有一片布景墙,在开窗形式、立柱和门头的处理上,吸收了一些老燕园建筑符号,以期取得文脉延续的联想效果。

光华管理学院一号楼

光华管理学院二号楼2008年落成于未名湖以东的成府园中间地带,政府管理学院大楼西侧。建筑总面积29935平方米,含教学楼和科研楼。教学楼延续了老光华楼灰白两色的建筑主色调,大面积淡蓝色玻璃材质的运用增强了整栋建筑的通透感,打破了校园中常见的深灰色外墙所造成的沉闷。大楼体现了公正严谨的治学氛围、简洁明快的商务气息。

法学院楼坐落在成府园区,落成于2010年,总建筑面积20000平方米,分A、B两座。A座凯原楼为法学院行政大楼,建筑外墙采用干挂石材方案,整体色调和风格与成府园区其他建筑相协调,立面色彩以浅灰、淡黄等暖色调为主,镶嵌着窗洞的墙面则贴满了带有白色絮状纹理的米白色大理石。B座陈明楼为科研大楼,其屋顶告别了板块式建筑生硬的轮廓线,采用不对称的"V"形剖面。

经济学院综合楼2009年年初落成于成府园区西北角。这座大楼打破了传统的四方形外观格局,坐西朝东,平面近似梯形,又在南侧串接了一个近圆形建筑,流线型的阴柔之美中和了凹凸状的阳刚之气。面朝东侧的大门、逐层上升的台阶,共同营造了一种庄严而神圣的空间序列。建筑外墙使用玻璃材质,为室内增添了大量自然光线。整齐排布的小块灰砖贴面形成从底层直贯顶端的高耸立柱,增强了大楼本身竖直方向的垂感。

政府管理学院(廖凯原楼)落成于2006年,坐落于成府园区东南角。建筑东临中关村北大街,因此坐西朝东,整体呈反转的"L"形。建筑临街立面以大块深灰色瓷砖和细长矩形玻璃的搭配,给人一种秩序井然的感觉,落地玻璃窗形成整条横向带状空间,加强了室内和室外空间的交互。建筑东南角向外凸出的细密排布、贯通各个楼层的横条钢筋构架的存在,为整个建筑增添了灵动的不对称要素。这一建筑要素也被后来落成的其他学院大楼相继运用。

值得一提的是,大楼L状形体内围护着一座四合院,那是成府村拆迁

政府管理学院大楼

中作为顾颉刚先生故居保留下来的蒋家胡同三、五、七号院(其中五号,即旧编号的三号院是顾颉刚故居,另两座是拆迁时移来合建的)。

3. 腾 飞 之 翼

2017年10月,中国共产党第十九次全国代表大会胜利召开,宣告了中国特色社会主义新时代的到来。

在这个伟大的新时代里,北京大学肩负着推进祖国现代化事业、率先跻身世界一流大学的伟大历史使命。

新的时代使命,需要更好的教学、科研等基础设施作为支撑,理工科尤其是如此。令人欣喜的是,近年来以理科教学楼群为代表的理工科新建筑,纷纷落地生根。这不但有利于学科建设而且也使古朴美丽的燕园增添了几许清新的时代气息。

理科教学楼群

理科楼群临近北大东门,始建于20世纪80年代末。

理科教学楼

该楼群建筑面积约 118000 平方米,分为理科一号楼、理科二号楼(又名逸夫苑)、理科三号楼(又名逸夫二楼、地学楼)、理科四号楼(又名金光生命科学楼)、理科五号楼(又名逸夫一楼、法学楼)和理科教学楼。其中,理科二号、三号和五号楼由香港邵氏影业的创始人邵逸夫先生捐资修建。

理科楼群是北大"211 三大基础工程"之一,它和原有的物理楼、化学楼等连成一片,形成了北京大学理科教学与科研中心。这组建筑是北大自然科学研究和教育现代化的标志。因其与中关村北大街相距不过丈许,因此又彰显了北大勇创世界一流气魄的浩大和步伐的雄阔。

为了和燕园传统风貌协调,近几年新建的建筑,都注意到古今中西结合的问题。不过,不少人认为它在这方面做得并不理想:既和燕园文脉贴得不够紧,缺乏庄严和厚重,又无清华科技园那种拔地而起、昂首直刺蓝天的磅礴气势。然而,它毕竟大大增加了学校教学科研的用房面积,其先进的设施和方便合理的工作布局,也有力地调动了广大师生工作学习的积极性,为北大理科提供了良好的教学科研条件。

理科楼群的诞生对学校的轴线和朝向,也有着重大的影响。在中国传统文化中,建筑的朝向至关重要。由于历史的原因,燕京大学选择了西向。北大入主燕园以后不少人一直关注着新北大的朝向问题。侯仁之先生就曾在《未名湖上新景象》一文中说:"严格说来,北京大学迁来燕园已经四十六年,只是可以作为校园本部名副其实的正式校门,尚待选址兴建。"所以,当图书馆新馆在百年校庆前落成时,他特别兴奋:"这样就在校园的中心部位上,产生了十分明显的导向作用,从而有可能将校园本部的正校门,一直向东,确定在新地学楼即逸夫二楼的左前方,也就是已在扩建中的白颐路西侧。殷切希望在迎接 21 世纪到来之前,白颐路上将有北京大学的新校门,迎着朝阳初升的方向兴建起来。"校门决定着朝向,现在侯先生期待的比原有西校门"更加开阔,更加宏敞"的东校门已经建成,北大的朝向问题终于得以解决。方拥主编《藏山蕴海:北大建筑与园林》一书为此作了一个总结:

> 面西 30 年的校园终于回头,眺望东方,原来处于燕园背后的博雅塔也被推到前面,成为入口空间的引导。东南属巽,一直是传统建筑的入口所在,一座点缀风景的古塔终于成了举足轻重的巽塔,有意

无意之中回应了古老的文化。

还需要特别提及的是,三号楼即逸夫二楼还藏着一个"宝库",那就是北京大学地质博物馆。大楼前树龄在千年以上的珍贵"树桩"状硅化木,就是它的标志和象征。

北京大学地质学系创办于 1909 年,是我国高等学校第一个地质学系,也是北大最早设立的两个理科系之一。

作为我国培养高等地质人才的第一个教学单位和我国最早的地质学术机构,北大地质学系为国家培养了大批优秀的人才,可以称之为"中国地质学家的摇篮"。我国地质事业的奠基人章鸿钊、丁文江、翁文灏、李四光都曾在北大任教。有"中国地质学之父"美誉的美籍地质学家葛利普 1920 年应聘来华在地质学系任教,直至 1946 年逝世,为培养我国的地质学人才做出了特殊的贡献。

北大地质博物馆展品

北大地质博物馆的历史也非常悠久。地质学系创立之后,在各学科实习室标本陈列的基础上,成立了地质陈列馆,至1917年馆藏古生物、矿物、岩石、构造标本已达千余件,成为中国最早的地学博物馆。1934年陈列馆由景山东街北大二院迁至沙滩地质馆,该馆建于1931年,由著名建筑学家梁思成、林徽因设计。

1952年全国院系调整,北京大学地质馆的全部展品并入新组建的北京地质勘探学院(现中国地质大学)。1955年北大地质学系恢复招生,陈列馆也随之在燕园重建。

博物馆内藏品丰富,有数万件罕见的典型的古生物、矿物、岩石等富有特色的标本,尤以苏联在20世纪50年代赠送的一整套古生物化石标本最为珍贵。

微纳电子大楼

腾飞不能没有双翼,科研不能没有基础设施的支撑。只要听一听北大微电子学科技术带头人、首席科学家王阳元院士对于"新的大楼"的渴望,我们就不难理解科学教学设施对于"勇闯一流"有多么重要:

> 建设一栋能够适应当前微纳电子科技发展需要的大厦,是北大所有微电子人长期以来的渴望。这样的渴望之度是很多未经历过的人所难以体会的。当你渴望为国家、为科学事业做出更大贡献的时候,却因为没有空间,没有必要的实验条件,眼看着许多创新的思维不能实现或者只能去国外实践的时候,那是多么着急,多么渴望一座新的大楼来改变条件!

2010年,微纳电子大楼的问世,为干渴的北大微纳电子科学技术的发展带来了一场及时雨。

大楼位于成府园区的东南角,东临中关村北大街,南与燕园校区内的理科楼群隔北大东门相望。

大楼总建筑面积17000平方米,据周其凤主编《燕园建筑》介绍,这座大楼设计很有特点:坐东朝西,以中央的大门为轴而呈南北对称的设计。其平面以矩形为基本形式,具有南、北两个中空的内庭院,鸟瞰时形成一种"日"字形的视觉印象。其立面在整饬而严谨的块状箱体上出现凹凸变

微纳电子大楼

化。楼高五层,等间距设置的支撑立柱与长条灰色砖墙共同构筑了大楼骨架,给人以力与美的感受,以沉着稳重烘托玻璃的空灵透亮。西立面最富于变化,一、二两层交界处是整条平台,平台在正中大门的上部外设一架步行楼梯,沿建筑表面从中间向北延伸,贯通三至五层,打破了左右对称的格局。三层立面经过内凹处理,而四层的对立位置则为外凸设计,有力地实现了室内和室外空间的转换,给人带来全然不同的空间感受。

也许是微纳电子科技的奇妙给了建筑师以灵感,设计出如此新颖独特的大楼;而这大楼的突兀而起,又必将为在里边攻关的科技工作者带来更多的智慧和火花。愿他们为祖国、为科学事业做出更大的贡献!

仿古建筑也"腾飞"

承载着北大理科向世界一流目标迈进的,不仅有理科建筑群等现代化建筑,未名湖周边文物保护区内的一些古色古香的理科仿古建筑群,也插上了腾飞之翼。它们中,有北京国际数学中心建筑群、斯坦福中心院落和科维理天文与天体物理研究所大楼等。

北京国际数学中心建筑群位于未名湖北岸的原鸣鹤园(中华人民共

和国成立后划为镜春园),2011年10月落成。其范围北至朗润园,南纳全斋,东至现为北京大学教育基金会的75号院。中心由七座带花园的中式仿古建筑构成,风格清新淡雅,与未名湖湖光塔影相得益彰。现在这里聚集了一批像许晨阳那样痴迷于数学的国际顶尖人才,他们在寂寞与孤独中跋涉于奇妙的数学王国。其北门一副嵌用数学术语的奇特对联,道出了他们的追求与情怀:"天道几何万品流形先自守;变分无限孤心测度有同伦。"

北京国际数学中心

北大建筑学研究中心也坐落在原鸣鹤园。中心的建筑由原陈岱孙先生住过的79号甲院与其西侧原鸣鹤园禄岛两部分组成。2000年建筑中心成立时,79号甲院已破败不堪。师生们发挥自己的专业特长,经几年的努力,把庭院修葺得既典雅别致,又朴素可人。青砖朱门依旧,翠竹掩映粉墙,庭院不大,但因有玉兰、石榴映衬青砖朱槛而生机盎然。还有一架紫藤,传为胡适先生所植。走廊左右分列着教师的办公室和学生的工作室,室内装修亦由师生自己设计施工,简洁明快而又有学术氛围和匠人风采。

禄岛在早先鸣鹤园中寄托有深意,可惜2000年时岛上房屋和小桥均已倒塌。中心师生从成府村迁来了原书铺胡同9号院,并利用成府村拆除的部分四合院构件,进行了局部重装,使禄岛面目一新,风光宜人。保护和利用没有列入文物名单的建筑遗产一直是遗产保护领域的一大难

北大建筑学研究中心

题,中心师生利用旧有材料让禄岛重生是一个很有益的尝试。其中最具意义的是小桥的修复,方拥主编《藏山蕴海:北大建筑与园林》一书,对此作了充分的肯定:"连接禄岛的小桥则试图显示桥在中国文化中分界此岸与彼岸的意义,恰延续了周围固有园林的天然古拙与小岛的离俗,是集园林景观的营造实践和建筑遗产的保护利用为一体的学术探索。"该书对建筑中心较好地保留了禄岛周边的生态环境也给予了赞扬:"旧有生态景观完好延存于小院的周围,窗外可见飞檐彩画与袭人的绿意,仰观有乔木参天,环顾有藤蔓扶疏,荷风四面,花木间还有鸳鸯戏水,野鸭信步,刺猬与蛇类出没。留存自然并任由其呈现生机,是建筑中心引以为傲的成就。"

原朗润园也有两座仿古风格的理科建筑:一是北京大学斯坦福中心,一是北京大学科维理天文与天体物理研究所大楼。

斯坦福中心院落坐落在朗润园中古史中心的南侧,落成于 2012 年 3 月,是美国斯坦福大学在北大设立的教育研究中心。院落是一座具有浓

斯坦福研究中心大门

郁中式风味的四合院。虽然采用的是钢筋混凝土结构,却呈现出一派清代王公府邸华贵庄重的气派。回廊往复,雕梁画栋之间,交织着传统韵味与现代气息。

北京大学科维理天文与天体物理研究所所在的科维理研究所大楼位于朗润园的最北端,在原北大招待所的基础上改建,于2008年落成,是整个朗润园的收官之作。整体建筑体量宏大,采用朱墙青瓦,红色的立柱配以梁间的彩画,与南面的北大国家发展研究院、北京国际数学研究中心等建筑群相呼应。周其凤主编《燕园建筑》一书为此感到兴奋:"传统中国建筑所承载的科维理研究所家族的一员,已经成为连接正在迅速崛起的中国与发达国家科学界的一座桥梁。"这座桥梁的架设,体现了我们的追求,也是科维理基金创始人、实业家弗莱德·科维理的心愿:"历史上,中国为科学和技术的进步做出了巨大的贡献。我们欣喜地看到迅速发展中的中国科学事业对卓越的执着追求,并为我们能投身到其未来的发展中而感到高兴。我期待着北京科维理研究所为科学的发展做出重要贡献。"

科维理研究所大楼

4. 少年气象

在北大近年的新建筑中,有几个建筑比较特别,它们具有一种王伟、林以晴、翟淑华《教学楼群》一书中所说的"少年气象":"比起波光潋滟的未名湖、古朴庄严的博雅塔,你可能更容易为这种具有现实关怀因而显得生动的'少年气象'所感动。"

都有哪些建筑具有这种所谓的"少年气象"呢?

至少有第二、第三、第四教学楼和邱德拔体育馆。

第二、第三、第四教学楼

第二、第三、第四教学楼都坐落在五四操场北部,理科楼群南侧。

北大原来就有个第二教学楼,建于 20 世纪 50 年代,人们习惯简称其为"二教"。它不大,一幢 T 型的二层小楼,每层只有三个教室,东西两间能容纳二百人左右,中间南向的一大间是可容纳三百人的阶梯教室。它虽小,承载的北大的历史记忆与喜怒哀乐却非常丰厚。因为那里除了上课以外,还经常举办各种讲座,特别是思想解放的 20 世纪八九十年代,各种学术讲座接连不断,从弗洛伊德到海德格尔,各种思潮在这里激荡、争鸣。所以,曾经的二教在许多学子心中留下了不可磨灭的记忆。

新的二教建成于2007年9月,由香港恒基集团主席李兆基捐资兴建。该建筑总体布局为"L"字形,地上五层,地下三层,高24米,气宇轩昂。在建筑形态上,它以灰砖及坡屋面为主导形式,以现代建筑手法融合北大传统建筑的特点,简约质朴,又不失庄重典雅,与周围环境契合一致。其面西主入口处采用了一个宽敞的大门廊,尤有典雅的学院气氛。

第三、第四教学楼最早分别建于1982年和1988年。为了缓解新需求下教室紧张的局面,学校对这两个楼进行了改造,并于2008年竣工。改造工程由香港爱国实业家陈明先生的后人所支持。为了感谢陈氏家族的捐资,并尊重陈氏家族的意愿,第三教学楼以陈氏家族先辈刘卿女士的名字命名。该建筑整体成L型布局,与第二教学楼相互呼应。

全新的第二、第三、第四教学楼伴随着北大吹响向世界一流迈进的号角昂扬矗立起来了,新的理想也随之燃烧。因此,每天最后一节课结束后,那里的每条路上都涌动着熙熙攘攘的人潮,观者无不为之动容。所以,前引王伟等《教学楼群》一文有这样的感慨:

二教外景

六、燕园新建筑素描　　475

二教内景

"教学楼里安放了无数北大学生的青春,教学楼里的灯光是无数北大学生精神的传承……或许,北大的学术希望正在教学楼那不灭的灯火。"

美哉,少年气象!

邱德拔体育馆

邱德拔体育馆位于燕园东南,在第三教学楼及治贝子园东侧,毗邻中关村北大街。

体育馆原名北京大学体育馆,为2008年北京奥运会及残奥会的乒乓球项目比赛用馆。2006年11月,邱德拔基金会向北大慷慨捐赠1.7亿元人民币用于当时已经开工建设中的体育馆,故体育馆以邱德拔先生的名字命名。

体育馆建筑面积为26900平方米,可以容纳观众约八千名。

体育馆设计方案出自同济大学建筑设计研究院,建筑造型名为"中国脊",蕴含民族之脊、北大之脊、国球之脊、建筑之脊的寓意,展现了北京大学人文环境的造型理念和乒乓球运动的精神内涵,呼应了北京2008人文奥运的精神主旨。场馆的"中国脊"伸展两翼,与百年燕园建筑一脉相承。

外立面呈框架状矗立的混凝土板，设计典雅大方；从空中俯瞰，中央突出的透明球体配上两条旋转屋脊，恰似一个正在旋转的乒乓球，动感姿态呼之欲出，这正寓意了北大体育馆赛事的使用功能。

邱德拔体育馆

体育馆在建筑手法的运用上也很有特色，诚如方拥主编《藏山蕴海：北大建筑与园林》一书所言：设计者不但将中国传统建筑所具有的坡屋顶纳入到构思中来，还多处使用现代的手法对传统建筑元素进行抽象与概括，例如："旋转起伏的屋面是中国传统坡屋顶基于现代建筑手法的变异，曲面形式的屋檐则是对传统建筑斗拱挑檐的高度概括，而立面上的斜向网格则源于中式的斜格窗花，映衬在不规则的虚实变化之中。建筑外立面呈框架状矗立的素混凝土板，是从中国传统建筑的结构形式中获得的灵感，其端庄的构图形式能够与周边其余的北大建筑取得呼应。"

2008年奥运会和残奥会乒乓球项目的比赛都是在这个体育馆内进行的。中国乒乓球队包揽了男单、女单、男团、女团四枚金牌。在男子单打和女子单打决赛后，出现了同时升起三面五星红旗的壮观景象。

奥运比赛结束后，体育馆进行了综合改造。目前，除了为北京大学师生提供体育锻炼场所之外，还因为可容纳人数众多而成为每年本科生、研究生举办毕业典礼的理想场所。在这里,毕业生们意气风发,神采飞扬,唱着新时代的北大毕业歌《燕园情》挥别师长、母校,走向四面八方,去为实现伟大的中国梦而发热放光。王文彦、林以晴《邱德拔体育馆》一文为之喝彩:"与青春的力量永远同在的北大学子们从邱德拔体育馆走出,要为国家富强、民族振兴尽展胸中的抱负,他们注定要成为我们国家和民族的脊梁,这又为名为'中国脊'的邱德拔体育馆绘下了一道无比光荣的浓墨重彩。"

壮哉,少年气象!

5. 不忘初心

在燕园众多新建筑中,还有三座具有特殊意义的作品:北京大学百年纪念讲堂、北京大学校史馆和北京大学图书馆新馆。

这三座建筑都是纪念北大建校一百周年时的产物。它们不是宗教建筑,但是在我们看来,却都带有一种纪念性和仪式感。它们的功能有所不同,却都承载了一个母题:不忘初心。

徜徉在北大校史馆,我们会感受到风云激荡的北大百年史;站在北大百年纪念讲堂前,我们懂得,光荣属于过去,世纪庆典只是北大追逐新的梦想的起点;走进北大图书馆新馆,我们依然记着京师大学堂的藏书楼,智慧的海洋是由涓滴之水汇聚而成的……

水有源,树有根,初心是不能忘记的。

致敬红楼:百周年纪念讲堂

北京大学百周年纪念讲堂位于原大饭厅所在之处,是在时任国务院副总理李岚清的关怀下,为庆祝北京大学建校一百周年而建的。

讲堂是一座东西长、南北宽的大跨度矩形建筑,占地面积5600平方米,建筑面积1.26万平方米,地下一层,地上主体三层,建筑物最高处为34.8米。主体设施观众厅分楼上楼下两层,共有2167个座位。附属设施包括与之相配套的多功能厅、化妆间、排练厅、纪念大厅、四季庭院等。

讲堂的设计很有意味。也许是因为楼址在北大有名的三角地,设计概念中充分带入了"三角"的母题:正对三角地的室外讲堂及其三棱柱讲台、开阔的三角形步行广场、总体的近三角形平面,甚至巨大的坡屋顶也是由一个个三角面构成。大讲堂是将一块方形的地块作东北—西南一线分割,线西北为讲堂,东南为广场。方拥主编《藏山蕴海:北大建筑与园林》一书认为,此中有深意:"讲堂正面朝向东南,设计者表示是为了遥望东南方向的北大旧址——沙滩红楼,以此表达对北大精神的传承与纪念。"肖东发、林以晴、陈征微《百年纪念讲堂》一文亦认为:"百周年纪念讲堂的塔形主体,两翼前伸的建筑形体,像是张开胸膛的一座巨型雕塑,体现着北京大学的兼容并包。"

北大校庆一百二十周年期间的百周年纪念讲堂

就设计风格而言,讲堂与北大校园建筑的整体风格十分协调。三角形的平面布局,退让出道路转角处大面积的公共空间;带有大屋顶元素的塔形主体和两翼前伸的建筑形体,在底部用柱廊贯通。材料选择上采用了花岗岩贴面的式样,典雅庄重。这座建筑以其清新的时代风貌、创新的艺术手法和丰富的文化内涵获得当年"北京十佳建筑方案"奖。

百周年纪念讲堂是目前全国高校最大的一座设施先进、功能齐全的现代化多功能校园剧场。2000年4月28日正式投入使用,此后经常举办文艺演出、电影放映、大型典礼和讲座、报告等,极大地丰富了北大师生的业余文化生活,也为高水平的文艺演出和高规格的学术文化活动提供了很好的平台。自投入使用以来,中央芭蕾舞团、中国歌剧舞剧院、中国国家交响乐团、俄罗斯国家模范莫斯科古典芭蕾舞剧院、意大利爱乐乐团、法国图卢兹国立管弦乐团等海内外艺术团体的精英们在这里留下了大雅之声;白先勇的青年版《牡丹亭》等许多富有创新实验性的艺术作品也在这里接受过北大学子的"考评"。

在外事、文化活动方面,联合国秘书长安南、阿富汗伊斯兰共和国总统哈米德·卡尔扎伊(Hanid Kavzai)、英国首相布莱尔、微软公司董事长比尔·盖茨等都在这里进行过演讲。

大讲堂也是每年举办传统的全校新年晚会的场所。每到这时,师生同乐,畅抒胸怀,让每个辞旧迎接的时刻,更加意味深长。

总之,百周年纪念讲堂已经和北大的生活紧密地联系在了一起,有它没它大不一样。前引肖东发等《百周年纪念讲堂》一文这样阐述其意义:

> 莎翁曾经说过:"人生是一个舞台,男男女女都不过是演员。"既是舞台,便必然精彩不断;既是人生,当向往轰轰烈烈。大讲堂之大,大讲堂之美,恐怕正因为它是一个真正属于北大学生自己的舞台。

消逝了的风景:昔日大饭厅

无数北大学子从这里走出北大,走向社会,走出中国,走向世界。迎来送往一批批北大学子,使这舞台上总是不断地精彩纷呈,这既是大讲堂的魅力,也正是北大精神之所在。

当然,有得就有失。百周年纪念讲堂的出世是以它的前身——承载着北大一段历史和许多人难忘记忆的大饭厅——的消逝为代价的。

继往开来:北京大学校史馆

北京大学校史馆的建立,对北大来说,本身就有着非同一般的意义。

家有家史,校有校史,国有国史。铭记历史,才能更好地把握现在,开创未来。

一百年的梦想,一百年的奋斗,一百年的光荣,将激励今日北大师生不忘初心,砥砺前行,努力把北大办成一所世界一流的大学,为建设富强民主文明的社会主义现代化中国,为人类的进步和发展做出更大的贡献。

让历史告诉未来(采自《纪念北京大学建校一百周年藏书票》)

坐落在西校门荷花池畔的北大校史馆,作为百年校庆的基础项目之一,由任职于日本名古屋铁道株式会社的北大校友谷口清太郎倡导集资。1998年5月百年校庆时奠基,2001年9月落成,2002年5月4日正式对外开放、校史展正式展出。馆名由时任国家主席江泽民题写。何芳川副校长兼任校史馆首任馆长。德高望重的季羡林先生、韩启德常务副校长、蔡元培先生的女儿蔡睟盎和杨芙清院士共同为展览揭幕。

校史馆馆舍共三层,地面一层,地下两层。建筑面积 3100 平方米。因为地处燕园当年的"前朝"地域内,校史馆地面上可见的一层采用简化的庑殿顶、屋檐没有曲线,颇有汉代之前建筑的简约风格,以呼应燕园建筑的传统。而镶嵌着乳白色花岗岩的墙面、台基以及正面通体落地玻璃门窗,又使校史馆整个外观既体现出轻快通透的现代建筑形象而又不失庄重、典雅,与周边环境也比较协调。

校史馆

校史馆首次布展的设计是:首层为"北京大学杰出人物展",展出北大历史上 217 位杰出的革命家、思想家、理论家、科学家、教育家的生平简介及照片;地下二层为主展厅,设有北京大学百年校史陈列,共有四个大型展室,以北大"爱国、进步、民主、科学"的历史传统为主线分九个时期系统展示北大的校史,有图版、图表 800 余幅,实物展品 440 余件,展线长达 400 余米。地下一层则为专题展厅,适时举办校史专题或其他相关题材的专题展览。

为了迎接北京大学一百二十周年华诞,校史馆进行了整修和调整。她的重张,用全新的面貌给了北大和国人更大的惊喜。

源头活水:从藏书楼到"亚洲高校第一馆"

"问渠哪得清如许,为有源头活水来。"百年北大所以人才辈出,长盛不衰,玉壶冰心,和图书馆这个智慧之泉的滋养是密不可分的。

早在1898年京师大学堂草创之时,就设立了作为北京大学图书馆前身的藏书楼。由梁启超起草的《奏拟京师大学堂章程》总纲中说:"学者应读之书甚多,一人之力,必不能尽购。泰西各国于都城省会,皆设有藏书楼,即是此意。京师大学堂为各省表率,体制尤当崇闳。今拟设一大藏书楼,广集中西要籍,以供士林浏览而广天下风气。"

京师大学堂藏书果然体制崇闳。从现存中国第一档案馆1899年冬季藏书楼添购各种书籍的清单可知,藏书楼仅一季就购书四百余册。可惜1900年京师大学堂于战乱中被迫停办时,藏书在战火中损失殆尽。

1902年京师大学藏书楼素描

1902年,京师大学堂恢复后,立即重设藏书楼,调取江、浙、鄂、粤、赣、湘等省官书局各种图书,康有为创办的强学会藏书也收归馆中,并购入大量西方新旧图书,又有许多国内外学者捐赠了不少各类图书,此时的藏书楼已可谓"智慧之河"。

1912年,京师大学堂易名北京大学校,藏书楼亦更名为图书馆。1918年红楼建成后,图书馆迁至红楼一层,改名为北京大学图书馆。"五四"运动前后,这里成为当时革命活动中心之一,李大钊、毛泽东曾在这里工作。章士钊、袁同礼、向达等著名学者都曾主持过图书馆工作。

1952年全国高校院系调整后,北大图书馆迁进办公楼南侧现北大档案馆那座楼里。藏书丰富的原燕京大学图书馆馆藏并入北京大学图书馆,许多珍贵的善本书也从此被北大图书馆所收藏。同时还吸收了不少其他单位的馆藏,形成以原燕京大学图书馆馆舍为中心的格局。后来,随着藏书量的不断增多,这里成为主馆,又另辟分馆和阅览室17处之多。

1973年,在周恩来总理的关怀和指导下,北大开始兴建新图书馆,总面积达2.4万平方米。在建筑过程中,北大当时的在校师生几乎都参加了义务劳动。1975年夏天新馆落成。

1998年5月,在北大百年校庆之际,香港长江实业有限公司董事长、北京大学名誉博士李嘉诚先生捐资一千万美元兴建的新馆落成,使北大图书馆一跃而为亚洲规模最大的大学图书馆。2005年北大又对旧馆进行了改造,使新旧馆相连,总面积超过5.1万平方米,设有阅览座位四千余个。

北大图书馆新馆的建设得到了来自中南海的关怀。邓小平同志为新馆题写了馆名,江泽民同志题写了"百年书城"的牌匾。

新馆原址为承载了很多北大人回忆的大草坪,设计师由燕京大学校友、清华大学教授关肇邺院士担任。他设计的新馆和旧馆改造方案,体现了他对燕园气质与氛围的理解,也深深融入了他对燕园的一份赤子情怀。周其凤主编《燕园建筑》一书从专业的角度评论说:"新馆总体色调为灰色,由一个仿唐代的歇山大屋顶的六层建筑和左右两个四角攒尖顶的配殿组成,并配以富有古典韵味的窗棂和灯具,体现出北京大学应有的厚重感和典雅之美。旧馆经过改造后,无论是贯通的阳光大厅还是随处可见的休憩空间,在空间感受上都有了很大的改善。而在图书馆南北面所使用的拱券母题,也使整个建筑增添了中西合璧的味道。"

在藏书方面,无论是数量还是质量,北大图书馆都在全国居于前列。据有关资料,到2011年年底,总馆和分馆文献资源累积量约一千一百余万册(件),其中纸质藏书八百余万册,位居全国高校图书馆首位。近年来大量引进和自建的国内外数字资源,包括各类数据库、电子期刊、电子图书和多媒体资源约三百余万册(件)。

同一片风景里的"图"和"塔"

馆藏古籍一百五十余万册,其中善本书 17 万册,珍稀品种和版本数千种。这些资料对于近现代思想文化和传统文化的研究具有很高的学术参考价值。

这里,已经成为文化的渊薮,智慧的海洋,学者教授和莘莘学子心中最灿烂的阳光。我们听听几位学子的歌吟。这是王友琴的《雀巢四年》:

> 记得当"知青"的时候,无书可读……我们买了几十个练习本,在煤油灯下,在一块用土坯支起的木板上,把那些翻山越岭借来的书一点一点抄下来……所以,当我走进有上百万册藏书的北大图书馆,真有出洞穴而见天日之感。捏着发给我的五张借书卡,犹如久困于洪水或战争封锁区里的人拿到了通行证和火车票,纸片虽轻而分量无比。

这是黄蓓佳的《也叫"朝花夕拾"》:

源头活水　道脉逶迤（采自《纪念北京大学建校一百周年藏书票》）

第一次踏着红地毯进图书馆,我在浩瀚的书海面前感到一种升华,是生命的升华。童年和少年的时候渴望读书而不得,如今冷不丁有几百万册书在面前堆积如山,一瞬时如同身在梦中,恍惚而不能自已。

这是王开林的《我生命中的那些时刻》：

> 我进入图书馆就如同进入知识的圣殿。一时间多少俗思俗念都烟消云散,书页翻动的沙沙声中岁月轻轻浅浅地流走,我就翻越了二十岁的山脊,在我生命的第一座山峰上,除了知识的五彩石我别无选择,但我愿刻下一块方碑,题写四个字：青春无悔。

图书馆可以说是北大最大的课堂,这里常常是座无虚席。王伟《北京大学图书馆》一文这样描写此间的风景：安静的阅览室里,翻书声不绝如缕,有低头奋笔疾书者,有冥思苦想者,有默默记诵者,有轻声讨论者；有年逾半百的学者,有年轻自信的学子；有坐着的,有站着的,有来回踱步的,有席地而坐的；有黄皮肤的,有白皮肤的,有黑皮肤的……他们怀着同样的对知识的景仰相聚在这里,拼搏在这里,甚至在图书馆外的石椅上、草坪旁都能听到读书声,能看到学子们勤奋的身影,这些永恒的风景永远让人感动,这种风景永远属于北大图书馆。

参考文献

侯仁之:《燕园史话》,北京:北京大学出版社 2008 年版。
苏勇、樊竞:《燕园史话》,北京:工人出版社 1985 年版。
谢凝高、陈青慧、何绿萍:《燕园景观》,北京:北京大学出版社 1988 年版。
杨承运、肖东发主编:《古园纵横:北京大学校园文化景观》,北京:华夏出版社 1998 年版。
肖东发、杨虎主编:《风物:燕园景观及人文底蕴》,北京:北京大学出版社 2014 年版。
方拥主编:《藏山蕴海:北大建筑与园林》,北京:北京大学出版社 2013 年版。
周其凤主编:《燕园建筑》,北京:北京大学出版社 2013 年版。
何晋:《燕园文物、古迹与历史》,北京:北京大学出版社 2018 年版。

[明]沈德符:《万历野获编》,北京:中华书局 1959 年版。
[明]蒋一葵:《长安客话》,北京:北京出版社 1960 年版。
[明]刘侗、于奕正:《帝京景物略》,北京:北京古籍出版社 1980 年版。
[明]薛冈:《天爵堂文集笔余》,见谢国桢编《明代社会经济史料选编》,福州:福建人民出版社 1980 年版。
[清]于敏中等编撰:《日下旧闻考》,北京:北京古籍出版社 1985 年版。
[清]孙承泽:《春明梦余录》,北京:北京古籍出版社 1992 年版。
[清]吴长元:《宸垣识略》,北京:北京古籍出版社 1983 年版。
[清]震均:《天咫偶闻》,北京:北京古籍出版社 1982 年版。

［清］昭梿:《啸亭杂录》,北京:中华书局 1980 年版。
赵尔巽等编:《清史稿》,上海:上海古籍出版社 1986 年版。
洪业主编:《勺园图录考》,北京:民国三十三年《引得特刊》本。
焦雄:《北京西郊宅园记》,北京:北京燕山出版社 1996 年版。
张宝章:《海淀文史·京西名园》,北京:开明出版社 2005 年版。
贾珺:《北京私家园林志》,北京:清华大学出版社 2009 年版。
中国第一历史档案馆编:《英使马戛尔尼访华档案史料汇编》,北京:国际文化出版公司 1996 年版。

燕京大学校友校史编写委员会编:《燕京大学史稿》,北京:人民中国出版社 1999 年版。
燕大文史资料编委会编:《燕大文史资料》(1—10 辑),北京:北京大学出版社 1989—1998 年版。
燕京大学北京校友会编:《燕京大学建校八十周年纪念历史影集(1919—1999)》,北京:人民中国出版社 1999 年版。
燕京研究院编:《燕京大学人物志》(第一辑),北京:北京大学出版社 2001 年版。
郝平:《无奈的结局:司徒雷登与中国》,北京:北京大学出版社 2002 年版。
沈建中:《司徒雷登画传》,杭州:浙江大学出版社 2013 年版。
司徒雷登:《在华五十年》,陈丽颖译,上海:东方出版中心 2012 年版。
董黎:《中国近代教会大学建筑史研究》,北京:科学出版社 2001 年版。
张复合:《中国近代建筑史》,北京:清华大学出版社 2004 年版。
陈景磐编:《中国近代教育史》,北京:人民教育出版社 1980 年版。
唐克扬:《从废园到燕园》,北京:生活·读书·新知三联书店 2009 年版。
〔美〕舒衡哲:《鸣鹤园》,张宏杰译,北京:北京大学出版社 2009 年版。
圆明园管理处编:《圆明园流散文物》,北京:文物出版社 2007 年版。

北京大学档案馆校史馆编著:《北京大学图史(1898—2008)》,北京:

北京大学出版社 2010 年版。

王学珍、王效挺、黄文一、郭建荣主编:《北京大学纪事》(1898—1997),北京:北京大学出版社 1998 年版。

温儒敏、赵为民等主编:《北京大学》(北京大学建校一百周年纪念画册),北京:北京大学出版社 1998 年版。

萧超然编:《巍巍上庠 百年星辰:名人与北大》,北京:北京大学出版社 1998 年版。

北京大学校刊编辑部编:《精神的魅力》,北京:北京大学出版社 1988 年版。

赵为民主编:《青春的北大》,北京:北京大学出版社 1998 年版。

蒋朗朗主编:《精神的魅力 2018》(一、二),北京:北京大学出版社 2018 年版。

北大研究生会、MBA 联合会编:《北大名教授访谈记》,北京:机械工业出版社 1998 年版。

陈平原:《老北大的故事》,南京:江苏文艺出版社 1998 年版。

橡子、谷行主编:《北大往事》,北京:中国文学出版社 1998 年版。

季羡林:《牛棚杂忆》,北京:中共中央党校出版社 1998 年版。

季羡林研究所编:《季羡林谈师友》,北京:当代中国出版社 2006 年版。

乐黛云:《四院 沙滩 未名湖:60 年北大生涯(1948—2008)》,北京:北京大学出版社 2008 年版。

谢冕:《永远的校园》,北京:北京大学出版社 1997 年版。

张蔓菱:《北大回忆》,北京:生活·读书·新知三联书店 2014 年版。

后记：内心的召唤

在文稿即将付梓之际，我想说一说本书撰写的缘由。其实，在写作过程中已不止一个人问起这个问题："这么一大把年纪了，为何还要揽这个苦差事呢？"每当这时，我心里的回答总是这么四个字：不能不写。

为什么不能不写呢？因为这是我内心的召唤：既源自我在前言中所说的理性的担当，也植根于心灵深处的情结。

我1964年考入北大中文系，1970年留系任教，1980年调北大出版社任文史编辑。算起来，我与北大和燕园结缘已逾半个世纪。

在这半个多世纪里，我有三十多年住在燕园最美的未名湖畔，先是镜春园77号，后是镜春园82号（乙）。近水楼台先得月，我因此得以无数次地亲近她的湖光塔影、朝晖夕阳、风花雪月，不知不觉间便已融入其中，成为这"大海"中的一滴水。幸何如之！

更为幸运的是，在学习工作期间，我有机会亲炙了诸多令人高山仰止的老先生。

在中文系，我有幸聆听王力先生的"古代汉语"、游国恩先生的"楚辞"、吴组缃先生的"红楼梦研究"、林庚先生的唐诗课。1960年代后期到平谷鱼子山、山东庄走"五七"道路时，还曾和王瑶先生同睡在一个土炕上，每天晚上听他海阔天空地畅谈文坛往事。后来，我成家住到镜春园77号时，更是与住在75号的他成了邻居。记得第一次去他家叩访时，一下被他书房里几乎占了一面墙的《二十四史》专柜所震慑。

调入出版社后，我和系里老先生们仍保持着密切的联系。其间有一件事，我至今仍记忆犹新：由于给林庚先生出一本诗集《空间的驰想》，我有机会多次在他燕南园绿竹掩映的居所里聆听教诲。有一次雪夜造访，返回时雪已没过脚面……

在出版社工作,我也有机会接触到一些其他院系的老先生。1980年代初草创"文艺美学丛书",当时中国最有影响的两位美学家朱光潜先生、宗白华先生都应请担任了丛书编委会的顾问。朱先生以"扎实"二字评价书稿的教诲,令我印象深刻。他还为我们推荐过伍蠡甫先生《中国画论研究》等书稿。宗先生住在朗润园,离我在镜春园的住处不远,他书房里的那尊极为传神的唐宋佛头雕像,常使我凝视良久。我和文定兄曾为他编辑出版过美学论集《艺境》,该书作为"文艺美学丛书"之一种,面世后影响非常大。可惜,他未能看到最后的成书,在八宝山开追悼会那天,我们把刚刚打出来的清样奉献在他的灵前。我们还曾请他去美术馆看过刘海粟八上黄山绘画作品展览。就是在那次参观中,他跟我们说:看了世界许多著名的博物馆后,他还是觉得中国艺术最值得把玩。宗先生还亲自为"文艺美学丛书"中的《艺苑趣谈录》作过序。后来,我在中国青年出版社出版的《艺术欣赏指要》一书,也是他赐序和题写书名。我与季羡林先生也有很多接触。为适应20世纪80年代读书热的需求,我和他一起编过《中外文学书目答问》。为迎接香港回归祖国,我们又一起编过大型画册《中国的声音》。他九十周岁诞辰时,我为他做了名为《先生之风 山高水长》的一册藏书票⋯⋯

现在,这些老先生都已经身归道山,但是从他们身上得到的熏陶和濡染,却永存在我的精神血脉之中,并成为我的人格底色。

由于几个机缘,使我对北大和燕园的历史文化给予了特别的关注,这也是形成我燕园情结的重要因素。

还是住在镜春园77号院时,一个偶然的机会,得知院内北面破旧的老房子竟然就是当年鸣鹤园东所的怀新书屋。园主人惠亲王绵愉曾经在这里读经修身,以期为振兴大清而像仙鹤一样"鸣于九皋"。当燕京大学在古园林废墟上建成后,燕大教授、著名人类学家裴文中就是在这里办起中国第一个史前陈列馆,开馆时间选择在先生发现第一个"北京人"头盖骨11周年的1940年12月4日。这一情况让我震惊而又自责:在"历史"的身边生活了这么多年,竟然没有听到一点历史的声音!从此,我开始关注燕园的每一所老屋、每一座小桥、每一截残碑,以及一切能找到的相关资料,燕园的根系和文脉渐渐了然于心。

另一个难得的机缘是,1998年为编制《纪念北大校庆一百周年藏书票》，我得以一头扎进了北大图书馆和北大档案馆中，查阅了大量有关老北大和新北大的文献与图片，心中时时升腾着对为北大作出过贡献的先辈、先贤、先烈的无限敬意。

正是以上这些经历、感受、思索和资料的积累，使我产生了不可遏止的写作冲动：要把我知道的燕园沧桑、今昔北大告诉燕园新学子和更多的国人！

尽管文思已如蜂房流蜜、病蚌吐珠，真正要成书，并且写出一些新的东西，还是一件艰巨的事情。在这个过程中，除了自己的努力，也需要多方面的帮助。在此，我对在本书写作中所有帮助过我的人充满感恩之情——

感谢我的合作伙伴王燕飞。我们是校友，对母校都有着"谁言寸草心，报得三春晖"的炽热情怀。她祖籍浙江绍兴，前些年为了给她的乡贤、我们的老校长蔡元培先生做一部文献纪录片而多次奔走在绍兴和母校的宣传部门之间。正是她对老校长蔡先生的这种敬崇之情，奠定了我们合作的基础。

感谢我的同事、颇有知名度的摄影发烧友刘梓盈和我的朋友高建斌，他们提供的数千张燕园风光图片，使本书有了做图文书的基础。

感谢北大图书馆原副馆长武振江和古籍部主任李云、书记何燕华为本书提供了宝贵的文献和图片资料。

感谢校史馆郭建荣先生，我的同事周月梅、林胜利、刘乐坚、胡利国、魏冬峰为我审读书稿。

感谢陈贵顺、李丰、魏林华、吴士峰、余凯、李月霞、李秋丽帮助做了许多具体工作。

感谢本书责任编辑杨书澜、闵艳芸为本书的审校付出了巨大的辛劳。

最后，还要特别感谢我的老伴赵燕华。我们一起在燕园走过风雨数十载，她有着和我一样炽热的北大情。此次写作，她虽然没有直接动笔，但正是她无微不至的关爱，使我得以全身心投入写作。在写作过程中，她还是第一读者和最好的参谋，所以，这本书是我和她共同献给北大的一瓣心香。

江 溶

2019 年中秋

于蓝旗营寒暑斋